Moriz Heyne, James Albert Harrison, Robert Sharp

Beówulf

An Anglo-Saxon Poem

Moriz Heyne, James Albert Harrison, Robert Sharp

Beówulf
An Anglo-Saxon Poem

ISBN/EAN: 9783744710992

Printed in Europe, USA, Canada, Australia, Japan

Cover: Foto ©Thomas Meinert / pixelio.de

More available books at **www.hansebooks.com**

I. BEÓWULF:

AN ANGLO-SAXON POEM.

II. THE FIGHT AT FINNSBURH:

A FRAGMENT.

WITH TEXT AND GLOSSARY ON THE
BASIS OF M. HEYNE.

EDITED, CORRECTED, AND ENLARGED, BY

JAMES A. HARRISON, LL.D., Litt.D.,
PROFESSOR OF ENGLISH AND MODERN LANGUAGES, WASHINGTON AND
LEE UNIVERSITY,

AND

ROBERT SHARP (Ph.D. Lips.),
PROFESSOR OF GREEK AND ENGLISH, UNIVERSITY
OF LOUISIANA.

THIRD EDITION.

BOSTON:
PUBLISHED BY GINN & COMPANY.
1888.

NOTE TO THE THIRD EDITION.

This third edition of the American issue of Beówulf will, the editors hope, be found more accurate and useful than either of the preceding editions. Further corrections in text and glossary have been made, and some additional new readings and suggestions will be found in two brief appendices at the back of the book. Students of the metrical system of Beówulf will find ample material for their studies in Sievers' exhaustive essay on that subject (Beiträge, X. 209–314).

Socin's edition of Heyne's Beówulf (called the fifth edition) has been utilized to some extent in this edition, though it unfortunately came too late to be freely used. While it repeats many of the omissions and inaccuracies of Heyne's fourth edition, it contains much that is valuable to the student, particularly in the notes and commentary. Students of the poem, which has been subjected to much searching criticism during the last decade, will also derive especial help from the contributions of Sievers and Kluge on difficult questions appertaining to it. Wülker's new edition (in the Grein *Bibliothek*) is of the highest value, however one may dissent from particular textual views laid down in the 'Berichtigter Text.' Paul and Braune's Beiträge contain a varied miscellany of hints, corrections, and suggestions principally embodying the views of Kluge, Cosijn, Sievers, and Bugge, some of the more important of which are found in the appendices to the present and the preceding edition. Holder and Zupitza, Sarrazin and Hermann Möller (Kiel, 1883), Heinzel (Anzeiger f. d. Alterthum, X.), Gering (Zacher's Zeitschrift, XII.), Brenner (Eng. Studien, IX.), and the contributors to Anglia, have assisted materially in the textual and metrical interpretation of the poem.

The subject of Anglo-Saxon quantity has been discussed in several able essays by Sievers, Sweet, Ten Brink (Anzeiger, f. d. Alterthum, V.), Kluge (Beiträge, XI.), and others; but so much is uncertain in this field that the editors have left undisturbed the marking of vowels found in the text of their original edition, while indicating in the appendices the now accepted views of scholars on the quantity of the personal pronouns (mê, wê, þû, þê, gê, hê); the adverb nû, etc. Perhaps it would be best to banish absolutely all attempts at marking quantities except in cases where the Ms. has them marked.

An approximately complete Bibliography of Beówulf literature will be found in Wülker's *Grundriss* and in Garnett's translation of the poem.

JAMES A. HARRISON,
ROBERT SHARP.

WASHINGTON AND LEE UNIVERSITY,
LEXINGTON, VA., May, 1888.

DEDICATED

TO

PROFESSOR F. A. MARCH,
OF LAFAYETTE COLLEGE, PA.,

AND

FREDERICK J. FURNIVALL, Esq.
FOUNDER OF THE "NEW SHAKSPERE SOCIETY,"
THE "CHAUCER SOCIETY," ETC., ETC.

NOTE I.

THE present work, carefully edited from Heyne's fourth edition, (Paderborn, 1879), is designed primarily for college classes in Anglo-Saxon, rather than for independent investigators or for seekers after a restored or ideal text. The need of an American edition of "Beówulf" has long been felt, as, hitherto, students have had either to send to Germany for a text, or secure, with great trouble, one of the scarce and expensive English editions. Heyne's first edition came out in 1863, and was followed in 1867 and 1873 by a second and a third edition, all three having essentially the same text.

So many important contributions to the "Beówulf" literature were, however, made between 1873 and 1879 that Heyne found it necessary to put forth a new edition (1879). In this new, last edition, the text was subjected to a careful revision, and was fortified by the views, contributions, and criticisms of other zealous scholars. In it the collation of the unique "Beówulf" Ms. (Vitellius A. 15: Cottonian Mss. of the British Museum), as made by E. Kölbing in Herrig's *Archiv* (Bd. 56; 1876), was followed wherever the present condition of the Ms. had to be discussed; and the rescarches of Bugge, Rieger, and others, on single passages, were made use of. The discussion of the metrical structure of the poem, as occurring in the second and third editions, was omitted in the fourth, owing to the many controversies in which the subject is still involved. The present editor has thought it best to do the same, though, happily, the subject of Old English *Metrik* is undergoing a steady illumination through the labors of Schipper and others.

NOTE I.

Some errors and misplaced accents in Heyne's text have been corrected in the present edition, in which, as in the general revision of the text, the editor has been most kindly aided by Prof. J. M. Garnett, late Principal of St. John's College, Maryland.

In the preparation of the present school edition it has been thought best to omit Heyne's notes, as they concern themselves principally with conjectural emendations, substitutions of one reading for another; and discussions of the condition of the Ms. Until Wülker's text and the photographic fac-simile of the original Ms. are in the hands of all scholars, it will be better not to introduce such matters in the school room, where they would puzzle without instructing.

For convenience of reference, the editor has added a head-line to each "fit" of the poem, with a view to facilitate a knowledge of its episodes.

WASHINGTON AND LEE UNIVERSITY,
   LEXINGTON, VA., June, 1882.

ARGUMENT.

The only national [Anglo-Saxon] epic which has been preserved entire is Beówulf. Its argument is briefly as follows:—The poem opens with a few verses in praise of the Danish Kings, especially Scild, the son of Sceaf. His death is related, and his descendants briefly traced down to Hroðgar. Hroðgar, elated with his prosperity and success in war, builds a magnificent hall, which he calls Heorot. In this hall Hroðgar and his retainers live in joy and festivity, until a malignant fiend, called Grendel, jealous of their happiness, carries off by night thirty of Hroðgar's men, and devours them in his moorland retreat. These ravages go on for twelve years. Beówulf, a thane of Hygelac, King of the Goths, hearing of Hroðgar's calamities, sails from Sweden with fourteen warriors to help him. They reach the Danish coast in safety; and, after an animated parley with Hroðgar's coast-guard, who at first takes them for pirates, they are allowed to proceed to the royal hall, where they are well received by Hroðgar. A banquet ensues, during which Beówulf is taunted by the envious Hunferhð about his swimming-match with Breca, King of the Brondings. Beówulf gives the true account of the contest, and silences Hunferhð. At night-fall the King departs, leaving Beówulf in charge of the hall. Grendel soon breaks in, seizes and devours one of Beówulf's companions; is attacked by Beówulf, and, after losing an arm, which is torn off by Beówulf, escapes to the fens. The joy of Hroðgar and the Danes, and their festivities, are described, various episodes are introduced, and Beówulf and his companions receive splendid gifts. The next night Grendel's mother revenges her son by carrying off Æschere, the friend and councillor of Hroðgar, during the absence of Beówulf. Hroðgar appeals to Beówulf for vengeance, and describes the haunts of Grendel and his mother. They all proceed thither; the scenery of the lake, and the monsters that dwell in it, are described. Beówulf plunges into the water, and attacks Grendel's mother in her dwelling at the bottom of the lake. He at length overcomes her, and cuts off her head, together with that of Grendel, and brings the heads to Hroðgar. He then takes leave of Hroðgar, sails back to Sweden, and relates his adventures to Hygelac.

Here the first half of the poem ends. The second begins with the accession of Beówulf to the throne, after the fall of Hygelac and his son Heardred. He rules prosperously for fifty years, till a dragon, brooding over a hidden treasure, begins to ravage the country, and destroys Beówulf's palace with fire. Beówulf sets out in quest of its hiding-place, with twelve men. Having a presentiment of his approaching end, he pauses and recals to mind his past life and exploits. He then takes leave of his followers, one by one, and advances alone to attack the dragon. Unable, from the heat, to enter the cavern, he shouts aloud, and the dragon comes forth. The dragon's scaly hide is proof against Beówulf's sword, and he is reduced to great straits. Then Wiglaf, one of his followers, advances to help him. Wiglaf's shield is consumed by the dragon's fiery breath, and he is compelled to seek shelter under Beówulf's shield of iron. Beówulf's sword snaps asunder, and he is seized by the dragon. Wiglaf stabs the dragon from underneath, and Beówulf cuts it in two with his dagger. Feeling that his end is near, he bids Wiglaf bring out the treasures from the cavern, that he may see them before he dies. Wiglaf enters the dragon's den, which is described, returns to Beówulf, and receives his last commands. Beówulf dies, and Wiglaf bitterly reproaches his companions for their cowardice. The disastrous consequences of Beówulf's death are then foretold, and the poem ends with his funeral. — H. Sweet, in Warton's *History of English Poetry*, Vol. II. (ed. 1871). Cf. also Ten Brink's *History of English Literature*.

BEÓWULF.

I. The Passing of Scyld.

HWÄT! we Gâr-Dena   in geâr-dagum
þeód-cyninga   þrym gefrunon,
hû þâ äðelingas   ellen fremedon.
Oft Scyld Scêfing   sceaðena þreátum,
5 monegum mægðum   meodo-setla ofteáh.
Egsode eorl,   syððan ærest wearð
feá-sceaft funden: he þäs frôfre gebâd,
weôx under wolcnum,   weorð-myndum ðâh,
ðð þät him æghwylc   þâra ymb-sittendra
10 ofer hron-râde   hŷran scolde,
gomban gyldan: <u>þät wäs gôd cyning</u>!
þäm eafera wäs   äfter cenned
geong in geardum,   þone god sende
folce tô frôfre;   fyren-þearfe ongeat,
15 þät hie ær drugon   aldor-*leáse*
lange hwîle.   Him þäs <u>lîf-freá</u>,
<u>wuldres wealdend</u>,   worold-âre forgeaf;
Beówulf wäs breme   (blæd wîde sprang),
Scyldes eafera   Scede-landum in.
20 Swâ sceal *geong guma*   gôde gewyrcean,
fromum feoh-giftum   on fäder *wine*,
þät hine on ylde   eft gewunigen
wil-gesîðas,   þonne wîg cume,
leóde gelæsten: lof-dædum sceal
25 in mægða gehwære   man geþeón.
Him þâ Scyld gewât   tô gescäp-hwîle
fela-hrôr fêran   on freán wære;
hî hyne þâ ätbæron   tô brimes faroðe.

swǽse gesíðas,   swá he selfa bäd,
30 þenden wordum weóld   wine Scyldinga,
leóf land-fruma   lange áhte.
Þær ät hýðe stód   hringed-stefna,
ísig and útfús,   äðelinges fär;
á-lédon þá   leófne þeóden,
35 beága bryttan   on bearm scipes,
mærne be mäste.   Þær wäs máðma fela,
of feor-wegum   frätwa gelæded:
ne hýrde ic cymlícor   ceól gegyrwan
hilde-wæpnum   and heaðo-wædum,
40 billum and byrnum;   him on bearme läg
máðma mänigo,   þá him mid scoldon
on flóðes æht   feor gewítan.
Nalas hi hine lässan   lácum teódan,
þeód-gestreónum,   þonne þá dydon,
45 þe hine ät frumsceafte   forð onsendon
ænne ofer ýðe   umbor wesende:
þá gyt hie him ásetton   segen gyldenne
heáh ofer heáfod,   léton holm beran,
geáfon on gár-secg: him wäs geómor sefa,
50 murnende mód.   Men ne cunnon
secgan tó sóðe   sele rædenne,
háleð under heofenum,   hwá þäm hläste onfëng.

II. The Hall Heorot.

Þá wäs on burgum   Beówulf Scyldinga,
leóf leód-cyning,   longe þrage
55 folcum gefræge   (fäder ellor hwearf,
aldor of earde),   óð þät him eft onwóc
heáh Healfdene;   heóld þenden lifde,
gamol and gúð-reów,   gläde Scyldingas.
Þäm feówer bearn   forð-gerímed

60 in worold wócun,   weoroda ræswan,
   Heorogâr and Hróðgâr   and Hâlga til;
   hýrde ic, þät Elan cwên   Ongenþeówes wäs
   Heaðoscilfinges   heals-gebedde.
   Þâ wäs Hróðgâre   here-spêd gyfen,
65 wiges weorð-mynd,   þät him his wine-mâgas
   georne hýrdon,   óð þät seó geogoð geweóx.
   mago-driht micel.   Him on môd bearn.
   þät heal-reced   hâtan wolde,
   medo-ärn micel   men gewyrcean,
70 þone yldo bearn   æfre gefrunon,
   and þær on innan   eall gedælan
   geongum and ealdum,   swylc him god scalde,
   bûton folc-scare   and feorum gumena.
   Þâ ic wîde gefrägn   weorc gebannan
75 manigre mægðe   geond þisne middan-geard,
   folc-stede frätwan.   Him on fyrste gelomp
   ädre mid yldum,   þät hit wearð eal gearo,
   heal-ärna mæst;   scôp him Heort naman,
   se þe his wordes gewcald   wîde häfde.
80 He beót ne âlêh,   beágas dælde,
   sinc ät symle.   Sele hiifade
   heáh and horn-geáp: Leaðo-wylma bâd,
   lâðan liges;   ne wäs hit lenge þâ gen
   þät se ecg-hete   âðum-swerian
85 äfter wäl-nîðe   wäcnan scolde.
   Þâ se ellen-gæst   earfoðlîce
   þrage geþolode,   se þe in þýstrum bâd,
   þät he dôgora gehwam   dreâm gehýrde
   hlûdne in healle;   þær wäs hearpan swêg,
90 swutol sang scôpes.   Sägde se þe cûðe
   frum-sceaft fira   feorran reccan,
   cwäð þät se älmihtiga   eorðan worhte,
   wlite-beorhtne wang,   swâ wäter bebûgeð,
   gesette sige-hrêðig   sunnan and mônan

95 leóman tó leóhte land-búendum,
and gefrätwade foldan sceátas
leomum and leáfum; líf eác gesceóp
cynna gehwylcum, þára þe cwice hwyrfað.
Swá þá driht-guman dreámum lifdon
100 eádiglíce, óð þät án ongan
fyrene fremman, feónd on helle:
wäs se grimma gäst Grendel háten,
mære mearc-stapa, se þe móras heóld,
fen and fästen; fífel-cynnes eard
105 won-sælig wer weardode hwíle,
siððan him scyppend forscrifen häfde.
In Caines cynne þone cwealm gewräc,
éce drihten, þäs þe he Abel slóg;
ne gefeah he þære fæhðe, ac he hine feor forwräc,
110 metod for þý máne man-cynne fram.
Þanon untydras ealle onwócon,
eotenas and ylfe and orcnéas,
swylce gigantas, þá wið gode wunnon
lange þrage; he him þäs leán forgeald.

III. Grendel's Visits.

115 Gewát þá neósian, syððan niht becom,
heán húses, hú hit Hring-Dene
äfter beór-þege gebún häfdon.
Fand þá þær inne äðelinga gedriht
swefan äfter symble; sorge ne cúðon,
120 won-sceaft wera. Wiht unhælo
grim and grædig gearo sóna wäs,
reóc and réðe, and on rüste genam
þritig þegna: þanon eft gewát
húðe hrémig tó hám faran,
125 mid þære wäl-fylle wíca neósan.

þá wäs on uhtan   mid ær-däge
Grendles gúð-cräft gumum undyrne:
þá wäs äfter wiste wóp up áhafen,
micel morgen-swêg. Mære þeóden,
130 äðeling ær-gód,   unblíðe sät,
þolode þrýð-swýð,   þegn-sorge dreáh,
syððan hie þäs láðan   lást sceáwedon,
wergan gástes;   wäs þät gewin tó strang.
láð and longsum.   Näs hit lengra fyrst,
135 ac ymb áne niht   eft gefremede
morð-beala máre   and nó mearn fore
fæhðe and fyrene;   wäs tó fäst on þám.
þá wäs eáð-fynde,   þe him elles hwær
gerúmlícor räste sóhte,
140 bed äfter búrum,   þá him gebeácnod wäs,
gesägd sóðlíce   sweotolan tácne
heal-þegnes hete;   heóld hine syððan
fyr and fästor,   se þám feónde ätwand.
Swá ríxode and wið rihte wan
145 ána wið eallum,   óð þät ídel stód
húsa sélest.   Wäs seó hwíl micel:
twelf wintra tíd   torn geþolode
wine Scyldinga,   weána gehwelcne,
sídra sorga;   forþam syððan wearð
150 ylda bearnum   undyrne cúð,
gyddum geómore,   þätte Grendel wan
hwíle wið Hróðgár;— hete-níðas wäg,
fyrene and fæhðe   fela missera,
singale säce, sibbe ne wolde
155 wið manna hwone   mägenes Deniga
feorh-bealo feorran,   feó þingian,
ne þær nænig witena   wénan þorfte
beorhtre bóte   tó banan folmum;
atol ägláeca   éhtende wäs,
160 deorc deáð-scúa   duguðe and geogoðe

seomade and syrede. Sin-nihte heóld
mistige móras; men ne cunnon,
hwyder hel-rúnan hwyrftum scríðað.
Swá fela fyrena feónd man-cynnes,
165 atol án-gengea, oft gefremede
heardra hýnða; Heorot eardode,
sinc-fáge sel sweartum nihtum·
(nó he þone gif-stól grétan móste,
máððum for metode, ne his myne wisse);
170 þät wäs wræc micel wine Scyldinga,
módes brecða. Monig-oft gesät
ríce tó rúne; ræd eahtędon,
hwät swíð-ferhðum sélest wære
wið fær-gryrum tó gefremmanne.
175 Hwílum hie gehéton ät härg-trafum
wig-weorðunga, wordum bædon,
þät him gást-bona geóce gefremede
wið þeód-þreáum. Swylc wäs þeáw hyra,
hæðenra hyht; helle gemundon
180 in mód-sefan, metod hie ne cúðon,
dæda démend, ne wiston hie drihten god,
ne hie húru heofena helm hérian ne cúðon,
wuldres waldend. Wá bið þäm þe sceal
þurh slíðne níð sáwle bescúfan
185 in fýres fäðm, frófre ne wénan,
wihte gewendan; wel bið þäm þe mót
äfter deáð-däge drihten sécean
and tó fäder fäðmum freoðo wilnian.

IV. Hygelac's Thane.

Swá þá mæl-ceare maga Healfdenes
190 singala seáð; ne mihte snotor häleð
weán onwendan: wäs þät gewin tó swýð,
láð and longsum, þe on þá leóde becom,

nŷd-wracu nîð-grim,   niht-bealwa mæst.
Þät fram hâm gefrägn   Higelâces þegn,
195 gôd mid Geátum,   Grendles dæda:
se wäs mon-cynnes   mägenes strengest
on þäm däge   þysses lîfes,
äðele and eácen.   Hêt him ŷð-lidan
gôdne gegyrwan;   cwäð he gûð-cyning
200 ofer swan-râde   sêccan wolde,
mærne þeóden,   þâ him wäs manna þearf.
Þone sîð-fät him   snotere ceorlas
lyt-hwon lôgon,   þeáh he him leóf wære;
hwetton higerôfne,   hæl sceáwedon.
205 Häfde se gôda   Geáta leóda
cempan gecorone,   þâra þe he cênoste
findan mihte;   fîftena sum
sund-wudu sôhte;   secg wîsade,
lagu-cräftig mon,   land-gemyrcu.
210 Fyrst forð gewât: flota wäs on ŷðum,
bât under beorge.   Beornas gearwe
on stefn stigon;   streámas wundon
sund wið sande;   secgas bæron
on bearm nacan   beorhte frätwe,
215 gûð-searo geatolîc;   guman ût scufon,
weras on wil-sîð   wudu bundenne.
Gewât þâ ofer wæg-holm   winde gefŷsed
flota fâmig-heals   fugle gelîcost,
ôð þät ymb ân-tîd   ôðres dôgores
220 wunden-stefna   gewaden häfde,   ship
þät þâ lîðende   land gesâwon,
brim-clifu blîcan,   beorgas steápe,
sîde sæ-nässas: þâ wäs sund liden,
eoletes ät ende.   Þanon up hraðe
225 Wedera leóde   on wang stigon,
sæ-wudu sældon   (syrcan hrysedon,
gûð-gewædo);   gode þancedon,

þäs þe him ȳð-láde   eáðe wurdon.
Þá of wealle geseah   weard Scildinga,
230 se þe holm-clifu   healdan scolde,
beran ofer bolcan   beorhte randas,
fyrd-searu fúslicu;   hine fyrwyt bräc
mód-gehygdum,   hwät þá men wæron.
Gewát him þá tó waroðe   wicge rídan
235 þegn Hróðgáres,   þrymmum cwehte
mägen-wudu mundum,   meðel-wordum frägn:
"Hwät syndon ge   searo-häbbendra
"byrnum werede,   þe þus brontne ceól
"ofer lagu-stræte   lædan cwómon,
240 "hider ofer holmas   *helmas bæron?*
"Ic wäs ende-sæta,   æg-wearde heóld,
"þät on land Dena   láðra nænig
"mid scip-herge   sceððan ne meahte.
"Nó her cúðlícor   cuman ongunnon
245 "lind-häbbende;   ne ge leáfnes-word
"gúð-fremmendra   gearwe ne wisson,
"mága gemédu.   Næfre ic máran geseah
"eorla ofer eorðan,   þonne is cówer sum,
"secg on searwum;   nis þät seld-guma
250 "wæpnum geweorðad,   näfne him his wlite leóge,
"ænlíc an-sȳn.   Nu ic cówer sceal
"frum-cyn witan,   ær ge fyr heonan
"leáse sceáweras   on land Dena
"furður féran.   Nu ge feor-búend
255 "mere-líðende   mínne gehȳrað
"án-fealdne geþóht: ófest is sélest
"tó gecȳðanne,   hwanan eówre cyme syndon."

V. The Errand.

Him se yldesta   andswarode,
werodes wîsa   word-hord onleác:
260 "We synt gum-cynnes   Geáta leóde
"and Higeláces   heorð-geneátas.
"Wäs mîn fäder   folcum gecýðed,
"äðele ord-fruma   Ecgþeów háten;
"gebád wintra worn,   ær he on weg hwurfe,
265 "gamol of geardum;   hine gearwe geman
"witena wel-hwylc   wîde geond eorðan.—
"We þurh holdne hige   hláford þinne,
"sunu Healfdenes,   sêcean cwómon,
"leód-gebyrgean: wes þu ûs lárena gód!
270 "Habbað we tô þäm mæran   micel ærende
"Deniga freán;   ne sceal þær dyrne sum
"wesan, þäs ic wêne.   Þu wâst, gif hit is,
"swâ we sôðlîce   secgan hýrdon,
"þät mid Scyldingum   sceaða ic nât hwylc,
275 "deógol dæd-hata,   deorcum nihtum
"eáweð þurh egsan   uncûðne nîð,
"hýnðu and hrâ-fyl.   Ic þäs Hróðgâr mäg
"þurh rûmne sefan   ræd gelæran,
"hû he frôd and gód   feónd oferswýðeð,
280 "gyf him ed-wendan   æfre scolde
"bealuwa bisigu,   bôt eft cuman
"and þa cear-wylmas   côlran wurðað;
"oððe â syððan   earfoð-þrage,
"þreá-nýd þolað,   þenden þær wunað
285 "on heáh-stede   hûsa sêlest."
Weard maðelode,   þær on wicge sät
ombeht unforht: "Æghwäðres sceal
"scearp scyld-wîga   gescâd witan,
"worda and worca,   se þe wel þenceð.

290 "Ic þät gehýre,   þät þis is hold weorod
    "freán Scyldinga.   Gewítaðforð beran
    "wæpen and gewædu,   ic eów wísige:
    "swylce ic magu-þegnas   mine háte
    "wið feónda gehwone   flotan eówerne,
295 "niw-tyrwedne   nacan on sande
    "árum healdan,   óð þät eft byreð
    "ofer lagu-streámas   leófne mannan
    "wudu wunden-hals   tó Weder-mearce.
    "Gûð-fremmendra   swylcum gifeðe bið,
300 "þät þone hilde-ræs   hál gedígeð."
    Gewiton him þá féran   (flota stille bád,
    seomode on sále   síd-fäðmed scyp,
    on ancre fäst);   eofor-líc sciónon
    ofer hleór-beran   gehroden golde
305 fáh and fýr-heard,   ferh wearde heóld.
    Gûðmóde grummon,   guman onetton,
    sigon ätsomne,   óð þät hy säl timbred
    geatolic and gold-fáh   ongytan mihton;
    þät wäs fore-mærost   fold-búendum
310 receda under roderum,   on þäm se ríca bád;
    lixte se leóma   ofer landa fela.
    Him þá hilde-deór   hof módigra
    torht getæhte,   þät hie him tó mihton
    gegnum gangan;   gûð-beorna sum
315 wicg gewende,   word äfter cwäð:
    "Mæl is me tó féran;   fäder alwalda
    "mid ár-stafum   eówic gehealde
    "síða gesunde!   ic tó sæ wille,
    "wið wráð werod   wearde healdan."

VI. Beówulf's Speech.

320 Stræt wäs stân-fâh,   stíg wísode
    gumum ätgädere.   Gûð-byrne scân
    heard hond-locen,   hring-îren scîr
    song in searwum,   þâ hie tô sele furðum
    in hyra gryre-geatwum   gangan cwômon.
325 Setton sæ-méðe   síde scyldas,
    rondas regn-hearde   wið þäs recedes weal,
    bugon þâ tô bence;   byrnan hringdon,
    gûð-searo gumena;   gâras stôdon,
    sæ-manna searo,   samod ätgädere,
330 äsc-holt ufan græg: wäs se îren-þreát
    wæpnum gewurðad.   Þâ þær wlonc häleð
    oret-mecgas   äfter äðelum frägn:
    "Hwanon ferigeað ge   fätte scyldas,
    "græge syrcan   and grîm-helmas,
335 "here-sceafta heáp?—   Ic eom Hroðgâres
    "âr and ombiht.   Ne seah ic el-þeódige
    "þus manige men   môdiglîcran.
    "Wên' ic þät ge for wlenco,   nalles for wräc-sîðum,
    "ac for hige-þrymmum   Hroðgâr sôhton."
340 Him þâ ellen-rôf   andswarode,
    wlanc Wedera leód   word äfter spräc,
    heard under helme: "We synt Higeláces
    "beód-geneátas;   Beówulf is mîn nama.
    "Wille ic âsecgan   suna Healfdenes,
345 "mærum þeódne   mîn ærende,
    "aldre þînum,   gif he ûs geunnan wile,
    "þät we hine swâ gôdne   grêtan môton."
    Wulfgâr maðelode   (þät wäs Wendla leód,
    wäs his môd-sefa   manegum gecŷðed,
350 wîg and wîs-dôm):   "ic þäs wine Deniga.
    "freán Scildinga   frinan wille.

"beága bryttan,   swá þu béna eart.
"þeóden mærne   ymb þinne síð :
"and þe þá andsware   ädre gecýðan,
355 "þe me se góda   ágifan þenceð."
Hwearf þá hrädlíce,   þær Hróðgár sät.
eald and unhár   mid his eorla gedriht :
eode ellen-róf,   þät he for eaxlum gestód
Deniga freán,   cúðe he duguðe þeáw.
360 Wulfgár maðelode   tó his wine-drihtne :
"Her syndon geferede   feorran cumene
"ofer geofenes begang   Geáta leóde :
"þone yldestan   oret-mecgas
"Beówulf nemnað.   Hy bénan synt,
365 "þät hie, þeóden mín,   wið þe móton
"wordum wrixlan ;   nó þu him wearne geteóh,
"þínra gegn-cwida   glädnian, Hróðgár !
"Hy on wíg-geatwum   wyrðe þinceað
"eorla geæhtlan ;   húru se aldor deáh,
370 "se þæm heaðo-rincum   hider wísade."

VII. Hrothgar's Welcome.

Hróðgár maðelode,   helm Scyldinga :
"Ic hine cúðe   cniht-wesende.
"Wäs his eald-fäder   Ecgþeó háten,
"þäm tó hám forgeaf   Hréðel Geáta
375 "ángan dóhtor ;   is his eafora nu
"heard her cumen,   sóhte holdne wine.
"Þonne sägdon þät   sæ-líðende,
"þá þe gif-sceattas   Geáta fyredon
"þyder tó þance,   þät he þrittiges
380 "manna mägen-cräft   on his mund-gripe
"heaðo-róf häbbe.   Hine hálig god
"for ár-stafum   ús onsende,

"tô West-Denum, þäs ic wên häbbe,
"wið Grendles gryre: ic þäm gôdan sceal
385 "for his môd-þräce mâdmas beôdan.
"Beô þu on ôfeste, hât *hig* in gân,
"seôn sibbe-gedriht samod ätgädere;
"gesaga him eác wordum, þät hie sint wil-cuman
"Deniga leôdum." *Þá wið duru healle*
390 *Wulfgâr eode,* word inne âbeád:
"Eôw hêt secgan sige-drihten mîn,
"aldor Eást-Dena, þät he eôwer äðelu can
"and ge him syndon ofer sæ-wylmas,
"heard-hicgende, hider wil-cuman.
395 "Nu ge môton gangan in eôwrum gûð-geatawum,
"under here-grîman, Hrôðgâr geseôn;
"lætað hilde-bord her onbidian,
"wudu wäl-sceaftas, worda geþinges."
Arâs þâ se rîca, ymb hine rinc manig,
400 þrýðlic þegna heáp; sume þær bidon,
heaðo-reáf heóldon, swâ him se hearda bebeád.
Snyredon ätsomne, þâ secg wîsode
under Heorotes hrôf; *hyge-rôf eode,*
heard under helme, þät he on heoðe gestôd.
405 Beôwulf maðelode (on him byrne scân,
searo-net seôwed smiðes or-þancum):
"Wes þu Hrôðgâr hâl! ic eom Higelâces
"mæg and mago-þegn; häbbe ic mærða fela
"ongunnen on geogoðe. Me wearð Grendles þing
410 "on mînre êðel-tyrf undyrne cûð:
"secgað sæ-lîðend, þät þes sele stande,
"reced sêlesta, rinca gehwylcum
"îdel and unnyt, siððan æfen-leôht
"under heofenes hâdor beholen weorðeð.
415 "þâ me þät gelærdon leôde mîne,
"þâ sêlestan, snotere ceorlas,
"þeôden Hrôðgâr, þät ic þe sôhte;

"forþan hic mǽgenes cräft minne cúðon :
"selfe ofersáwon, þá ic of scarwum cwom,
420 "fáh from feóndum, þær ic fífe geband,
"ýðde eotena cyn, and on ýðum slóg
"niceras nihtes, nearo-þearfe dreáh,
"wräc Wedera nlð (weán áhsodon)
"forgrand gramum; and nu wið Grendel sceal,
425 "wið þam aglǽcan, ána gehegan
"þing wið þyrse. Ic þe nu þá,
"brego Beorht-Dena, biddan wille,
"eodor Scyldinga, ánre béne;
"þät þu me ne forwyrne, wígendra hleó,
430 "freó-wine folca, nu ic þus feorran com,
"þät ic móte ána and mínra eorla gedryht,
"þes hearda heáp, Heorot fælsian.
"Häbbe ic eác geáhsod, þät se ägǽca
"for his won-hýdum wǽpna ne réceð;
435 "ic þät þonne forhicge, swá me Higelác sie,
"mín mon-drihten, módes blíðe,
"þät ic sweord bere oððe sídne scyld
"geolo-rand tó gúðe; ac ic mid grápe sceal
"fón wið feónde and ymb feorh sacan,
440 "láð wið láðum; þær gelýfan sceal
"dryhtnes dóme se þe hine deáð nimeð.
"Wén' ic þät he wille, gif he wealdan mót,
"in þäm gúð-sele Geátena leóde
"etan unforhte, swá he oft dyde
445 "mägen Hréðmanna. Ná þu mínne þearft
"hafalan hýdan, ac he me habban wile
"dreóre fáhne, gif mec deáð nimeð,
"byreð blódig wäl, byrgean þenceð,
"eteð án-genga unmurnlíce,
450 "mearcað mór-hópu: nó þu ymb mínes ne þearft
"líces feorme leng sorgian.
"Onsend Higeláce, gif mec hild nime,

"beadu-scrûda betst, þät mîne breóst wereð,
"hrägla sêlest ; þät is Hrêðlan lâf,
455 "Wêlandes geweorc. Gæð â Wyrd swâ hió scel!"

VIII. HROTHGAR TELLS OF GRENDEL.

HRÔÐGÂR maðelode, helm Scyldinga :
"for *were*-fyhtum þu, wine mîn Beówulf,
"and for âr-stafum ûsic sôhtest.
"Geslôh þin fäder fæhðe mæste,
460 "wearð he Heaðolâfe tô hand-bonan
"mid Wilfingum ; þâ hine Wedera cyn
"for here-brôgan habban ne mihte.
"Þanon he gesôhte Sûð-Dena folc
"ofer ýða gewealc, Âr-Scyldinga ;
465 "þâ ic furðum weóld folce Deninga,
"and on geogoðe heóld gimme-rîce
"hord-burh häleða : þâ wäs Heregâr deád,
"mîn yldra mæg unlifigende,
"bearn Healfdenes. Se wäs betera þonne ic !
470 "Siððan þâ fæhðe feó þingode ;
"sende ic Wylfingum ofer wäteres hrycg
"ealde mâdmas : he me âðas swôr.
"Sorh is me tô secganne on sefan mînum
"gumena ængum, hwät me Grendel hafað
475 "hýnðo on Heorote mid his hete-þancum,
"fær-nîða gefremed. Is mîn flet-werod,
"wîg-heáp gewanod ; hie Wyrd forsweóp
"on Grendles gryre. God eáðe mäg
"þone dol-scaðan dæda getwæfan !
480 "Ful oft gebeótedon beóre druncne
"ofer ealo-wæge oret-mecgas,
"þät hie in beór-sele bîdan woldon
"Grendles gûðe mid gryrum ecga.

"Þonne wäs þeós medo-heal   on morgen-tíd,
485 "driht-sele dreór-fáh,   þonne däg lixte,
"eal benc-þelu   blóde bestýmed,
"heall heoru-dreóre :   áhte ic holdra þý läs.
"deórre duguðe,   þe þá deáð fornam.
"Site nu tó symle   and onsæl meoto,
490 "sige-hréð secgum,   swá þín sefa hwette!"
Þá wäs Geát-mäcgum   geador ätsomne
on beór-sele   benc gerýmed;
þær swíð-ferhðe   sittan eodon
þrýðum dealle.   Þegn nytte beheóld,
495 se þe on handa bär   hroden ealo-wæge,
scencte scír wered.   Scóp hwílum sang
hádor on Heorote;   þær wäs häleða dreám.
duguð unlytel   Dena and Wedera.

IX. Hunferth Objects to Beówulf.

Húnferð maðelode,   Ecgláfes bearn,
500 þe ät fótum sät   freán Scyldinga;
onband beadu-rúne   (wäs him Beówulfes síð,
módges mere-faran,   micel äf-þunca,
forþon þe he ne úðe,   þät ænig óðer man
æfre mærða þon má   middan-geardes
505 geheðde under heofenum   þonne he sylfa):
"Eart þu se Beówulf,   se þe wið Brecan wunne,
"on sídne sæ   ymb sund flite,
"þær git for wlence   wada cunnedon
"and for dol-gilpe   on deóp wäter
510 "aldrum néðdon?   Ne inc ænig mon,
"ne leóf ne láð,   belcán mihte
"sorh-fullne síð;   þá git on sund reón.
"þær git eágor-streám   earmum þehton,
"mæton mere-stræta,   mundum brugdon.

515 "glidon ofer går-secg; geofon ýðum weól,
 "wintres wylme. Git on wäteres ælit
 "seofon niht swuncon; he þe ät sunde oferflåt,
 "häfde måre mägen. Þå hine on morgen-tíd
 "on Heaðo-ræmas holm up ätbär,
520 "þonon he gesóhte swæsne éðel
 "leóf his leódum lond Brondinga,
 "freoðo-burh fägere, þær he folc åhte.
 "burg and beágas. Beót eal wið þe
 "sunu Beánstánes sóðe gelæste.
525 "Þonne wéne ic tó þe wyrsan geþinges,
 "þeáh þu heaðo-ræsa gehwær dohte,
 "grimre gúðe, gif þu Grendles dearst
 "niht-longne fyrst neán bídan!"
 Beówulf maðelode, bearn Ecgþeówes:
530 "Hwät þu worn fela, wine mín Húnferð,
 "beóre druncen ymb Brecan spræce,
 "sägdest from his síðe! Sóð ic talige,
 "þät ic mere-strengo máran åhte,
 "eafeðo on ýðum, þonne ænig óðer man.
535 "Wit þät gecwædon cniht-wesende
 "and gebeótedon (wæron begen þå git
 "on geogoð-feore) þät wit on går-secg út
 "aldrum néðdon; and þät geäfndon swå.
 "Häfdon swurd nacod, þå wit on sund reón,
540 "heard on handa, wit unc wið hron-fixas
 "werian þóhton. Nó he wiht fram me
 "flód-ýðum feor fleótan meahte,
 "hraðor on holme, nó ic fram him wolde.
 "Þå wit ätsomne on sæ wæron
545 "fíf nihta fyrst, óð þät unc flód tódráf,
 "wado weallende, wedera cealdost,
 "nípende niht and norðan wind
 "heaðo-grim andhwearf; hreó wæron ýða.
 "Wäs mere-fixa mód onhréred:

550 " þær me wið láðum   líc-syrce mín,
" heard hond-locen,   helpe gefremede;
" beado-hrægl broden   on breóstum läg,
" golde gegyrwed.   Me tó grunde teáh
" fáh feónd-scaða,   fäste häfde
555 " grim on grápe: hwäðre me gyfcðe wearð,
" þät ic aglæcan   orde geræhte,
" hilde-bille;   heaðo-ræs fornam
" mihtig mere-deór   þurh mine hand.

X. BEÓWULF'S CONTEST WITH BRECA.—THE FEAST.

" Swá mec gelóme   láð-geteónan
560 " þreátedon þearle.   Ic him þénode
" deóran sweorde,   swá hit gedéfe wäs;
" näs hie þære fylle   gefeán häfdon,
" mán-fordædlan,   þät hie me þégon,
" symbel ymb-sæton   sæ-grunde neáh,
565 " ac on mergenne   mécum wunde
" be ýð-láfe   uppe lægon,
" sweordum áswefede,   þät syððan ná
" ymb brontne ford   brim-líðende
" láde ne letton.   Leóht eástan com,
570 " beorht beácen godes;   brimu swaðredon,
" þät ic sæ-nässas   geseón mihte,
" windige weallas.   Wyrd oft nereð
" unfægne eorl,   ðonne his ellen deáh!
" Hwäðere me gesælde,   þät ic mid sweorde ofslóh
575 " niceras nigene.   Nó ic on niht gefrägn
" under heofones hwealf   heardran feohtan,
" ne on ég-streámum   earmran mannan;
" hwäðere ic fára feng   feore gedígde,
" síðes wérig.   Þá mec sæ óðbär,
580 " flód äfter faroðe,   on Finna land.

"wadu weallendu.　Nô ic wiht fram þe
"swylcra searo-nîða　　secgan hŷrde,
"billa brôgan :　Breca næfre git
"æt heaðo-lâce,　　ne gehwæðer incer
585 "swâ deórlîce　　dæd gefremede
"fâgum sweordum　. . . . . . .
". . . . . . .　　nô ic þäs gylpe ;
"þeáh þu þînum brôðrum　　tô banan wurde,
"heáfod-mægum ;　　þäs þu in helle scealt
590 "werhðo dreógan,　　þeáh þîn wit duge.
"Secge ic þe tô sôðe,　　sunu Ecglâfes,
"þät næfre Grendel swâ fela　　gryra gefremede,
"atol äglæca　　ealdre þînum,
"hŷnðo on Heorote,　　gif þîn hige wære,
595 "sefa swâ searo-grim,　　swâ þu self talast.
"Ac he hafað onfunden,　　þät he þâ fæhðe ne þearf,
"atole ecg-þräce　　eówer leóde
"swîðe onsittan,　　Sige-Scyldinga ;
"nymeð nŷd-bâde,　　nænegum ârað
600 "leóde Deniga,　　ac he on lust wîgeð,
"swefeð ond sendeð,　　säcce ne wêneð
"tô Gâr-Denum.　　Ac him Geáta sceal
"eafoð and ellen　　ungeâra nu
"gûðe gebeódan.　　Gæð eft se þe môt
605 "tô medo môdig,　　siððan morgen-leóht
"ofer ylda bearn　　ôðres dôgores,
"sunne swegl-wered　　sûðan scîneð ! "
þâ wäs on sâlum　　sinces brytta
gamol-feax and gûð-rôf,　　geóce gelŷfde
610 brego Beorht-Dena ;　gehŷrde on Beówulfe
folces hyrde　　fäst-rædne geþôht.
þær wäs häleða hleahtor ;　　hlyn swynsode,
word wæron wynsume.　　Eode Wealhþeów forð,
cwên Hrôðgâres,　　cynna gemyndig,
615 grêtte gold-hroden　　guman on healle,

und þá freólíc wíf   ful gesealde
ærest Eást-Dena   éðel-wearde,
bäd hine blíðne   ät þære beór-þege.
leódum leófne ;   he on lust geþeah
620 symbel and sele-ful,   sige-róf kyning.
Ymb-eode þá   ides Helminga
duguðe and geogoðe   dæl æghwylcne ;
sinc-fato sealde,   óð þät sæl álamp,
þät hió Beówulfe,   beág-hroden cwén,
625 móde geþungen,   medo-ful ätbär;
grétte Geáta leód,   gode þancode
wís-fäst wordum,   þäs þe hire se willa gelamp,
þät heó on ænigne   eorl gelýfde
fyrena frófre.   He þät ful geþeah,
630 wäl-reów wíga   ät Wealhþeón,
and þá gyddode   gúðe gefýsed,
Beówulf maðelode,   bearn Ecgþeówes:
"Ic þät hogode,   þá ic on holm gestáh,
"sæ-bát gesät   mid mínra secga gedriht,
635 "þät ic ánunga   eówra leóda
"willan geworhte,   oððe on wäl crunge,
"feónd-grápum fäst.   Ic gefremman sceal
"eorlíc ellen,   oððe ende-däg
"on þisse meodu-healle   mínne gebídan."
640 Þam wífe þá word   wel lícodon,
gilp-cwide Geátes ;   eode gold-hroden
freólícu folc-cwén   tó hire freán sittan.
Þá wäs eft swá ær   inne on healle
þryð-word sprecen,   þeód on sælum,
645 sige-folca swég,   óð þät semninga
sunu Healfdenes   sécean wolde
æfen-räste ;   wiste ät þäm ahlæcan
tó þäm heáh-sele   hilde geþinged,
siððan hie sunnan leóht   geseón *ne* meahton,
650 oððe nípende   niht ofer ealle,

scadu-helma gesceapu   scríðan cwóman,
wan under wolcnum.   Werod eall árás.
Grétte þá *giddum*   guma óðerne,
Hróðgár Beówulf,   and him hæl ábeád,
655 win-ärnes geweald   and þät word ácwäð:
"Næfre ic ænegum men   ær álýfde,
"siððan ic hond and rond   hebban milite,
"þryð-ärn Dena   búton þe nu þá.
"Hafa nu and geheald   húsa sélest;
660 "gemyne mærðo,   mägen-ellen cýð,
"waca wið wráðum!   Ne bið þe wilna gád,
"gif þu þät ellen-weorc   aldre gedígest."

XI. THE WATCH FOR GRENDEL.

Þá him Hróðgár gewát   mid his häleða gedryht,
eodur Scyldinga   út of healle;
665 wolde wíg-fruma   Wealhþeó sécan,
cwén tó gebeddan.   Häfde kyninga wuldor
Grendle tó-geánes,   swá guman gefrungon,
sele-weard áseted: sundor-nytte beheóld
ymb aldor Dena,   eoton weard ábeád;
670 húru Geáta leód   georne trúwode
módgan mägnes,   metodes hyldo.
Þá he him of dyde   ísern-byrnan,
helm of hafelan,   sealde his hyrsted sweord,
írena cyst   ombiht-þegne,
675 and gehealdan hét   hilde-geatwe.
Gespräc þá se góda   gylp-worda sum
Beówulf Geáta,   ær he on bed stige:
"Nó ic me an here-wæsmum   hnágran talige
"gúð-geweorca,   þonne Grendel hine;
680 "forþan ic hine sweorde   swebban nelle,
"aldre beneótan,   þeáh ic eal mæge.

"Nát he þára góda,   þät he me on-geán sleá,
"rand geheáwe,   þeáh þe he róf sìe
"nìð-geweorca;   ac wit on niht sculon
685 "secge ofersittan,   gif he gesécean dear
"wíg ofer wǽpen,   and siððan witig god
"on swá hwäðere hond   hálig dryhten
"mærðo déme,   swá him gemet þince."
Hylde hine þá heaðo-deór,   hleór-bolster onféng
690 eorles andwlitan;   and hine ymb monig
snellíc sǽ-rinc   sele-reste gebeáh.
Nænig heora þóhte   þät he þanon scolde
eft eard-lufan   ǽfre gesécean,
folc oððe freó-burh,   þær he áféded wäs,
695 ac hie häfdon gefrunen,   þät hie ær tó fela micles
in þäm win-sele   wäl-deáð fornam,
Denigea leóde.   Ac him dryhten forgeaf
wíg-spéda gewiofu,   Wedera leódum
frófor and fultum,   þät hie feónd heora
700 þurh ánes cräft   ealle ofercómon,
selfes mihtum: sóð is gecýðed,
þät mihtig god   manna cynnes
weóld wíde-ferhð.   Com on wanre niht
scríðan sceadu-genga.   Sceótend swǽfon,
705 þá þät horn-reced   healdan scoldon,
ealle buton ánum.   Þät wäs yldum cúð,
þät hie ne móste,   þá metod nolde,
se syn-scaða   under sceadu bregdan;
ac he wäccende   wráðum on andan
710 bád bolgen-mód   beadwa geþinges.

XII. Grendel's Raid.

Þá com of móre   under mist-hleoðum
Grendel gongan,   godes yrre bär.
Mynte se mân-scaða   manna cynnes
sumne besyrwan   in sele þam heán;
715 wód under wolcnum,   tó þäs þe he win-reced,
gold-sele gumena,   gearwost wisse
fättum fáhne.   Ne wäs þät forma síð,
þät he Hróðgáres   hám gesóhte:
naefre he on aldor-dagum   aer ne siððan
720 heardran häle,   heal-þegnas fand!
Com þá tó recede   rinc síðian
dreámum bedaeled.   Duru sóna onarn
fýr-bendum fäst,   syððan he hire folmum hrán;
onbräd þá bealo-hydig,   þá *he* ábolgen wäs,
725 recedes múðan.   Raðe äfter þon
on fágne flór   feónd treddode,
eode yrre-mód;   him of eágum stód
líge gelícost   leóht unfäger.
Geseah he in recede   rinca manige,
730 swefan sibbe-gedriht   samod ätgädere,
mago-rinca heáp: þá his mód áhlóg,
mynte þät he gedaelde,   aer þon däg cwóme,
atol aglaeca,   ánra gehwylces
líf wið líce,   þá him álumpen wäs
735 wist-fylle wén.   Ne wäs þät wyrd þá gen,
þät he má móste   manna cynnes
þicgean ofer þá niht.   Þrýð-swýð beheóld
maeg Higeláces,   hú se mân-scaða
under faer-gripum   gefaran wolde.
740 Ne þät se aglaeca   yldan þóhte,
ac he gefeng hraðe   forman síðe
slaependne rinc,   slát unwearnum,

bát bán-locan, blód édrum dranc,
syn-snædum swealh: sóna häfde
745 unlyfigendes eal gefeormod
fét and folma. Forð neár ätstóp,
nam þå mid handa hige-þihtigne
rinc on räste; ræhte ongeán
feónd mid folme, he onfêng hraðe
750 inwit-þancum and wið earm gesät.
Sóna þät onfunde fyrena hyrde,
þät he ne métte middan-geardes
eorðan sceáta on elran men
mund-gripe máran: he on móde wearð
755 forht on ferhðe, nó þý ær fram meahte;
hyge wäs him hin-fús, wolde on heolster fleón,
sécan deófla gedräg: ne wäs his drohtoð þær,
swylce he on calder-dagum ær geméttc.
Gemunde þå se góda mæg Higeláces
760 æfen-spræce, up-lang ástód
and him fäste wiðfêng. Fingras burston;
eoten wäs út-weard, eorl furður stóp.
Mynte se mæra, þær he meahte swá,
wîdre gewindan and on weg þanon
765 fleón on fen-hópu; wiste his fingra geweald
on grames grápum. Þät wäs geócor sîð,
þät se hearm-scaða tó Heornte áteáh:
dryht-sele dynede, Denum eallum wearð,
ceaster-búendum, cénra gehwylcum,
770 eorlum ealu-scerwen. Yrre wæron begen,
réðe rên-weardas. Reced hlynsode;
þå wäs wundor micel, þät se win-sele
wiðhäfde heaðo-deórum, þät he on hrusan ne feól,
fäger fold-bold; ac he þäs fäste wüs
775 innan and útan iren-bendum
searo-þoncum besmiðod. Þær fram sylle ábeág
medu-benc monig mîne gefræge,

golde geregnad,   þær þá graman wunnon;
þǽs ne wéndon ǽr   witan Scyldinga,
780 þæt hit á mid gemete   manna ǽnig
betlíc and bán-fág   tóbrecan meahte,
listum tólúcan,   nymðe líges fæðm
swulge on swaðule.   Swég up ástág
niwe geneahhe;   Norð-Denum stód
785 atelíc egesa   ánra gehwylcum
þára þe of wealle   wóp gehýrdon,
gryre-leóð galan   godes andsacan,
sige-leásne sang,   sár wánigean
helle hǽftan.   Heóld hine tó fæste
790 se þe manna wæs   mægene strengest
on þám dæge   þysses lífes.

XIII. Beówulf Tears off Grendel's Arm.

Nolde eorla hleó   ǽnige þinga
þone cwealm-cuman   cwicne forlǽtan,
ne his líf-dagas   leóda ǽnigum
795 nytte tealde.   Þær genehost brægd
eorl Beówulfes   ealde láfe,
wolde freá-drihtnes   feorh ealgian
mǽres þeódnes,   þær hie meahton swá;
hie þæt ne wiston,   þá hie gewin drugon,
800 heard-hicgende   hilde-mecgas,
and on healfa gehwone   heáwan þóhton,
sáwle sécan,   þæt þone syn-sceaðan
ǽnig ofer eorðan   írenna cyst,
gúð-billa nán   grétan nolde;
805 ac he sige-wǽpnum   forsworen hæfde,
ecga gehwylcre.   Scolde his aldor-gedál
on þám dæge   þysses lífes
earmlíc wurðan   and se ellor-gást

on feónda geweald   feor síðian.
810 þá þät onfunde   se þe fela æror
módes myrðe   manna cynne
fyrene gefremede   (he wäs fåg wið god)
þät him se líc-homa   læstan nolde,
ac hine se módega   mæg Hygeláces
815 häfde be honda;   wäs gehwäðer óðrum
lifigende láð.   Líc-sár gebád
atol äglæca,   him on eaxle wearð
syn-dolh sweotol,   seonowe onsprungon
burston bán-locan.   Beówulfe wearð
820 gúð-hréð gyfeðe;   scolde Grendel þonan
feorh-seóc fleón   under fen-hleoðu,
sécean wyn-leás wíc;   wiste þé geornor,
þät his aldres wäs   ende gegongen,
dógera däg-rím.   Denum eallum wearð
825 äfter þam wäl-ræse   willa gelumpen.
Häfde þá gefælsod,   se þe ær feorran com,
snotor and swýð-ferhð   sele Hróðgáres,
genered wið níðe.   Niht-weorce gefeh,
ellen-mærðum;   häfde Eást-Denum
830 Geát-mecga leód   gilp gelæsted,
swylce oneýðöe   ealle gebêtte,
inwid-sorge,   þe hie ær drugon
and for þreá-nýdum   þolian scoldon,
torn unlytel.   Þät wäs tácen sweotol,
835 syððan hilde-deór   hond álegde,
earm and eaxle   (þær wäs eal geador
Grendles grápe)   under geápne hróf.

XIV. The Joy at Heorot.

Þá wäs on morgen   mîne gefræge
ymb þá gif-healle   gûð-rinc monig:
840 fêrdon folc-togan   feorran and neán
geond wíd-wegas   wundor sceáwian,
láðes lástas. Nó his líf-gedâl
sârlîc þûhte   secga ænegum,
þâra þe tír-leáses   trode sceáwode,
845 hû he wêrig-môd   on weg þanon,
nîða ofercumen,   on nicera mere
fæge and geflŷmed   feorh-lástas bär.
Þær wäs on blôde   brim weallende,
atol ŷða geswing   eal gemenged
850 hâtan heolfre,   heoro-dreóre weól;
deáð-fæge deóg,   siððan dreáma leás
in fen-freoðo   feorh âlegde
hæðene sâwle,   þær him hel onfêng.
Þanon eft gewiton   cald-gestîðas,
855 swylce geong manig   of gomen-wáðe,
fram mere môdge,   mearum rîdan,
beornas on blancum.   Þær wäs Beówulfes
mærðo mæned;   monig oft gecwäð,
þätte sûð ne norð   be sæm tweonum
860 ofer eormen-grund   ôðer nænig
under swegles begong   sêlra nære
rond-häbbendra,   rîces wyrðra.
Ne hie hûru wine-drihten   wiht ne lôgon,
glädne Hróðgár,   ac þät wäs gôd cyning.
865 Hwîlum heaðo-rôfe   hleápan lêton,
on geflît faran   fealwe mearas,
þær him fold-wegas   fägere þûhton,
cystum cûðe;   hwîlum cyninges þegn,
guma gilp-hläden   gidda gemyndig,

870 se þe eal-fela   eald-gesegena
    worn gemunde,   word ôðer fand
    sôðe gebunden :   secg eft ongan
    sîð Beówulfes   snyttrum styrian
    and on spéd wrecan   spel geráde,
875 wordum wrixlan,   wel-hwylc gecwäð,
    þät he fram Sigemunde   secgan hýrde,
    ellen-dædum,   uncûðes fela,
    Wälsinges gewin,   wîde sîðas,
    þára þe gumena bearn   gearwe ne wiston,
880 fæhðe and fyrene,   buton Fitela mid hine,
    þonne he swylces hwät   secgan wolde
    eám his nefan,   swâ hie â wæron
    ät nîða gehwam   nýd-gestcallan :
    häfdon eal-fela   eotena cynnes
885 sweordum gesæged.   Sigemunde gesprong
    äfter deáð-däge   dôm unlýtel,
    syððan wiges heard   wyrm âcwealde,
    hordes hyrde ;   he under hârne stân,
    äðelinges bearn,   âna geneðde
890 frécne dæde ;   ne wäs him Fitela mid.
    Hwäðre him gesælde,   þät þät swurd þurhwôd
    wrätlicne wyrm,   þät hit on wealle ätstôd,
    dryhtlîc îren ;   draca morðre swealt.
    Häfde aglæca   elne gegongen,
895 þät he beáh-hordes   brûcan môste
    selfes dôme :   sæ-bât gehlôd,
    bär on bearm scipes   beorhte frätwa,
    Wälses eafera ;   wyrm hât gemealt.
    Se wäs wreccena   wîde mærost
900 ofer wer-þeóde,   wigendra hleó
    ellen-dædum   (he þäs ær onþáh),
    siððan Heremôdes   hild sweðrode
    eafoð and ellen.   He mid eotenum wearð
    on feónda geweald   forð forlácen,

905 snúde forsended.   Hinc sorh-wylmas
    lemede tó lange,   he his leódum wearð,
    eallum äðelingum   tó aldor-ceare;
    swylce oft bemearn   ærran mælum
    swið-ferhðes sið   snotor ceorl monig,
910 se þe him bealwa tó   bóte gelýfde,
    þät þät þeódnes bearn   geþeón scolde,
    fäder-äðelum onfón,   folc gehealdan,
    hord and hleó-burh,   häleða ríce,
    éðel Scyldinga.   He þær eallum wearð,
915 mæg Higeláces   manna cynne,
    freóndum gefägra;   hine fyren onwód.

    Hwílum flítende   fealwe stræte
    mearum mæton.   Þá wäs morgen-leóht
    scofen and scynded.   Eode scealc monig
920 swið-hicgende   tó sele þam heán,
    searo-wundor seón,   swylce self cyning,
    of brýd-búre   beáh-horda weard,
    tryddode tír-fäst   getrume micle,
    cystum gecýðed,   and his cwén **mid him**
925 medo-stíg gemät   mägða hóse.

XV. Hrothgar's Gratulation.

    Hróðgár maðelode   (he tó healle geóng,
    stód on stapole,   geseah steápne hróf
    golde fáhne   and Grendles hond):
    "þisse ansýne   al-wealdan þanc
930 "lungre gelimpe!   Fela ic láðes gebád,
    "grynna ät Grendle: á mäg god wyrcan
    "wunder äfter wundre,   wuldres hyrde!
    "þät wäs ungeára,   þät ic ænigra me
    "weána ne wénde   tó wídan feore

935 "bóte gebīdan   þonne blóde fáh
"húsa sélest   heoro-dreórig stód;
"weá wīd-scofen   witena gehwylcne
"þára þe ne wéndon,   þät hie wīde-ferhð
"leóda land-geweorc   láðum beweredon
940 "scuccum and scinnum.   Nu sceale hafað
"þurh drihtnes miht   dæd gefremede,
"þe we ealle   ær ne meahton
"snyttrum besyrwan.   Hwät! þät secgan mäg
"efne swá hwylc mägða,   swá þone magan cende
945 "äfter gum-cynnum,   gyf heó gyt lyfað,
"þät hyre eald-metod   éste wære
"bearn-gebyrdo.   Nu ic Beówulf
"þec, secg betsta,   me for sunu wylle
"freógan on ferhðe;   heald forð tela
950 "niwe sibbe.   Ne bið þe nænigra gád
"worolde wilna,   þe ic geweald häbbe.
"Ful-oft ic for lässan   leán teohhode
"hord-weorðunge   hnáhran rince,
"sæmran ät sæcce.   Þu þe self hafast
955 "dædum gefremed,   þät þīn *dóm* lyfað
"áwá tó aldre.   Alwalda þec
"góde forgylde,   swá he nu gyt dyde!"
Beówulf maðclode,   bearn Ecgþeówes:
"We þät ellen-weorc   éstum miclum,
960 "feohtan fremedon,   frécne geneðdon
"eafoð uncúðes;   úðe ic swīðor,
"þät þu hine selfne   gesceón móste,
"feónd on frätewum   fyl-wérigne!
"Ic hine hrädlīce   heardan clammum
965 "on wäl-bedde   wrīðan þóhte,
"þät he for mund-gripe   mīnum scolde
"licgean līf-bysig,   bútan his līc swice;
"ic hine ne mihte,   þá metod nolde,
"ganges getwæman,   nó ic him þäs georne ätfealh.

970 " feorh-geníðlan ; wäs tó fore-mihtig
    " feónd on féðe.   Hwäðere he his folme forlét
    " tó líf-wraðe   lást weardian,
    " earm and eaxle ;   nó þær ænige swâ þeáh
    " feá-sceaft guma   frófre gebohte :
975 " nó þý leng leofað   láð-geteóna
    " synnum geswenced,   ac hyne sár hafað
    " in nýd-gripe   nearwe befongen,
    " balwon bendum :   þær âbîdan sceal
    " maga mâne fâh   miclan dómes,
980 " hû him scîr metod   scrîfan wille."
    þâ wäs swîgra secg,   sunu Ecglâfes,
    on gylp-spræce   gûð-geweorca,
    siððan äðelingas   eorles cräfte
    ofer heáhne hróf   hand sceáwedon,
985 feóndes fingras,   foran æghwylc ;
    wäs stéde nägla gehwylc,   stýle gelícost,
    hæðenes hand-speru   hilde-rinces
    egle unhéoru ;   æg-hwylc gecwäð,
    þät him heardra nân   hrînan wolde
990 îren ær-gód,   þät þäs ahlæcan
    blódge beadu-folme   onberan wolde.

XVI. THE BANQUET AND THE GIFTS.

    þâ wäs hâten hreðe   Heort innan-weard
    folmum gefrätwod :   fela þæra wäs
    wera and wîfa,   þe þät win-reced,
995 gest-sele gyredon.   Gold-fâg scinon
    web äfter wagum,   wundor-sióna fela
    secga gehwylcum   þâra þe on swyle staražð.
    Wäs þät beorhte bold   tóbrocen swîðe
    eal inne-weard   îren-bendum fäst,
1000 heorras tóhlidene ;   hróf âna genäs

ealles ansund,   þå se aglæca,
fyren-dædum fåg   on fleám gewand,
aldres or-wêna.   Nô þät ýðe byð
tô befleónne   (fremme se þe wille!)
1005 ac gesacan sceal   såwl-berendra
nýde genýdde   nidda bearna
grund-bûendra   gearwe stôwe,
þær his lic-homa   leger-bedde fäst
swefeð äfter symle.   Þå wäs sæl and mæl,
1010 þät tô healle gang   Healfdenes sunu;
wolde self cyning   symbel þicgan.
Ne gefrägen ic þå mægðe   måran weorode
ymb hyra sinc-gyfan   sêl gebæran.
Bugon þå tô bence   blæd-ågende,
1015 fylle gefægon.   Fägere geþægon
medo-ful manig   mågas † þåra
swîð-hicgende   on sele þam heån,
Hróðgår and Hróðulf.   Heorot innan wäs
freóndum åfylled;   nalles fåcen-stafas
1020 Þeód-Scyldingas   þenden fremedon.
Forgeaf þå Beówulfe   bearn Healfdenes
segen gyldenne   sigores tô leåne,
hroden hilte-cumbor,   helm and byrnan;
mære måððum-sweord   manige gesåwon
1025 beforan beorn beran.   Beówulf geþah
ful on flette;   nô he þære feoh-gyfte
for sceótendum   scamigan þorfte,
ne gefrägn ic freóndlîcor   feówer mådmas
golde gegyrede   gum-manna fela
1030 in ealo-bence   ôðrum gesellan.
Ymb þäs helmes hrôf   heåfod-beorge
wîrum bewunden   walan ûtan heóld,
þät him fêla låfe   frêcne ne meahton
scûr-heard sceððan,   þonne scyld-freca
1035 ongeån gramum   gangan scolde.

Héht þá eorla hleó   eahta mearas,
fǽted-hleóre,   on flet teón
in under eoderas;   þára ánum stód
sadol searwum fáh   since gewurðád,
1040 þät wäs hilde-setl   heáh-cyninges,
þonne sweorda gelác   sunu Healfdenes
efnan wolde;   næfre on óre lüg
wíd-cúðes wíg,   þonne walu feóllon.
And þá Beówulfe   bega gehwäðres
1045 eodor Ingwina   onweald geteáh,
wicga and wæpna;   hét hine wel brúcan.
Swá manlíce   mǽre þeóden,
hord-weard häleða   heaðo-ræsas geald
mearum and mádmum,   swá hý næfre man lyhð,
1050 se þe secgan wile   sóð äfter rihte.

XVII. Song of Hrothgar's Poet — The Lay of Hnaef and Hengest.

Þá gyt æghwylcum   eorla drihten
þára þe mid Beówulfe   brim-láde teáh,
on þære medu-bence   máððum gesealde,
yrfe-láfe,   and þone ænne héht
1055 golde forgyldan,   þone þe Grendel ær
máne ácwealde,   swá he hyra má wolde,
nefne him witig god   wyrd forstóde
and þäs mannes mód: metod eallum weóld
gumena cynnes,   swá he nu git déð;
1060 forþan bið andgit   æghwær sélest,
ferhðes fore-þanc!   fela sceal gebídan
leófes and láðes,   se þe longe her
on þyssum win-dagum   worolde brúceð.
Þær wäs sang and swég   samod ätgädere

1065 fore Healfdenes   hilde-wīsan,
     gomen-wudu grēted,   gid oft wrecen,
     þonne heal-gamen   Hrōðgāres scōp
     äfter medo-bence   mænan scolde
     Finnes eaferum,   þā hie se fær begeat:
1070 "Häleð Healfdenes,   Hnäf Scyldinga,
     "in Fr..es wäle   feallan scolde.
     "Ne hūru Hildeburh   hērian þorfte
     "eotena treōwe: unsynnum wearð
     "beloren leōfum   ät þam lind-plegan
1075 "bearnum and brōðrum; hie on gebyrd hruron
     "gāre wunde;   þät wäs geōmuru ides.
     "Nalles hōlinga   Hōces dōhtor
     "meotod-sceaft bemearn, syððan morgen com,
     "þā heó under swegle gescōn meahte
1080 "morðor-bealo māga, þær heó ær mæste heóld
     "worolde wynne: wīg ealle fornam
     "Finnes þegnas,   nemne feáum ānum,
     "þät he ne mehte   on þām meðel-stede
     "wīg Hengeste   wiht gefeohtan,
1085 "ne þā weá-lāfe   wīge forþringan
     "þeódnes þegne;   ac hig him geþingo budon,
     "þät hie him ōðer flet eal gerýmdon,
     "healle and heáh-setl, þät hie healfre geweald
     "wið eotena bearn   āgan mōston,
1090 "and ät feoh-gyftum Folcwaldan sunu
     "dōgra gehwylce   Dene weorðode,
     "Hengestes heáp   hringum wenede,
     "efne swā swīðe   sinc-gestreónum
     "fättan goldes,   swā he Fresena cyn
1095 "on beór-sele   byldan wolde.
     "Þā hie getrūwedon   on twā healfa
     "fäste frioðu-wære; Fin Hengeste
     "elne unflitme   āðum benemde,
     "þät he þā weá-lāfe weotena dōme

```
1100 " árum heolde,      þät þær ænig mon
     " wordum ne worcum      wære ne bræce,
     " ne þurh inwit-searo      æfre gemænden,
     " þeáh hie hira beág-gyfan      banan folgedon
     " þeóden-leáse,      þá him swá geþearfod wäs:
1105 " gyf þonne Frysna hwylc      frécnan spræce
     " þäs morðor-hetes      myndgiend wære,
     " þonne hit sweordes ecg      syððan scolde.
     " Áð wäs geäfned      and icge gold
     " áhäfen of horde.      Here-Scyldinga
1110 " betst beado-rinca      wäs on bæl geáru;
     " ät þäm áde wäs      éð-gesýne
     " swát-fáh syrce,      swýn eal-gylden,
     " eofer íren-heard,      äðeling manig
     " wundum áwyrded;      sume on wäle crungon.
1115 " Hét þá Hildeburh      át Hnäfes áde
     " hire selfre sunu      sweoloðe befästan,
     " bán-fatu bärnan      and on bæl dón.
     " Earme on eaxle      ides gnornode,
     " geómrode giddum;      gúð-rinc ástáh.
1120 " Wand tó wolcnum      wäl-fýra mæst,
     " hlynode for hláwe;      hafelan multon,
     " ben-geato burston,      þonne blód ätspranc
     " láð-bite líces.      Líg ealle forswealg,
     " gæsta gífrost,      þára þe þær gúð fornam
1125 " bega folces;      wäs hira blæd seacen.
```

XVIII. THE GLEEMAN'S TALE IS ENDED.

```
     " GEWITON him þá wígend      wíca neósian,
     " freóndum befeallen      Frysland geseón,
     " hámas and heá-burh.      Hengest þá gyt
     " wäl-fágne winter      wunode mid Finne
1130 " ealles unhlitme;      eard gemunde,
```

"þeáh þe he *ne* meahte   on mere drífan
"hringed-stefnan;   'iolm storme weól,
"won wið winde;   winter ýðe beleác
"ís-gebinde   óð þät óðer com
1135 "geár in geardas,   swá nu gyt déð,
"þá þe syngales   séle bewitiað,
"wuldor-torhtan weder.   Þá wäs winter scacen,
"fäger foldan bearm;   fundode wrecca,
"gist of geardum;   he tó gyrn-wräce
1140 "swíðor þóhte,   þonne tó sæ-láde,
"gif he torn-gemót   þurhteón mihte,
"þät he eotena bearn   inne gemunde.
"Swá he ne forwyrnde   worold-rædenne,
"þonne him Húnláfing   hilde-leóman,
1145 "billa sélest,   on bearm dyde:
"þäs wæron mid eotenum   ecge cúðe.
"Swylce ferhð-frecan   Fin eft begeat
"sweord-bealo slíðen   ät his selfes hám,
"siððan grimne gripe   Gúðláf ond Ósláf
1150 "äfter sæ-síðe   sorge mændon,
"ätwiton weána dæl;   ne meahte wäfre mód
"forhabban in hreðre.   Þá wäs heal hroden
"feónda feorum,   swilce Fin slägen,
"cyning on corðre,   and seó cwén numen.
1155 "Sceótend Scyldinga   tó scypum feredon
"eal in-gesteald   corð-cyninges,
"swylce hie ät Finnes hám   findan meahton
"sigla searo-gimma.   Hie on sæ-láde
"drihtlíce wíf   tó Denum feredon,
1160 "læddon tó leódum."   Leóð wäs ásungen,
gleó-mannes gyd.   Gamen eft ástáh,
beorhtode benc-swég,   byrelas sealdon
wín of wunder-fatum.   Þá cwom Wealhþeó forð
gán under gyldnum beáge,   þær þá gódan twegen
1165 sæton suhter-gefäderan;   þá gyt wäs hiera sib ätgädere

æghwylc ðǒrum trẏwe.   Swylce þær Hûnferð þyle
ät fôtum sät freán Scyldinga: gehwylc hiora his ferhðe
                                            treówde,
þät he häfde môd micel,   þeáh þe he his mâgum nære
árfäst ät ecga gelâcum.   Spräc þâ ides Scyldinga:
1170 "Onfôh þissum fulle,   freó-drihten mîn,
     "sinces brytta;   þu on sælum wes,
     "gold-wine gumena,   and tô Geátum sprec
     "mildum wordum!   Swâ sceal man dôn.
     "Beó wið Geátas gläd,   geofena gemyndig;
1175 "neán and feorran   þu nu *friðu* hafast.
     "Me man sägde,   þät þu þe for sunu wolde
     "here-rinc habban.   Heorot is gefælsod,
     "beáh-sele beorhta;   brûc þenden þu môte
     "manigra méda   and þînum mâgum læf
1180 "folc and rîce,   þonne þu forð scyle
     "metod-sceaft seón.   Ic mînne can
     "glädne Hrôðulf,   þät he þâ geogoðe wile
     "árum healdan,   gyf þu ær þonne he,
     "wine Scildinga,   worold oflætest;
1185 "wêne ic, þät he mid gôde   gyldan wille
     "uncran eaferan,   gif he þät eal gemon,
     "hwät wit tô willan   and tô worð-myndum
     "umbor wesendum ær   árna gefremedon."
     Hwearf þâ bî bence,   þær hyre byre wæron,
1190 Hrêðrîc and Hrôðmund,   and häleða bearn,
     giogoð ätgädere;   þær se gôda sät
     Beówulf Geáta   be þæm gebrôðrum twæm.

XIX.

Beówulf's Jewelled Collar. The Heroes Rest.

  Him wäs ful boren and freónd-laðu
  wordum bewägned and wunden gold
1195 éstum geeáwed, earm-hreáde twá,
  hrägl and hringas, heals-beága mæst
  þára þe ic on foldan gefrägen häbbe.
  Nænigne ic under swegle sélran hýrde
  hord-máððum häleða, syððan Háma ätwäg
1200 tó þære byrhtan byrig Brosinga mene,
  sigle and sinc-fät, searo-níðas fealh
  Eormenrices, geceás écne ræd.
  Þone hring häfde Higelác Geáta,
  nefa Swertinges, nýhstan síðe,
1205 siððan he under segne sinc ealgode,
  wäl-reáf werede; hyne Wyrd fornam,
  syððan he for wlenco weán áhsode,
  fæhðe tó Frysum; he þá frätwe wäg,
  eorclan-stánas ofer ýða ful,
1210 ríce þeóden, he under rande gecranc;
  gehwearf þá in Francna fäðm feorh cyninges,
  breóst-gewædu and se beáh somod:
  wyrsan wíg-frecan wäl reáfedon
  äfter gúð-sceare, Geáta leóde
1215 hreá-wíc heóldon. Heal swége onfêng.
  Wealhþeó maðelode, heó fore þäm werede spräc:
  "Brúc þisses beáges, Beówulf, leófa
  "hyse, mid hæle, and þisses hrägles neót
  "þeód-gestreóna, and geþeóh tela,
1220 "cen þec mid cräfte and þyssum cnyhtum wes
  "lára líðe! ic þe þäs leán geman.
  "Hafast þu gefêred, þät þe feor and neáh

"ealne wíde-ferhð. weras ehtigað,
"efne swá síde swá sæ bebúgeð
1225 "windige weallas. Wes, þenden þu lifige,
"æðeling eádig! ic þe an tela
"sinc-gestreóna. Beó þu suna mínum
"dædum gedéfe dreám healdende!
"Her is æghwylc eorl óðrum getrýwe,
1230 "módes milde, man-drihtne hold,
"þegnas syndon geþwære, þeód eal gearo:
"druncne dryht-guman, dóð swá ic bidde!"
Eode þá tó setle. Þær wäs symbla cyst,
druncon wín weras: wyrd ne cúðon,
1235 geó-sceaft grimme, swá hit ágangen wearð
eorla manegum, syððan æfen cwom
and him Hróðgár gewát tó hofe sínum,
ríce tó räste. Reced weardode
unrím eorla, swá hie oft ær dydon:
1240 benc-þelu beredon, hit geond-bræded wearð
beddum and bolstrum. Beór-scealca sum
fús and fæge flet-räste gebeág.
Setton him tó heáfdum hilde-randas,
bord-wudu beorhtan; þær on bence wäs
1245 ofer æðelinge fð-geséne
heaðo-steápa helm, hringed byrne,
þrec-wudu þrymlíc. Wäs þeáw hyra,
þät hie oft wæron an wíg gearwe,
ge ät hám ge on herge, ge gehwäðer þára
1250 efne swylce mæla, swylce hira man-dryhtne
þearf gesælde; wäs seó þeód tilu.

XX.

Grendel's Mother Attacks the Ring-Danes.

  Sigon þå tó slæpe. Sum sáre angeald
  æfen-räste, swå him ful-oft gelamp,
  siððan gold-sele Grendel warode,
1255 unriht äfnde, ðð þät ende becwom,
  swylt äfter synnum. Þät gesýne wearð,
  wíd-cúð werum, þätte wrecend þå gyt
  lifde äfter láðum, lange þrage
  äfter gúð-ceare; Grendles módor,
1260 ides aglæc-wíf yrmðe gemunde,
  se þe wäter-egesan wunian scolde,
  cealde streámas, siððan Cain wearð
  tó ecg-banan ángan bréðer,
  fäderen-mæge; he þå fåg gewåt,
1265 morðre gemearcod man-dreám fleón,
  wésten warode. Þanon wóc fela
  geósceaft-gåsta; wäs þæra Grendel sum,
  heoro-wearh hetelic, se ät Heorote fand
  wäccendne wer wiges bídan,
1270 þær him aglæca ät-græpe wearð;
  hwäðre he gemunde mägenes strenge,
  gim-fäste gife, þe him god scalde,
  and him tó anwaldan åre gelýfde,
  frófre and fultum: þý he þone feónd oferewom,
1275 gehnægde helle gåst: þå he heán gewåt,
  dreáme bedæled deáð-wíc seón,
  man-cynnes feónd. And his módor þå gyt
  gífre and galg-mód gegån wolde
  sorh-fulne síð, suna deáð wrecan.
1280 Com þå tó Heorote, þær Hring-Dene
  geond þät säld swæfun. Þå þær sóna wearð
  ed-hwyrft eorlum, siððan inne fealh

Grendles módor;   wäs se gryre lässa
efne swâ micle,   swâ bið mägða cräft,
1285 wíg-gryre wífes   be wæpned-men,
þonne heoru bunden,   hamere geþuren,
sweord swâte fâh   swin ofer helme,
ecgum dyhtig   andweard scireð.
Þâ wäs on healle   heard-ecg togen,
1290 sweord ofer setlum,   síd-rand manig
hafen handa fäst;   helm ne gemunde,
byrnan síde,   þe hine se brôga angeat.
Heó wäs on ôfste,   wolde ût þanon
feore beorgan,   þâ heó onfunden wäs;
1295 hraðe heó äðelinga   ânne häfde
fäste befangen,   þâ heó tô fenne gang;
se wäs Hrôðgâre   hälcða leófost
on gesîðes hâd   be sæm tweonum,
ríce rand-wíga,   þone þe heó on räste âbreát,
1300 blæd-fästne beorn.   Näs Beówulf þær,
ac wäs ôðer in   ær geteohhod
äfter mâððum-gife   mærum Geáte.
Hreám wearð on Heorote.   Heó under heolfre genam
cûðe folme; cearu wäs geniwod
1305 geworden in wícum: ne wäs þät gewrixle til,
þät hie on bâ healfa   bicgan scoldon
freónda feorum.   Þâ wäs frôd cyning,
hâr hilde-rinc,   on hreón môde,
syððan he aldor-þegn   unlyfigendne,
1310 þone deórestan   deádne wisse.
Hraðe wäs tô bûre   Beówulf fetod,
sigor-eádig secg.   Samod ær-däge
eode eorla sum,   äðele cempa
self mid gesîðum,   þær se snottra bâd,
1315 hwäðre him al-walda   æfre wille
äfter weá-spelle   wyrpe gefremman.
Gang þâ äfter flôre   fyrd-wyrðe man

mid his hand-scale   (heal-wudu dynede)
þät he þone wísan   wordum hnægde
1320 freán Ingwina;   frägn gif him wære
äfter neód-laðu   niht getæse.

XXI. Sorrow at Heorot: Æschere's Death.

Hróðgár maðelode,   helm Scildinga:
"Ne frin þu äfter sælum!   Sorh is geniwod
"Denigea leódum.   Deád is Äsc-here,
1325 "Yrmenláfes   yldra bróðor,
"mín rún-wita   and mín ræd-bora,
"eaxl-gestealla,   þonne we on orlege
"hafelan weredon,   þonne hniton féðan,
"eoferas cnysedan;   swylc scolde eorl wesan
1330 "*äðeling* ær-gód,   swylc Äsc-here wäs.
"Wearð him on Heorote   tó hand-banan
"wäl-gæst wäfre;   ic ne wát hwäder
"atol æse wlanc   eft-síðas teáh,
"fylle gefrægnod.   Heó þá fæhðe wräc,
1335 "þe þu gystran niht   Grendel cwealdest
"þurh hæstne hád   heardum clammum,
"forþan he tó lange   leóde mine
"wanode and wyrde.   He ät wíge gecrang
"ealdres scyldig,   and nu óðer cwom
1340 "mihtig mán-scaða,   wolde hyre mæg wrecan,
"ge feor hafað   fæhðe gestæled,
"þäs þe þincean mäg   þegne monegum,
"se þe äfter sinc-gyfan   on sefan greóteð,
"hreðer-bealo hearde;   nu seó hand ligeð,
1345 "se þe eów wel-hwylcra   wilna dohte.
"Ic þät lond-búend   leóde mine
"sele-rædende   secgan hýrde,
"þät hie gesáwon   swylce twegen

"micle mearc-stapan   môras healdan,
1350 "ellor-gæstas: þæra ôðer wäs,
"þäs þe hie gewislîcost   gewitan meahton
"idese onlîcnes,   ôðer earm-sceapen
"on weres wästmum   wräc-lâstas träd,
"näfne he wäs mâra   þonne ænig man ôðer,
1355 "þone on geâr-dagum   Grendel nemdon
"fold-bûende: nô hie fäder cunnon,
"hwäðer him ænig wäs   ær âcenned
"dyrnra gâsta.   Hie dŷgel lond
"warigeað, wulf-hleoðu,   windige nässas,
1360 "frêcne fen-gelâd,   þær fyrgen-streám
"under nässa genipu   niðer gewîteð,
"flôd under foldan;   nis þät feor heonon
"mîl-gemearces,   þät se mere standeð,
"ofer þäm hongiað   hrînde bearwas,
1365 "wudu wyrtum fäst,   wäter oferhelmað.
"þær mäg nihta gehwäm   nîð-wundor seón,
"fŷr on flôde;   nô þäs frôd leofað
"gumena bearna,   þät þone grund wite;
"þeáh þe hæð-stapa   hundum geswenced,
1370 "heorot hornum trum   holt-wudu sêce,
"feorran geflŷmed,   ær he feorh seleð,
"aldor on ôfre,   ær he in wille,
"hafelan *hŷdan*.   Nis þät heóru stôw:
"þonon ŷð-geblond   up âstîgeð
1375 "won tô wolcnum,   þonne wind styreð
"lâð gewidru,   ôð þät lyft drysmað,
"roderas reótað.   Nu is ræd gelang
"eft ät þe ânum!   Eard git ne const,
"frêcne stôwe,   þær þu findan miht
1380 "sinnigne secg: sêc gif þu dyrre!
"Ic þe þâ fæhðe   feó leánige,
"eald-gestreónum,   swâ ic ær dyde,
"wundnum golde,   gyf þu on weg cymest."

XXII.

Beówulf Seeks the Monster in the Haunts of the Nixies.

  Beówulf maðelode,   bearn Ecgþeówes:
1385 "Ne sorga, snotor guma! sélre bið æghwäm,
 "þät he his freónd wrece, þonne he fela murne;
 "űre æghwylc sceal ende gebídan
 "worolde lífes; wyrce se þe móte
 "dómes ær deáðe! þät bið driht-guman
1390 "unlifgendum äfter sélest.
 "Árís, ríces weard; uton hraðe féran,
 "Grendles mágan gang sceáwigan!
 "Ic hit þe geháte: nó he on helm losað,
 "ne on foldan fäðm, ne on fyrgen-holt,
1395 "ne on gyfenes grund, gá þær he wille.
 "Þys dógor þu geþyld hafa
 "weána gehwylces, swá ic þe wéne tó!"
 Áhleóp þá se gomela, gode þancode,
 mihtigan drihtne, þäs se man gespräc.
1400 Þá wäs Hróðgáre' hors gebäted,
 wicg wunden-feax. Wísa fengel
 geatolíc gengde; gum-féða stóp
 lind-häbbendra. Lástas wæron
 äfter wald-swaðum wíde gesýne,
1405 gang ofer grundas; gegnum fór þá
 ofer myrcan mór, mago-þegna bär
 þone sélestan sáwol-leásne,
 þára þe mid Hróðgáre hám eahtode.
 Ofer-eode þá äðelinga bearn
1410 steáp stán-hliðo, stíge nearwe,
 enge án-paðas, un-cúð gelád,
 neowle nässas, nicor-húsa fela;
 he feára sum beforan gengde

wîsra monna,   wong sceáwian,
1415 ôð þät he færinga   fyrgen-beámas
· ofer hárne stán   hleonian funde,
wyn-leásne wudu;   wäter under stôd
dreórig and gedrêfed.   Denum eallum wäs,
winum Scyldinga,   weorce on môde,
1420 tô geþolianne   þegne monegum,
oncfð eorla gehwäm,   syððan Äsc-heres
on þam holm-clife   hafelan métton.
Flôd blôde weól   (folc tô sægon)
hátan heolfre.   Horn stundum song
1425 fûslîc *fyrd*-leóð.   Fêða eal gesät;
gesâwon þâ äfter wätere   wyrm-cynnes fela,
sellîce sæ-dracan   sund cunnian,
swylce on näs-hleoðum   nicras licgean,
þâ on undern-mæl   oft bewitigað
1430 sorh-fulne sîð   on segl-râde,
wyrmas and wil-deór;   hie on weg hruron
bitere and gebolgne,   bearhtm ongeâton,
gûð-horn galan.   Sumne Geáta leód
of flân-bogan   feores getwæfde,
1435 ýð-gewinnes,   þät him on aldre stôd
here-strâl hearda;   he on holme wäs
sundes þe sænra,   þe hyne swylt fornam.
Hräðe wearð on ýðum   mid eofer-spreótum
heoro-hôcyhtum   hearde genearwod,
1440 nîða genæged   and on näs togen
wundorlîc wæg-bora;   weras sceáwedon
gryrelîcne gist.   Gyrede hine Beówulf
eorl-gewædum,   nalles for ealdre mearn:
scolde here-byrne   hondum gebroden,
1445 sîd and searo-fâh,   sund cunnian,
seó þe bân-côfan   beorgan cûðe,
þät him hilde-gráp   hreðre ne mihte,
eorres inwit-feng,   aldre gesceððan;

                ac se hwíta helm   hafelan werede,
        1450 se þe mere-grundas   mengan scolde,
                sécan sund-gebland   since geweorðad,
                befongen freá-wrásnum,   swá hine fyrn-dagum
                worhte wæpna smið,   wundrum teóde,
                besette swín-lícum,   þät hine syððan nó
        1455 brond ne beado-mécas   bítan ne meahton.
                Näs þät þonne mætost   mägen-fultuma,
                þät him on þearfe láh   þyle Hróðgáres;
                wäs þäm häft-méce   Hrunting nama,
                þät wäs án foran   eald-gestreóna;
        1460 ecg wäs íren,   áter-tánum fáh,
                áhyrded heaðo-swáte;   næfre hit ät hilde ne swác
                manna ængum   þára þe hit mid mundum bewand,
                se þe gryre-síðas   gegán dorste,
                folc-stede fára;   näs þät forma síð,
        1465 þät hit ellen-weorc   æfnan scolde.
                Húru ne gemunde   mago Ecgláfes
                eafoðes cräftig,   þät he ær gespräc
                wíne druncen,   þá he þäs wæpnes onláh
                sélran sweord-frecan: selfa ne dorste
        1470 under yða gewin   aldre geneðan,
                driht-scype dreógan;   þær he dóme forleás,
                ellen-mærðum.   Ne wäs þäm óðrum swá,
                syððan he hine tó gúðe   gegyred häfde.

XXIII. The Battle with the Water-Drake.

                Beówulf maðelode,   bearn Ecgþeówes:
        1475 "geþenc nu, se mæra   maga Healfdenes,
                "snottra fengel,   nu ic eom síðes fús,
                "gold-wine gumena,   hwät wit geó spræcon,
                "gif ic ät þearfe   þínre scolde
                "aldre linnan,   þät þu me á wære

1480 "forð-gewitenum   on fäder stäle;
"wes þu mund-bora mínum   mago-þegnum,
"hond-gesellum,   gif mec hild nime:
"swylce þu þá máðmas,   þe þu me sealdest,
"Hróðgár leófa,   Higeláce onsend.
1485 "Mäg þonne on þäm golde ongitan   Geáta dryhten,
"geseón sunu Hréðles,   þonne he on þät sinc staráð,
"þät ic gum-cystum   gódne funde
"beága bryttan,   breác þonne móste.
"And þu Húnferð læt   ealde láfe,
1490 "wrätlíc wäg-sweord   wíd-cúðne man
"heard-ecg habban;   ic me mid Hruntinge
"dóm gewyrce,   oððe mec deáð nimeð."
Äfter þæm wordum   Weder-Geáta leód
êfste mid elne,   nalas andsware
1495 bídan wolde;   brim-wylm onféng
hilde-rince.   þá wäs hwíl däges,
ær he þone grund-wong   ongytan mehte.
Sóna þät onfunde,   se þe flóda begong
heoro-gífre behéold   hund missera,
1500 grim and grædig,   þät þær gumena sum
äl-wihta eard   ufan cunnode.
Gráp þá tógeánes,   gúð-rinc geféng
atolan clommum;   nó þý ær in gescód
hálan líce: hring útan ymb-bearh,
1505 þät heó þone fyrd-hom   þurh-fón ne mihte,
locene leoðo-syrcan   láðan fingrum.
Bär þá seó brim-wylf,   þá heó tó botme com,
hringa þengel   tó hofe sínum,
swá he ne mihte nó   (he þäs módig wäs)
1510 wæpna gewealdan,   ac hine wundra þäs fela
swencte on sunde,   sæ-deór monig
hilde-tuxum   here-syrcan bräc,
éhton aglæcan.   þá se eorl ongeat,
þät he *in* nið-sele   nát-hwylcum wäs,

1515 þær him nænig wäter   wihte ne sceðede,
     ne him for hróf-sele   hrīnan ne mehte
     fær-gripe flódes :   fýr-leóht geseah,
     blácne leóman   beorhte scīnan.
     Ongeat þá se góda   grund-wyrgenne,
1520 mere-wīf mihtig;   mägen-ræs forgeaf
     hilde-bille,   hond swenge ne oftcáh,
     þät hire on hafelan   hring-mæl ágól
     grædig gúð-leóð.   Þá se gist onfand,
     þät se beado-leóma   bītan nolde,
1525 aldre sceððan,   ac seó ecg geswác
     þeódne ät þearfe :   þolode ær fela
     hond-gemóta,   helm oft gescär,
     fæges fyrd-hrägl :   þät wäs forma sīð
     deórum máðme,   þät his dóm áläg.
1530 Eft wäs án-ræd,   nalas elnes lät,
     mærða gemyndig   mæg Hygeláces;
     wearp þá wunden-mæl   wrättum gebunden
     yrre oretta,   þät hit on corðan läg,
     stīð and stýl-ecg;   strenge getrúwode,
1535 mund-gripe mägenes.   Swá sceal man dón,
     þonne he ät gúðe   gegán þenceð
     longsumne lof,   ná ymb his līf cearað.
     Gefēng þá be eaxle   (nalas for fæhðe mearn)
     Gúð-Geáta leód   Grendles módor;
1540 brägd þá beadwe heard,   þá he gebolgen wäs,
     feorh-genīðlan,   þät heó on flet gebeáh.
     Heó him eft hraðe   and-leán forgeald
     grimman grápum   and him tógeánes fēng;
     oferwearp þá wērig-mód   wīgena strengest,
1545 fēðe-cempa,   þät he on fylle wearð.
     Ofsät þá þone sele-gyst   and hyre seaxe geteáh,
     brád *and* brún-ecg   wolde hire bearn wrecan,
     ángan eaferan.   Him on eaxle läg
     breóst-net broden;   þät gebearh feore,

1550 wið ord and wið ecge   ingang forstód.
    Häfde þá forstóod   sunu Ecgþeówes
    under gynne grund,   Geáta cempa,
    nemne him heaðo-byrne   helpe gefremede,
    here-net hearde,   and hálig god
555 geweóld wíg-sigor,   witig drihten;
    rodera rædend   hit on ryht gescéd,
    ýðelíce   syððan he eft ástód.

XXIV. BEÓWULF SLAYS THE SPRITE.

    Geseah þá on searwum   sige-eádig bil,
    eald sweord eotenisc   ecgum þyhtig,
1560 wígena weorð-mynd: þät *wäs* wæpna cyst,
    búton hit wäs máre   þonne ænig mon óðer
    tó beadu-láce   ätberan meahte
    gód and geatolíc   giganta geweorc.
    He gefēng þá fetel-hilt,   freca Scildinga,
1565 hreóh and heoro-grim   hring-mæl gebrägd,
    aldres orwéna,   yrringa slóh,
    þät hire wið halse   heard grápode,
    bán-hringas bräc,   bil eal þurh-wód
    fægne flæsc-homan,   heó on flet gecrong;
1570 sweord wäs swátig,   secg weorce gefeh.
    Lixte se leóma,   leóht inne stód,
    efne swá of hefene   hádre scíneð
    rodores candel.   He äfter recede wlát,
    hwearf þá be wealle,   wæpen hafenade
1575 heard be hiltum   Higeláces þegn,
    yrre and án-ræd.   Näs seó ecg fracod
    hilde-rince,   ac he hraðe wolde
    Grendle forgyldan   gúð-ræsa fela
    þára þe he geworhte   tó West-Denum

1580 oftor micle   þonne on ænne síð,
     þonne he Hróðgáres   heorð-geneátas
     slóh on sweofote,   slæpende frät
     folces Denigea   fýf-týne men
     and óðer swylc   út of-ferede,
1585 láðlícu lác.   He him þäs leán forgeald,
   ' réðe cempa,   tó þäs þe he on räste geseah
     gúð-wérigne   Grendel licgan,
     aldor-leásne,   swá him ær gescód
     hild ät Heorote;   hrá wíde sprong,
1590 syððan he äfter deáðe   drepe þrowade,
     heoro-sweng heardne,   and hine þá heáfde becearf.
     Sóna þät gesáwon   snottre ceorlas,
     þá þe mid Hróðgáre   on holm wliton,
     þät wäs ýð-geblond   eal gemenged,
1595 brim blóde fáh: blonden-feaxe
     gomele ymb gódne   ongeador spræcon,
     þät hig þäs äðelinges   eft ne wéndon,
     þät he sige-hréðig   sécean cóme
     mærne þeóden;   þá þäs monige gewearð,
1600 þät hine seó brim-wylf   ábroten häfde.
     þá com nón däges.   Näs ofgeáfon
     hwate Scyldingas; gewát him hám þonon
     gold-wine gumena.   Gistas sétan,
     módes seóce,   and on mere staredon,
1605 wiston and ne wéndon,   þät hie heora wine-drihten
     selfne gesáwon.   þá þät sweord ongan
     äfter heaðo-swáte   hilde-gicelum
     wíg-bil wanian;   þät wäs wundra sum,
     þät hit eal gemealt   íse gelícost,
1610 þonne forstes bend   fäder onlæteð,
     onwindeð wäl-rápas,   se þe geweald hafað
     sæla and mæla;   þät is sóð metod.
     Ne nom he in þæm wícum,   Weder-Geáta leód,
     máðm-æhta má,   þéh he þær monige geseah,

1615 bûton þone hafelan and þâ hilt somod,
since fâge ; sweord ær gemealt,
forbarn broden mæl : wäs þät blôd tô þäs hât,
ættren ellor-gæst, se þær inne swealt.
Sôna wäs on sunde, se þe ær ät säcce gebâd
1620 wîg-hryre wrâðra, wäter up þurh-deâf ;
wæron ýð-gebland eal gefælsod,
eácne eardas, þâ se ellor-gâst
ofiêt lîf-dagas and þâs lænan gesceaft.
Com þâ tô lande lid-manna helm
1625 swîð-môd swymman, sæ-lâce gefeah,
mägen-byrðenne þâra þe he him mid häfde.
Eodon him þâ tôgeánes, gode þancodon,
þryðlîc þegna heáp, þeódnes gefêgon,
þäs þe hi hyne gesundne geseón môston.
1630 þâ wäs of þäm hrôran helm and byrne
lungre âlýsed : lagu drusade,
wäter under wolcnum, wâl-dreóre fâg.
Fêrdon forð þonon feðe-lâstum
ferhðum fägne, fold-weg mæton,
1635 cûðe stræte ; cyning-balde men
from þäm holm-clife hafelan bæron
earfoðlîce heora æghwäðrum
fela-môdigra : feówer scoldon
on ðäm wäl-stenge weorcum geferian
1640 tô þäm gold-sele Grendles heáfod,
ôð þät semninga tô sele cômon
frome fyrd-hwate feówer-tyne
Geáta gongan ; gum-dryhten mid
môdig on gemonge meodo-wongas träd.
1645 þâ com in gân ealdor þegna,
dæd-cêne mon- dôme gewurðad,
häle hilde-deór, Hrôðgâr grêtan :
þâ wäs be feaxe on flet boren
Grendles heáfod, þær guman druncon,

1650 egeslīc for eorlum   and þære idese mid:
     wlite-seón wrätlīc   weras onsâwon.

XXV. Hrothgar's Gratitude: He Discourses.

     Beówulf maðelode,   bearn Ecgþeówes:
     "Hwät! we þe þäs sæ-lâc,   sunu Healfdenes,
     "leód Scyldinga,   lustum brôhton,
1655 "tîres tô tâcne,   þe þu her tô lôcast.
     "Ic þät unsôfte   ealdre gedîgde:
     "wīge under wätere   weorc geneðde
     "earfoðlīce,   ät-rihte wäs
     "gûð getwæfed,   nymðe mec god scylde.
1660 "Ne meahte ic ät hilde mid Hruntinge
     "wiht gewyrcan,   þeáh þät wæpen duge,
     "ac me geûðe   ylda waldend,
     "þät ic on wage geseah wlitig hangian
     "eald sweord eácen   (oftost wîsode
1665 "winigea leásum)   þät ic þý wæpne gebräd.
     "Ofslôh þâ ät þære säcce   (þâ me sæl âgeald)
     "hûses hyrdas.   þâ þät hilde-bil
     "forbarn, brogden mæl, swâ þät blôd gesprang,
     "hâtost heaðo-swâta: ic þät hilt þanan
1670 "feóndum ätferede;   fyren-dæda wräc,
     "deáð-cwealm Denigea,   swâ hit gedêfe wäs.
     "Ic hit þe þonne gehâte,   þät þu on Heorote môst
     "sorh-leás swefan   mid þînra secga gedryht,
     "and þegna gehwylc   þînra leóda,
1675 "duguðe and iogoðe,   þät þu him ondrædan ne þearft,
     "þeóden Scyldinga,   on þâ healfe,
     "aldor-bealu eorlum,   swâ þu ær dydest."
     Þâ wäs gylden hilt   gamelum rince,
     hârum hild-fruman,   on hand gyfen,
1680 enta ær-geweorc,   hit on æht gehwearf

äfter deófla hryre   Denigea freán,
wundor-smiða geweorc,   and þá þäs worold ofgeaf
grom-heort guma,   godes andsaca,
morðres scyldig,   and his môdor eác;
1685 on geweald gehwearf   worold-cyninga
þäm sélestan   be sæm tweónum
þára þe on Sccden-igge   sceattas dǽlde.
Hróðgâr maðelode,   hylt sceáwode,
ealde láfe,   on þäm wäs ôr writen
1690 fyrn-gewinnes: syððan flôd ofslôh,
gifen geótende,   giganta cyn,
frêcne geférdon: þät wäs fremde þeód
êcean dryhtne,   him þäs ende-leán
þurh wäteres wylm   waldend sealde.
1695 Swâ wäs on þæm scennum   scíran goldes
þurh rûn-stafas   rihte gemearcod,
geseted and gesǽd,   hwam þät sweord geworht,
îrena cyst   ǽrest wǽre,
wreoðen-hilt and wyrm-fâh.   Þâ se wîsa sprǽc
1700 sunu Healfdenes   (swîgedon ealle):
"Þät lâ mäg secgan,   so þe sôð and riht
"fremeð on folce,   (feor eal gemon
"eald êðel-weard),   þät þes eorl wǽre
"geboren betera!   Blǽd is árǽred
1705 "geond wîd-wegas,   wine mîn Beówulf,
"þîn ofer þeóda gehwylce. Eal þu hit geþyldum healdest,
"mägen mid môdes snyttrum.   Ic þe sceal mîne gelǽstan
"freóde, swâ wit furðum sprǽcon;   þu scealt tô frôfre
                                             weorðan
"eal lang-twidig   leódum þínum,
1710 "häleðum tô helpe.   Ne wearð Heremôd swâ
"eaforum Ecgwelan,   Âr-Scyldingum;
"ne geweôx he him tô willan,   ac tô wäl-fealle
"and tô deáð-cwalum   Deniga leódum;
"breát bolgen-môd   beód-geneátas,

1715 "eaxl-gesteallan,   óð þät he ána hwearf,
"mære þeóden.   mon-dreámum from:
"þeáh þe hine mihtig god   mägenes wynnum,
"eafeðum stêpte,   ofer ealle men
"forð gefremede,   hwäðere him on ferhðe greów
1720 "breóst-hord blód-reów: nallas beágas geaf
"Denum äfter dôme;   dreám-leás gebâd,
"þät he þäs gewinnes   weorc þrowade,
"leód-bealo longsum.   þu þe lær be þon,
"gum-cyste ongit!   ic þis gid be þe
1725 "áwräc wintrum fród.   Wundor is tó secganne,
"hú mihtig god   manna cynne
"þurh sîdne sefan   snyttru bryttað,
"eard and eorl-scipe,   he áh ealra geweald.
"Hwîlum he on lufan   læteð hworfan
1730 "monnes môd-geþonc   mæran cynnes,
"seleð him on éðle   eorðan wynne,
"tó healdanne   hleó-burh wera,
"gedéð him swá gewealdene   worolde dælas,
"sîde rîce,   þät he his selfa ne mäg
1735 "for his un-snyttrum   ende geþencean;
"wunað he on wiste,   nó hine wiht dweleð,
"ádl ne yldo,   ne him inwit-sorh
"on sefan sweorceð,   ne gesacu óhwær,
"ecg-hete eóweð,   ac him eal worold
1740 "wendeð on willan;   he þät wyrse ne con,
"óð þät him on innan   ofer-hygda dæl
"weaxeð and wridað,   þonne se weard swefeð,
"sáwele hyrde: bið se slæp tó fäst,
"bisgum gebunden,   bona swíðe neáh,
1745 "se þe of flán-bogan   fyrenum sceóteð.

XXVI.

The Discourse is Ended. — Beówulf Prepares to Leave.

"Þonne bið on hreðre   under helm drepen
"biteran strále: him bebeorgan ne con
"wom wundor-bebodum   wergan gástes;
"þinceð him tó lytel,   þät he tó lange heóld,
1750 "gýtsað grom-hydig,   nallas on gylp seleð
"fätte beágas   and he þá forð-gesceaft
"forgyteð and forgýmeð,   þäs þe him ær god sealde,
"wuldres waldend,   weorð-mynda dæl.
"Hit on ende-stäf   eft gelimpeð,
1755 "þät se líc-homa   læne gedreóseð,
"fæge gefealleð;   féhð óðer tó,
"se þe unmurnlíce   mádmas dæleð,
"eorles ær-gestreón,   egesan ne gýmeð.
"Bebeorh þe þone bealo-nið,   Beówulf leófa,
1760 "secg se betsta,   and þe þät sélre geceós,
"éce rædas;   oferhyda ne gým,
"mære cempa!   Nu is þínes mägnes blæd
"áne hwíle;   eft sóna bið,
"þät þec ádl oððe ecg   eafoðes getwæfeð,
1765 "oððe fýres feng   oððe flódes wylm,
"oððe gripe méces   oððe gáres flíht,
"oððe atol yldo,   oððe eágena bearhtm
"forsíteð and forsworceð   semninga bið.
"þät þec dryht-guma,   deáð oferswýðeð.
1770 "Swá ic Hring-Dena   hund missera
"weóld under wolcnum,   and hig wíge beleác
"manigum mægða   geond þysne middan-geard,
"äscum and ecgum,   þät ic me ænigne
"under swegles begong   gesacan ne tealde.

1775 "Hwät! me þäs on éöle   edwenden cwom,
"gyrn äfter gomene,   sceööan Grendel wearö,
"eald-gewinna,   in-genga mîn:
"ic þære sôcne   singales wäg
"môd-ceare micle.   Þäs sig metode þanc,
1780 "êcean drihtne,   þäs þe ic on aldre gebâd,
"þät ic on þone hafelan   heoro-dreórigne
"ofer eald gewin   eâgum starige!
"Gâ nu tô setle,   symbel-wynne dreóh
"wîg-geweorðad: unc sceal worn fela
1785 "mâðma gemænra,   siððan morgen biö."
Geát wäs gläd-môd,   geóng sôna tô,
setles neósan,   swâ se snottra hêht.
Þâ wäs eft swâ ær   ellen-rôfum,
flet-sittendum   fägere gereorded
1790 niówan stefne.   Niht-helm gesweare
deore ofer dryht-gumum.   Duguð eal ârâs;
wolde blonden-feax   beddes neósan,
gamela Scylding.   Geát ungemetes wel,
rôfne rand-wigan   restan lyste:
1795 sôna him sele-þegn   sîðes wêrgum,
feorran-cundum   forð wîsade,
se for andrysnum   ealle beweotede
þegnes þearfe,   swylce þý dôgore
heáðo-liðende   habban scoldon.
1800 Reste hine þâ rûm-heort;   reced hlifade
geáp and gold-fâh,   gäst inne swäf,
ôð þät hrefn blaca   heofones wynne
bliö-heort bodode.   Þâ com beorht *sunne*
scacan *ofer grundas;*   scaðan onetton,
1805 wæron äðelingas   eft tô leódum
fûse tô farenne,   wolde feor þanon
cuma collen-ferhð   ceóles neósan.
Hêht þâ se hearda   Hrunting beran,
sunu Ecglâfes,   hêht his sweord niman,

1810 leóflíc íren;   sägde him þäs leánes þanc,
    cwäð he þone gúð-wine   gódne tealde,
    wíg-cräftigne,   nales wordum lóg
    méces ecge: þät wäs módig sécg.
    And þá síð-frome   searwum gearwe
1815 wígend wæron,   eode weorð Denum
    äðeling tó yppan,   þær se óðer wäs
    häle hilde-deór,   Hróðgár grétte.

XXVII. The Parting Words.

    Beówulf maðelode,   bearn Ecgþeówes:
    "Nu we sæ-líðend   secgan wyllað
1820 "feorran cumene,   þät we fundiað
    "Higelác sécan.   Wæron her tela .
    "willum bewenede;   þu ús wel dohtest.
    "Gif ic þonne on eorðan   ówihte mäg
    "þínre mód-lufan   máran tilian,
1825 "gumena dryhten,   þonne ic gyt dyde,
    "gúð-geweorca   ic beó gearo sóna.
    "Gif ic þät gefricge   ofer flóda begang,
    "þät þec ymbe-sittend   egesan þywað,
    "swá þec hetende   hwílum dydon,
1830 "ic þe púsenda   þegna bringe,
    "häleða tó helpe.   Ic on Higeláce wát,
    "Geáta dryhten,   þeáh þe he geong sý,
    "folces hyrde,   þät he mec fremman wile
    "wordum and worcum,   þät ic þe wel herige,
1835 "and þe tó geóce   gár-holt bere
    "mägenes fultum,   þær þe bið manna þearf;
    "gif him þonne Hréðríc   tó hofum Geáta
    "geþingeð, þeódnes bearn,   he mäg þær fela
    "freónda findan: feor cýððe beóð
1840 "sélran gesóhte   þám þe him selfa deáh."

Hróðgár maðelode   him on andsware:
" Þe þá word-cwydas   wittig drihten
" on sefan sende!   ne hýrde ic snotorlícor
" on swá geongum feore   guman þingian:
1845 " þu eart mägenes strang   and on móde fród,
" wís word-cwida.   Wén ic talige,
" gif þät gegangeð,   þät þe gár nymeð,
" hild heoru-grimme   Hréðles eaferan,
" ádl oððe íren   caldor þínne,
1850 " folces hyrde,   and þu þín feorh hafast,
" þät þe Sæ-Geátas   sélran näbben
" tó geceósenne   cyning ænigne,
" hord-weard häleða,   gif þu healdan wylt
" mága ríce.   Me þín mód-sefa
1855 " lícað leng swá wel,   leófa Beówulf:
" hafast þu geféred,   þät þám folcum sceal,
" Geáta leódum   and Gár-Denum
" sib gemænum   and sacu restan,
" inwit-níðas,   þe hie ær drugon;
1860 " wesan, þenden ic wealde   widan ríces,
" máðmas gemæne,   manig óðerne
" gódum gegrétan   ofer ganotes bäð;
" sceal hring-naca   ofer heáðu bringan
" lác and luf-tácen.   Ic þá leóde wát
1865 " ge wið feónd ge wið freónd   fäste geworhte,
" æghwäs untæle   ealde wísan."
Þá git him eorla hleó   inne gesealde,
mago Healfdenes   máðmas twelfe,
hét hine mid þæm lácum   leóde swæse
1870 sécean on gesyntum,   snúde eft cuman.
Gecyste þá   cyning äðelum gód,
þeóden Scildinga   þegen betstan
and be healse genam;   hruron him teáras,
blonden-feaxum: him wäs bega wén,
1875 ealdum infródum,   óðres swíðor,

þät hí seoððan   geseón móston
módige on meðlc.   Wäs him se man tó þon leóf,
þät he þone breóst-wylm   forberan ne mehte,
ac him on hreðre   hyge-bendum fäst
1880 äfter deórum men   dyrne langað
beorn wið blóde.   Him Beówulf þanan,
gúð-rinc gold-wlanc   gräs-moldan träd,
since hrêmig: sæ-genga bád
ágend-freán,   se þe on ancre rád.
1885 þá wäs on gange   gifu Hróðgáres
oft geæhted: þät wäs án cyning
æghwäs orleahtre,   óð þät hine yldo benam
mägenes wynnum,   se þe oft manegum scód.

XXVIII.

Beówulf Returns to Geatland. — The Queens Hygd and Thrytho.

Cwom þá tó flóde   fela-módigra
1890 häg-stealdra *heáp;*   hring-net bæron,
locene leoðo-syrcan.   Land-weard onfand
eft-síð eorla,   swá he ær dyde;
nó he mid hearme   of hliðes nosan
gäs*tas* grêtte,   ac him tógeánes rád;
1895 cwäð þät wilcuman   Wedera leódum
scawan scír-hame   tó scipe fóron.
þá wäs on sande   sæ-geáp naca
hladen here-wædum,   hringed-stefna
mearum and máðmum: mäst hlifade
1900 ofer Hróðgáres   hord-gestreónum.
He þäm bát-wearde   bunden golde
swurd gesealde,   þät he syððan wäs
on meodu-bence   máðme þý weorðra,

yrfe-láfe　　Gewát him on ýð-nacan,
1905 dréfan deóp wäter,　　Dena land ofgeaf.
þá wäs be mäste　　mere hrägla sum,
segl sále fäst.　　Sund-wudu þunede,
nó þær wêg-flotan　　wind ofer ýðum
stðes getwæfde;　　sæ-genga fôr,
1910 fleát fámig-heals　　forð ofer ýðe,
bunden-stefna　　ofer brim-streámas,
þät hie Geáta clifu　　ongitan meahton,
cúðe nässas.　　Ceól up geþrang,
lyft-geswenced　　on lande stód.
1915 Hraðe wäs ät holme　　hýð-weard gearo,
se þe ær lange tíd,　　leófra manna
fús, ät faroðe　　feor wlátode;
sælde tó sande　　síd-fäðme scip
oncer bendum fäst,　　þý läs hym ýða þrym
1920 wudu wynsuman　　forwrecan meahte.
Hét þá up beran　　äðelinga gestreón,
frätwe and fät-gold;　　näs him feor þanon
tó gesécanne　　sinces bryttan:
Higelác Hréðling　　þær ät hám wunað,
1925 selfa mid gestðum　　sæ-wealle neáh;
bold wäs betlic,　　brego-róf cyning,
heá *on* healle,　　Hygd swíðe geong,
wís, wel-þungen,　　þeáh þe wintra lyt
under burh-locan　　gebiden häbbe
1930 Häreðes dóhtor:　　näs hió hnáh swá þeáh,
ne tó gneáð gifa　　Geáta leódum,
máðm-gestreóna.　　Mód Þryðo wäg.
fremu folces cwén,　　firen ondrysne:
nænig þät dorste　　deór geneðan
1935 swæsra gesíða,　　nefne sin-freá,
þät hire an däges　　eágum starede;
ac him wäl-bende　　weotode tealde.
hand-gewriðene:　　hraðe seoððan wäs

```
             äfter mund-gripe     mêce geþinged,
1940  þät hit sceaðen-mæl      scyran môste,
      cwealm-bealu cýðan.    Ne bið swylc cwênlîc þeáw
      idese tô efnanne,     þeáh þe hió ænlîcu sý,
      þätte freoðu-webbe    feores onsäce
      äfter lîge-torne      leófne mannan.
1945  Hûru þät onhôhsnode     Heminges mæg;
      ealo drincende       ôðer sædan,
      þät hió leód-bealewa   läs gefremede,
      inwit-nîða,    syððan ærest wearð
      gyfen gold-hroden     geongum cempan,
1950  äðelum dióre,     syððan hió Offan flet
      ofer fealone flôd    be fäder lâre
      sîðe gesôhte,    þær hió syððan wel
      in gum-stôle,    gôde mære,
      lîf-gesceafta    lifigende breác,
1955  hióld heáh-lufan     wið häleða brego,
      ealles mon-cynnes     mîne gefræge
      þone sêlestan    bî sæm tweónum
      eormen-cynnes;    forþam Offa wäs
      geofum and gûðum    gâr-cêne man,
1960  wîde geweorðod;    wîsdôme heóld
      êðel sînne,    þonon Eómær wôc
      häleðum tô helpe,    Heminges mæg,
      nefa Gârmundes,    nîða cräftig.
```

XXIX. HIS ARRIVAL. HYGELAC'S RECEPTION.

```
       GEWÂT him þâ se hearda     mid his hond-scole
1965  sylf äfter sande     sæ-wong tredan,
      wîde waroðas.    Woruld-candel scân,
      sigel sûðan fûs:    hî stô drugon,
      elne gecodon,    tô þäs þe eorla hleó,
```

bonan Ongenþeówes   burgum on innan,
1970 geongne gûð-cyning   gôdne gefrunon
hringas dælan.   Higeláce wäs
sîð Beówulfes   snûde gecýðed,
þät þær on worðig   wigendra hleó,
lind-gestealla   lifigende cwom,
1975 heaðo-láces hâl   tô hofe gongan.
Hraðe wäs gerýmed,   swâ se rîca bebeád,
fêðe-gestum   flet innan-weard.
Gesät þâ wið sylfne,   se þâ säcce genäs,
mæg wið mæge,   syððan man-dryhten
1980 þurh hleóðor-cwyde holdne gegrêtte
meaglum wordum.   Meodu-scencum
hwearf geond þät reced   Häreðes dôhtor:
lufode þâ leóde,   lîð-wæge bär
hælum tô handa.   Higelâc ongan
1985 sînne geseldan   in sele þam heán
fägre fricgean,   hyne fyrwet bräc,
hwylce Sæ-Geáta   sîðas wæron:
" Hû lomp eów on lâde,   leófa Biówulf,
" þâ þu færinga   feorr gehogodest,
1990 " säcce sêcean   ofer sealt wäter,
" hilde tô Hiorote?   Ac þu Hróðgâre
" wîd-cûðne weán   wihte gebêttest,
" mærum þeódne?   Ic þäs môd-ceare
" sorh-wylmum seáð,   sîðe ne trûwode
1995 " leófes mannes;   ic þe lange bäd,
" þät þu þone wäl-gæst   wihte ne grêtte,
" lête Sûð-Dene   sylfe geweorðan
" gûðe wið Grendel.   Gode ic þanc secge,
" þäs þe ic þe gesundne   geseón môste."
2000 Biówulf maðelode,   bearn Ecgþiówes:
" Þät is undyrne,   dryhten Higelâc,
" *mære* gemêting   monegum fira,
" hwylc *orleg*-hwîl   uncer Grendles

"wearð on þam wange, þær he worna fela
2005 " Sige-Scildingum sorge gefremede,
"yrmðe tó aldre; ic þät eal gewräc,
" swâ ne gylpan þearf Grendeles maga
" *œnig* ofer corðan uht-hlem þone,
" se þe lengest leofað lâðan cynnes,
2010 "*fenne* bifongen. Ic þær furðum cwom,
" tó þam hring-sele Hróðgâr grêtan:
" sóna me se mæra mago Healfdenes,
" syððan he môd-sefan mínne cûðe,
" wið his sylfes sunu setl getæhte.
2015 " Weorod wäs on wynne; ne seah ic wídan feorh
" under heofenes hwealf heal-sittendra
" medu-dreâm mâran. Hwîlum mæru cwên,
" friðu-sibb folca flet eall geond-hwearf,
" bædde byre geonge; oft hió beáh-wriðan
2020 " secge *sealde*, ær hió tó setle geóng.
" Hwîlum for duguðe dôhtor Hróðgâres
" eorlum on ende ealu-wæge bär,
" þâ ic Freáware flet-sittende
" nemnan hýrde, þær hió nägled sinc
2025 " häleðum sealde: sió gehâten *wäs*,
" geong gold-hroden, gladum suna Fródan;
" hafað þäs geworden wine Scyldinga
" ríces hyrde and þät ræd talað,
" þät he mid þý wîfe wäl-fæhða dæl,
2030 " säcca gesette. Oft *nó* seldan hwær
" äfter leód-hryre lytle hwíle
" bon-gâr bûgeð, þeáh seó brýd duge!

XXX. Beówulf's Story of the Slayings.

"Mæg þæs þonne ofþyncan þeóden Heaðobeardna
"and þegna gehwam þára leóda,
2035 "þonne he mid fæmnan on flett gæð,
"dryht-bearn Dena duguða biwenede:
"on him gladiað gomelra láfe
"heard and hring-mæl, Heaðobeardna gestreón,
"þenden hie þám wæpnum wealdan móston,
2040 "óð þät hie forlæddan tó þam lind-plegan
"swæse gesíðas ond hyra sylfra feorh.
"Þonne cwið æt beóre, se þe beáh gesyhð,
"eald äsc-wiga, se þe eall geman
"går-cwealm gumena (him bið grim sefa),
2045 "onginneð geómor-mód geongne cempan
"þurh hreðra gehygd higes cunnian,
"wíg-bealu wececan and þät word ácwyð:
"'Meaht þu, mín wine, mêce geenáwan,
"'þone þín fäder tó gefeohte bär
2050 "'under here-gríman hindeman síðe,
"'dýre íren, þær hyne Dene slógon,
"'weóldon wäl-stówe (syððan wiðer-gyld läg
"'äfter hæleða hryre) hwate Scyldungas?
"'Nu her þára banena byre nát-hwylces,
2055 "'frätwum hrêmig on flet gæð,
"'morðres gylpeð and þone máððum byreð,
"'þone þe þu mid rihte rædan sceoldest!'"
"Manað swá and myndgað mæla gehwylce
"sárum wordum, óð þät sæl cymeð,
2060 "þät se fæmnan þegn fore fäder dædum
"äfter billes bite blód-fág swefeð,
"ealdres scyldig; him se óðer þonan
"losað lífigende, con him land geare.

"Þonne bið brocene   on bâ healfe
2065 "að-sweord eorla;   syððan Ingelde
"weallað wäl-nîðas   and him wîf-lufan
"äfter cear-wälmum   côlran weorðað.
"Þŷ ic Heaðobeardna   hyldo ne telge,
"dryht-sibbe dæl   Denum unfæcne,
2070 "freónd-scipe fästne.   Ic sceal forð sprecan
"gen ymbe Grendel,   þät þu geare cunne,
"sinces brytta,   tô hwan syððan wearð
"hond-ræs häleða.   Syððan heofones gim
"glâd ofer grundas,   gäst yrre cwom,
2075 "eatol æfen-grom,   ûser neósan,
"þær we gesunde   säl weardodon;
"þær wäs Hondsció   hild onsæge,
"feorh-bealu fægum,   he fyrmest läg,
"gyrded cempa;   him Grendel wearð,
2080 "mærum magu-þegne   tô mûð-bonan,
"leófes mannes   lîc eall forswealg.
"Nô þŷ ær ût þâ gen   îdel-hende
"bona blôdig-tôð   bealewa gemyndig,
"of þam gold-sele   gongan wolde,
2085 "ac he mägnes rôf   mîn costode,
"grâpode gearo-folm.   Glôf hangode
"sîd and syllîc   searo-bendum fäst,
"sió wäs orþoncum   eall gegyrwed
"deófles cräftum   and dracan fellum:
2090 "he mec þær on innan   unsynnigne,
"diór dæd-fruma,   gedôn wolde,
"manigra sumne: hyt ne mihte swâ,
"syððan ic on yrre   upp-riht âstôd.
"Tô lang ys tô reccenne,   hû ic þam leód-sceaðan
2095 "yfla gehwylces   ond-leán forgeald;
"þær ic, þeóden mîn,   þîne leóde
"weorðode weorcum.   He on weg losade,
"lytle hwîle   lîf-wynna breác;

"hwäðre him sió swiðre   swaðe weardade
2100 "hand on Hiorte   and he heán þonan,
"módes geómor   mere-grund gefeóll.
"Me þone wäl-ræs   wine Scildunga
"fättan golde   fela leánode,
"manegum máðmum,   syððan mergen com
2105 "and we tó symble   geseten häfdon.
"Þær wäs gidd and gleó;   gomela Scilding
"fela fricgende   feorran rehte;
"hwílum hilde-deór   hearpan wynne,
"gomen-wudu grétte;   hwílum gyd áwräc.
2110 "sóð and sárlíc;   hwílum syllíc spell
"rehte äfter rihte   rúm-heort cyning.
"Hwílum eft ongan   eldo gebunden,
"gomel gúð-wíga   gioguðe cwíðan
"hilde-strengo;   hreðer inne weóll,
2115 "þonne he wintrum fród   worn gemunde.
"Swá we þær inne   andlangne däg
"nióde námon,   óð þät niht becwom
"óðer tó yldum.   Þá wäs eft hraðe
"gearo gyrn-wräce   Grendeles módor,
2120 "síðode sorh-full;   sunu deáð fornam,
"wíg-hete Wedra.   Wíf unhýre
"hyre bearn gewräc,   beorn ácwealde
"ellenlíce;   þær wäs Äsc-here,
"fródan fyrn-witan,   feorh úðgenge;
2125 "nóðer hy hine ne móston,   syððan mergen cwom,
"deáð-wérigne   Denia leóde
"bronde forbärnan,   ne on bæl hladan
"leófne mannan: hió þät líc ätbär
"feóndes fäðmum   under firgen-streám.
2130 "Þät wäs Hróðgáre   hreówa tornost
"þára þe leód-fruman   lange begeáte;
"þá se þeóden mec   þíne lífe
"healsode hreóh-mód,   þät ic on holma geþring

"eorl-scipe efnde, ealdre genéðde,
2135 "mærðo fremede: he me méde gehét.
"Ic þá þæs wælmes, þe is wíde cúð,
"grimne gryrelícne grund-hyrde fond.
"Þær unc hwíle wäs hand gemæne;
"holm heolfre weóll and ic heáfde becearf
2140 "in þam *grund*-sele Grendeles módor
"cácnum ecgum, unsófte þonan
"feorh óðferede; næs ic fæge þá gyt,
"ac me eorla hleó eft gesealde
"máðma menigeo, maga Healfdenes.

XXXI.

He gives Presents to Hygelac. Hygelac Rewards Him. Hygelac's Death. Beówulf Reigns.

2145 "Swá sé þeód-kyning þeáwum lyfde;
"nealles ic þám leánum forloren häfde,
"mägnes méde, ac he me *máðmas* geaf,
"sunu Healfdenes, on sínne sylfes dóm;
"þá ic þe, beorn-cyning, bringan wylle,
2150 "éstum gefýwan. Gen is eall ät þe
"lissa gelong: ic lyt hafo
"heáfod-mága, nefne Hygeláe þec!"
Hét þá in beran eafor, heáfod-segn,
heaðo-steápne helm, háre byrnan,
2155 gúð-sweord geatolíc, gyd äfter wräc:
"Me þis hilde-sceorp Hróðgár sealde,
"snotra fengel, sume worde hét,
"þät ic his ærest þe est gesägde,
"cwäð þät hyt häfde Hiorogár cyning,
2160 "leód Scyldunga lange hwíle:

"nô þý ær suna sínum   syllan wolde.
"hwatum Heorowearde,   þeáh he him hold wære,
"breóst-gewædu.   Brûc ealles well!"
Hýrde ic þät þâm frätwum   feówer mearas
2165 lungre gelice   lâst weardode,
äppel-fealuwe;   he him ést geteáh
meara and mâðma.   Swâ sceal mæg dôn,
nealles inwit-net   ôðrum bregdan,
dyrnum cräfte   deáð rênian
2170 hond-gesteallan.   Hygeláce wäs,
niða heardum,   nefa swýðe hold
and gehwäðer ôðrum   hróðra gemyndig.
Hýrde ic þät he þone heals-beáh   Hygde gesealde,
wrätlîcne wundur-mâððum,   þone þe him Wealhþeó geaf,
2175 þeódnes dôhtor,   prió wicg somod
swancor and sadol-beorht;   hyre syððan wäs
äfter beáh-þege   breóst geweorðod.
Swâ bealdode   bearn Ecgþeówes,
guma gûðum cûð,   gódum dædum,
2180 dreáh äfter dôme,   nealles druncne slóg
heorð-geneátas;   näs him hreóh sefa,
ac he man-cynnes   mæste cräfte
gin-fästan gife,   þe him god sealde,
heóld hilde-deór.   Heán wäs lange,
2185 swâ hync Geáta bearn   gódne ne tealdon,
ne hync on medo-bence   micles wyrðne
drihten wereda   gedôn wolde;
swýðe *oft sägdon*,   þät he sleac wære,
äðeling unfrom: edwenden cwom
2190 tîr-eádigum menn   torna gehwylces.
Hèt þâ eorla hleó   in gefetian,
heaðo-róf cyning,   Hreðles láfe,
golde gegyrede;   näs mid Geátum þâ
sinc-mâððum sélra   on sweordes hâd;
2195 þät he on Biówulfes   bearm âlegde,

and him gesealde   seofan þúsendo,
bold and brego-stól.   Him wäs bám samod
on þam leód-scipe   lond gecynde,
eard éðel-riht,   óðrum swíðor
2200 síde ríce,   þam þær sélra wäs.
Eft þät geiode   ufaran dógrum
hilde-hlämmum,   syððan Hygelác läg
and Heardréde   hilde-méceas
under bord-hreóðan   tó bonan wurdon,
2205 þá hyne gesóhtan   on sige-þeóde
hearde hilde-frecan,   Heaðo-Scilfingas,
níða genægdan   nefan Hereríces.
Syððan Beówulfe   bráde ríce
on hand gehwearf: he geheóld tela
2210 fíftig wintru   (wäs þá fród cyning,
eald éðel-weard),   óð þät án ongan
deorcum nihtum   draca rícsian,
se þe on heáre hæðe   hord beweotode,
stán-beorh steápne: stíg under läg,
2215 eldum uncúð.   Þær on innan gióng
níða nát-hwylces   neódu gefêng
hæðnum horde   hond . d . . geþ . . hwylc
since fáhne,   he þät syððan . . . . .
. . . þ . . . lð . þ . . l . g
2220 slæpende be fýre,   fyrena hyrde
þeófes cräfte,   þät sie . . . . ðioð . . . . .
. idh . folc-beorn,   þät he gebolgen wäs.

XXXII. The Fire-Drake. The Hoard.

Nealles mid geweoldum   wyrm-horda . . . cräft
sóhte sylfes willum,   se þe him sáre gesceód,
2225 ac for þreá-nédlan   þeów nát-hwylces
háleða bearna   hete-swengeas fleáh,

for ofer-þearfe   and þær inne fealh
secg syn-bysig.   Sóna in þá tíde
þät..... þam gyste   .... br . g . stód,
2230 hwäðre earm-sceapen ....
..ð... sceapen o .... i r .. e se fæs begeat,
sinc-fät *geseah:*   þær wäs swylcra fela
in þam corð-*scrúfe*   ær-gestreóna,
swá hy on geár-dagum   gumena nát-hwylc
2235 eormen-láfe   äðelan cynnes
þanc-hycgende   þær gehýdde,
deóre máðmas.   Ealle hie deáð fornam
ærran mælum,   and se án þá gen
leóda duguðe,   se þær lengest hwearf,
2240 weard wine-geómor   wiscte þäs yldan,
þät he lytel fäc   long-gestreóna
brúcan móste.   Beorh eal gearo
wunode on wonge   wäter-ýðum neáh,
niwe be nässe   nearo-cräftum fäst:
2245 þær on innan bär   eorl-gestreóna
hringa hyrde   hard-fyrdne dæl
fättan goldes,   feá worda cwäð:
" Heald þu nu hruse,   nu häleð ne móston,
" eorla æhte.   Hwät! hit ær on þe
2250 " góde begeáton;   gúð-deáð fornam,
" feorh-bealo frécne   fyra gehwylcne.
" leóda mínra,   þára þe þis *líf* ofgeaf,
" gesáwon sele-dreám.   Náh hwá sweord wege
" oððe *fetige*   fäted wæge,
2255 " drync-fät deóre: duguð ellor scóc.
" Sceal se hearda helm   *hy*rsted golde
" fätum befeallen: feormiend swefað,
" þá þe beado-gríman   býwan sceoldon,
" ge swylce seó here-pád,   sió ät hilde gebád
2260 " ofer borda gebräc   bite írena,
" brosnað äfter beorne.   Ne mäg byrnan hring

"æfter wíg-fruman wíde féran
"háleðum be healfe; näs hearpan wyn,
"gomen gleó-beámes, ne gód hafoc
2265 "geond säl swingeð, ne se swifta mearh
"burh-stede beáteð. Bealo-cwealm hafað
"fela feorh-cynna feorr onsended!"
Swâ giómor-mód giohðo mænde,
ân æfter eallum unblíðe hweóp,
2270 däges and nihtes, ôð þät deáðes wylm
hrân ät heortan. Hord-wynne fond
eald uht-sceaða opene standan,
se þe byrnende biorgas séceð
nacod níð-draca, nihtes fleógeð
2275 fýre befangen; hyne fold-búend
wíde gesáwon. He gewunian sceall
hláw under hrusan, þær he hæðen gold
waráð wintrum fród; ne byð him wihte þé sél.
Swâ se þeód-sceaða þreó hund wintra
2280 heóld on hrusan hord-ärna sum
eácen-cräftig, ôð þät hyne ân âbealh
mon on móde: man-dryhtne bär
fäted wæge, frioðo-wære bäd
hláford sínne. Þâ wäs hord râsod,
2285 onboren beága hord, béne getíðad
feá-sceaftum men. Freá sceáwode
fira fyrn-geweorc forman síðe.
Þâ se wyrm onwóc, wróht wäs geniwad;
stonc þâ æfter stâne, stearc-heort onfand
2290 feóndes fót-lâst; he tó forð gestóp,
dyrnan cräfte, dracan heáfde neáh.
Swâ mäg unfæge eáðe gedígan
weán and wräc-síð, se þe waldendes
hyldo gehealdeð. Hord-weard sóhte
2295 georne æfter grunde, wolde guman findan,
þone þe him on sweofote sâre geteóde:

hát and hreóh-mód   hlæw oft ymbe hwearf,
calne útan-weardne;   ne þær ænig mon
wäs on þære wéstenne.   Hwäðre hilde gefeh,
2300 beado-weorces: hwílum on beorh äthwearf,
sinc-fät sóhte;   he þät sóna onfand,
þät häfde gumena sum   goldes gefandod
heáh-gestreóna.   Hord-weard onbád
earfoðlice,   óð þät æfen cwom;
2305 wäs þá gebolgen   beorges hyrde,
wolde se láða   líge forgyldan
drinc-fät dýre.   þá wäs däg sceacen
wyrme on willan,   nó on wealle leng
bídan wolde,   ac mid bæle fór,
2310 fýre gefýsed.   Wäs se fruma egeslíc
leódum on lande,   swá hyt lungre wearð
on hyra sinc-gifan   sáre geendod.

XXXIII.

Beówulf Resolves to Kill the Fire-Drake.

þá se gäst ongan   glédum spíwan,
beorht hofu bärnan;   bryne-leóma stód
2315 eldum on andan;   nó þær áht cwices
láð lyft-floga   læfan wolde.
Wäs þäs wyrmes wíg   wíde gesýne,
nearo-fáges nið   neán and feorran,
hú se gúð-sceaða   Geáta leóde
2320 hatode and hýnde: hord eft gesceát,
dryht-sele dyrnne   ær däges hwíle.
Häfde land-wara   líge befangen,
bæle and bronde;   beorges getrúwode,
wíges and wealles: him seó wén geleáh.
2325 þá wäs Biówulfe   bróga gecýðed
snúde tó sóðe,   þät his sylfes him

bolda sélest   bryne-wylmum mealt,
gif-stól Geáta.   þät þam gódan wäs
hreów on hreðre, hyge-sorga mæst:
2330 wênde se wîsa,   þät he wealdende,
ofer ealde riht, êcean dryhtne
bitre gebulge: breóst innan weóll
þeóstrum geþoncum,   swá him geþýwe ne wäs.
Häfde lîg-draca   leóda fästen,
2335 eá-lond útan,   corð-weard þone
glêdum forgrunden.   Him þäs gúð-cyning,
Wedera þióden,   wräce leornode.
Hèht him þá gewyrcean   wîgendra hleó
eall-irenne,   eorla dryhten
2340 wîg-bord wrätlîc;   wisse he gearwe,
þät him holt-wudu   hel*p*an ne meahte,
lind wið lîge.   Sceolde læn-daga
äðeling ær-gód   ende gebídan
worulde lîfes   and se wyrm somod,
2345 þeáh þe hord-welan   heólde lange.
Oferhogode þá   hringa fengel,
þät he þone wíd-flogan   weorode gesóhte,
sîdan herge;   nó he him þá säcce ondréd,
ne him þäs wyrmes wîg   for wiht dyde,
2350 eafoð and ellen;   forþon he ær fela
nearo néðende   níða gedîgde,
hilde-hlemma,   syððan he Hróðgáres,
sigor-eádig secg,   sele fælsode
and æt gúðe forgráp   Grendeles mægum,
2355 láðan cynnes.   Nó þät läsest wäs
hond-gemota,   þær mon Hygelác slóh,
syððan Geáta cyning   gúðe ræsum,
freá-wine folces   Freslondum on,
Hrêðles eafora   hioro-dryncum swealt,
2360 bille gebeáten;   þonan Biówulf com
sylfes cräfte,   sund-nytte dreáh;

† häfde him on earme ... XXX
hilde-geatwa, þá he tó holme stág.
Nealles Hetware hrêmge þorfton
2365 féðe-wíges, þe him foran ongeán
linde bæron: lyt eft becwom
fram þam hild-frecan hâmes niósan.
Oferswam þá sióleða bigong sunu Ecgþeówes,
earm án-haga eft tó leódum,
2370 þær him Hygd gebeád hord and ríce,
beágas and brego-stól: bearne ne trûwode,
þät he wið äl-fylcum éðel-stólas
healdan cûðe, þá wäs Hygelác deád.
Nó þý ær feá-sceafte findan meahton
2375 ät þam äðelinge ænige þinga,
þät he Heardréde hláford wære,
oððe þone cyne-dóm ciósan wolde;
hwäðre he him on folce freónd-lárum heóld,
éstum mid áre, óð þät he yldra wearð,
2380 Weder-Geátum weóld. Hyne wräc-mäcgas
ofer sæ sóhtan, suna Óhteres:
häfdon hy forhealden helm Scylfinga,
þone sélestan sæ-cyninga,
þára þe in Swió-ríce sinc brytnade,
2385 mærne þeóden. Him þät tó mearce wearð;
he þæn orfeorme feorh-wunde hleát
sweordes swengum, sunu Hygeláces;
and him eft gewát Ongenþiówes bearn
hâmes niósan, syððan Heardréd läg;
2390 lét þone brego-stól Biówulf healdan,
Geátum wealdan: þät wäs gód cyning.

XXXIV.

Retrospect of Beówulf. — Strife between Sweonas and Geatas.

 Se þäs leód-hryres leán gemunde
uferan dógrum, Eádgilse wearð
feá-sceaftum feónd. Folce gestepte
2395 ofer sæ síde sunu Ôhteres
 wígum and wæpnum: he gewräc syððan
cealdum cear-síðum, cyning caldre bineát.
Swâ he níða gehwane genesen häfde,
slíðra geslyhta, sunu Ecgþiówes,
2400 ellen-weorca, ôð þone ânne däg,
þe he wið þam wyrme gewegan sceolde.
Gewât þâ twelfa sum torne gebolgen
dryhten Geáta dracan sceáwian;
häfde þâ gefrunen, hwanan sió fæhð ârâs,
2405 bealo-níð biorna; him tô bearme cwom
máððum-fät mære þurh þäs meldan hond.
Se wäs on þam þreáte þreotteoða secg,
se þäs orleges ôr onstealde,
häft hyge-giómor, sceolde heán þonon
2410 wông wísian: he ofer willan gióng
tô þäs þe he eorð-sele ânne wisse,
hlæw under hrusan holm-wylme nêh,
ýð-gewinne, se wäs innan full
wrätta and wíra: weard unhióre,
2415 gearo gûð-freca, gold-máðmas heóld,
cald under corðan; näs þät ýðe ceáp,
tô gegangenne gumena ænigum.
Gesät þâ on næsse níð-heard cyning,
þenden hælo âbeád heorð-geneátum
2420 gold-wine Geáta: him wäs geómor sefa,
wäfre and wäl-fûs, Wyrd ungemete neáh,

se þone gomelan   grêtan sceolde,
sêcean sâwle hord,   sundur gedælan
lîf wið lîce: nô þon lange wäs
2425 feorh äðelinges   flæsce bewunden.
Biówulf maðelade,   bearn Ecgþeówes:
"Fela ic on giogoðe   gûð-ræsa genäs,
"orleg-hwîla: ic þät eall gemon.
"Ic wäs syfan-wintre,   þâ mec sinca baldor,
2430 "freá-wine folca   ät mînum fäder genam,
"heóld mec and häfde   Hrêðel cyning,
"geaf me sinc and symbel,   sibbe gemunde;
"näs ic him tô lîfe   lâðra ôwihte
"beorn in burgum,   þonne his bearna hwylc,
2435 "Herebeald and Hæðcyn,   oððe Hygelâc mîn.
"Wäs þam yldestan   ungedêfelîce
"mæges dædum   morðor-bed strêd,
"syððan hyne Hæðcyn   of horn-bogan,
"his freá-wine   flâne geswencte,
2440 "miste mercelses   and his mæg ofscêt,
"brôðor ôðerne,   blôdigan gâre:
"þät wäs feoh-leás gefeoht,   fyrenum gesyngad,
"hreðre hyge-mêðe;   sceolde hwäðre swâ þeáh
"äðeling unwrecen   ealdres linnan.
2445 "Swâ bið geômorlîc   gomelum ceorle
"tô gebîdanne,   þät his byre rîde
"giong on galgan,   þonne he gyd wrece,
"sârigne sang,   þonne his sunu hangað
"hrefne tô hrôðre   and he him helpan ne mäg,
2450 "eald and in-frôd,   ænige gefremman.
"Symble bið gemyndgad   morna gehwylce
"eaforan ellor-sîð;   ôðres ne gŷmeð
"to gebîdanne   burgum on innan
"yrfe-weardas,   þonne se ân hafað
2455 "þurh deáðes nŷd   dæda gefondad.
"Gesyhð sorh-cearig   on his suna bûre

"win-sele wêstne, wind-gereste,
"reote berofene; rîdend swefað
"hüleð in hoðman; nis þær hearpan swêg,
2460 "gomen in geardum, swylce þær iú wæron.

XXXV.

Memories of Past Time. — The Feud with the Fire-Drake.

"Gewîteð þonne on sealman, sorh-leóð gäleð
"ân äfter ânum: þûhte him eall tô rûm,
"wongas and wîc-stede. Swâ Wedra helm
"äfter Herebealde heortan sorge
2465 "weallende wäg, wihte ne meahte
"on þam feorh-bonan fæhðe gebêtan:
"nô þŷ ær he þone heaðo-rinc hatian ne meahte
"lâðum dædum, þeáh him leóf ne wäs.
"He þâ mid þære sorge, þe him sió sâr belamp,
2470 "gum-dreám ofgeaf, godes leóht geceás;
"eaferum læfde, swâ dêð eádig mon,
"lond and leód-byrig, þâ he of life gewât.
"Þâ wäs synn and sacu Sweona and Geáta,
"ofer wîd wäter wrôht gemæne,
2475 "here-nîð hearda, syððan Hrêðel swealt,
"oððe him Ongenþeówes eaferan wæran
"frome fyrd-hwate, freóde ne woldon
"ofer heafo healdan, ac ymb Hreosna-beorh
"eatolne inwit-scear oft gefremedon.
2480 "Þät mæg-wine mîne gewræcan,
"fæhðe and fyrene, swâ hyt gefræge wäs,
"þeáh þe ôðer hit caldre gebohte,
"heardan ceápe: Hæðcynne wearð,
"Geáta dryhtne, gûð onsæge.

2485 " þá ic on morgne gefrägn   mæg ðerne
    " billes ecgum   on bonan stælan,
    " þær Ongenþeów   Eofores niósade:
    " gúð-helm tóglád,   gomela Scylfing
    " hreás *heoro*-bláe;   hond gemunde
2490 " fæhðo genóge,   feorh-sweng ne ofteáh.
    " Ic him þá máðmas,   þe he me sealde,
    " geald æt gúðe,   swá me gifeðe wäs,
    " leóhtan sweorde: he me lond forgeaf,
    " eard éðel-wyn.   Näs him ænig þearf,
2495 " þät he tó Gifðum   oððe tó Gár-Denum
    " oððe in Swió-ríce   sécean þurfe
    " wyrsan wíg-frecan,   weorðe gecýpan;
    " symle ic him on féðan   beforan wolde,
    " ána on orde,   and swá tó aldre sceall
2500 " sécce fremman,   þenden þis sweord þolað,
    " þät mec ær and síð   oft gelæste,
    " syððan ic for dugeðum   Däghrefne wearð
    " tó hand-bonan,   Huga cempan:
    " nalles he þá frätwe   Fres-cyninge,
2505 " breóst-weorðunge   bringan móste,
    " ac in campe gecrong   cumbles hyrde,
    " æðeling on elne.   Ne wäs ecg bona,
    " ac him hilde-gráp   heortan wylmas,
    " bán-hús gebräc.   Nu sceall billes ecg,
2510 " hond and heard sweord   ymb hord wigan."
    Beówulf maðelode,   beót-wordum spräc
    níehstan síðe: "Ic geneðde fela
    " gúða on geogoðe;   gyt ic wylle,
    " fród folces weard,   fæhðe sécan,
2515 " mærðum fremman,   gif mec se mán-sceaða
    " of corð-sele   út geséceð!"
    Gegrétte þá   gumena gehwylene,
    hwate helm-berend   hindeman síðe,
    swæse gesíðas: "Nolde ic sweord beran,

2520 " wæpen tô wyrme,   gif ic wiste hû
   " wið þam aglæcean   elles meahte
   " gylpe wiðgrîpan,   swâ ic gió wið Grendle dyde;
   " ac ic þær heaðu-fŷres   hâtes wêne,
   " rêðes and-hâttres :   forþon ic me on hafu
2525 " bord and byrnan.   Nelle ic beorges weard
   " oferfleón fôtes trem,   *feónd unhŷre,*
   " ac unc sceal weorðan æt wealle,   swâ unc Wyrd geteóð,
   " metod manna gehwäs.   Ic eom on môde from,
   " þät ic wið þone gûð-flogan   gylp ofersitte.
2530 " Gebîde ge on beorge   byrnum werede,
   " secgas on searwum,   hwäðer sêl mæge
   " äfter wäl-ræse   wunde gedŷgan
   " uncer twega.   Nis þät eówer sîð,
   " ne gemet mannes,   nefne mîn ânes,
2535 " þät he wið aglæcean   eofoðo dæle,
   " eorl-scype efne.   Ic mid elne sceall
   " gold gegangan   oððe gûð nimeð,
   " feorh-bealu frêcne,   freán eówerne!"
   Ârâs þâ bî ronde   rôf oretta,
2540 heard under helm,   hioro-sercean bär
   under stân-cleofu,   strengo getrûwode
   ânes mannes :   ne bið swylc earges sîð.
   Geseah þâ be wealle,   se þe worna fela,
   gum-cystum gôd,   gûða gedîgde,
2545 hilde-hlemma,   þonne hnitan fêðan,
   (stôd on stân-bogan)   streám ût þonan
   brecan of beorge ;   wäs þære burnan wälm
   heaðo-fŷrum hât :   ne meahte horde neáh
   unbyrnende   ænige hwîle
2550 deóp gedŷgan   for dracan lêge.
   Lêt þâ of breóstum,   þâ he gebolgen wäs,
   Weder-Geáta leód   word ût faran,
   stearc-heort styrmde ;   stefn in becom
   heaðo-torht hlynnan   under hârne stân.

2555 Hete wäs onhrêred,   hord-weard oncniów
mannes reorde;   näs þær mâra fyrst,
freóde tô friclan.   From ærest cwom
oruð aglæcean   ût of stâne,
hât hilde-swât;   hruse dynede.
2560 Biorn under beorge   bord-rand onswâf
wið þam gryre-gieste,   Geâta dryhten:
þâ wäs hring-bogan   heorte gefýsed
sücce tô sêceanne.   Sweord ær gebräd
gôd gûð-cyning   gomele lâfe,
2565 ecgum ungleâw,   æghwäðrum wäs
bealo-hycgendra   brôga fram ôðrum.
Stîð-môd gestôd   wið steâpne rond
winia bealdor,   þâ se wyrm gebeáh
snûde tôsomne: he on scarwum bâd.
2570 Gewât þâ byrnende   gebogen scrîðan tô,
gescîfe scyndan.   Scyld wel gebearg
lîfe and lîce   läsçan hwîle
mærum þeódne,   þonne his myne sôhte,
þær he þý fyrste   forman dôgore
2575 wealdan môste,   swâ him Wyrd ne gescrâf
hrêð ät hilde.   Hond up âbräd
Geâta dryhten,   gryre-fâhne slôh
inege lâfe,   þät sió ecg gewâc
brûn on bâne,   bât unswîðor,
2580 þonne his þiód-cyning   þearfe häfde,
bysigum gebæded.   þâ wäs beorges weard
äfter heaðu-swenge   on hreóum môde,
wearp wäl-fýre,   wîde sprungon
hilde-leóman: hrêð-sigora ne gealp
2585 gold-wine Geâta,   gûð-bill geswâc
nacod ät niðe,   swâ hyt nô sceolde,
íren ær-gôd.   Ne wäs þät ðôc sið,
þät se mæra   maga Ecgþeówes
grund-wong þone   ofgyfan wolde;

2590 sceolde *wyrmes* willan   wîc eardian
     elles hwergen,   swâ sccal æghwylc mon
     âlætan læn-dagas.   Näs þâ long tô þon,
     þät þâ aglæcean   hy eft gemêtton.
     Hyrte hyne hord-weard,   hreðer æðme weóll,
2595 niwan stefne   nearo þrowode
     fŷre befongen   se þe ær folcc weóld.
     Ncalles him on heápe   hand-gesteallan,
     äðelinga bearn   ymbe gestôdon
     hilde-cystum,   ac hy on holt bugon,
2600 ealdre burgan.   Hiora in ânum weóll
     sefa wið sorgum: sibb æfre ne mäg
     wiht onwendan,   þam þe wel þenceð.

XXXVI. Wiglaf Helps Beówulf in the Feud.

     Wîglâf wäs hâten   Weoxstânes sunu,
     leófîc lind-wiga,   leód Scylfinga,
2605 mæg Älfheres: geseah his mon-dryhten
     under here-grîman   hât þrowian.
     Gemunde þâ þâ âre,   þe he him ær forgeaf
     wîc-stede weligne   Wægmundinga,
     folc-rihta gehwylc,   swâ his fäder âhte;
2610 ne mihte þâ forhabban,   hond rond gefêng,
     geolwe linde,   gomel swyrd geteáh,
     þät wäs mid eldum   Eánmundes lâf,
     suna Ôhteres,   þam ät säcce wearð
     wracu wine-leásum   Weohstânes bana
2615 mêces ecgum,   and his mâgum ätbär
     brûn-fâgne helm,   hringde byrnan,
     eald sweord cotonisc,   þät him Onela forgeaf,
     his gädelinges   gûð-gewædu,
     fyrd-searo fûslîc: nô ymbe þâ fæhðe spräc,
2620 þeáh þe he his brôðor   bearn âbredwade.

He frätwe geheóld   fela missera,
bill and byrnan,   óð þät his byre mihte
eorl-seipe efnan,   swá his ær-fäder;
geaf him þá mid Geátum gúð-gewæda
2625 æghwäs unrím;   þá he of ealdre gewát,
fród on forð-weg.   þá wäs forma síð
geongan cempan,   þät he gúðe ræs
mid his freó-dryhtne   fremman sceolde;
ne gemealt him se mód-sefa, ne his mæges láf
2630 gewác ät wige: þät se wyrm onfand,
syððan hie tógädre   gegán häfdon.
Wíglá́f maðelode   word-rihta fela,
sägde gesíðum,   him wäs sefa geómor:
"Ic þät mæl geman,   þær we medu þégun,
2635 "þonne we gehéton ússum hláforde
"in biór-sele,   þe ús þás beágas geaf,
"þät we him þá gúð-geatwa gyldan woldon,
"gif him þyslícu   þearf gelumpe,
"helmas and heard sweord: þé he úsic on herge geceás
2640 "tó þyssum síð-fate sylfes willum,
"onmunde úsic mærða   and me þás máðmas geaf,
"þe he úsic gár-wigend góde tealde,
"hwate helm-berend,   þeáh þe hláford ús
"þis ellen-weorc   ána áþóhte
2645 "tó gefremmanne,   folces hyrde,
"forþam he manna mæst mærða gefremede,
"dæda dollícra.   Nu is se däg cumen,
"þät úre man-dryhten   mägenes behófað
"gódra gúð-rinca: wutun gangan tó,
2650 "helpan hild-fruman, þenden hyt' sý,
"gléd-egesa grim!   God wát on mec,
"þät me is micle leófre, þät mínne líc-haman
"mid mínne gold-gyfan   gléd fäðmie.
"Ne þynceð me gerysne, þät we rondas beren
2655 "eft tó earde,   nemne we æror mægen

"fâne gefyllan,   feorh ealgian
"Wedra þiódnes.   Ic wât geare,
"þät næron cald-gewyrht,   þät he âna scyle
"Geáta duguðe   gnorn þrowian,
2660 "gesîgan ät säcce: sceal ûrum þät sweord and helm,
"byrne and byrdu-scrûd   bâm gemæne."
Wôd þâ þurh þone wäl-rêc,   wîg-heafolan bär
freán on fultum,   feá worda cwäð:
"Leófa Biówulf,   læst eall tela,
2665 "swâ þu on geoguð-feore   geâra gecwæde,
"þät þu ne âlæte   be þe lifigendum
"dôm gedreósan: scealt nu dædum rôf,
"äðeling ân-hydig,   ealle mägene
"feorh ealgian;   ic þe fullæstu!"
2670 Äfter þâm wordum   wyrm yrre cwom,
atol inwit-güst   ôðre sîðe,
fýr-wylmum fâh   fiónda niósan,
lâðra manna;   lîg-ýðum forborn
bord wið-ronde: byrne ne meahte
2675 geongum gâr-wigan   geóce gefremman:
ac se maga geonga   under his mæges scyld
elne geeode,   þâ his âgen wäs
glêdum forgrunden.   þâ gen gûð-cyning
mærða gemunde,   mägen-strengo,
2680 slôh hilde-bille,   þät hyt on heafolan stôd
nîðe genýded: Nägling forbärst,
geswâc ät säcce   sweord Biówulfes
gomol and græg-mæl.   Him þät gifeðe ne wäs,
þät him irenna   ecge mihton
2685 helpan ät hilde;   wäs sió hond tô strong,
se þe mêca gehwane   mîne gefræge
swenge ofersôhte,   þonne he tô säcce bär
wæpen wundrum heard,   näs him wihte þê sêl.
þâ wäs þeód-sceaða   þriddan sîðe,
2690 frêcne fýr-draca   fæhða gemyndig.

ræsde on þone rófan,   þá him rúm ágeald,
hát and heaðo-grim,   heals calne ymbefèng
biteran bánum;   he geblódegod wearð
sáwul-dri óre;   swát ýðum weóll.

XXXVII. Beówulf Wounded to Death.

2695 Þá ic ät þearfe *gefrägn*   þeód-cyninges
and-longne eorl   ellen cýðan,
cräft and cénðu,   swá him gecynde wäs;
ne hédde he þäs heafolan,   ac sió hand gebarn
módiges mannes,   þær he his mæges healp,
2700 þät he þone nið-gäst   nioðor hwéne slóh,
secg on searwum,   þät þät sweord gedeáf
fáh and fäted,   þät þät fýr ongon
sweðrian syððan.   Þá gen sylf cyning
geweóld his gewitte,   wäll-seaxe gebräd,
2705 biter and beadu-scearp,   þät he on byrnan wäg:
forwrát Wedra helm   wyrm on middan.
Feónd gefyldan   (ferh ellen wräc),
and hi hyne þá begen   ábroten häfdon,
sib-äðelingas: swylc sceolde secg wesan,
2710 þegn ät þearfe.   Þät þam þeódne wäs
siðast sige-hwíle   sylfes dædum,
worlde geweorces.   Þá sió wund ongon,
þe him se eorð-draca   ær geworhte,
swélan and swellan.   He þät sóna onfand,
2715 þät him on breóstum   bealo-nið weóll,
áttor on innan.   Þá se äðeling gióng,
þät he bí wealle,   wís-hycgende,
gesät on sesse;   seah on enta geweorc,
hú þá stán-bogan   stapulum fäste
2720 éce eorð-reced   innan heóldon.
Hyne þá mid handa   heoro-dreórigne

þeóden mærne   þegn ungemete till,
wine-dryhten his   wätere gelafede,
hilde-sädne   and his helm onspeón.
2725 Biówulf maðelode,   he ofer benne spräc,
wunde wäl-bleáte   (wisse he gearwe,
þät he däg-hwíla   gedrogen häfde
eorðan wynne;   þá wäs eall sceacen
dógor-gerímes,   deáð ungemete neáh):
2730 "Nu ic suna mínum   syllan wolde
" gúð-gewædu,   þær me gifeðe swá
" ænig yrfe-weard   äfter wurde,
" líce gelenge.   Ic þás leóde heóld
" fíftig wintra: näs se folc-cyning
2735 " ymbe-sittendra   ænig þára,
" þe mec gúð-winum   grétan dorste,
" egesan þeón.   Ic on earde bád
" mæl-gesceafta,   heóld mín tela,
" ne sóhte searo-níðas,   ne me swór fela
2740 " áða on unriht.   Ic þäs ealles mäg,
" feorh-bennum seóc,   gefeán habban:
" forþam me witan ne þearf   waldend fira
" morðor-bealo mága,   þonne mín sceaceð
" líf of líce.   Nu þu lungre
2745 " geong, hord sceáwian   under hárne stán,
" Wígláf leófa,   nu se wyrm ligeð,
" swefeð sáre wund,   since bereáfod.
" Bió nu on ófoste,   þät ic ær-welan,–
" gold-æht ongite,   gearo sceáwige
2750 " swegle searo-gimmas,   þät ic þý séft mæge
" äfter máððum-welan   mín álætan
" líf and leód-scipe,   þone ic longe heóld."

XXXVIII.

The Jewel–Hoard. The Passing of Beówulf.

 Þá ic snúde gefrägn sunu Wihstánes
 äfter word-cwydum wundum dryhtne
2755 hýran heaðo-siócum, hring-net beran,
 brogdne beadu-sercean under beorges hróf.
 Geseah þá sige-hréðig, þá he bí sesse geóng,
 mago-þegn módig máððum-sigla fela,
 gold glitinian grunde getenge,
2760 wundur on wealle and þäs wyrmes denn,
 caldes uht-flogan, orcas stondan,
 fyrn-manna fatu feormend-leáse,
 hyrstum behrorene: þær wäs helm monig,
 cald and ómig, earm-beága fela,
2765 scarwum gesæled. Sinc cáðe mäg,
 gold on grunde, gumena cynnes
 gehwone ofer-higian, hýde se þe wylle!
 Swylce he siomian geseah segn eall-gylden
 heáh ofer horde, hond-wundra mæst,
2770 gelocen leoðo-cräftum: of þam leóma stód,
 þät he þone grund-wong ongitan meahte,
 wräte giond-wlítan. Näs þäs wyrmes þær
 onsýn ænig, ac hyne ecg fornam.
 Þá ic on hlæwe gefrägn hord reáfian,
2775 eald enta geweorc ánne mannan,
 him on bearm hladan bunan and discas
 sylfes dóme, segn eác genom,
 beácna beorhtost; bill ær-gescód
 (ecg wäs íren) eald-hláfordes
2780 þam þára máðma mund-bora wäs
 longe hwíle, líg-egesan wäg
 hátne for horde, hioro-weallende,

	middel-nihtum,	ðð þät he morðre swealt. .
	Âr wäs on ôfoste	eft-stðes georn,
2785	frätwum gefyrðred :	hyne fyrwet bräc,
	hwäðer collen-ferð	cwicne gemêtte
	in þam wong-stede	Wedra þeóden,
	ellen-siócne,	þær he hine ær forlêt.
	He þâ mid þâm mâðmum	mærne þióden,
2790	dryhten sinne	driórigne fand
	ealdres ät ende :	he hine eft ongon
	wätere weorpan,	ðð þät wordes ord
	breóst-hord þurhbräc.	*Beówulf maðelode*,
	gomel on giohðe	(gold sceáwode) :
2795	"Ic þâra frätwa	freán ealles þanc
	"wuldur-cyninge	wordum secge,
	"êcum dryhtne,	þe ic her on starie,
	"þäs þe ic môste	mínum leódum
	"ær swylt-däge	swylc gestrýnan.
2800	"Nu ic on mâðma hord	mine bebohte
	"frôde feorh-lege,	fremmað ge nu
	"leóda þearfe ;	ne mäg ic her leng wesan.
	"Hâtað heaðo-mære	hlæw gewyrcean,
	"beorhtne äfter bæle	ät brimes nosan ;
2805	"se scel tô gemyndum	mínum leódum
	"heáh hlifian	on Hrones nässe,
	"þät hit sæ lîðend	syððan hâtan
	"Biówulfes biorh,	þâ þe brentingas
	"ofer flôda genipu	feorran drîfað."
2810	Dyde him of healse	hring gyldenne
	þióden þrist-hydig,	þegne gesealde,
	geongum gâr-wigan,	gold-fâhne helm,
	beáh and byrnan,	hêt hyne brûcan well :
	"Þu eart ende lâf	ûsses cynnes,
2815	"Wægmundinga ;	ealle Wyrd forsweóf,
	"mine mâgas	tô metod-sceafte,
	"eorlas on elne :	ic him äfter sceal."

þæt wæs þam gomelan   gingeste word
breóst-gehygdum,   ær he bæl cure,
2820 háte heaðo-wylmas: him of hreðre gewát
sáwol sécean   sóð-fæstra dóm.

XXXIX. The Coward-Thanes.

Þá wæs gegongen   guman unfródum
earfoðlíce,   þæt he on eorðan geseah
þone leófestan   lífes æt ende
2825 bleáte gebæran.   Bona swylce læg,
egeslíc eorð-draca,   ealdre bereáfod,
bealwe gebæded: beáh-hordum leng
wyrm woh-bogen   wealdan ne móste,
ac him irenna   ecga fornámon,
2830 hearde heaðo-scearpe   homera láfe,
þæt se wíd-floga   wundum stille
hreás on hrusan   hord-ærne neáh,
nalles æfter lyfte   lácende hwearf
middel-nihtum,   máðm-æhta wlonc
2835 ansýn ýwde: ac he eorðan gefeóll
for þæs hild-fruman   hond-geweorce.
Húru þæt on lande   lyt manna þáh
mægen-ágendra   mine gefræge,
þeáh þe he dæda gehwæs   dyrstig wære,
2840 þæt he wið áttor-sceaðan   oreðe geræsde,
oððe hring-sele   hondum styrede,
gif he wæccende   weard onfunde
búan on beorge.   Biówulfe wearð
dryht-máðma dæl   deáðe forgolden;
2845 hæfde æghwæðer   ende geféred
lænan lífes.   Næs þá lang tó þon,
þæt þá hild-latan   holt ofgéfan,
tydre treów-logan   tyne ætsomne,

þâ ne dorston ær   dareðum lâcan
2850 on hyra man-dryhtnes   miclan þearfe;
ac hy scamiende   scyldas bæran,
gûð-gewædu,   þær se gomela läg:
wlitan on Wîglâf.   He gewêrgad sät,
fêðe-cempa   freán eaxlum neáh,
2855 wehte hyne wätre;   him wiht ne speów;
ne meahte he on eorðan,   þeáh he ûðe wel,
on þam frum-gâre   feorh gehealdan,
ne þäs wealdendes *willan*   wiht oncirran;
wolde dôm godes   dædum rædan
2860 gumena gehwylcum,   swâ he nu gen dêð.
Þâ wäs ät þam geongum   grim andswaru
êð-begête þâm þe ær   his elne forleás.
Wîglâf maðelode,   Weohstânes sunu,
secg sârig-ferð   seah on unleófe·:
2865 "Þät lâ mäg secgan,   se þe wylc sôð sprecan,
"þät se mon-dryhten,   se eów þâ mâðmas geaf,
"eóred-geatwe,   þe ge þær on standað,
"þonne he on ealu-bence   oft gesealde
"heal-sittendum   helm and byrnan,
2870 "þeóden his þegnum,   swylce he þryðlîcost
"ôhwær feor oððe neáh   findan meahte,
"þät he genunga   gûð-gewædu
"wrâðe forwurpe.   Þâ hyne wîg beget,
"nealles folc-cyning   fyrd-gesteallum
2875 "gylpan þorfte;   hwäðre him god ûðe,
"sigora waldend,   þät he hyne sylfne gewräc
"âna mid ecge,   þâ him wäs elnes þearf,
"Ic him lîf-wraðe   lytle meahte
"ätgifan ät gûðe   and ongan swâ þeáh
2880 "ofer mîn gemet   mæges helpan:
"symle wäs þŷ sæmra,   þonne ic sweorde drep
"ferhð-genîðlan,   fŷr unswîðor
"weóll of gewitte.   Wergendra tô lyt

"þrong ymbe þeóden,   þá hyne sió þrag becwom.
2885 " Nu sceal sinc-þego   and swyrd-gifu
"eall óðel-wyn   eówrum cynne,
"lufen álicgean: lond-rihtes mót
"þære mæg-burge   monna æghwylc
"ídel hweorfan,   syððan æðelingas
2890 "feorran gefricgean   fleám eówerne,
"dóm-leásan dæd.   Deáð bið sélla
"eorla gehwylcum   þonne edwít-líf!"

XL. The Soldier's Dirge and Prophecy.

Héht þá þät heaðo-weorc   tó hagan biódan
up ofer ég-clif,   þær þät eorl-weorod
2895 morgen-longne däg   mód-giómor sät,
bord-häbbende,   bega on wénum
ende-dógores   and eft-cymes
leófes monnes.   Lyt swígode
niwra spella,   se þe näs gerád,
2900 ac he sóðlíce   sägde ofer ealle;
" Nu is wil-geofa   Wedra leóda,
"dryhten Geáta   deáð-bedde fäst,
"wunað wäl-reste   wyrmes dædum;
"him on efn ligeð   ealdor-gewinna,
2905 "siex-bennum seóc: sweorde ne meahte
"on þam aglæcean   ænige þinga
"wunde gewyrcean.   Wígláf siteð
"ofer Biówulfe,   byre Wihstánes,
"eorl ofer óðrum   unlifigendum,
2910 "healdeð hige-méðum   heáfod-wearde
"leófes and láðes.   Nu ys leódum wén
"orleg-hwíle,   syððan underne
"Froncum and Frysum   fyll cyninges
"wíde weorðeð.   Wäs sió wróht scepen

2915 " heard wið Hugas,   syððan Higelâc cwom
" faran flot-herge   on Fresna land,
" þær hyne Hetware   hilde gehnægdon,
" elne geeodon   mid ofer-mägene,
" þät se byrn-wîga   bûgan sceolde,
2920 " feóll on féðan: nalles frätwe geaf
" ealdor dugoðe;   ûs wäs â syððan
" Merewioinga   milts ungyfeðe.
" Ne ic tô Sweó-þeóde   sibbe oððe treówe
" wihte ne wêne;   ac wäs wîde cûð,
2925 " þätte Ongenþió   ealdre besnyðede
" Hæðcyn Hréðling   wið Hrefna-wudu,
" þâ for on-mêdlan   ærest gesôhton
" Geáta leóde   Gûð-scilfingas.
" Sôna him se frôda   fäder Ôhtheres,
2930 " eald and eges-full   ond-slyht âgeaf,
" âbreót brim-wîsan,   brŷd âheórde,
" gomela ió-meowlan   golde berofene,
" Onelan môdor   and Ôhtheres,
" and þâ folgode   feorh-geniðlan
2935 " ôð þät hî ôðeodon   earfoðlîce
" in Hrefnes-holt   hlâford-leáse.
" Besät þâ sin-herge   sweorda lâfe
" wundum wêrge,   weán oft gehêt
" earmre teohhe   andlonge niht:
2940 " cwäð he on mergenne   méces ecgum
" getan wolde,   sume on galg-treówum
" *fuglum* tô gamene.   Frôfor eft gelamp
" sârig-môdum   somod ær-däge,
" syððan hie Hygeláces   horn and bŷman
2945 " gealdor ongeâton.   þâ se gôda com
" leóda dugoðe   on lâst faran.

XLI. He Tells of the Swedes and the Geatas.

"Wäs sió swât-swaðu   Sweona and Geáta,
"wäl-ræs wera   wíde gesýne,
"hû þá folc mid him   fæhðe tôwehton.
2950 "Gewât him þá se gôda   mid his gädelingum,
"frôd fela geômor   fästen sêcean,
"eorl Ongenþió   ufor oncirde;
"häfde Higeláces   hilde gefrunen,
"wlonces wíg-cräft,   wiðres ne trûwode,
2955 "þät he sæ-mannum   onsacan mihte,
"heáðo-liðendum   hord forstandan,
"bearn and brýde;   beáh eft þonan
"eald under eorð-weall.   Þá wäs æht boden
"Sweona leódum,   segn Higeláce.
2960 "Freoðo-wong þone   forð ofereodon,
"syððan Hreðlingas   tô hagan þrungon.
"Þær wearð Ongenþió   ecgum sweorda,
"blonden-fexa   on bíd wrecen,
"þät se þeód-cyning   þafian sceolde
2965 "Eofores ânne dôm: hyne yrringa
"Wulf Wonrêding   wæpne geræhte,
"þät him for swenge   swât ædrum sprong
"forð under fexe.   Näs he forht swâ þêh,
"gomela Scilfing,   ac forgeald hraðe
2970 "wyrsan wrixle   wäl-hlem þone,
"syððan þeód-cyning   þyder oncirde:
"ne meahte se snella   sunu Wonrêdes
"caldum ceorle   ond-slyht giofan,
"ac he him on heáfde   helm ær gescer.
2975 "þät he blôde fáh   bûgan sceolde.
"feóll on foldan;   näs he fæge þá git,
"ac he hyne gewyrpte,   þeáh þe him wund hrine.
"Lêt se hearda   Higeláces þegn

"brádne méce,   þá his bróðor läg,
"eald sweord eotonisc,   entiscne helm,
"brecan ofer bord-weal: þá gebeáh cyning,
"folces hyrde,   wäs in feorh dropen.
"þá wæron monige,   þe his mæg wriðon,
"ricone árærdon,   þá him gerýmed wearð,
"þät hie wäl-stówe   wealdan móston.
"Þenden reáfode   rinc óðerne,
"nam on Ongenþió   íren-byrnan,
"heard swyrd hilted   and his helm somod;
"háres hyrste   Higeláce bär.
"He þám frätwum féng   and him fägre gehét
"leána fore leódum   and gelæste swá:
"geald þone gúð-ræs   Geáta dryhten,
"Hréðles eafora,   þá he tó hám becom,
"Jofore and Wulfe   mid ofer-máðmum,
"sealde hiora gehwäðrum   hund þúsenda
"landes and locenra beága;   ne þorfte him þá leán
                                          óðwítan
"mon on middan-gearde, syððan hie þá mærða geslógon;
"and þá Jofore forgeaf   ángan dóhtor,
"hám-weorðunge,   hyldo tó wedde.
"þät ys sió fæhðo   and se feónd-scipe,
"wäl-níð wera,   þäs þe ic wén hafo,
"þe ús séceað tó   Sweona leóde,
"syððan hie gefricgeað   freán úserne
"caldor-leásne,   þone þe ær gehe
"wið hettendum   hord and ríce,
"äfter häleða hryre   hwate Scylfingas,
"folc-ræd fremede   oððe furður gen
"eorl-scipe efnde.   Nu is ófost betost,
"þät we þeód-cyning   þær sceáwian
"and þone gebringan,   þe ús beágas geaf,
"on ád-färe.   Ne scel ánes hwät
"meltan mid þam módigan,   ac þær is máðma hord,

"gold unrîme   grimme geceápod
"and nu ät sîðestan   sylfes feore
3015 "beágas *gebohte*;   þá sceal brond fretan,
"äled þeccean,   nalles eorl wegan
"máððum tó gemyndum,   ne mägð scŷne
"habban on healse   hring-weorðunge,
"ac sceall geômor-môd   golde bereáfod
3020 "oft nalles æne   el-land tredan,
"nu se here-wîsa   hleahtor álegde,
"gamen and gleó-dreám.   Forþon sceall gâr wesan
"monig morgen-ceald   mundum bewunden,
"häfen on handa,   nalles hearpan swêg
3025 "wîgend weccean,   ac se wonna hrefn
"fús ofer fægum,   fela reordian,
"earne secgan,   hú him ät æte speów,
"þenden he wið wulf   wäl reáfode."
Swâ se secg hwata   secgende wäs
3030 láðra spella;   he ne leág fela
wyrda ne worda.   Weorod eall árâs,
eodon unblîðe   under Earna näs
wollen-teáre   wundur sceáwian.
Fundon þá on sande   sâwul-leásne
3035 hlim-bed healdan,   þone þe him hringas geaf
ærran mælum: þá wâs ende-däg
gôdum gegongen,   þät se gûð-cyning,
Wedra þeóden,   wundor-deáðe swealt.
Ær hî gesêgan   syllîcran wiht,
3040 wyrm on wonge   wiðer-rähtes þær
láðne licgean: wäs se lêg-draca,
grimlîc *gryre-gäst*,   glêdum beswæled,
se wäs fîftiges   fôt-gemearces
lang on legere,   lyft-wynne heóld
3045 nihtes hwîlum,   nyðer eft gewât
dennes niósian;   wäs þá deáðe fäst,
häfde corð-scrafa   ende genyttod.

Him big stôdan   bunan and orcas,
discas lâgon   and dýre swyrd,
3050 ômige þurh-etone,   swâ hie wið eorðan fäðm
þûsend wintra   þær eardodon:
þonne wäs þät yrfe   eácen-cräftig,
iû-monna gold   galdre bewunden,
þät þam hring-sele   hrînan ne môste
3055 gumena ænig,   nefne god sylfa,
sigora sóð-cyning,   sealde þam þe he wolde
(he is manna gehyld)   hord openian,
efne swâ hwylcum manna,   swâ him gemet þûhte.

XLII.
Wîglaf Speaks. The Building of the Bale-Fire.

Þâ wäs gesýne,   þät se sîð ne þâh
3060 þam þe unrihte   inne gehýdde
wräte under wealle. Weard ær ofslôh
feára sumne; þâ sió fæhð gewearð
gewrecen wráðlîce. Wundur hwâr, þonne
eorl ellen-rôf   ende gefêre
3065 lîf-gesceafta,   þonne leng ne mäg
mon mid his *mágum*   medu-seld bûan?
Swâ wäs Biówulfe,   þâ he biorges weard
sôhte, searo-nîðas: seolfa ne cûðe,
þurh hwät his worulde gedâl   weorðan sceolde;
3070 swâ hit ôð dômes däg   dióþe benemdon
þeódnas mære,   þâ þät þær dydon,
þät se secg wære   synnum scildig,
hergum geheaðerod,   hell-bendum fäst,
wommum gewitnad,   se þone wong strâde.
3075 Näs he gold-hwät: gearwor häfde

ágendes ést   ǽr gesceáwod.
Wíglâf maðelode,   Wihstânes sunu:
"Oft sceall eorl monig   ánes willan
"wræc ádreógan,   swâ ûs geworden is.
3080 "Ne meahton we gelǽran   leófne þeóden,
"ríces hyrde   rǽd ǽnigne,
"þát he ne grétte   gold-weard þone,
"léte hyne licgean,   þǽr he longe wǽs,
"wícum wunian   óð woruld-ende.
3085 "Heóldon heáh gesceap: hord ys gesceáwod,
"grimme gegongen;   wǽs þát gifeðe tó swíð,
"þe þone þeóden   þyder ontyhte.
"Ic wǽs þǽr inne   and þát eall geond-seh,
"recedes geatwa,   þá me gerýmed wǽs,
3090 "nealles swǽslíce   síð álýfed
"inn under corð-weall.   Ic on ófoste gefêng
"micle mid mundum   mägen-byrðenne
"hord-gestreóna,   hider ût ätbär
"cyninge mínum: cwico wǽs þá gena,
3095 "wís and gewittig;   worn eall gespræc
"gomol on gehðo   and eówic grétan hét,
"biid þát ge geworhton   áfter wines dǽdum
"in bǽl-stede   beorh þone heán
"micelne and mǽrne,   swâ he manna wǽs
3100 "wígend weorð-fullost   wíde geond eorðan,
"þenden he burh-welan   brûcan móste.
"Uton nu éfstan   óðre síðe
"seón and sécean   searo-geþræc,
"wundur under wealle!   ic eów wísige,
3105 "þát ge genóge   neán sceáwiað
"beágas and brád gold.   Síe sió bær gearo
"ǽdre geǽfned,   þonne we ût cymen,
"and þonne geferian   freán ûserne,
"leófne mannan,   þǽr he longe sceal
3110 "on þǽs waldendes   wǽre geþolian."

Hét þá gebeódan   byre Wihstânes,
hälc hilde-diór,   häleða monegum
bold-âgendra,   þät hie bæl-wudu
feorran feredon,   folc-âgende
3115 gódum tógênes: "Nu sceal glêd fretan
"(weaxan wonna lêg) wîgena strengel,
"þone þe oft gebâd   îsern-scûre,
"þonne stræla storm, strengum gebæded,
"scôc ofer scild-weall, sceft nytte heóld,
3120 "feðer-gearwum fûs   flâne full-eode."
Hûru se snotra   sunu Wihstânes
âcîgde of corðre   cyninges þegnas
syfone *tósomne*   þá sêlestan,
eode eahta sum   under inwit-hróf;
3125 hilde-rinc sum on handa bär
äled-leóman,   se þe on orde geóng.
Näs þá on hlytme,   hwâ þät hord strude,
syððan or-wearde   ænigne dæl
secgas gesêgon   on sele wunian,
3130 læne licgan: lyt ænig mearn,
þät hi ófostlice   ût geferedon
dýre mâðmas;   dracan êc scufun,
wyrm ofer weall-clif, léton wæg niman.
flôd fäðmian   frätwa hyrde.
3135 þær wäs wunden gold   on wæn hladen,
æghwäs unrîm,   äðeling boren,
hâr hilde-*rinc*   tô Hrônes nässe.

XLIII. Beówulf's Funeral Pyre.

Him þá gegiredan   Geáta leóde
Ád on eorðan   un-wáclícne,
3140 helmum behongen,   hilde-bordum,
beorhtum byrnum,   swá he béna wäs;
Álegdon þá tó-middes   mærne þeóden
háleð hiófende,   hláford leófne.
Ongunnon þá on beorge   bæl-fýra mæst
3145 wígend weccan: wudu-réc ástáh
sweart ofer swioðole,   swógende lég,
wópe bewunden   (wind-blond geläg)
óð þät he þá bán-hús   gebrocen häfde,
hát on hreðre. Higum unróte
3150 mód-ceare mændon   mon-dryhtnes cwealm;
swylce gíomor-gyd   † lat . ᶜᵒⁿ meowle
. . . . .   wunden heorde . . .
serg (?) cearig sælde   geneahhe
þät hio hyre . . . . gas hearde
3155 . . . . . ede   wälfylla wonn . .
hildes egesan   hýðo
haf mid   heofon réce swealh (?)
Geworhton þá   Wedra leóde
hlæw on hlíðe,   se wäs heáh and brád,
3160 wæg-líðendum   wíde gesýne,
and betimbredon   on týn dagum
beadu-rófes béen: bronda be*tost*
wealle beworhton,   swá hyt weorðlícost
fore-snotre men   findan mihton.
3165 Hí on beorg dydon   bég and siglu,
eall swylce hyrsta,   swylce on horde ær
níð-hydige men   genumen häfdon;
forléton eorla gestreón   eorðan healdan,
gold on greóte,   þær hit nu gen lifað

3170 eldum swâ unnyt,   swâ hit *æror* wäs.
Þâ ymbe hlæw riodan   hilde-deóre,
äðelinga bearn   ealra twelfa,
woldon *ceare* cwîðan,   kyning mænan,
word-gyd wrecan   and ymb wer sprecan,
3175 eahtodan eorl-scipe   and his ellen-weorc
duguðum dêmdon,   swâ hit ge-*dêfe* bið,
Þät mon his wine-dryhten   wordum hêrge,
ferhðum freóge,   þonne he forð scile
of lîc-haman   *læne* weorðan.
3180 Swâ begnornodon   Geáta leóde
hlâfordes *hry*re,   heorð-geneátas,
cwædon þät he wære   woruld-cyning
mannum mildust   and mon-þwærust,
leódum lîðost   and lof-georuost.

APPENDIX.

The Attack in Finnsburg.*

". . . . . næs byrnað næfre."
Hleoðrode þá   heaðo-geong cyning:
"Ne þis ne dagað eástan,   ne her draca ne fleógeð,
"ne her þisse healle   hornas ne byrnað,
5 "ac fér forð berað,   fugelas singað,
"gylleð græg-hama,   gúð-wudu hlynneð,
"scyld scefte oncwyð.   Nu scýneð þes móna
"waðol under wolcnum;   nu árísað weá-dæda,
"þe þisne folces níð   fremman willað.
10 "Ac onwacnigeað nu,   wígend míne,
"hebbað eówre handa,   hicgeað on ellen,
"winnað on orde,   wesað on móde!"
Þá árás monig gold-hladen þegn,   gyrde hine his
        swurde;
Þá tó dura eodon   drihtlíce cempan,
15 Sigeferð and Eaha,   hyra sweord getugon,
and æt óðrum durum   Ordláf and Gúðláf,
and Hengest sylf;   hwearf him on láste.
Þá git Gárulf   Gúðere styrode,
þæt hie swá freólíc feorh   forman síðe
20 tó þære healle durum   hyrsta ne bæran,
nu hyt níða heard   ányman wolde:
ac he frægn ofer eal   undearninga,
deór-mód háleð,   hwá þá duru heólde.
"Sigeferð is mín nama (cwǽð he).   ic eom Secgena
        leód,

* See v. 1069 *seqq.*

25 "wrecca wíde cúð.   Fela ic weána gebád,
    "heardra hilda;   þe is gyt her witod,
    "swäðer þu sylf tó me   sécean wylle."
    þá wäs on wealle   wäl-slihta gehlyn,
    sceolde célod bord   cénum on handa
30 bán-helm berstan.   Buruh-þelu dynede,
    óð þät ät þære gúðe   Gárulf gecrang,
    ealra ærest   eorð-búendra,
    Gúðláfes sunu;   ymbe hine gódra fela.
    Hwearf flacra hræw   hräfn, wandrode
35 sweart and scalo-brún;   swurd-leóma stód
    swylce eal Finns-buruh   fýrenu wære.
    Ne gefrägn ic næfre wurðlícor   ät wera hilde
    sixtig sige-beorna   sél gebæran,
    ne næfre swánas swétne   medo sél forgyldan,
40 þonne Hnäfe guldon   his häg-stealdas.
    Hig fuhton fíf dagas,   swá hyra nán ne feól
    driht-gesíða,   ac hig þá duru heóldon.
    þá gewát him wund háleð   on wäg gangan,
    sæde þät his byrne   ábrocen wære,
45 here-sceorpum hrór,   and eác wäs his helm þyrl.
    þá hine sóna frägn   folces hyrde,
    hú þá wígend   hyra wunda genæson
    oððe hwäðer þæra hyssa . . . .

LIST OF NAMES

AND

GLOSSARY.

ABBREVIATIONS.

m.: masculine.
f.: feminine.
n.: neuter.
nom., gen., etc.: nominative, genitive, etc.
w.: weak.
w. v.: weak verb.
st.: strong.
st. v.: strong verb.
I., II., III.: first, second, third pers:
comp.: compound.
imper.: imperative.
w.: with.
instr.: instrumental.
G. and Goth.: Gothic.
O.N.: Old Norse.
O.S.: Old Saxon.
O.H.G.: Old High German.
M.H.G.: Middle High German.

The vowel ä = *a* in *glad* $\Big\}$ approximately.
The diphthong æ = *a* in *hair*

The names **Leo**, **Bugge**, **Rieger**, etc., refer to authors of emendations
Words beginning with **ge-** will be found under their root-word.
Obvious abbreviations, like **subj.**, etc., are not included in this list.

LIST OF NAMES.

Abel, Cain's brother, 108.

Älf-here (gen. Älf-heres, 2605), a kinsman of Wīglâf's, 2605.

Æsc-here, confidential adviser of King Hrôðgâr (1326), older brother of Yrmenlâf (1325), killed by Grendel's mother, 1295, 1324, 2123.

Bân-stân, father of Breca, 524.

Beó-wulf, son of Scyld, king of the Danes, 18, 19. After the death of his father, he succeeds to the throne of the Scyldings, 53. His son is Healfdene, 57.

Beó-wulf (Biówulf, 1988, 2390; gen. Beówulfes, 857, etc., Biówulfes, 2195, 2808, etc.; dat. Beówulfe, 610, etc., Biówulfe, 2325, 2843), of the race of the Geátas. His father is the Wægmunding Ecgþeów (263, etc.); his mother a daughter of Hrêðel, king of the Geátas (374), at whose court he is brought up after his seventh year with Hrêðel's sons, Herebeald, Hæðcyn, and Hygelâc, 2429 ff. In his youth lazy and unapt (2184 f., 2188 f.); as man he attains in the gripe of his hand the strength of thirty men, 379. Hence his victories in his combats with bare hands (711 ff., 2502 ff.), while fate denies him the victory in the battle with swords, 2683 f. His swimming-match with Breca in his youth, 506 ff. Goes with fourteen Geátas to the assistance of the Danish king, Hrôðgâr, against Grendel, 198 ff. His combat with Grendel, and his victory, 711 ff., 819 ff. He is, in consequence, presented with rich gifts by Hrôðgâr, 1021 ff. His combat with Grendel's mother, 1442 ff. Having again received gifts, he leaves Hrôðgâr (1818-1888), and returns to Hygelâc, 1964 ff. — After Hygelâc's last battle and death, he flees alone across the sea, 2360 f. In this battle he crushes Dāghrefn, one of the Hûgas, to death, 2502 f. He rejects at the same time Hygelâc's kingdom and the hand of his widow (2370 ff.), but carries on the government as guardian of the young Heardrêd, son of Hygelâc, 2378 ff. After Heardrêd's death, the kingdom falls to Beówulf, 2208, 2390. — Afterwards, on an expedition to avenge the murdered Heardrêd, he kills the Scylfing, Eádgils (2397), and probably conquers his country. — His fight with the drake, 2539 ff. His death, 2818. His burial, 3135 ff.

Breca (acc. Brecan, 506, 531), son of Beánstân, 524. Chief of the Brondings, 521. His swimming-match with Beówulf, 506 ff.

Brondingas (gen. Brondinga, 521). Breca, their chief, 521.

Brosinga mene, corrupted from, or according to Müllenhoff, written by mistake for, Breosinga mene (O.N., Brisinga men, cf. Haupts Zeitschr. XII. 304), collar, which the Brisingas once possessed.

Caín (gen. Caines, 107): descended from him are Grendel and his kin, 107, 1262 ff.

Dǽg-hrefn (dat. Dǽghrefne, 2502), a warrior of the Hûgas, who, according to 2504-5, compared with 1203, and with 1208, seems to have been the slayer of King Hygelâc, in his battle against the allied Franks, Frisians, and Hûgas. Is crushed to death by Beówulf in a hand-to-hand combat, 2502 ff.

Dene (gen. Dena, 242, etc., Denia, 2126, Deniga, 271, etc.; dat. Denum, 768, etc.), as subjects of Scyld and his descendants, they are also called Scyldings; and after the first king of the East Danes, Ing (Runenlied, 22), Ing-wine, 1045, 1320. They are also once called Hrêðmen, 445. On account of their renowned warlike character, they bare the names Gâr-Dene, 1, 1857, Hring-Dene (Armor-Danes), 116, 1280, Beorht-Dene, 427, 610. The great extent of this people is indicated by their names from the four quarters of the heavens: Eást-Dene, 392, 617, etc., West-Dene, 383, 1579, Sûð-Dene, 463, Norð-Dene, 784.— Their dwelling-place "in Scedelandum," 19, "on Scedenîgge," 1687, "be sǽm tweónum," 1686.

Ecg-lâf (gen. Ecglâfes, 499), Hûnferð's father, 499.

Ecg-þeów (nom. Ecgþeów, 263, Ecgþeó, 373; gen. Ecgþeówes, 529, etc., Ecgþiówes, 2000), a far-famed hero of the Geátas, of the house of the Wægmundings. Beówulf is the son of Ecgþeów, by the only daughter of Hrêðel, king of the Geátas, 262, etc. Among the Wylfings, he has slain Heaðolâf (460), and in consequence he goes over the sea to the Danes (463), whose king, Hrôðgâr, by means of gold, arranges the strife for him, 470.

Ecg-wela (gen. Ecg-welan, 1711). The Scyldings are called his descendants, 1711. Grein considers him the founder of the older dynasty of Danish kings, which closes with Heremôd. See **Heremôd**.

Elan, daughter of Healfdene, king of the Danes, (?) 62. According to the restored text, she is the wife of Ongenþeów, the Scylfing, 62, 63.

Earna-nǽs, the Eagle Cape in the land of the Geátas, where occurred Beówulf's fight with the drake, 3032.

Eádgils (dat. Eádgilse, 2393), son of Ohthere, and grandson of Ongenþeów, the Scylfing, 2393. His older brother is

Eánmund (gen. Eánmundes, 2612). What is said about both in our poem (2201-2207, 2380-2397, 2612-2620) is obscure, but the following may be conjectured:—

The sons of Ohthere, Eánmund and Eádgils, have rebelled against their father (2382), and must, in consequence, depart with their followers from Swiórice, 2205-6, 2380. They come into the country of the Geátas to Heardrêd (2380), but whether with friendly or hostile intent is not stated; but, according to 2203 f., we are to presume that they came against Heardrêd with designs of conquest. At a banquet (on feorme; or feorme, MS.) Heardrêd falls, probably through treachery, by the hand of one of the brothers, 2386, 2207. The murderer must have been Eánmund, to whom, according to 2613, "in battle the revenge of Weohstân brings death." Weohstân takes revenge for his murdered king, and exercises upon Eánmund's body the booty-right, and robs it of helm, breastplate, and sword (2616-17), which the slain man had received as gifts from his uncle, Onela, 2617-18. But Weohstân does not speak willingly of this fight, although he has slain Onela's brother's son, 2619-20. — After Heardrêd's and Eánmund's death, the descendant of Ongentheów, Eádgils, returns to his home, 2388. He must give way before Beówulf, who has, since Heardrêd's death, ascended the throne of the Geátas, 2390. But Beówulf remembers it against him in after days, and the old feud breaks out anew, 2392-94. Eádgils makes an invasion into the land of the Geátas (2394-95), during which he falls at the hands of Beówulf, 2397. The latter must have then obtained the sovereignty over the Sweonas (3005-6, where only the version, Scylfingas, can give a satisfactory sense).

Eofor (gen. Eofores, 2487, 2965; dat. Jofore, 2994, 2998), one of the Geátas, son of Wonrêd and brother of Wulf (2965, 2979), kills the Swedish king, Ongenþeów (2487 ff., 2978-82), for which he receives from King Hygelâc, along with other gifts, his only daughter in marriage, 2994-99.

Eormen-rîc (gen. Eormenrîces, 1202), king of the Goths (cf. about him, W. Grimm, Deutsche Heldensage, p. 2, ff.). Hâma has wrested the Brosinga mene from him, 1202.

Eómær, son of Offa and Þryðc (cf. Þryðo), 1961.

Finn (gen. Finnes, 1069, etc.; dat. Finne, 1129), son of Folcwalda (1090), king of the North Frisians and of the Eotenas, husband of Hildeburg, a daughter of Hôce, 1072, 1077. He is the hero of the inserted poem on the Attack in Finnsburg, the obscure incidents of which are, perhaps, as follows: In Finn's castle, Finnsburg, situated in Jutland (1126-28), the Hôcing, Hnäf, a relative — perhaps a brother — of Hildeburg is spending some time as guest. Hnäf, who is a liegeman of the Danish king, Healfdene, has sixty men with him (Finnsburg, 38). These are treacherously attacked one night by Finn's men, 1073. For five days they hold the doors of their lodging-place without losing one of their number (Finnsburg, 41, 42). Then, however, Hnäf is slain (1071), and the Dane, Hengest, who was among Hnäf's followers, assumes the command of the beleaguered band. But on the attacking side the fight has brought terrible losses to Finn's men. Their numbers are diminished (1081 f.), and Hildeburg bemoans a son and a brother among the fallen (1074 f., cf. 1116, 1119). Therefore the Frisians offer the Danes peace (1086) under the conditions mentioned (1087-1095), and it is confirmed with oaths (1097), and money is given by Finn in propitiation (1108). Now all who have survived the battle go together to Friesland, the home proper of Finn, and here Hengest remains during the winter, prevented by ice and storms from returning home (Grein). But in spring the feud breaks out anew. Gûðlâf and Oslâf avenge Hnäf's fall, probably after they have brought help from home (1150). In the battle, the hall is filled with the corpses of the enemy. Finn himself is killed, and the queen is captured and carried away, along with the booty, to the land of the Danes, 1147–1160.

Finna land. Beówulf reaches it in his swimming-race with Breca, 580.

Fitela, the son and nephew of the Wälsing, Sigemund, and his companion in arms, 876–890. (Sigemund had begotten Fitela by his sister, Signŷ. Cf. more at length Leo on Beówulf, p. 38 ff., where an extract from the legend of the Walsungs is given.)

Folc-walda (gen. Folc-waldan, 1090), Finn's father, 1090.

Francan (gen. Francna, 1211; dat. Froncum, 2913). King Hygelâc fell on an expedition against the allied Franks, Frisians, and Hûgas, 1211, 2917.

Fresan, Frisan, Frysan (gen. Fresena, 1094, Frysna, 1105, Fresna, 2916; dat. Frysum, 1208, 2913). To be distinguished, are: 1) North Frisians, whose king is Finn, 1069 ff.; 2) West Frisians, in alliance with the Franks and Hûgas, in the war against whom Hygelâc falls, 1208, 2916. The country of the former is called Frysland, 1127; that of the latter, Fresna land, 2916.

Fr..es wâl (in Fr..es wäle, 1071), mutilated proper name.

Freawaru, daughter of the Danish king, Hrôðgâr; given in marriage to Ingeld, the son of the Heaðobeard king, Frôda, in order to end a war between the Danes and the Heaðobeardnas, 2023 ff., 2065.

Frôda (gen. Frôdan), father of Ingeld, the husband of Freáware, 2026.

Gârmund (gen. Gârmundes, 1963), father of Offa. His grandson is Eómær, 1961–63.

Geátas (gen. Geáta, 205, etc.; dat. Geátum, 195, etc.), a tribe in Southern Scandinavia, to which the hero of this poem belongs; also called Wedergeátas, 1493, 2552; or, Wederas, 225, 423, etc.; Gûðgeátas, 1539; Sægeátas, 1851, 1987. Their kings named in this poem are: Hrêðel; Hæðcyn, second son of Hrêðel; Hygelâc, the brother of Hæðcyn; Heardrêd, son of Hygelâc; then Beówulf.

Gifðas (dat. Gifðum, 2495), Gepidæ, mentioned in connection with Danes and Swedes, 2495.

Grendel, a fen-spirit (102–3) of Cain's race, 107, 111, 1262, 1267. He breaks every night into Hrôðgâr's hall and carries off thirty warriors, 115 ff., 1583 ff. He continues this for twelve years, till Beówulf fights with him (147, 711 ff.), and gives him a mortal wound, in that he tears out one of his arms (817), which is hung up as a trophy in the roof of Heorot, 837. Grendel's mother wishes to avenge her son, and the following night breaks into the hall and carries off Äschere, 1295. Beówulf seeks for and finds her home in the fen-lake (1493 ff.), fights with her (1498 ff.), and kills her (1567); and cuts off the head of Grendel, who lay there dead (1589), and brings it to Hrôðgâr, 1648.

LIST OF NAMES. 109

Gûð-lâf and Oslâf, Danish warriors under Hnäf, whose death they avenge on Finn, 1149.

Hâlga, with the surname, *til*, the younger brother of the Danish king, Hrôðgâr, 61. His son is Hrôðulf, 1018, 1165, 1182.

Hâma wrests the *Brosinga mene* from Eormenrîc, 1199.

Häreð (gen. Häreðes, 1982), father of Hygd, the wife of Hygelâc, 1930, 1982.

Hæðcyn (dat. Hæðcynne, 2483), second son of Hrêðel, king of the Geátas, 2435. Kills his oldest brother, Herebeald, accidentally, with an arrow, 2438 ff. After Hrêðel's death, he obtains the kingdom, 2475, 2483. He falls at Ravenswood, in the battle against the Swedish king, Ongenþeów, 2925. His successor is his younger brother, Hygelâc, 2944 ff., 2992.

Helmíngas (gen. Helminga, 621). From them comes Wealhþeów, Hrôðgâr's wife, 621.

Heming (gen. Heminges, 1945, 1962). Offa is called Heminges mæg, 1945; Eómær, 1962. According to Bachlechner (Pfeiffer's Germania, I., p. 458), Heming is the son of the sister of Gârmund, Offa's father.

Hengest (gen. Hengestes, 1092; dat. Hengeste, 1084): about him and his relations to Hnäf and Finn, see **Finn**.

Here-beald (dat. Herebealde, 2464), the oldest son of Hrêðel, king of the Geátas (2435), accidentally killed with an arrow by his younger brother, Hæðcyn, 2440.

Here-môd (gen. Heremôdes, 902), king of the Danes, not belonging to the Scylding dynasty, but, according to Grein, immediately preceding it; is, on account of his unprecedented cruelty, driven out, 902 ff., 1710.

Here-rîc (gen. Hererîces, 2207). Heardrêd is called Hererîces nefa, 2207. Nothing further is known of him.

Het-ware or Franks, in alliance with the Frisians and the Hûgas, conquer Hygelâc, king of the Geátas, 2355, 2364 ff., 2917.

Healf-dene (gen. Healfdenes, 189, etc.), son of Beówulf, the Scylding (57); rules the Danes long and gloriously (57 f.); has three sons, Heorogâr, Hrôðgâr, and Hâlga (61), and a daughter, Elan, who, according to the renewed text of the passage, was married to the Scylfing, Ongenþeów, 62, 63.

Heard-rêd (dat. Heardrêde, 2203, 2376), son of Hygelâc, king of the Geátas, and Hygd. After his father's death, while still under age, he obtains the throne (2371, 2376, 2379); wherefore Beówulf, as nephew of Heardrêd's father, acts as guardian to the youth till he becomes older, 2378. He is slain by Ohthere's sons, 2386. This murder Beówulf avenges on Eádgils, 2396-97.

Heaðo-beardnas (gen. -beardna, 2033, 2038, 2068), the tribe of the Lombards. Their king, Frôda, has fallen in a war with the Danes, 2029, 2051. In order to end the feud, King Hrôðgâr has given his daughter, Freáware, as wife to the young Ingeld, the son of Frôda, a marriage that does not result happily; for Ingeld, though he long defers it on account of his love for his wife, nevertheless takes revenge for his father, 2021–2070 (Wīdsīð, 45–49).

Heaðo-lâf (dat. Heaðo-lâfe, 460), a Wylfingish warrior. Ecgþeów, Beówulf's father, kills him, 460.

Heaðo-ræmas reaches Breca in the swimming-race with Beówulf, 519.

Heoro-gâr (nom. 61; Heregâr, 467; Hiorogâr, 2159), son of Healfdene, and older brother of Hróðgâr, 61. His death is mentioned, 467. He has a son, Heoroweard, 2162. His coat of mail Beówulf has received from Hróðgâr (2156), and presents it to Hygelâc, 2158.

Heoro-weard (dat. Heorowearde, 2162), Heorogâr's son, 2161–62.

Heort, 78. Heorot, 166 (gen. Heorotes, 403; dat. Heorote, 475, Heorute, 767, Hiorte, 2100). Hróðgâr's throne-room and banqueting hall and assembly-room for his liegemen, built by him with unusual splendor, 69, 78. In it occurs Beówulf's fight with Grendel, 720 ff. The hall receives its name from the stag's antlers, of which the one-half crowns the eastern gable, the other half the western.

Hildeburh, daughter of Hôce, relative of the Danish leader, Hnäf, consort of the Frisian king, Finn. After the fall of the latter, she becomes a captive of the Danes, 1072, 1077, 1159. See also under **Finn**.

Hnäf (gen. Hnäfes, 1115), a Hôcing (Wīdsīð, 29), the Danish King Healfdene's general, 1070 ff. For his fight with Finn, his death and burial, see under **Finn**.

Hond-sciô, warrior of the Geátas: dat. 2077.

Hôc (gen. Hôces, 1077), father of Hildeburh, 1077; probably also of Hnäf (Wīdsīð, 29).

Hrêðel (gen. Hrêðles, 1486), son of Swerting, 1204. King of the Geátas, 374. He has, besides, a daughter, who is married to Ecgþeów, and has born him Beówulf, (374), three sons, Herebeald, Häðcyn, and Hygelâc, 2435. The eldest of these is accidentally killed by the second, 2440. On account of this inexpiable deed, Hrêðel becomes melancholy (2443), and dies, 2475.

Hrêðla (gen. Hrêðlan, MS. Hrædlan, 454), the same as Hrêðel (cf. Müllenhoff in Haupts Zeitschrift, 12, 260), the former owner of Beówulf's coat of mail, 454.

Hrêð-men (gen. Hrêð-manna, 445), the Danes are so called, 445.

Hrêð-rîc, son of Hróðgâr, 1190, 1837.

Hrefna-wudu, 2926, or Hrefneshalt, 2936, the thicket near which the Swedish king, Ongenþeów, slew Häðcyn, king of the Geátas, in battle.

Hreosna-beorh, promontory in the land of the Geátas, near which Ongenþeów's sons, Ôhthere and Onela, had made repeated robbing incursions into the country after Hrêðel's death. These were the immediate cause of the war in which Hrêðel's son, King Häðcyn, fell, 2478 ff.

Hróð-gâr (gen. Hróðgâres, 235, etc.; dat. Hróð-gâre, 64, etc.), of the dynasty of the Scyldings; the second of the three sons of King Healfdene, 61. After the death of his elder brother, Heorogâr, he assumes the government of the Danes, 465, 467 (yet it is not certain whether Heorogâr was king of the Danes before Hróðgâr, or

LIST OF NAMES.

whether his death occurred while his father, Healfdene, was still alive). His consort is Wealhþeów (613), of the stock of the Helmings (621), who has born him two sons, Hreðríc and Hróðmund (1190), and a daughter, Freáware (2023), who has been given in marriage to the king of the Heaðobeardnas, Ingeld. His throneroom (78 ff.), which has been built at great cost (74 ff.), is visited every night by Grendel (102, 115), who, along with his mother, is slain by Beówulf (711 ff., 1493 ff). Hróðgâr's rich gifts to Beówulf, in consequence, 1021, 1818; he is praised as being generous, 71 ff., 80, 1028 ff., 1868 ff.; as being brave, 1041 ff., 1771 ff.; and wise, 1699, 1725. — Other information about Hróðgâr's reign for the most part only suggested : his expiation of the murder which Ecgþeów, Beówulf's father, committed upon Heaðoláf, 460, 470; his war with the Heaðobeardnas; his adjustment of it by giving his daughter, Freáware, in marriage to their king, Ingeld; evil results of this marriage, 2021-2070. — Treachery of his brother's son, Hróðulf, intimated, 1165-1166.

Hróð-mund, Hróðgâr's son, 1190.

Hróð-ulf, probably a son of Hâlga, the younger brother of King Hróðgâr, 1018, 1182. Wealhþeów expresses the hope (1182) that, in case of the early death of Hróðgâr, Hróð-ulf would prove a good guardian to Hróðgâr's young son, who would succeed to the government; a hope which seems not to have been accomplished, since it appears from 1165, 1166 that Hróð-ulf has abused his trust towards Hróðgâr.

Hrones-näs (dat. -nässe, 2806, 3137), a promontory on the coast of the country of the Geátas, visible from afar. Here is Beówulf's grave-mound, 2806, 3137.

Hrunting (dat. Hruntinge, 1660), Hûnferð's sword, is so called, 1458, 1660.

Hûgas (gen. Hûga, 2503), Hygelâc wars against them allied with the Franks and Frisians, and falls, 2195 ff. One of their heroes is called Dägbrefn, whom Beówulf slays, 2503.

Hûn-ferð, the son of Ecgláf, þyle of King Hróðgâr. As such, he has his place near the throne of the king, 499, 500, 1167. He lends his sword, Hrunting, to Beówulf for his battle with Grendel's mother, 1456 f. According to 588, 1168, he slew his brothers. Since his name is always alliterated with vowels, it is probable that the original form was, as Rieger (Zachers Ztschr., 3, 414) conjectures, Unferð.

Hûn-lâfing, name of a costly sword, which Finn presents to Hengest, 1144.

Hygd (dat. Hygde, 2173), daughter of Häreð, 1930; consort of Hygelâc, king of the Geátas, 1927; her son, Heardred, 2203, etc. — Her noble, womanly character is emphasized, 1927 ff.

Hyge-lâc (gen. Hige-lâces, 194, etc., Hygelâces, 2387; dat. Higelâce, 452, Hygelâce, 2170), king of the Geátas, 1203, etc. His grandfather is Swerting, 1204; his father, Hreðel, 1486, 1848; his older brothers, Herebeald and Hæðcyn, 2435; his sister's son, Beówulf, 374, 375. After his brother, Hæðcyn, is killed by Ongenþeów, he undertakes the government (2992 in connection with the preceding from 2937 on). To Eofor he gives, as reward for slaying Ongenþeów, his only daughter in marriage, 2998. But much later, at the time of the return of Beówulf from his expedition to Hróðgár, we see him married to the very young Hygd, the daughter of Hæreð, 1930. The latter seems, then, to have been his second wife. Their son is Heardréd, 2203, 2376, 2387. — Hygelác falls during an expedition against the Franks, Frisians, and Húgas, 1206, 1211, 2356–59, 2916–17.

Ingeld (dat. Ingelde, 2065), son of Fróda, the Heaðobeard chief, who fell in a battle with the Danes, 2051 ff. In order to end the war, Ingeld is married to Freáware, daughter of the Danish king, Hróðgár, 2025–30. Yet his love for his young wife can make him forget only for a short while his desire to avenge his father. He finally carries it out, excited thereto by the repeated admonitions of an old warrior, 2042–70 (Widsíð, 45–59).

Ing-wine (gen. Ingwina, 1045, 1320), friends of Ing, the first king of the East Danes. The Danes are so called, 1045, 1320.

Mere-wioingas (gen. Mere-wioinga, 2922), a name of the Franks, 2922.

Nægling, the name of Beówulf's sword, 2681.

Offa (gen. Offan, 1950), king of the Angles (Widsíð, 35), the son of Gármund, 1963; married (1950) to Þryðo (1932), a beautiful but cruel woman, of unfeminine spirit (1932 ff.), by whom he has a son, Eómær, 1961.

Óht-here (gen. Óhtheres, 2929, 2933; Óhteres, 2381, 2393, 2395, 2613), son of Ongenþeów, king of the Swedes, 2929. His sons are Eánmund (2612) and Eádgils, 2393.

Onela (gen. Onelan, 2933), Óhthere's brother, 2617, 2933.

Ongen-þeów (nom. -þeów, 2487, -þió, 2952; gen. þeówes, 2476, -þiówes, 2388; dat. -þió, 2987), of the dynasty of the Scylfings; king of the Swedes, 2384. His wife is, perhaps, Elan, daughter of the Danish king, Healfdene (62), and mother of two sons, Onela and Óhthere, 2933. She is taken prisoner by Hæðcyn, king of the Geátas, on an expedition into Sweden, which he undertakes on account of her sons' plundering raids into his country, 2480 ff. She is set free by Ongenþeów (2931), who kills Hæðcyn, 2925, and encloses the Geátas, now deprived of their leader, in the Ravenswood (2937 ff.), till they are freed by Hygelác, 2944. A battle then follows, which is unfavorable to Ongenþeów's army. Ongenþeów himself, attacked by the brothers, Wulf and Eofor, is slain by the latter, 2487 ff., 2962 ff.

Ós-láf, a warrior of Hnäf's, who avenges on Finn his leader's death, 1149 f.

Scede-land, 19. Sceden-íg (dat. Sceden-igge, 1687), O.N., Scán-ey, the most southern portion of the Scandinavian peninsula, belonging to the Danish kingdom, and, in the above-mentioned passages of our poem, a designation of the whole Danish kingdom.

Scéf or Sceáf, the father of Scyld, 4.

Scyld (gen. Scyldes, 19), a Scéfing, 4. His son is Beówulf, 18, 53;

his grandson, Healfdene, 57; his great-grandson, Hróðgár, who had two brothers and a sister, 59 ff. — Scyld dies, 26; his body, upon a decorated ship, is given over to the sea (32 ff.), just as he, when a child, drifted alone, upon a ship, to the land of the Danes, 43 ff. After him his descendants bear his name.

Scyldingas (Scyldungas, 2053; gen. Scyldinga, 53, etc., Scyldunga, 2102, 2160; dat. Scyldingum, 274, etc.), a name which is extended also to the Danes, who are ruled by the Scyldings, 53, etc. They are also called Ár-Scyldingas, 464; Sige-Scyldingas, 598, 2005; þeód-Scyldingas, 1020; Here-Scyldingas, 1109.

Scylfingas, a Swedish royal family, whose relationship seems to extend to the Geátas, since Wíglaf, the son of Wihstán, who in another place, as a kinsman of Beówulf, is called a Wægmunding (2815), is also called leód Scylfinga, 2604. The family connections are perhaps as follows: —

```
                Scylf.
    ┌─────────────┼─────────┐
 Wægmund.              . . . . . .
    │                       │
┌────┼──────────┐           │
Ecgþeów. Weohstán. Ongenþeów.
    │         │         │
Beówulf.  Wíglaf.  Onela. Óhthere.
                       │
                Eánmund. Eádgils.
```

The Scylfings are also called Heaðo-Scilfingas, 63, Gúð-Scylfingas, 2928.

Sige-mund (dat. -munde, 876, 885), the son of Wäls, 878, 898. His (son and) nephew is Fitela, 880, 882. His fight with the drake, 887 ff.

Swerting (gen. Swertinges, 1204), Hygelác's grandfather, and Hréðel's father, 1204.

Sweon (gen. Sweona, 2473, 2947, 3002), also Sweó-þeód, 2923. The dynasty of the Scylfings rules over them, 2382, 2925. Their realm is called Swióríce, 2384, 2496.

Þryðo, consort of the Angle king, Offa, 1932, 1950. Mother of Eómær, 1961, notorious on account of her cruel, unfeminine character, 1932 ff. She is mentioned as the opposite to the mild, dignified Hygd, the queen of the Geátas.

Wäls (gen. Wälses, 898), father of Sigemund, 878, 898.

Wæg-mundingas (gen. Wægmundinga, 2608, 2815). The Wægmundings are on one side, Wihstán and his son Wíglaf; on the other side, Ecgþeów and his son Beówulf (2608, 2815). See under **Scylfingas**.

Wederas (gen. Wedera, 225, 423, 498, etc.), or Weder-geátas. See **Geátas**.

Wéland (gen. Wélandes, 455), the maker of Beówulf's coat of mail, 455.

Wendlas (gen. Wendla, 348): their chief is Wulfgár. See **Wulfgár**. The Wendlas are, according to Grundtvig and Bugge, the inhabitants of Vendill, the most northern part of Jutland, between Limfjord and the sea.

Wealh-þeów (613, Wealh-þeó, 665, 1163), the consort of King Hróðgár, of the stock of the Helmings, 621. Her sons are Hréðríc and Hróðmund, 1190; her daughter, Freáware, 2023.

Weoh-stán (gen. Weox-stánes, 2603, Weoh-stánes, 2863, Wih-stánes,

2753, 2908, etc.), a Wægmunding (2608), father of Wíglâf, 2603. In what relationship to him Älfhere, mentioned 2605, stands, is not clear. — Weohstân is the slayer of Eánmund (2612), in that, as it seems, he takes revenge for his murdered king, Heardrêd. See **Eánmund.**

Wíg-lâf, Weohstân's son, 2603, etc., a Wægmunding, 2815, and so also a Scylfing, 2604; a kinsman of Älfhere, 2605. For his relationship to Beówulf, see the genealogical table under **Scylfingas.** — He supports Beówulf in his fight with the drake, 2605 ff., 2662 ff. The hero gives him, before his death, his ring, his helm, and his coat of mail, 2810 ff.

Won-rêd (gen. Wonrêdes, 2972), father of Wulf and Eofor, 2966, 2979.

Wulf (dat. Wulfe, 2994), one of the Geátas, Wonrêd's son. He fights in the battle between the armies of Hygelâc and Ongenþeów with Ongenþeów himself, and gives him a wound (2966), whereupon Ongenþeów, by a stroke of his sword, disables him, 2975. Eofor avenges his brother's fall by dealing Ongenþeów a mortal blow, 2978 ff.

Wulf-gâr, chief of the Wendlas, 348, lives at Hrôðgâr's court, and is his "âr and ombiht," 335.

Wylfingas (dat. Wylfingum, 461). Ecgþeów has slain Heaðolâf, a warrior of this tribe, 460.

Yrmen-lâf, younger brother of Äschere, 1325.

GLOSSARY.

A

ac, conj. denoting contrariety: hence 1) *but* (like N.H.G. sondern), 109, 135, 339, etc.— 2) *but* (N.H.G. aber), *nevertheless*, 602, 697, etc. — 3) in direct questions: nonne, numquid, 1991.

aglæca, ahlæca, âglæca, -cea, w. m. (Goth. aglô, *trouble;* agl-s, Ags. egle, *troublesome;* O.H.G. egileihhi, *trouble*); original meaning, *bringer of trouble:* hence 1) *evil spirit, demon, a demon-like being;* of Grendel, 159, 433, 593, etc.; of the drake, 2535, 2906, etc. — 2) *great hero, mighty warrior;* of Sigemund, 894; of Beówulf: gen. sg. aglæcan(?), 1513; of Beówulf and the drake: nom. pl. þâ âglæcean, 2593.

aglæc-wîf, st. n., *demoniacal, in the form of a woman;* of Grendel's mother, 1260.

aldor. See **caldor.**

al-wealda. See **eal-w.**

am-biht (from and-b., Goth. andbaht-s), st. m., *servant, man-servant:* nom. sg. ombeht, of the coast-guard, 287; ombiht, of Wulfgâr, 336.

ambiht-þegn (from ambiht n. officium and þegn, which see), *servant, man-servant:* dat. sg. ombihtþegne, of Beówulf's servant, 674.

an, prep. with the dat., *on, in, with respect to,* 678; *with, among, at, upon* (position after the governed word), 1936; with the acc., 1248. Elsewhere on, which see.

ancor, st. m., *anchor:* dat. sg. ancre, 303, 1884.

ancor-bend, m. (?) f. (?), *anchor-cable:* dat. pl. oncer-bendum, 1919.

and, conj. (**ond** is usual form; for example, 601, 1149, 2041), and 33, 39, 40, etc. (See Appendix.)

anda, w. m., *excitement, vexation, horror:* dat. wrâðum on andan, 709, 2315.

and-git, st. n., *insight, understanding:* nom. sg., 1060. See **gitan.**

and-hâtor, st. m. n., *heat coming against one:* gen. sg. rêðes andhâttres, 2524.

and-lang, -long, adj., *very long:* hence 1) *at whole length, raised up high:* acc. andlongne eorl, 2696 (cf. Bugge upon this point, Zachers Ztschr., 4, 217).— 2) *continual, entire;* andlangne däg, 2116, *the whole day;* andlonge niht, 2939.

and-leán, st. n., *reward, payment in full:* acc. sg., 1542, 2095 (hand-, hond-lean, MS.).

and-risno, st. f. (von risan surgere, decere), *that which is to be observed, that which is proper, etiquette:* dat. pl. for andrysnum, *according to etiquette,* 1797.

and-saca, w. m., *adversary:* godes andsaca (Grendel), 787, 1683.

and-slyht, st. m., *blow in return:* acc. sg., 2930, 2973 (MS. both times hond-slyht).

and-swaru, st. f., *act of accosting:* 1) to persons coming up, *an address,* 2861. — 2) in reply to something said, *an answer,* 354, 1494, 1841.

and-weard, adj., *present, existing:* acc. sg. n. swin ofer helme and-weard (*the image of the boar, which stands on his helm*), 1288.

and-wlita, w. m., *countenance:* acc. sg. -an, 690.

an-sund, adj., *entirely unharmed:* nom. sg. m., 1001.

an-sŷn, f., *the state of being seen:* hence 1) *the exterior, the form,* 251 : ansŷn ŷwde, *showed his form,* i.e. appeared, 2835. — 2) *aspect, appearance,* 929; on-sŷn, 2773.

an-walda, w. m., *He who rules over all, God,* 1273.

atol, adj. (also eatol, 2075, etc.), *hostile, frightful, cruel:* of Grendel, 159, 165, 593, 2075, etc.; of Grendel's mother's hands (dat. pl. atolan), 1503; of the undulation of the waves, 849; of battle, 597, 2479. — cf. O.N. atall, fortis, strenuus.

atelic, adj., *terrible, dreadful:* atelic egesa, 785.

Â

â, adv. (Goth. áiv, acc. from aiv-s aevum), *ever, always,* 455, 882, 931, 1479; â syððan, *ever afterwards, ever, ever after,* 283, 2921. — *ever,* 780. — Comp. nâ.

âd, st. m. *funeral pile:* acc. sg. âd, 3139; dat. sg. âde, 1111, 1115.

âd-faru, st. f., *way to the funeral pile;* dat. sg. on âd-fære, 3011.

âdl, st. f., *sickness,* 1737, 1764, 1849.

âð, st. m., *oath in general,* 2740; *oath of allegiance,* 472 (?); *oath of reconciliation of two warring peoples,* 1098, 1108.

âð-sweord, st. n., *the solemn taking of an oath, the swearing of an oath:* nom. pl., 2065. See sweord.

âðum-swerian, m. pl., *son-in-law and father-in-law:* dat. pl., 84.

âgan, verb, pret. and pres., *to have, to possess,* w. acc.: III. prs. sg. âh, 1728; inf. âgan, 1089; prt. âhte, 487, 522, 533; with object, geweald, to be supplied, 31. Form contracted with the negative: prs. sg. I. nâh hwâ sweord wege (*I have no one to wield the sword*), 2253.

âgen, adj., *own, peculiar,* 2677.

âgend (prs. part. of âgan), *possessor, owner, lord:* gen. sg. âgendes, *of God,* 3076. — Compounds: blæd-, bold-, folc-, mägen-âgend.

âgend-freá, w. m., *owner, lord:* gen. sg. âgend-freán, 1884.

âhsjan, ge-âhsjan, w. v.: 1) *to examine, to find out by inquiring:* pret. part. ge-âhsod, 433. — 2) *to experience, to endure:* pret. âhsode, 1207; pl. âhsodon, 423.

âht, st. n. (contracted from â-wiht, which see), *something, anything:* âht cwices, 2315.

ân, num. The meaning of this word betrays its original demonstrative character: 1) *this, that,* 2411, of the hall in the earth mentioned before; similarly, 100 (of Grendel, already mentioned), cf. also 2775. — 2) *one,* a particular one among many, a single one, in numerical sense: ymb âne niht (*the next night*), 135; þurh ânes cräft, 700;

þára ánum, 1038; án æfter ánum, *one for the other* (Hrêðel for Herebeald), 2462: similarly, án æfter eallum, 2269; ánes hwät, *some single thing, a part*, 3011; se án leóda duguðe, *the one of the heroes of the people*, 2238; ánes willan, *for the sake of a single one*, 3078, etc. — Hence, again, 3) *alone, distinguished*, 1459, 1886. — 4) *a*, in the sense of an indefinite article: án... feónd, 100; gen. sg. ánre bêne (or to No. 2 [?]), 428; án... draca, 2211 — 5) gen. pl. ánra, in connection with a pronoun, *single;* ánra gehwilces, *every single one*, 733; ánra gehwylcum, 785. Similarly, the dat. pl. in this sense: nemne feáum ánum, *except a few single ones*, 1082. — 6) solus, *alone:* in the strong form, 1378, 2965; in the weak form, 145, 425, 431, 889, etc.; with the gen., ána Geáta duguðe, *alone of the warriors of the Geátas*, 2658. — 7) solitarius, *alone, lonely*, see **æn**. — Comp. nán.

án-feald, adj., *simple, plain, without reserve:* acc. sg. ánfealdne geþôht, *simple opinion*, 256.

án-genga, -gengea, w. m., *he who goes alone*, of Grendel, 165, 449.

án-haga, w. m., *he who stands alone*, solitarius, 2369.

án-hydig, adj. (like the O.N. einrád-r, *of one resolve*, i.e. of firm resolve), *of one opinion*, i.e. firm, brave, decided, 2668.

ánga, adj. (only in the weak form), *single, only:* acc. sg. ángan dôhtor, 375, 2998; ángan eaferan, 1548; dat. sg. ángan brêðer, 1263.

án-páð, st. m., *lonely way, path:* acc. pl. ánpaðas, 1411.

án-ræd, adj. (cf. under án-hydig),

of firm resolution, resolved, 1530, 1576.

án-tíd, st. f., *one time*, i.e. the same time: ymb án-tíd ôðres dôgores, *about the same time the second day* (they sailed twenty-four hours), 219. — án stands as in án-môd, O.H.G. ein-muoti, *harmonious, of the same disposition*.

ánunga, adv., *throughout, entirely, wholly*, 635.

ár, st. m., *ambassador, messenger*, 336, 2784.

ár, st. f., 1) *honor, dignity:* árum healdan, *to hold in honor*, 296; similarly, 1100, 1183. — 2) *favor, grace, support:* acc. sg. áre, 1273, 2607; dat. sg. áre, 2379; gen. pl. hwät... árna, 1188. — Comp. worold-ár; also written ær.

ár-fäst, adj., *honorable, upright*, 1169; of Húnferð (with reference to 588). See fäst.

árian, w. v., (*to be gracious*), *to spare:* III. sg. prs. w. dat. nænegum árað; of Grendel, 599.

ár-stäf, st. m., (elementum honoris), *grace, favor:* dat. pl. mid árstafum, 317. — *Help, support:* dat. pl. for ár-stafum, *to the assistance*, 382, 458. See stäf.

áter-tán, m., *poisonous branch:* dat. pl. íren áter-tánum fáh (steel which is damasceened by the sap of branches used in sorcery), 1460.

áttor, st. n., *poison*, here of the poison of the dragon's bite: nom., 2716,

áttor-sceaða, w. m., *poisonous enemy, of the poisonous dragon:* gen. sg. -sceaðan, 2840.

áwá, adv. (certainly not the dative, but a reduplicated form of á, which see), *ever:* áwá tô aldre, *for ever and ever*, 956.

GLOSSARY.

Ā

ādre, adv., *hastily, directly, immediately*, 77, 354, 3107.

æðele, adj., *noble*: nom. sg., of Beówulf, 198, 1313; of Beowulf's father, 263, where it can be understood as well in a moral as in a genealogical sense; the latter prevails decidedly in the gen. sg. āðelan cynnes, 2235.

æðeling, st. m., *nobleman, man of noble descent*, especially the appellation of a man of royal birth; so of the kings of the Danes, 3; of Scyld, 33; of Hróðgár, 130; of Sigemund, 889; of Beówulf, 1226, 1245, 1597, 1816, 2189, 2343, 2375, 2425, 2716, 3136; perhaps also of Dæghrefn, 2507; — then, in a broader sense, also denoting other noble-born men: Æschere, 1295; Hróðgár's courtiers, 118, 983; Heremôd's courtiers, 907; Hengest's warriors, 1113; Beówulf's retinue, 1805, 1921, 3172; noble-born in general, 2889. — Comp. sib-āðeling.

æðelu, st. n., only in the pl., *noble descent, nobility*, in the sense of noble lineage: acc. pl. āðelu, 392; dat. pl. cyning āðelum gôd, *the king, of noble birth*, 1871; āðelum dióre, *worthy on account of noble lineage*, 1950; āðelum (hæleþum, MS.), 332. — Comp. fæderāðelu.

æfnan, w. v. w. acc., *to perform, to carry out, to accomplish*: inf. ellenweorc æfnan, *to do a heroic deed*, 1465; pret. unriht æfnde, *perpetrated wrong*, 1255.

ge-æfnan, 1) *to carry out, to do, to accomplish*: pret. pl. þæt geæfndon swâ, *so carried that out*, 538; pret. part. áð wæs geæfned, *the oath was sworn*, 1108. — 2) *get ready, prepare*: pret. part. geæfned, 3107. See efnan.

æfter (comparative of af, Ags. of, which see; hence it expresses the idea of *forth, away, from, back*), a) adv., *thereupon, afterwards*, 12, 341, 1390, 2155. — ic him æfter sceal, *I shall go after them*, 2817; in word æfter cwæð, 315, the sense seems to be, *spoke back, having turned*; b) prep. w. dat., 1) (temporal) *after*, 119, 128, 187, 825, 1939, etc.; æfter beorne, *after the (death of) the hero*, 2261, so 2262; æfter mâððum-welan, *after (obtaining) the treasure*, 2751. — 2) (causal) as proceeding from something, denoting result and purpose, hence, *in consequence of, conformably to*: æfter rihte, *in accordance with right*, 1050, 2111; æfter faroðe, *with the current*, 580; so 1321, 1721, 1944, 2180, etc., æfter heaðo-swâte, *in consequence of the blood of battle*, 1607; æfter wælníðe, *in consequence of mortal enmity*, 85; *in accordance with, on account of, after, about*: æfter āðelum (hæleþum, MS.) frägn, *asked about the descent*, 332; ne frín þu æfter sælum, *ask not after my welfare*, 1323; æfter sincgyfan greóteð, *weeps for the giver of treasure*, 1343; him æfter deórum men dyrne langað, *longs in secret for the dear man*, 1880; ân æfter ânum, *one for the other*, 2462, etc. — 3) (local), *along*: æfter gumcynnum, *throughout the races of men, among men*, 945; sôhte bed æfter bûrum, *sought a bed among the rooms of the castle* (the castle was fortified, the hall was not), 140; æfter recede wlât, *looked along the hall*, 1573; stone æfter stâne, *smelt along the* *rocks*, 2289; äfter lyfte, *along the air, through the air*, 2833; similarly, 996, 1068, 1317, etc.

äf-þunca, w. m., *anger, chagrin, vexatious affair:* nom., 502.

äglæcea. See **aglæcea.**

äled (Old Sax. eld, O.N. eld-r), st. m., *fire*, 3016.

äled-leóma, w. m., (*fire-light*), *torch:* acc. sg. leóman, 3126. See **leóma.**

äl-fylce (from äl-, Goth. ali-s, ἄλλος, and fylce, O.N. fylki, collective form from folc), st. n., *other folk, hostile army:* dat. pl. wið älfylcum, 2372.

äl-mihtig (for eal-m.), adj., *almighty:* nom. sg. m., of the weak form, se äl-mihtiga, 92.

äl-wiht, st. m., *being of another species, monster:* gen. pl. äl-wihta eard, of the dwelling-place of Grendel's kindred, 1501.

äppel-fealu, adj., *dappled sorrel, or dappled yellow:* nom. pl. äppel-fealuwe mearas, *dappled yellow steeds*, 2166.

ärn, st. n., *house*, in the compounds heal-, hord-, medo-, þryð-, win-ärn.

äsc, st. m., *ash* (does not occur in Beówulf in this sense), *lance, spear*, because the shaft consists of ash wood: dat. pl. (quâ instr.) äscum and ecgum, *with spears and swords*, 1773.

äsc-holt, st. n., *ash wood, ashen shaft:* nom. pl. äsc-holt ufan græg, *the ashen shafts gray above* (spears with iron points), 330.

äsc-wiga, w. m., *spear-fighter, warrior armed with the spear:* nom. sg., 2043.

ät, prep. w. dat., with the fundamental meaning of nearness to something, hence 1) local, a) *with, near,*

at, on, in (rest): ät hýðe, *in harbor*, 32; ät symle, *at the meal*, 81; ät äde, *on the funeral-pile*, 1111, 1115; ät þe ânum, *with thee alone*, 1378; ät wîge, *in the fight*, 1338; ät hilde, 1660, 2682; ät æte, *in eating*, 3027, etc. b) *to, towards, at, on* (motion to): deáðes wylm hrân ät heortan, *seized upon the heart*, 2271; gehêton ät härgtrafum, *vowed at* (or *to*) *the temples of the gods*, 175. c) with verbs of taking away, *away from* (as starting from near an object): geþeah þät ful ät Wealhþeón, *took the cup from W.*, 630; fela ic gebâd grynna ät Grendle, *from Grendel*, 931; ät minum fäder genam, *took me from my father to himself*, 2430.—2) temporal, *at, in, at the time of:* ät frumsceafte, *in the beginning*, 45; ät ende, *at an end*, 224; fand sînne dryhten ealdres ät ende, *at the end of life, dying*, 2791; similarly, 2823; ät feohgyftum, *in giving gifts*, 1090; ät sîðestan, *finally*, 3014.

ät-græpe, adj., *laying hold of*, prehendens, 1270.

ät-rihte, adv., *almost*, 1658.

Æ

ædre, êdre, st. f., *aqueduct, canal* (not in Beów.), *vein* (not in Beów.), *stream, violent pouring forth:* dat. pl. swât ædrum sprong, *the blood sprang in streams*, 2967; blôd êdrum dranc, *drank the blood in streams*(?), 743.

æðm, st. m., *breath, gasp, snort:* instr. sg. hreðer æðme weóll, *the breast* (of the drake) *heaved with snorting*, 2594.

æfen, st. m., *evening*, 1236.

æfen-gram, adj., *hostile at evening, night-enemy:* nom. sg. m. æsengrom, of Grendel, 2075.

æfen-leóht, st. n., *evening-light:* nom. sg., 413.

æfen-ræst, st. f., *evening-rest:* acc. sg. -ræste, 647, 1253.

æfen-spræc, st. f., *evening-talk:* acc. sg. gemunde ... æfen-spræce, *thought about what he had spoken in the evening*, 760.

æfre, adv., *ever, at any time*, 70, 280, 504, 693, etc.: in negative sentences, æfre ne, *never*, 2601.— Comp. næfre.

æg-hwá (O.H.G. êo-ga-hwêr), pron., *every, each:* dat. sg. æghwám, 1385. The gen. sg. in adverbial sense, *in all, throughout, thoroughly:* æghwæs untæle, *thoroughly blameless*, 1866; ægh-wæs unrîm, *entirely innumerable quantity*, i.e. an enormous multitude, 2625, 3136.

æg-hwæðer (O.H.G. êo-ga-hwêdar): 1) *each* (of two): nom. sg. háfde æghwæðer ende geféred, *each of the two* (Beówulf and the drake) *had reached the end*, 2845; dat. sg. æghwæðrum wæs brôga fram ôðrum, *to each of the two* (Beówulf and the drake) *was fear of the other*, 2565; gen. sg. æghwæðres ... worda and worca, 287.—2) *each* (of several): dat. sg. heora æghwæðrum, 1637.

æg-hwær, adv., *everywhere*, 1060.

æg-hwilc (O.H.G. êo-gi-hwêlih), pron., *unusquisque, every* (one): 1) used as an adj.: acc. sg. m. dæl æghwylcne, 622.— 2) as substantive, a) with the partitive genitive: nom. sg. æg-hwylc, 9, 2888; dat. sg. æghwylcum, 1051. b) without gen.: nom. sg. æghwylc, 985, 988; (wæs) æghwylc ôðrum trŷwe, *each one* (of two) *true to the other*, 1166.

æg-weard, st. f., *watch on the sea shore:* acc. sg. æg-wearde, 241.

æht (abstract form from ágan, denoting the state of possessing), st. f.: 1) *possession, power:* acc. sg. on flôdes æht, 42; on wæteres æht, *into the power of the water*, 516; on æht gehwearf Denigea freán, *passed over into the possession of a Danish master*, 1680.— 2) *property, possessions, goods:* acc. pl. æhte, 2249.— Comp. máðm-, goldæht.

æht (O.H.G. âhta), st. f., *pursuit:* nom. þá wæs æht boden Sweona leódum, segn Higeláce, *then was pursuit offered to the people of the Sweonas, (their) banner to Hygeláe* (i.e. the banner of the Swedes, taken during their flight, fell into the hands of Hygeláe), 2958.

ge-æhtan, w. v., *to prize, to speak in praise of:* pret. part. geæhted, 1886.

ge-æhtla, w. m., or **ge-æhtle**, w. f., *a speaking of with praise, high esteem:* gen. sg. hy ... wyrðe þinceað eorla geæhtlan, *seem worthy of the high esteem of the noble-born*, 369.

æn (parallel form of án), num., *one:* acc. sg. m. þone ænne þone ..., *the one whom* ..., 1054; oftor micle þonne on ænne sîð, *much oftener than one time*, 1580; forð onsendon ænne, *sent him forth alone*, 46.

æne, adv., *once:* oft nalles æne, 3020.

ænig, pron., *one, any one*, 474, 503, 510, 534, etc.: instr. sg. nolde ... ænige þinga, *would in no way, not at all*, 792; lyt ænig mearn, *little did any one sorrow* (i.e. no one), 3130. — With the article: næs se folccyning ... ænig, *no people's king*, 2735.—Comp. nænig.

GLOSSARY. 121

æn-lîc, adj., *alone, excellent, distinguished:* ænlîc ansŷn, *distinguished appearance,* 251; þeáh þe hió ænlicu sŷ, *though she be beautiful,* 1942.

ær (comparative form, from â) : 1) adv., *sooner, before, beforehand,* 15, 656, 695, 758, 901, etc., *for a long time,* 2596 : eft swâ ær, *again as formerly,* 643 ; ær ne siððan, *neither sooner nor later,* 719 ; ær and sîð, *sooner and later* (all times), 2501; nô þŷ ær (*not so much the sooner*), *yet not,* 755, 1503, 2082, 2161, 2467. — 2) conjunct., *before, ere:* a) with the ind.: ær hió tô setle geóng, 2020.   b) w. subjunc.: ær ge fyr fêran, *before you travel farther,* 252; ær he on weg hwurfe, 264, so 677, 2819 ; ær þon dæg cwôme, *ere the day break,* 732; ær correlative to ær adv.: ær he feorh seleð, aldor an ôfre, ær he wille . . ., *he will sooner* (rather) *leave his life upon the shore, before* (than) *he will* . . ., 1372. — 3) prepos. with dat., *before:* ær deáðe, *before death,* 1389 ; ær dæges hwîle, *before daybreak,* 2321 ; ær swyltdäge, *before the day of death,* 2799.

æror, comp. adv., *sooner, beforehand,* 810; *formerly,* 2655.

ærra, comp. adj., *earlier:* instr. pl., ærran mælum, *in former times,* 908, 2238, 3036.

ærest, superl.: 1) adv., *first of all, foremost,* 6, 617, 1698, etc. — 2) as subst. n., *relation in the beginning:* acc. þät ic his ærest þe eft gesägde (*told thee, in what relation it stood at first to the coat of mail that has been presented*), 2158.

ær-däg, st. m. (*before-day*), *morningtwilight, gray of morning:* dat. sg.

mid ærdäge, 126 ; samod ærdäge, 1312, 2943.

ærende, st. n., *errand, trust:* acc. sg., 270, 345.

ær-fäder, st. m., *late father, deceased father:* nom. sg. swâ his ærfäder, 2623.

ær-gestreón, st. n., *old treasure, possessions dating from old times:* acc. sg., 1758 ; gen. sg. swylcra fela ærgestreóna, *much of such old treasure,* 2233. See gestreón.

ær-geweorc, st. n., *work dating from old times:* nom. sg. enta ærgeweorc, *the old work of the giants* (of the golden sword-hilt from Grendel's water-hall), 1680. See geweorc.

ær-gôd, adj., *good since old times, long invested with dignity* or *advantages:* äðeling ærgôd, 130; (eorl) ærgôd, 1330; îren ærgôd (*excellent sword*), 990, 2587.

ær-wela, w. m., *old possessions, riches dating from old times:* acc. sg. ærwelan, 2748. See wela.

æs, st. n., *carcass, carrion:* dat. (instr.) sg. æse, of Aschere's corpse, 1333.

æt, st. m., *food, meat:* dat. sg., hû him ät æte speów, *how he fared well at meat,* 3027.

ættren (see âttor), adj., *poisonous:* wäs þät blôd tô þäs hât, ættren ellorgâst, se þær inne swealt, *so hot was the blood,* (*and*) *poisonous the demon* (Grendel's mother) *who died therein,* 1618

B

bana, bona, w. m., *murderer,* 158, 588, 1103, etc.: acc. sg. bonan Ongenþeówes, of Hygelâc, although in reality his men slew Ongenþeów (2965 ff.), 1969. Figuratively of inanimate objects: ne wǣs ecg bona, 2507; wearð wracu Weohstânes bana, 2614. — Comp.: ecg-, feorh-, gâst-, hand-, mûð-bana.

bon-gâr, st. m. *murdering spear*, 2032.

ge-bannan, st. v. w. acc. of the thing and dat. of the person, *to command, to bid:* inf., 74.

bâd, st. f., *pledge*, only in comp.: nŷd-bâd.

bân, st. n., *bone:* dat. sg. on bâne (on the bony skin of the drake), 2579; dat. pl. heals ealne ymbefêng biteran bânum (here of the teeth of the drake), 2693.

bân-côfa, w. m., "cubile ossium" (Grimm) of the body: dat. sg. -côfan, 1446.

bân-fâg, adj., *variegated with bones*, either with ornaments made of bone-work, or adorned with bone, perhaps deer-antlers; of Hrôðgâr's hall, 781. The last meaning seems the more probable.

bân-fǣt, st. n., *bone-vessel*, i.e. the body: acc. pl. bân-fatu, 1117.

bân-hring, st. m., *the bone-structure, joint, bone-joint:* acc. pl. hire wið halse ... bânhringas bræc (*broke her neck-joint*), 1568.

bân-hûs, st. n., *bone-house*, i.e. the body: acc. sg. bânhûs gebrâc, 2509; similarly, 3148.

bân-loca, w. m., *the enclosure of the bones*, i.e. the body: acc. sg. bât bânlocan, *bit the body*, 743; nom. pl. burston bânlocan, *the body burst* (of Grendel, because his arm was torn out), 819.

bât, st. m., *boat, craft, ship*, 211. — Comp. sǣ-bât.

bât-weard, st. m., *boat-watcher, he who keeps watch over the craft:* dat. sg. -wearde, 1901.

bäð, st. n., *bath:* acc. sg. ofer ganotes bâð, *over the diver's bath* (i.e. the sea), 1862.

bärnan, w. v., *to cause to burn, to burn:* inf. hêt ... bânfatu bärnan, *bade that the bodies be burned*, 1117; ongan ... beorht hofu bärnan, *began to consume the splendid country-seats* (the dragon), 2314.

for-bärnan, w. v., *consume with fire:* inf. hy hine ne môston ... bronde for-bärnan, *they* (the Danes) *could not burn him* (the dead Äschere) *upon the funeral-pile*, 2127.

bǣdan (Goth. baidjan, O.H.G. beiða), *to incite, to encourage:* pret. hǣdde hyre geonge, *encouraged the youths* (at the banquet), 2019.

ge-bǣdan, w. v., *to press hard:* pret. part. bysigum gebǣded, *distressed by trouble, difficulty, danger* (of battle), 2581; *to drive, to send forth:* strǣla storm strengum gebǣded, *the storm of arrows sent from the strings*, 3118; *overcome:* draca ... bealwe gebǣded, *the dragon ... overcome by the ills of battle*, 2827.

bǣl (O.N. bâl), st. n., *fire, flames:* (wyrm) mid bǣle fôr, *passed (through the air) with fire*, 2309; hǣfde landwara lîge befangan, bǣle and bronde, *with fire and burning*, 2323. — Especially, *the fire of the funeral-pile, the funeral-pile*, 1110, 1117, 2127; ǣr he bǣl cure, *ere he sought the burning* (i.e. died), 2819; hâtað ... hlǣw gewyrcean ... äfter bǣle, *after I am burned, let a burial mound be thrown up* (Beówulf's words), 2804.

bæl-fȳr, st. n., *bale-fire, fire of the funeral-pile:* gen. pl. bælfȳra mæst, 3144.

bæl-stede, st. m., *place for the funeral-pile:* dat. sg. in bæl-stede, 3098.

bæl-wudu, st. m., *wood for the funeral-pile*, 3113.

bær, st. f., *bier*, 3106.

ge-bæran, w.v., *to conduct one's self, behave:* inf. w. adv., ne gefrägn ic þá mægðe ... sêl gebæran, *I did not hear that a troop bore itself better, maintained a nobler deportment*, 1013; he on eorðan geseah þone leófestan lífes æt ende bleáte gebæran, *saw the best-beloved upon the earth, at the end of his life, struggling miserably* (i.e. in a helpless situation), 2825.

ge-bætan (denominative from bæte, *the bit*), w. v., *to place the bit in the mouth of an animal, to bridle:* pret. part. þá wäs Hróðgáre hors gebæted, 1400.

be, prep. w. dat. (with the fundamental meaning *near*, "but not of one direction, as ät, but more general") : 1) local, *near by, near, at, on* (rest) : be ȳdláfe uppe lægon, *lay above, upon the deposit of the waves* (upon the strand, of the slain nixies), 566; häfde be honda, *held by the hand* (Beówulf held Grendel), 815; be sæm tweonum, *in the circuit of both the seas*, 859, 1686; be mäste, *on the mast*, 1906; be fȳre, *by the fire*, 2220; be nässe, *at the promontory*, 2244; sät be þæm gebróðrum twæm, *sat by the two brothers*, 1192; wäs se gryre lässa efne swá micle swá bið mägða cräft be wæpnedmen, *the terror was just so much less, as is the strength of woman to the warrior* (i.e. is valued by), 1285, etc. — 2) also local, but of motion from the subject in the direction of the object, *on, upon, by:* gefêng be eaxle, *seized by the shoulder*, 1538; âlêdon leófne þeóden be mäste, *laid the dear lord near the mast*, 36; be healse genam, *took him by the neck, fell upon his neck*, 1873; wæpen hafenade be hiltum, *grasped the weapon by the hilt*, 1575, etc. — 3) with this is connected the causal force, *on account of, for, according to:* ic þis gid be þe âwrâc, *I spake this solemn speech for thee, for thy sake*, 1724; þû þe lær be þon, *learn according to this, from this*, 1723; be fäder lâre, *according to her father's direction*, 1951. — 4) temporal, *while, during:* be þe lifigendum, *while thou livest, during thy life*, 2666. See **bî**.

bed, st. n., *bed, couch:* acc. sg. bed, 140, 677; gen. sg. beddes, 1792; dat. pl. beddum, 1241. — Comp.: deað-, hlin-, läger-, morðor-, wäl-bed.

ge-bedde, w. f., *bed-fellow:* dat. sg. wolde sêcan cwên tô gebeddan, *wished to seek the queen as bed-fellow, to go to bed with her*, 666. — Comp. heals-gebedde.

begen, fem. **bâ**, *both:* nom. m., 536, 770, 2708; acc. fem. on bâ healfa, *on two sides* (i.e. Grendel and his mother), 1306; dat. m. bâm, 2197; and in connection with the possessive instead of the personal pronoun, ûrum bâm, 2661; gen. n. bega, 1874, 2896; bega gehwäðres, *each one of the two*, 1044; bega folces, *of both peoples*, 1125.

ge-belgan, st. v. (properly, *to cause to swell, to swell*), *to irritate:* w.

dat. (pret. subj.) þāt he ēcean dryhtne bitre gebulge, *that he had bitterly angered the eternal Lord*, 2332; pret. part. gebolgen, 1540; (gebolge, MS.), 2222; pl. gebolgne, 1432; more according to the original meaning in torne gebolgen, 2402.

â-belgan, *to anger:* pret. sg. w. acc. ðð þāt hyne ân âbealh mon on môde, *till a man angered him in his heart*, 2281; pret. part. âbolgen, 724.

ben, st. f., *wound:* acc. sg. benne, 2725. — Comp.: feorh-, seax-ben.

benc, st. f., *bench:* nom. sg. benc, 492; dat. sg. bence, 327, 1014, 1189, 1244. — Comp.: ealu-, medu-benc.

benc-swêg, st. m., (*bench-rejoicing*), *rejoicing which resounds from the benches*, 1162.

benc-þel, st. n., *bench-board, the wainscotted space where the benches stand:* nom. pl. benc-þelu, 486; acc. pl. bencþelu beredon, *cleared the bench-boards* (i.e. by taking away the benches, so as to prepare couches), 1240.

bend, st. m. f., *bond, fetter:* acc. sg. forstes bend, *frost's bond*, 1610; dat. pl. bendum, 978. — Comp.: fýr-, hell-, hyge-, iren-, oncer-, searo-, wäl-bend.

ben-geat, st. n., (*wound-gate*), *wound-opening:* nom. pl. bengeato, 1122.

bera (O.N. beri), w. m., *bearer:* in comp. hleor-bera.

beran, st. v. w. acc., *to carry:* III. sg. pres. byreð, 296, 448; þone mâððum byreð, *carries the treasure* (upon his person), 2056; pres. subj. bere, 437; pl. beren, 2654; inf. beran, 48, 231, 291, etc.; hêht

þâ se hearda Hrunting beran, *to bring Hrunting*, 1808; up beran, 1921; in beran, 2153; pret. bār, 495, 712, 847, etc.; mandryhtne bār fāted wāge, *brought the lord the costly vessel*, 2282; pl. bāron, 213, 1636, etc.; bāran, 2851; pret. part. boren, 1193, 1648, 3136. — The following expressions are poetic paraphrases of the forms *go, come:* þāt we rondas beren eft tô earde, 2654; gewîtað forð beran wāpen and gewǣdu, 291; ic gefrāgn sunu Wihstânes hringnet beran, 2755; wîgheafolan bār, 2662; helmas bāron, 240 (conjecture); scyldas bāran, 2851: they lay stress upon the connection of the man with his weapons.

āt-beran, *to carry to:* inf. tô beadolâce (*battle*) ātberan, 1562; pret. þâ hine on morgentîd on Heaðorāmas holm up ātbār, *the sea bore him up to the Heaðorāmas*, 519; hió Beówulfe medoful ātbār, *brought Beówulf the mead-cup*, 625; māgenbyrðenne ... hider ût ātbār cyninge mînum, *bore the great burden hither to my king*, 3093; pl. hî hyne ātbāron tô brimes faroðe, 28.

for-beran, *to hold, to suppress:* inf. þāt he þone breóstwylm forberan ne mehte, *that he could not suppress the emotions of his breast*, 1878.

ge-beran, *to bring forth, to bear:* pret. part. þāt lâ māg secgan se þe sôð and riht fremeð on folce ... þāt þes eorl wǣre geboren betera (*that may every just man of the people say, that this nobleman is better born*), 1704.

ðð-beran, *to bring hither:* pret. þâ mec sǣ ððbār on Finna land, 579.

on-beran (O.H.G. in bēran, intpĕ-ran, but in the sense of carere), au-ferre, *to carry off, to take away:* inf. íren ærgôd þāt þās ahlǽcan blôdge beadufolme onberan wolde, *excellent sword which would sweep off the bloody hand of the demon*, 991; pret. part. (wǣs) onboren beága hord, *the treasure of the rings had been carried off*, 2285. — Compounds with the pres. part.: helm-, sáwl-berend.

berian (denominative from bǟr, *naked*), w. v., *to make bare, to clear:* pret. pl. bencþelu beredon, *cleared the bench-place* (by removing the benches), 1240.

berstan, st. v., *to break, to burst:* pret. pl. burston bânlocan, 819; bengeato burston, 1122. — *to crack, to make the noise of breaking:* fingras burston, *the fingers cracked* (from Beówulf's gripe), 761.

for-berstan, *break, to fly asunder:* pret. Nägling forbārst, *Nägling* (Beówulf's sword) *broke in two*, 2681.

betera, adj. (comp.), *better:* nom. sg. m. betera, 469, 1704.

bet-lîc, adj., *excellent, splendid:* nom. sg. n., of Hrôðgâr's hall, 781; of Hygelâc's residence, 1926.

betst, betost (superl.), *best, the best:* nom. sg. m. betst beadurinca, 1110; neut. nu is ôfost betost, þāt we . . ., *now is haste the best, that we* . . ., 3008; voc. m. secg betsta, 948; neut. acc. beaduscrûda betst, 453; acc. sg. m. þegn betstan, 1872.

bêcn, st. n., (*beacon*), *token, mark, sign:* acc. sg. betimbredon beado-rôfes bêcn (of Beówulf's grave-mound), 3162. See beacen.

bêg. See beág.

bên, st. f., *entreaty:* gen. sg. bûne, 428, 2285.

bêna, w. m., *suppliant*, supplex: nom. sg. swâ þu bêna eart (*as thou entreatest*), 352; swâ he bêna wǣs (*as he had asked*), 3141; nom. pl. hy bênan synt, 364.

ge-bêtan: 1) *to make good, to remove:* pret. ac þu Hrôðgâre wîdcûð-ne weán wihte gebêttest, *hast thou in any way relieved Hrôðgâr of the evil known afar*, 1992; pret. part. acc. sg. swylce oncyððe ealle gebêtte, *removed all trouble*, 831. — 2) *to avenge:* inf. wihte ne meahte on þam feorhbonan fæhðe gebêtan, *could in no way avenge the death upon the slayer*, 2466.

beadu, st. f., *battle, strife, combat:* dat. sg. (as instr.) beadwe, *in combat*, 1540; gen. sg. bâd beadwa ge-þinges, *waited for the combats* (with Grendel) *that were in store for him*, 710.

beadu-folm, st. f., *battle-hand:* acc. sg. -folme, of Grendel's hand, 991.

beado-grîma, w. m., (*battle-mask*), *helmet:* acc. pl. -grîman, 2258.

beado-hrägl, st. n., (*battle-garment*), *corselet, shirt of mail*, 552.

beado-lâc, st. n., (*exercise in arms, tilting*), *combat, battle:* dat. sg. tô beado-lâce, 1562.

beado-leóma, w. m., (*battle-light*), *sword:* nom. sg., 1524.

beado-mêce, st. m., *battle-sword*. nom. pl. beado-mêcas, 1455.

beado-rinc, st. m., *battle-hero, warrior:* gen. pl. betst beadorinca, 1110.

beadu-rôf, adj., *strong in battle:* gen. sg. -rôfes, of Beówulf, 3162.

beadu-rûn, st. f., *mystery of battle:* acc. sg. onband beadu-rûne, *solved the mystery of the combat*, i.e. gave battle, commenced the fight, 501.

beadu-scearp, adj., *battle-sharp, sharp for the battle,* 2705.
beadu-scrûd, st. n., *(battle-dress), corselet, shirt of mail :* gen. pl. beaduscrûda betst, 453.
beadu-serce, w. f.,*(battle-garment), corselet, shirt of mail :* acc. sg. brogdne beadu-sercean (because it consists of interlaced metal rings), 2756.
beado-weorc, st. n., *(battle-work), battle :* gen. sg. gefeh beadoweorces, *rejoiced at the battle,* 2300.
beald, adj., *bold, brave :* in comp. cyne-beald.
bealdian, w. v., *to show one's self brave :* pret. bealdode gôdum dædum *(through brave deeds),* 2178.
bealdor, st. m., *lord, prince :* nom. sg. sinca baldor, 2429; winia baldor, 2568.
bealu, st. n., *evil, ruin, destruction :* instr. sg. bealwe, 2827; gen. pl. bealuwa, 281; bealewa, 2083; bealwa, 910. — Comp.: cwealm-, ealdor-, hreðer-, leód-, morðor-, niht-, sweord-, wíg-bealu.
bealu, adj., *deadly, dangerous, bad:* instr. sg. hyne sâr hafað befongen balwon bendum, *pain has entwined him in deadly bands,* 978.
bealo-cwealm, st. m., *violent death, death by the sword* (?), 2266.
bealo-hycgende, pres. part., *thinking of death, meditating destruction :* gen. pl. æghwæðrum bealohycgendra, 2566.
bealo-hydig, adj., *thinking of death, meditating destruction :* of Grendel, 724.
bealo-nîð, st. m., *(zeal for destruction), deadly enmity :* nom. sg., 2405; *destructive struggle :* acc. sg. bebeorh þe þone bealonîð, *beware of destructive striving,* 1759; *death-bringing rage :* nom. sg. him on breóstum bealo-nîð weóll, *in his breast raged deadly fury* (of the dragon's poison), 2715.
bearhtm (see **beorht**): 1) st. m., *splendor, brightness, clearness :* nom. sg. eágena bearhtm, 1767. — 2) *sound, tone :* acc. sg. bearhtm ongeâton, gûðhorn galan, *they heard the sound,* (*heard*) *the battle-horn sound,* 1432.
bearm, m., *gremium, sinus, lap, bosom :* nom. sg. foldan bearm, 1138; acc. sg. on bearm scipes, 35, 897; on bearm nacan, 214; him on bearm hladan bunan and discas, 2776. — 2) figuratively, *possession, property,* because things bestowed were placed in the lap of the receiver (so 40 and 2195, on bearm licgan, âlecgan); dat. sg. him tô bearme cwom mâððumfät mære, *came into his possession,* 2405.
bearn, st. n., 1) *child, son :* nom. sg. bearn Healfdenes, 469, etc.; Ecglâfes bearn, 499, etc.; dat. sg. bearne, 2371; nom. pl. bearn, 59; dat. pl. bearnum, 1075. — 2) in a broader sense, *scion, offspring, descendant :* nom. sg. Ongenþeów's bearn, of his grandson, 2388; nom. pl. yldo bearn, 70; gumena bearn, *children of men,* 879; hâleða bearn, 1190; äðelinga bearn, 3172; acc. pl. ofer ylda bearn, 606; dat. pl. ylda bearnum, 150; gen. pl. nîðða bearna, 1006. — Comp.: brôðor-, dryht-bearn.
bearn-gebyrdu, f., *birth, birth of a son :* gen. sg. þât hyre ealdmetod êste wære bearn-gebyrdo, *has been gracious through the birth of such a son* (i.e. as Beówulf), 947.

bearu, st. m., *(the bearer,* hence properly only the fruit-tree, especially the oak and the beech), *tree,* collectively *forest:* nom. pl. hrínde bearwas, *rustling trees* (or *rustling forests*), 1364.

beácen, st. n., *sign, banner,* vexillum : nom. sg. beorht beácen godes, *of the sun,* 570 ; gen. pl. beácna beorhtost, 2778. See bēcn.

ge-beácnian, w. v., *to mark, to indicate:* pret. part. ge-beácnod, 140.

beág, st. m., *ring, ornament:* nom. sg. beáh *(neck-ring),* 1212; acc. sg. beáh (the collar of the murdered king of the Heaðobeardnas), 2042; bêg (collective for the acc. pl.), 3165; dat. sg. cwom Wealhþeó forð gân under gyldnum beáge, *she walked along under a golden head-ring, wore a golden diadem,* 1164; gen. sg. beages (of a collar), 1217; acc. pl. beágas (rings in general), 80, 523, etc.; gen. pl. beága, 35, 352, 1488, 2285, etc.— Comp.: earm-, heals-beág.

beág-gyfa, w. m., *ring-giver,* designation of the prince: gen. sg. -gyfan, 1103.

beág-hroden, adj., *adorned with rings, ornamented with clasps:* nom. sg. beághroden, cwên, of Hróðgâr's consort, perhaps with reference to her diadem (cf. 1164), 624.

beáh-hord, st. m. n., *ring-hoard, treasure consisting of rings:* gen. sg. beáh-hordes, 895; dat. pl. beáh-hordum, 2827; gen. pl. beáh-horda weard, of King Hróðgâr, 922.

beáh-sele, st. m., *ring-hall, hall in which the rings were distributed:* nom. sg., of Heorot, 1178.

beáh-þegu, st. f., *the receiving of the ring:* dat. sg. äfter beáh-þege, 2177.

beáh-wriða, w. m. *ring-band,* ring with prominence given to its having the form of a band : acc. sg. beáh-wriðan, 2019.

beám, st. m., *tree,* only in the compounds fyrgen-, gleó-beám.

beátan, st. v., *thrust, strike:* pres. sg. mearh burhstede beáteð, *the steed beats the castle-ground* (place where the castle is built), i.e. with his hoofs, 2266 ; pret. part. sweall bille ge-beáten, *died, struck by the battle-axe,* 2360.

beorh, st. m.: 1) *mountain, rock:* dat. sg. beorge, 211 ; gen. sg. beorges, 2525, 2756; acc. pl. beorgas, 222. — 2) *grave-mound, tomb-hill:* acc. sg. biorh, 2808; beorh, 3098, 3165. A grave-mound serves the drake as a retreat (cf. 2277, 2412) : nom. sg. beorh, 2242 ; gen. sg. beorges, 2323. — Comp. stân-beorh.

beorh, st. f., *veil, covering, cap;* only in the comp. heáford-beorh.

beorgan, st. v. (w. dat. of the interested person or thing), *to save, to shield:* inf. wolde feore beorgan, *place her life in safety,* 1294; herebyrne . . . seó þe bâncôfan beorgan cûðe, *which could protect his body,* 1446; pret. pl. ealdre burgan, 2600.

be-beorgan (w. dat. refl. of pers. and acc. of the thing), *to take care, to defend one's self from:* inf. him be-beorgan ne con wom, *cannot keep himself from stain* (fault), 1747; imp. bebeorh þe þone bealonîð, 1759.

ge-beorgan (w. dat. of person or thing to be saved), *to save, to protect:* pret. sg. þät gebearh feore, *protected the life,* 1549; scyld wel gebearg lífe and líce, 2571.

ymb-beorgan, *to surround pro-*

tectingly: pret. sg. hring ûtan ymbbearh, 1504.

beorht, byrht, adj.: 1) *gleaming, shining, radiant, shimmering:* nom. sg. beorht, of the sun, 570, 1803; beorhta, of Heorot, 1178; þæt beorhte bold, 998; acc. sg. beorhtne, of Beówulf's gravemound, 2804; dat. sg. tô þære byrhtan (here-byrhtan, MS.) byrig, 1200; acc. pl. beorhte frätwe, 214, 897; beorhte randas, 231; bord-wudu beorhtan, 1244; n. beorht hofu, 2314. Superl.: beácna beorhtost, 2778. — 2) *excellent, remarkable:* gen. sg. beorhtre bôte, 158. — Comp.: sadol-, wlite-beorht.

beorhte, adv., *brilliantly, brightly, radiantly,* 1518.

beorhtian, w. v., *to sound clearly:* pret. sg. beorhtode benc-swêg, 1162.

beorn, st. m., *hero, warrior, noble man:* nom. sg. (Hrôðgâr), 1881, (Beówulf), 2434, etc.; acc. sg. (Beów.), 1025, (Äschere), 1300; dat. sg. beorne, 2261; nom. pl. beornas (Beówulf and his companions), 211, (Hrôðgâr's guests), 857; gen. pl. beorna (Beówulf's liege-men), 2405. — Comp.: folc-, gûð-beorn.

beornan, st. v., *to burn:* pres. part. byrnende (of the drake), 2273. — Comp. un-byrnende.

for-beornan, *to be consumed, to burn:* pret. sg. for-barn, 1617, 1668; for-born, 2673.

ge-beornan, *to be burned:* pret. gebarn, 2698.

beorn-cyning, st. m., *king of warriors, king of heroes:* nom. sg. (as voc.), 2149.

beódan, st. v.: 1) *to announce, to inform, to make known:* inf. biódan, 2893. — 2) *to offer, to proffer* (as the notifying of a transaction in direct reference to the person concerned in it): pret. pl. him geþingo budon, *offered them an agreement,* 1086; pret. part. þâ wäs æht boden Sweona leodum, *then was pursuit offered the Swedish people,* 2958; inf. ic þâm gôdan sceal mâðmas beódan, *I shall offer the excellent man treasures,* 385.

â-beódan, *to present, to announce:* pret. word inne âbeád, *made known the words within,* 390; *to offer, to tender, to wish:* pret. him hæl âbeád, *wished him health* (greeted him), 654. Similarly, hælo âbeád, 2419; eoton weard âbeád, *offered the giant a watcher,* 669.

be-beódan, *to command, to order:* pret. swâ him se hearda bebeád, *as the strong man commanded them,* 401. Similarly, swâ se rîca bebeád, 1976.

ge-beódan: 1) *to command, to order:* inf. hêt þâ gebeódan byre Wihstânes häleða monegum, þæt hie . . ., *the son of Wihstan caused orders to be given to many of the men . . .,* 3111. — 2) *to offer:* him Hygd gebeád hord and rîce, *offered him the treasure and the chief power,* 2370; inf. gûðe gebeódan, *to offer battle,* 604.

beód-geneát, st. m., *table-companion:* nom. and acc. pl. geneátas, 343, 1714.

beón, verb, *to be,* generally in the future sense, *will be:* pres. sg. I. gûðgeweorca ic beó gearo sôna, *I shall immediately be ready for warlike deeds,* 1826; sg. III. wâ bið þâm þe sceal . . ., *woe to him who . . .!* 183; so, 186; gifeðe bið is given, 299; ne bið þe wilna gâd (*no wish will be denied thee*), 661; þær þe biðmanna þearf, *if thou shalt need the warriors*, 1836; ne bið swylc cwênlic þeáw, *is not becoming, honorable to a woman*, 1941; eft sôna bið, *will happen directly*, 1763; similarly, 1768, etc.; pl. þonne bióð brocene, *then are broken*, 2064; feor cýðð beóð sêlran gesôhte þam þe...*, "terrae longinquae meliores sunt visitatu ei qui..."* (Grein), 1839; imp. beó (bió) þu on ôfeste, *hasten!* 386, 2748; beó wið Geátas glǣd, *be gracious to the Geátas*, 1174.

beór, st. n., *beer:* dat. sg. ät beóre, *at beer-drinking*, 2042; instr. sg. beóre druncen, 531; beóre druncne, 480.

beór-scealc, st. m., *keeper of the beer, cup-bearer:* gen. pl. beórscealca sum (one of Hróðgâr's followers, because they served the Geátas at meals), 1241.

beór-sele, st. m., *beer-hall, hall in which beer is drunk:* dat. sg. in (on) beórsele, 482, 492, 1095; biórsele, 2636.

beór-þegu, st. f., *beer-drinking, beer-banquet:* dat. sg. äfter beórþege, 117; ät þære beórþege, 618.

beót, st. n., *promise, binding agreement to something that is to be undertaken:* acc. sg. he beót ne âlêh, *did not break his pledge*, 80; beót eal... gelǣste, *performed all that he had pledged himself to*, 523.

ge-beótian, w. v., *to pledge one's self to an undertaking, to bind one's self:* pret. gebeótedon, 480, 536.

beót-word, st. n., same as beót: dat. pl. beót-wordum spräc, 2511.

biddan, st. v., *to beg, to ask, to pray:* pres. sg. I. dôð swâ ic bidde! 1232; inf. (w. acc. of the pers. and gen. of the thing asked for) ic þe biddan wille ânre bêne, *beg thee for one*, 427; pret. swâ he selfa bäd, *as he himself had requested*, 29; bäd hine blíðne (supply wesan) ät þære beórþege, *begged him to be cheerful at the beer-banquet*, 618; ic þe lange bäd þät þu..., *begged you a long time that you*, 1995; frioðowǣre bäd hlâford sînne, *begged his lord for protection* (acc. of pers. and gen. of thing), 2283; bäd þät ge geworhton, *asked that you...*, 3097; pl. wordum bǣdon þät..., 176.

on-bidian, w. v., *to await:* inf. lætað hilde-bord her onbidian... worda geþinges, *let the shields await here the result of the conference* (lay the shields aside here), 397.

bil, st. n. *sword:* nom. sg. bil, 1568; bill, 2778; acc. sg. bil, 1558; instr. sg. bille, 2360; gen. sg. billes, 2061, etc.; instr. pl. billum, 40; gen. pl. billa, 583, 1145.— Comp.: gûð-, hilde-, wîg-bil.

bindan, st. v., *to bind, to tie:* pret. part. acc. sg. wudu bundenne, *the bound wood*, i.e. the built ship, 216; bunden golde swurd, *a sword bound with gold*, i.e. either having its hilt inlaid with gold, or having gold chains upon the hilt (swords of both kinds have been found), 1901; nom. sg. heoru bunden, 1286, has probably a similar meaning.

ge-bindan, *to bind:* pret. sg. þær ic fîfe geband, *where I had bound five(?)*, 420; pret. part. cyninges þegn word ôðer fand sôðe gebunden, *the king's man found (after many had already praised Beówulf's* deed) *other words* (also referring to Beówulf, but in connection with Sigemund) *rightly bound together*, i.e. in good alliterative verses, as are becoming to a gid, 872; wundenmǽl wrǽttum gebunden, *sword bound with ornaments*, i.e. inlaid, 1532; bisgum gebunden, *bound together by sorrow*, 1744; gomel gúðwiga eldo gebunden, *hoary hero bound by old age* (fettered, oppressed), 2112.

on-bindan, *to unbind, to untie, to loose:* pret. onband, 501.

ge-bind, st. n. coll., *that which binds, fetters:* in comp. îs-gebind.

bite, st. m., *bite*, figuratively of the cut of the sword: acc. sg. bite îrena, *the swords' bite*, 2260; dat. sg. æfter billes bite, 2061. — Comp. lâð-bite.

biter (primary meaning that of biting), adj.: 1) *sharp, cutting, cutting in:* acc. sg. biter (of a short sword), 2705; instr. sg. biteran stræle, 1747; instr. pl. biteran bânum, *with sharp teeth*, 2693. — 2) *irritated, furious:* nom. pl. bitere, 1432.

bitre, adv., *bitterly* (in a moral sense), 2332.

bî, big (fuller form of the prep. be, which see), prep. w. dat.: 1) *near, at, on, about, by* (as under be, No. 1): bî sæm tweónum, *in the circuit of both seas*, 1957; árás bî ronde, *raised himself up by the shield*, 2539; bî wealle gesät, *sat by the wall*, 2718. With a freer position: him big stôdan bunan and orcas, *round about him*, 3048. — 2) *to, towards* (motion): hwearf þá bî bence, *turned then towards the bench*, 1189; geóng bî sesse, *went to the seat*, 2757.

bid (see bîdan), st. n., *tarrying, hesitation:* þær wearð Ongenþió on bid wrecen, *forced to tarry*, 2963.

bîdan, st. v.: 1) *to delay, to stay, to remain, to wait:* inf. nô on wealle leng bîdan wolde, *would not stay longer within the wall* (the drake), 2309; pret. in þýstrum bâd, *remained in darkness*, 87; flota stille bâd, *the craft lay still*, 301; receda... on þǽm se rîca bâd, *where the mighty one dwelt*, 310; þær se snottra bâd, *where the wise man* (Hrôðgâr) *waited*, 1314; he on searwum bâd, *he* (Beówulf) *stood there armed*, 2569; ic on earde bâd mælgesceafta, *lived upon the paternal ground the time appointed me by fate*, 2737; pret. pl. sume þær bidon, *some remained, waited there*, 400. — 2) *to await, to wait for*, with the gen. of that which is awaited: inf. bîdan woldon Grendles gúðe, *wished to await the combat with Grendel, to undertake it*, 482; similarly, 528; wîges bîdan, *await the combat*, 1269; nalas andsware bîdan wolde, *would await no answer*, 1495; pret. bâd beadwa geþinges, *awaited the event of the battle*, 710; sægenga bâd âgendfreán, *the sea-goer* (boat) *awaited its owner*, 1883; sele... heaðowylma bâd, lâðan lîges (the poet probably means to indicate by these words that the hall Heorot was destroyed later in a fight by fire; an occurrence, indeed, about which we know nothing, but which 1165 and 1166, and again 2068 ff. seem to indicate), 82.

â-bîdan, *to await*, with the gen.: inf., 978.

ge-bîdan: 1) *to tarry, to wait:*

imp. gebîde ge on beorge, *wait ye on the mountain*, 2530; pret. part. þeáh þe wintra lyt under burhlocan gebiden häbbe Häreðes dôhtor, *although H.'s daughter had dwelt only a few years in the castle*, 1929. — 2) *to live through, to experience, to expect* (w. acc.): inf. sceal endedäg minne gebîdan, *shall live my last day*, 639; ne wênde ... bôte gebîdan, *did not hope ... to live to see reparation*, 935; fela sceal gebîdan leófes and láðes, *experience much good and much affliction*, 1061; ende gebîdan, 1387, 2343; pret. he þäs frôfre gebâd, *received consolation* (compensation) *therefor*, 7; gebâd wintra worn, *lived a great number of years*, 264; in a similar construction, 816, 930, 1619, 2259, 3117. With gen.: inf. tô gebîdanne ôðres yrfeweardes, *to await another heir*, 2453. With depend. clause: inf. tô gebîdanne þät his byre ríde on galgan, *to live to see it, that his son hang upon the gallows*, 2446; pret. dreám-leás gebâd þät he ..., *joyless he experienced it, that he ...*, 1721; þäs þe ic on aldre gebâd þät ic ..., *for this, that I, in my old age, lived to see that* ..., 1780.

on-bîdan, *to wait, to await:* pret. hordweard onbâd earfôðlíce ôð þät æfen cwom, *scarcely waited, could scarcely delay till it was evening*, 2303.

bîtan, st. v., *to bite*, of the cutting of swords: inf. bîtan, 1455, 1524; pret. bât bânlocan, *bit into his body* (Grendel), 743; bât unswíðor, *cut with less force* (Beówulf's sword), 2579.

blanca, w. m., properly *that which shines* here of the horse, not so much of the white horse as the dappled: dat. pl. on blancum, 857.

ge-bland, ge-blond, st. n., *mixture, heaving mass, a turning.*— Comp.: sund-, ýð-geblond, windblond.

blanden-feax, blonden-feax, adj., *mixed*, i.e. having gray hair, *gray-headed*, as epithet of an old man: nom. sg. blondenfeax, 1792; blondenfexa, 2963; dat. sg. blondenfeaxum, 1874; nom. pl. blondenfeaxe, 1595.

blác, adj., *dark, black:* nom. sg hrefn blaca, 1802.

blâc, adj.: 1) *gleaming, shining:* acc. sg. blâcne leóman, *a brilliant gleam*, 1518.— 2) of the white death-color, *pale;* in comp. heoro-blâc.

blǽd, st. m.: 1) *strength, force, vigor:* nom. sg. wäs hira blǽd scacen (of both tribes), *strength was gone*, i.e. the bravest of both tribes lay slain, 1125; nu is þines mägnes blǽd âne hwíle, *now the fulness of thy strength lasts for a time*, 1762. — 2) *reputation, renown, knowledge* (with stress upon the idea of filling up, spreading out): nom. sg. blǽd, 18; (þín) blǽd is âræred, *thy renown is spread abroad*, 1704.

blǽd-âgend, pt., *having renown, renowned:* nom. pl. blǽd-âgende, 1014.

blǽd-fäst, adj., *firm in renown, renowned, known afar:* acc. sg. blǽdfästne beorn (of Äschere, with reference to 1329), 1300.

bleát, adj., *miserable, helpless;* only in comp. wäl-bleát.

bleáte, adv., *miserably, helplessly*, 2825.

blícan, st. v., *shine, gleam:* inf. 222.

blíðe, adj.: 1) *blithe, joyous, happy.*

acc. sg. blīðne, 618. — 2) *gracious, pleasing:* nom. sg. blīðe, 436. — Comp. un-blīðe.

blīð-heort, adj., *joyous in heart, happy:* nom. sg., 1803.

blōd, st. n., *blood:* nom. sg., 1122; acc. sg., 743; dat. sg. blōde, 848; æfter deórum men him langað beorn wið blōde, *the hero* (Hrōðgār) *longs for the beloved man contrary to blood*, i.e. he loves him although he is not related to him by blood, 1881; dat. as instr. blōde, 486, 935, 1595, etc.

blōd-fåg, adj., *spotted with blood, bloody,* 2061.

blōdig, adj., *bloody:* acc. sg. f. blōdge, 991; acc. sg. n. blōdig, 448; instr. sg. blōdigan gāre, 2441.

ge-blōdian, w. v., *to make bloody, to sprinkle with blood:* pret. part. ge-blōdegod, 2693.

blōdig-tōð, adj., *with bloody teeth:* nom. sg. bona blōdig-tōð (of Grendel, because he bites his victims to death), 2083.

blōd-reów, adj., *bloodthirsty, bloody-minded:* nom. sg. him on ferhðe greów breóst-hord blōd-reów, *in his bosom there grew a bloodthirsty feeling,* 1720.

be-bod, st. n., *command, order;* in comp. wundor-bebod.

bodian, w. v., *(to be a messenger), to announce, to make known:* pret. hrefn blaca heofones wynne blīð-heort bodode, *the black raven announced joyfully heaven's delight* (the rising sun), 1803.

boga, w. m., *bow,* of the bended form; here of the dragon, in comp. hring-boga; as an instrument for shooting, in the comp. flān-, horn-boga; bow of the arch, in comp. stān-boga.

bolca, w. m., "forus navis" (Grein), *gangway;* here probably the planks which at landing are laid from the ship to the shore: acc. sg. ofer bolcan, 231.

bold, st. n., *building, house, edifice:* nom. sg. (Heorot), 998; (Hygelāc's residence), 1926; (Beówulf's residence), 2197, 2327. — Comp. fold-bold.

bold-āgend, pt., *house-owner, property-holder:* gen. pl. monegum boldāgendra, 3113.

bolgen-mōd, adj., *angry at heart, angry,* 710, 1714.

bolster, st. m., *bolster, cushion, pillow:* dat. pl. (reced) geond-brǣded wearð beddum and bolstrum, *was covered with beds and bolsters,* 1241. — Comp. hleór-bolster.

bon-. See **ban-.**

bora, w. m., *carrier, bringer, leader:* in the comp. mund-, rǣd-, wǣg-bora.

bord, st. n., *shield:* nom. sg., 2674; acc. sg., 2525; gen. pl. ofer borda gebrǣc, *over the crashing of the shields,* 2260. — Comp.: hilde-, wīg-bord.

bord-hæbbend, pt., *one having a shield, shield-bearer:* nom. pl. hæbbende, 2896.

bord-hreóða, w. m., *shield-cover, shield* with particular reference to its cover (of hides or linden bark): dat. sg. -hreóðan, 2204.

bord-rand, st. m., *shield:* acc. sg., 2560.

bord-weall, st. m., *shield-wall, wall of shields:* acc. sg., 2981.

bord-wudu, st. m., *shield-wood, shield:* acc. pl. beorhtan beordwudu, 1244.

botm, st. m., *bottom:* dat. sg. tō botme (here of the bottom of the fen-lake), 1507.

bôt (emendation, cf. bêtan), st. f.: 1) *relief, remedy:* nom. sg., 281; acc. sg. bôte, 935; dat. sg. bôte, 910. — 2) *a performance in expiation, a giving satisfaction, tribute:* gen. sg. bôte, 158.

brand, brond, st. m.: 1) *burning, fire:* nom. sg. þå sceal brond fretan (*the burning of the body*), 3015; instr. sg. hy hine ne môston ... bronde forbärnan (*could not bestow upon him the solemn burning*), 2127; häfde landwara lîge befangen, bæle and bronde, *with glow, fire, and flame*, 2323. — 2) in the passage, þät hine nô brond ne beadomêcas bîtan ne meahton, 1455, brond has been translated *sword, brand* (after the O.N. brand-r). The meaning *fire* may be justified as well, if we consider that the old helmets were generally made of leather, and only the principal parts were mounted with bronze. The poet wishes here to emphasize the fact that the helmet was made entirely of metal, a thing which was very unusual. — 3) in the passage, forgeaf þå Beówulfe brand Healfdenes segen gyldenne, 1021, our text, with other editions, has emendated, bearn, since brand, if it be intended as a designation of Hrôðgâr (perhaps *son*), has not up to this time been found in this sense in A.-S.

brant, bront, adj., *raging, foaming, going high*, of ships and of waves: acc. sg. brontne, 238, 568.

brâd, adj.: 1) *extended, wide:* nom. pl. brâde rîce, 2208. — 2) *broad:* nom. sg. heáh and brâd (of Beówulf's grave-mound), 3159; acc. sg. brâdne mêce, 2979; (seax) brâd [and] brûnecg, *the broad, short sword with bronze edge*, 1547. — 3) *massive, in abundance:* acc. sg. brâd gold, 3106.

ge-brăc, st. n., *noise, crash:* acc. sg. borda gebrăc, 2260.

geond-brædan, w. v., *to spread over, to cover entirely:* pret. part. geond-bræded, 1240.

brecan, st. v.: 1) *to break, to break to pieces:* pret. bânhringas brăc, (the sword) *broke the joints*, 1568. In a moral sense: pret. subj. þät þær ænig mon wære ne bræce, *that no one should break the agreement*, 1101; pret. part. þonne biðð brocene ... âð-sweord eorla, *then are the oaths of the men broken*, 2064. — 2) probably also simply *to break in upon something, to press upon*, w. acc.: pret. sg. sædeór monig hildetuxum heresyrcan brăc, *many a sea-animal pressed with his battle-teeth upon the shirt of mail* (did not break it, for, according to 1549 f., 1553 f., it was still unharmed). 1512. — 3) *to break out, to spring out:* inf. geseah ... streám ût brecan of beorge, *saw a stream break out from the rocks*, 2547; lêtdse hearda Higelâces þegn brâdne mêce ... brecan ofer bordweal, *caused the broadsword to spring out over the wall of shields*, 2981. — 4) figuratively, *to vex, not to let rest:* pret. hine fyrwyt brăc, *curiosity tormented* (N.H.G. brachte die Neugier um), 232, 1986, 2785.

ge-brecan, *to break to pieces:* pret. bânhûs gebrăc, *broke in pieces his body* (Beówulf in combat with Dăghrefn), 2509.

tô-brecan, *to break in pieces:* inf., 781; pret. part. tô-brocen, 998.

þurh-brecan, *to break through:* pret. wordes ord breósthord þurh-bræc, *the word's point broke through his closed breast*, i.e. a word burst out from his breast, 2793.

brecð, st. f., *condition of being broken, breach:* nom. pl. môdes brecða (*sorrow of heart*), 171.

â-bredwian, w. v. w. acc., *to fell to the ground, to kill* (?) : pret. âbredwade, 2620.

bregdan, st. v., properly *to swing round*, hence: 1) *to swing:* inf. undersceadu bregdan, *swing among the shadows, to send into the realm of shadows*, 708; pret. brägd ealde lâfe, *swung the old weapon*, 796; brägd feorh-genîðlan, *swung his mortal enemy* (Grendel's mother), threw her down, 1541; pl. git eágorstreám ... mundum brugdon, *stirred the sea with your hands* (of the movement of the hands in swimming), 514; pret. part. broden (brogden) mæl, *the drawn sword*, 1617, 1668. — 2) *to knit, to knot, to plait:* inf., figuratively, inwitnet ôðrum bregdan, *to weave a waylaying net for another* (as we say in the same way, to lay a trap for another, to dig a pit for another), 2168; pret. part. beadohrägl broden, *a woven shirt of mail* (because it consisted of metal rings joined together), 522; similarly, 1549; brogdne beadusercean, 2756.

â-bregdan, *to swing:* pret. hond up â-bräd, *swung, raised his hand*, 2576.

ge-bregdan: 1) *swing:* pret. hringmæl gebrägd, *swung the ringed sword*, 1565; eald sweord eácen ... þät ic þý wæpne gebräd, *an old heavy sword that I swung as my weapon*, 1665; with interchanging instr. and acc. wälscaxe gebräd, biter and beadu-scearp, 2704; also, *to draw out of the sheath:* sweord ær gebräd, *had drawn the sword before*, 2563. — 2) *to knit, to knot, to plait:* pret. part. here-byrne hondum gebroden, 1444.

on-bregdan, *to tear open, to throw open:* pret. onbräd þâ recedes múðan, *had then thrown open the entrance of the hall* (onbregdan is used because the opening door swings upon its hinges), 724.

brego, st. m., *prince, ruler:* nom. sg. 427, 610.

brego-rôf, adj., *powerful, like a ruler, of heroic strength:* nom. sg. m., 1926.

brego-stôl, st. m., *throne*, figuratively for *rule:* acc. sg. him gesealde seofon þûsendo, bold and brego-stôl, *gave him seven thousand* (see under sceat), *a country-seat, and the dignity of a prince*, 2197; þær him Hygd gebeád ... brego-stôl, *where H. offered him the chief power*, 2371; lêt þone bregostôl Beówulf healdan, *gave over to Beówulf the chief power* (did not prevent Beówulf from entering upon the government), 2390.

breme, adj., *known afar, renowned.* nom. sg., 18.

brenting (see brant), st. m., *ship, craft:* nom. pl. brentingas, 2808.

â-breátan, st. v., *to break, to break in pieces, to kill:* pret. âbreót brimwîsan, *killed the sea-king* (King Hæðcyn), 2931. See breótan.

breóst, st. n.: 1) *breast:* nom. sg., 2177; often used in the pl., so acc þät mine breóst wereð, *which protects my breast*, 453; dat. pl. beadohrägl broden on breóstum läg. 552. — 2) *the inmost thoughts, the mind, the heart, the bosom:* nom.

sg. breóst innan weóll þeóstrum geþoncum, *his breast heaved with troubled thoughts,* 2332; dat. pl. lêt þâ of breóstum word ût faran, *caused the words to come out from his bosom,* 2551.

breóst-gehygd, st. n. f., *breast-thought, secret thought:* instr. pl. -gehygdum, 2819.

breóst-gewædu, st. n. pl., *breast-clothing, garment covering the breast,* of the coat of mail: nom., 1212; acc., 2163.

breóst-hord, st. m., *breast-hoard, that which is locked in the breast, heart, mind, thought, soul:* nom. sg., 1720; acc. sg., 2793.

breóst-net, st. n., *breast-net, shirt of chain-mail, coat of mail:* nom. sg. breóst-net broden, 1549.

breóst-weorðung, st. f., *ornament that is worn upon the breast:* acc. sg. breóst-weorðunge, 2505: here the collar is meant which Beówulf receives from Wealhþeów (1196, 2174) as a present, and which B., according to 2173, presents to Hygd, while, according to 1203, it is in the possession of her husband Hygelâc. In front the collar is trimmed with ornaments (frætwe), which hang down upon the breast, hence the name breóst-weorðung.

breóst-wylm, st. m., *heaving of the breast, emotion of the bosom:* acc. sg., 1878.

breótan, st. v., *to break, to break in pieces, to kill:* pret. breát beódgeneátas, *killed his table-companions* (courtiers), 1714.

â-breótan, same as above: pret. þone þe heó on räste âbreát, *whom she killed upon his couch,* 1299; pret. part. þâ þät monige gewearð, þät hine seó brimwylf âbroten häfde, *many believed that the sea-wolf* (Grendel's mother) *had killed him,* 1600; hî hyne ... âbroten häfdon, *had killed him* (the dragon), 2708.

brim, st. n., *flood, the sea:* nom. sg., 848, 1595; gen. sg. tô brimes faroðe, *to the sea,* 28; ät brimes nosan, *at the sea's promontory,* 2804; nom. pl. brimu swaðredon, *the waves subsided,* 570.

brim-clif, st. n., *sea-cliff, cliff washed by the sea:* acc. pl. -clifu, 222.

brim-lâd, st. f., *flood-way, sea-way:* acc. sg. þâra þe mid Beówulfe brimlâde teáh, *who had travelled the sea-way with B.,* 1052.

brim-liðend, pt., *sea-farer, sailor:* acc. pl. -liðende, 568.

brim-streám, st. m., *sea-stream, the flood of the sea:* acc. pl. ofer brimstreámas, 1911.

brim-wîsa, w. m., *sea-king:* acc. sg. brimwisan, of Hæðcyn, king of the Geátas, 2931.

brim-wylf, st. f., *sea-wolf* (designation of Grendel's mother): nom. sg. seó brimwylf, 1507, 1600.

brim-wylm, st. m., *sea-wave:* nom. sg., 1495.

bringan, anom. v., *to bring, to bear:* prs. sg. I. ic þe þûsenda þegna bringe tô helpe, *bring to your assistance a thousand warriors,* 1830; inf. sceal bringnaca ofer heáðubringan lâc and luftâcen, *shall bring gifts and love-tokens over the high sea,* 1863; similarly, 2149, 2505; pret. pl. we þâs sælâc ... brôhton, *brought this sea-offering* (Grendel's head), 1654.

ge-bringan, *to bring:* prs. subj. pl. þät we þone gebringan ... on âdfäre, *that we bring him upon the funeral-pile,* 3010.

brosnian, w. v., *to crumble, to be-*

come rotten, to fall to pieces: prs. sg. III. herepád ... brosnað áfter beorne, *the coat of mail falls to pieces after* (the death of) *the hero*, 2261.

bróðor, st. m., *brother:* nom. sg., 1325, 2441; dat. sg. hréðer, 1263; gen. sg. his bróðor bearn, 2620; dat. pl. bróðrum, 588, 1075.

ge-bróðru, pl., *brethren, brothers:* dat. pl. sǽt be þǽm gebróðrum twǽm, *sat by the two brothers*, 1192.

bróga, w. m., *terror, horror:* nom. sg., 1292, 2325, 2566; acc. sg. billa brógan, 583. — Comp.: gryre-, here-bróga.

brúcan, st. v. w. gen., *to use, to make use of:* prs. sg. III. se þe longe her worolde brúceð, *who here long makes use of the world*, i.e. lives long, 1063; imp. brúc manigra méda, *make use of many rewards, give good rewards*, 1179; *to enjoy:* inf. þǽt he beáhhordes brúcan móste, *could enjoy the ring-hoard*, 895; similarly, 2242, 3101; pret. breác lífgesceafta, *enjoyed the appointed life, lived the appointed time*, 1954. With the genitive to be supplied: breác þonne móste, 1488; imp. brúc þisses beáges, *enjoy this ring, take this ring*, 1217. Upon this meaning depends the form of the wish, wel brúcan (compare the German geniesze froh!): inf. hét hine wel brúcan, 1046; hét hine brúcan well, 2813; imp. brúc ealles well, 2163.

brún, adj., *having a metallic lustre, shining:* nom. sg. sióecgbrún, 2579.

brún-ecg, adj., *having a gleaming blade:* acc. sg. n. (hyre seax) brád [and] brúnecg, *her broad sword with gleaming blade*, 1547.

brún-fág, adj., *gleaming like metal:* acc. sg. brúnfágne helm, 2616.

bryne-leóma, w. m., *light of a conflagration, gleam of fire:* nom. sg., 2314.

bryne-wylm, st. m., *wave of fire:* dat. pl. -wylmum, 2327.

brytnian (properly *to break in small pieces*, cf. breótan), w. v., *to bestow, to distribute:* pret. sinc brytnade, *distributed presents*, i.e. ruled (since the giving of gifts belongs especially to rulers), 2384.

brytta, w. m., *giver, distributer*, always designating the king: nom. sg. sinces brytta, 608, 1171, 2072; acc. sg. beága bryttan, 35, 352, 1488; sinces bryttan, 1923.

bryttian (*to be a dispenser*), w. v., *to distribute, to confer:* prs. sg. III. god manna cynne snyttru bryttað, *bestows wisdom upon the human race*, 1727.

brýd, st. f.: 1) *wife, consort:* acc. sg. brýd, 2931; brýde, 2957, both times of the consort of Ongenþeów (?). — 2) *betrothed, bride:* nom. sg., of Hróðgár's daughter, Freáware, 2032.

brýd-búr, st. n., *woman's apartment:* dat. sg. eode ... cyning of brýdbúre, *the king came out of the apartment of his wife* (into which, according to 666, he had gone), 992.

bunden-stefna, w. m., (*that which has a bound stem*), *the framed ship:* nom. sg., 1911.

bune, w. f., *can* or *cup, drinking-vessel:* nom. pl. bunan, 3048; acc. pl. bunan, 2776.

burh, burg, st. f., *castle, city, fortified house:* acc. sg. burh, 523; dat. sg. byrig, 1200; dat. pl. burgum, 53, 1969, 2434. — Comp.: freó-, freoðo-, heá-, hleó-, hord-, leód-, mǽg-burg.

burh-loca, w. m., *castle-bars :* dat. sg. under burh-locan, *under the castle-bars,* i.e. in the castle (Hygelâc's), 1929.

burh-stede, st. m., *castle-place, place where the castle or city stands:* acc. sg. burhstede, 2266.

burh-wela, w. m., *riches, treasure of a castle or city :* gen. sg. þenden he burh-welan brûcan môste, 3101.

burne, w. f., *spring, fountain :* gen. þære burnan wälm, *the bubbling of of the spring,* 2547.

bûan, st. v.: 1) *to stay, to remain, to dwell:* inf. gif he wäccende weard onfunde on beorge, *if he had found the watchman watching on the mountain,* 2843. — 2) *to inhabit,* w. acc.: meduseld bûan, *to inhabit the mead-house,* 3066.

ge-bûan, w. acc., *to occupy a house, to take possession :* pret. part. heán hûses, hû hit Hring Dene äfter beórþege gebûn häfdon, *how the Danes, after their beer-carouse, had occupied it* (had made their beds in it), 117. — With the pres. part. bûend are the compounds ceaster-, fold-, grund-, lond-bûend.

bûgan, st. v., *to bend, to bow, to sink; to turn, to flee :* prs. sg. III. bon-gâr bûgeð, *the fatal spear sinks,* i.e. its deadly point is turned down, it rests, 2032; inf. þät se byrnwîga bûgan sceolde, *that the armed hero had to sink down* (having received a deadly blow), 2919; similarly, 2975; pret. sg. beáh eft under eorðweall, *turned, fled again behind the earth-wall,* 2957; pret. pl. bugon tô bence, *turned to the bench,* 327, 1014; hy on holt bugon, *fled to the wood,* 2599.

â-bûgan, *to bend off, to curve away from :* pret. fram sylle âbeág medubenc monig, *from the threshold curved away many a mead-bench,* 776.

be-bûgan, w. acc., *to surround, to encircle :* prs. swâ (*which*) wäter bebûgeð, 93; efne swâ sîde swâ sæ bebûgeð windige weallas, *as far as the sea encircles windy shores,* 1224.

ge-bûgan, *to bend, to bow, to sink:* a) intrans.: heó on flet gebeáh, *sank on the floor,* 1541; þâ gebeáh cyning, *then sank the king,* 2981; þâ se wyrm gebeáh snûde tôsomne (*when the drake at once coiled itself up*), 2568; gewât þâ gebogen scrîdan tô, *advanced with curved body* (the drake), 2570. — b) w. acc. of the thing to which one bends or sinks: pret. selereste gebeáh, *sank upon the couch in the hall,* 691; similarly gebeág, 1242.

bûr, st. n., *apartment, room :* dat. sg. bûre, 1311, 2456; dat. pl. bûrum, 140. — Comp. brýd-bûr.

bûtan, bûton (from be and ûtan, hence in its meaning referring to what is without, excluded): 1) conj. with subjunctive following, *lest :* bûtan his lîc swîce, *lest his body escape,* 967. With ind. following, *but :* bûton hit wäs mâre þonne ænig mon ôðer tô beadulâce ätberan meahte, *but it* (the sword) *was greater than any other man could have carried to battle,* 1561. After a preceding negative verb, *except :* þâra þe gumena bearn gearwe ne wiston bûton Fitela mid hine, *which the children of men did not know at all, except Fitela, who was with him,* 880; ne nom he mâðm-æhta mâ bûton þone hafelan, etc., *he took no more of the rich treasure than* *the head alone*, 1615. — 2) prep. with dat., *except:* bûton folcscare, 73; bûton þe, 658; ealle bûton ânum, 706.

bycgan, w. v., *to buy, to pay:* inf. ne wæs þæt gewrixle til þæt hie on bâ healfa bicgan sceoldon freónda feorum, *that was no good transaction, that they, on both sides* (as well to Grendel as to his mother), *had to pay with the lives of their friends*, 1306.

be-bycgan, *to sell:* pret. nu ic on mâðma hord mine bebohte frôde feorhlege (*now I, for the treasure-hoard, gave up my old life*), 2800.

ge-bycgan, *to buy, to acquire; to pay:* pret. w. acc. nô þær ænige ... frôfre gebohte, *obtained no sort of help, consolation*, 974; hit (his, MS.) ealdre gebohte, *paid it with his life*, 2482; pret. part. sylfes feore beágas [geboh]te, *bought rings with his own life*, 3015.

byldan, w. v. (*to make* beald, which see), *to excite, to encourage to brave deeds:* inf. w. acc. swâ he Fresna cyn on beórsele byldan wolde (by distributing gifts), 1095.

ge-byrd, st. n., "fatum destinatum" (Grein)(?) : acc. sg. hie on gebyrd hruron gâre wunde, 1075.

ge-byrdu, st. f., *birth;* in compound, bearn-gebyrdu.

byrdu-scrûd, st. n., *shield-ornament, design upon a shield*(?): nom. sg., 2661.

byre, st. m., (*born*) *son:* nom. sg., 2054, 2446, 2622, etc.; nom. pl. byre, 1189. In a broader sense, *young man, youth:* acc. pl. bædde byre geonge, *encouraged the youths* (at the banquet), 2019.

byrðen, st. f., *burden;* in comp. mägen-byrðen.

byrele, st. m., *steward, waiter, cup-bearer:* nom. pl. byrelas, 1162.

byrgan, w. v., *to feast, to eat:* inf., 448.

ge-byrgea, w. m., *protector;* in comp. leód-gebyrgea.

byrht. See **beorht.**

byrne, w. f., *shirt of mail, mail:* nom. sg. byrne, 405, 1630, etc.; hringed byrne, *ring-shirt*, consisting of interlaced rings, 1246; acc. sg. byrnan, 1023, etc.; side byrnan, *large coat of mail*, 1292; hringde byrnan, 2616; hâre byrnan, *gray coat of mail* (of iron), 2154; dat. sg. on byrnan, 2705; gen. sg. byrnan hring, *the ring of the shirt of mail* (i.e. the shirt of mail), 2261; dat. pl. byrnum, 40, 238, etc.; beorhtum byrnum, *with gleaming mail*, 3141. — Comp.: gûð-, here-, heaðo-, îren-, îsern-byrne.

byrnend. See **beornan.**

byrn-wîga, w. m., *warrior dressed in a coat of mail:* nom. sg., 2919.

bysgu, bisigu, st. f., *trouble, difficulty, opposition:* nom. sg. bisigu, 281; dat. pl. bisgum, 1744, bysigum, 2581.

bysig, adj., *opposed, in need*, in the compounds lîf-bysig, syn-bysig.

bÿme, w. f., *a wind-instrument, a trumpet, a trombone:* gen. sg. bÿman gealdor, *the sound of the trumpet*, 2944.

bÿwan, w. v., *to ornament, to prepare:* inf. þâ þe beado-grîman bÿwan sceoldon, *who should prepare the helmets*, 2258.

GLOSSARY.

C

camp, st. m., *combat, fight between two:* dat. sg. in campe (Beówulf's with Däghrefn; cempan, MS.), 2506.

candel, st. f., *light, candle:* nom. sg. rodores candel, of the sun, 1573. — Comp. woruld-candel.

cempa, w. m., *fighter, warrior, hero:* nom. sg. äðele cempa, 1313; Geáta cempa, 1552; rêðe cempa, 1586; mære cempa (as voc.), 1762; gyrded cempa, 2079; dat. sg. geongum (geongan) cempan, 1949, 2045, 2627; Huga cempan, 2503; acc. pl. cempan, 206.— Comp. fêðe-cempa.

cennan, w. v.: 1) *to bear,* w. acc.: efne swâ hwylc mägða swâ þone magan cende, *who bore the son,* 944; pret. part. þäm eafera wäs äfter cenned, *to him was a son born,* 12. — 2) reflexive, *to show one's self, to reveal one's self:* imp. cen þec mid cräfte, *prove yourself by your strength,* 1220.

â-cennan, *to bear:* pret. part. nô hie fäder cunnon, hwäðer him ænig wäs ær âcenned dyrnra gâsta, *they (the people of the country) do not know his (Grendel's) father, nor whether any evil spirit has been before born to him* (whether he has begotten a son), 1357.

cênðu, st. f., *boldness:* acc. sg. cênðu, 2697.

cêne, adj., *keen, warlike, bold:* gen. pl. cênra gehwylcum, 769. Superl., acc. pl. cênoste, 206. — Comp.: dæd-, gâr-cêne.

ceald, adj., *cold:* acc. pl. cealde streámas, 1262; dat. pl. cealdum cearsîðum, *with cold, sad journeys,* 2397. Superl. nom. sg. wedera cealdost, 546. — Comp. morgen-ceald.

cearian, w. v., *to have care, to take care, to trouble one's self:* prs. sg. III. nâ ymb his lîf cearað, *takes no care for his life,* 1537.

cearig, adj., *troubled, sad:* in comp. sorh-cearig.

cear-sîð, st. m., *sorrowful way, an undertaking that brings sorrow,* i.e. a warlike expedition: dat. pl. cearsîðum (of Beówulf's expeditions against Eádgils), 2397.

cearu, st. f., *care, sorrow, lamentation:* nom. sg., 1304; acc. sg. [ceare], 3173. — Comp.: ealdor-, gûð-, mæl-, môd-cearu.

cear-wälm, st. m., *care-agitation, waves of sorrow in the breast:* dat. pl. äfter cear-wälmum, 2067.

cear-wylm, st. m., same as above: nom. pl. þâ cear-wylmas, 282.

ceaster-bûend, pt., *inhabitant of a fortified place, inhabitant of a castle:* dat. pl. ceaster-bûendum, *of those established in Hrôðgâr's castle,* 769.

ceáp, st. m., *purchase, transaction:* figuratively, nom. sg. näs þät ŷðe ceáp, *no easy transaction,* 2416; instr. sg. þeáh þe ôðer hit ealdre gebohte, heardan ceápe, *although the one paid it with his life, a dear purchase,* 2483.

ge-ceápian, w. v., *to purchase:* pret. part. gold unrîme grimme geceápod, *gold without measure, bitterly purchased* (with Beówulf's life), 3013.

be-ceorfan, st. v., *to separate, to cut off* (with acc. of the pers. and instr. of the thing): pret. hine þâ heáfde becearf, *cut off his head,* 1592; similarly, 2139.

ceorl, st. m., *man:* nom. sg. snotor

ceorl monig, *many a wise man,* 909; dat. sg. gomelum ceorle, *the old man* (of King Hrêðel), 2445; so, ealdum ceorle, of King Ongenþeów, 2973; nom. pl. snotere ceorlas, *wise men,* 202, 416, 1592.

ceól, st. m., *keel,* figuratively for the ship: nom. sg., 1913; acc. sg. ceól, 38, 238; gen. sg. ceóles, 1807.

ceósan, st. v., *to choose,* hence, *to assume:* inf. þone cynedôm ciósan wolde, *would assume the royal dignity,* 2377; *to seek:* pret. subj. ær he ixel cure, *before he sought his funeral-pile* (before he died), 2819.

ge-ceósan, *to choose, to elect:* gerund, tô geceósenne cyning ænigne (sêlran), *to choose a better king,* 1852; imp. þe þæt sêlre geceós, *choose thee the better* (of two: bealonîð and êce rædas), 1759; pret. he usic on herge geceás tô þyssum sîðfate, *selected us among the soldiers for this undertaking,* 2639; geceás êcne ræd, *chose the everlasting gain,* i.e. died, 1202; similarly, godes leóht geceás, 2470; pret. part. acc. pl. häfde ... cempan gecorone, 206.

on-cirran, w. v., *to turn, to change:* inf. ne meahte ... þás wealdendas [willan] wiht on-cirran, *could not change the will of the Almighty,* 2858; pret. ufor oncirde, *turned higher,* 2952; þyder oncirde, *turned thither,* 2971.

â-cîgan, w. v., *to call hither:* pret. âcîgde of corðre cyninges þegnas sýfone, *called from the retinue of the king seven men,* 3122.

clam, clom, st. m., f. n.? *fetter,* figuratively of a strong gripe: dat. pl. heardan clammum, 964; heardum clammum, 1336; atolan clommum (horrible claws of the mother of Grendel), 1503.

clif, cleof, st. n., *cliff, promontory:* acc. pl. Geáta clifu, 1912.—Comp.: brim-, êg-, holm-, stân-clif.

ge-cnâwan, st. v., *to know, to recognize:* inf. meaht þu, mîn wine, mêce gecnâwan, *mayst thou, my friend, recognize the sword,* 2048.

on-cnâwan, *to recognize, to distinguish:* hordweard oncniów mannes reorde, *distinguished the speech of a man,* 2555.

cniht, st. m., *boy, youth:* dat. pl. þyssum cnyhtum, *to these boys* (Hrôðgâr's sons), 1220.

cniht-wesende, prs. part., *being a boy* or *a youth:* acc. sg. ic hine cûðe cniht-wesende, *knew him while still a boy,* 372; nom. pl. wit þæt gecwædon cniht-wesende, *we both as young men said that,* 535.

cnyssan, w. v., *to strike, to dash against each other:* pret. pl. þonne ... eoferas cnysedan, *when the bold warriors dashed against each other, stormed* (in battle), 1329.

collen-ferhð, -ferð, adj., (properly, *of swollen mind*), *of uncommon thoughts, in his way of thinking, standing higher than others, high-minded:* nom. sg. cuma collenferhð, of Beówulf, 1807; collenferð, of Wiglâf, 2786.

corðer, st. n., *troop, division of an army, retinue:* dat. sg. þâ wäs ... Fin slägen, cyning on corðre, *then was Fin slain, the king in the troop* (of warriors), 1154; of corðre cyninges, *out of the retinue of the king,* 3122.

costian, w. v., *to try:* pret. (w. gen.) he mîn costode, *tried me,* 2085.

côfa, w. m., *apartment, sleeping-room, couch:* in comp. bân-côfa.

cōl, adj., *cool:* compar. cearwylmas cōlran wurðað, *the waves of sorrow become cooler*, i.e. the mind becomes quiet, 282; him wīflufan... cōlran weorðað, *his love for his wife cools*, 2067.

cräft, st. m., *the condition of being able*, hence: 1) *physical strength:* nom. sg. mägða cräft, 1284; acc. sg. mägenes cräft, 418; þurh ânes cräft, 700; cräft and cênðu, 2697; dat. (instr.) sg. cräfte, 983, 1220, 2182, 2361. — 2) *art, craft, skill:* dat. sg. as instr. dyrnum cräfte, *with secret* (magic) *art*, 2169; dyrnan cräfte, 2291; þeófes cräfte, *with thief's craft*, 2221; dat. pl. deófles cräftum, *by devil's art* (sorcery), 2089. — 3) *great quantity*(?): acc. sg. wyrm-horda cräft, 2223. — Comp.: leoðo-, mägen-, nearo-, wīg-cräft.

cräftig, adj.: 1) *strong, stout:* nom. sg. eafoðes cräftig, 1467; nīða cräftig, 1963. Comp. wīg-cräftig. — 2) *adroit, skilful:* in comp. lagu-cräftig. — 3) *rich* (of treasures); in comp. eácen-cräftig.

cringan, st. v., *to fall in combat, to fall with the writhing movement of those mortally wounded:* pret. subj. on wäl crunge, *would sink into death, would fall*, 636; pret. pl. for the pluperfect, sume on wäle crungon, 1114.

ge-cringan, same as above: pret. he under rande gecranc, *fell under his shield*, 1210; ät wīge gecrang, *fell in battle*, 1338; heó on flet gecrong, *fell to the ground*, 1569; in campe gecrong, *fell in single combat*, 2506.

cuma (*he who comes*), w. m., *newcomer, guest:* nom. sg. 1807. — Comp.: cwealm-, wil-cuma.

cuman, st. v., *to come:* pres. sg. II. gyf þu on weg cymest, *if thou comest from there*, 1383; III. cymeð, 2059; pres. subj. sg. III. cume, 23; pl. þonne we ût cymen, *when we come out*, 3107; inf. cuman, 244, 281, 1870; pret. sg. com, 430, 569, 826, 1134, 1507, 1601, etc.; cwom, 419, 2915; pret. subj. sg. cwôme, 732; pret. part. cumen, 376; pl. cumene, 361. Often with the inf. of a verb of motion, as, com gongan, 711; com sīðian, 721; com in gân, 1645; cwom gân, 1163; com scacan, 1803; cwômon lædan, 239; cwômon sêcean, 268; cwôman scrīðan, 651, etc.

be-cuman, *to come, to approach, to arrive:* pret. syððan niht becom, *after the night had come*, 115; þe on þâ leóde becom, *that had come over the people*, 192; þâ he tô hâm becom, 2993. And with inf. following: stefn in becom... hlynnan under hârne stân, 2553; lyt eft becwom... hâmes niósan, 2366; ôð þät ende becwom, 1255; similarly, 2117. With acc. of pers.: þâ hyne sió þrag becwom, *when this time of battle came over him*, 2884.

ofer-cuman, *to overcome, to compel:* pret. þÿ he þone feónd ofercwom, *thereby he overcame the foe*, 1274: pl. hie feónd heora... ofercômon, 700; pret. part. (w. gen.) nīða ofercumen, *compelled by combats*, 846.

cumbol, cumbor, st. m., *banner:* gen. sg. cumbles hyrde, 2506. — Comp. hilte-cumbor.

cund, adj., *originating in, descended from:* in comp. feorran-cund.

cunnan, verb pret. pres.: 1) *to know, to be acquainted with* (w. acc. or depend. clause): sg. pres. I. ic minne can glädne Hrôðulf þæt he ... wile, *I know my gracious H., that he will ...*, 1181; II. eard git ne const, *thou knowest not yet the land*, 1378; III. he þāt wyrse ne con, *knows no worse*, 1740. And reflexive: con him land geare, *knows the land well*, 2063; pl. men ne cunnon hwyder helrûnan scríðað, *men do not know whither ...*, 162; pret. sg. ic hine cûðe, *knew him*, 372; cûðe he duguð þeáwe, *knew the customs of the distinguished courtiers*, 359; so with the acc., 2013; seolfa ne cûðe þurh hwät ..., *he himself did not know through what ...*, 3068; pl. sorge ne cûðon, 119; so with the acc., 180, 418, 1234. With both (acc. and depend. clause): nô hie fäder cunnon (scil. nô hie cunnon) hwäðer him ænig wäs ær âcenned dyrnra gâsta, 1356. — 2) with inf. following, *can, to be able:* prs. sg. him bebeorgan ne con, *cannot defend himself*, 1747; prs. pl. men ne cunnon secgan, *cannot say*, 50; pret. sg. cûðe reccan, 90; beorgan cûðe, 1446; pret. pl. hêrian ne cûðon, *could not praise*, 182; pret. subj. healdan cûðe, 2373.

cunnian, w. v., *to inquire into, to try*, w. gen. or acc.: inf. sund cunnian (figurative for *roam over the sea*), 1427, 1445; geongne cempan higes cunnian, *to try the young warrior's mind*, 2046; pret. eard cunnode, *tried the home*, i.e. came to it, 1501; pl. wada cunnedon, *tried the flood*, i.e. swam through the sea, 508.

cûð, adj.: 1) *known, well known; manifest, certain:* nom. sg. undyrne cûð, 150, 410; wîde cûð, 2924; acc. sg. fem. cûðe folme, 1304; cûðe stræte, 1635; nom. pl. ecge cûðe, 1146; acc. pl. cûðe nässas, 1913. — 2) *renowned:* nom. sg. gûðum cûð, 2179; nom. pl. cystum cûðe, 868. — 3) also, *friendly, dear, good* (see un-cûð). — Comp.: un-, wið-cûð.

cûð-lîce, adv., *openly, publicly:* comp. nô her cûðlîcor cuman ongunnon lind-häbbende, *no shield-bearing men undertook more boldly to come hither* (the coast-watchman means by this the secret landing of the Vikings), 244.

cwalu, st. f., *murder, fall:* in comp. deáð-cwalu.

cweccan (*to make alive*, see cwic), w. v., *to move, to swing:* pret. cwehte mägen-wudu, *swung the wood of strength* (= spear), 235.

cweðan, st. v., *to say, to speak:* a) absolutely: prs. sg. III. cwið ät beóre, *speaks at beer-drinking*, 2042. — b) w. acc.: pret. word äfter cwäð, 315; feá worda cwäð, 2247, 2663. — c) with þät following: pret. sg. cwäð, 92, 2159; pl. cwædon, 3182. — d) with þät omitted: pret. cwäð he gûð-cyning sêcean wolde, *said he would seek out the war-king*, 199; similarly, 1811, 2940.

â-cweðan, *to say, to speak*, w. acc.: prs. þät word âcwyð, *speaks the word*, 2047; pret. þät word âcwäð, 655.

ge-cweðan, *to say, to speak:* a) absolutely: pret. sg. II. swâ þu gecwæde, 2665. — b) w. acc.: pret. wel-hwylc gecwäð, *spoke everything*, 875; pl. wit þät gecwædon, 535. — c) w. þät following: pret. gecwäð, 858, 988.

cwellan, w. v., (*to make die*), *to kill, to murder:* pret. sg. II. þu Grendel cwealdest, 1335.

â-cwellan, *to kill:* pret. sg. (he)

GLOSSARY. 143

wyrm âcwealde, 887; þone þe Grendel ær mâne âcwealde, *whom Grendel had before wickedly murdered*, 1056; beorn âcwealde, 2122.

cwên, st. f.: 1) *wife, consort* (of noble birth): nom. sg. cwên, 62; (Hrôðgâr's), 614, 924; (Finn's), 1154.— 2) particularly denoting the queen: nom. sg. beághroden cwên (Wealhþeów), 624; mæru cwên, 2017; fremu folces cwên (Þryðo), 1933; acc. sg. cwên (Wealhþeów), 666.— Comp. folc-cwên.

cwên-lîc, adj., *feminine, womanly:* nom. sg. ne bið swylc cwênlîc þeáw (*such is not the custom of women, does not become a woman*), 1941.

cwealm, st. m., *violent death, murder, destruction:* acc. sg. þone cwealm gewräc, *avenged the death* (of Abel by Cain), 107; mændon mondrihtnes cwealm, *lamented the ruler's fall*, 3150.— Comp.: bealo-, deáð-, gâr -cwealm.

cwealm-bealu, st. n., *the evil of murder:* acc. sg., 1941.

cwealm-cuma, w. m., *one coming for murder, a new-comer who contemplates murder:* acc. sg. þone cwealm-cuman (of Grendel), 793.

cwic and **cwico**, adj., *quick, having life, alive:* acc. sg. cwicne, 793, 2786; gen. sg. âht cwices, *something living*, 2315; nom. pl. cwice, 98; cwico wäs þâ gena, *was still alive*, 3094.

cwide, st. m., *word, speech, saying:* in comp. gegn-, gilp-, hleó-, ðor-, word-cwide.

cwîðan, st. v., *to complain, to lament:* inf. w. acc. ongan ... gioguðe cwîðan hilde-strengo, *began to lament the* (departed) *battle-strength of his youth*, 2113; [ceare] cwîðan, *lament their cares*, 3173.

cyme, st. m., *coming, arrival:* nom. pl. hwanan eówre cyme syndon, *whence your coming is*, i.e. whence ye are, 257.— Comp. eft-cyme.

cymlîce, adv., (convenienter), *splendidly, grandly:* comp. cymlîcor, 38.

cyn, st. n., *race*, both in the general sense, and denoting noble lineage: nom. sg. Fresena cyn, 1094; Wedera (gara, MS.) cyn, 461; acc. sg. eotena cyn, 421; giganta cyn, 1691; dat. sg. Caines cynne, 107; manna cynne, 811, 915, 1726; eówrum (of those who desert Beówulf in battle) cynne, 2886; gen. sg. manna (gumena) cynnes, 702, etc.; mæran cynnes, 1730; lâðan cynnes, 2009, 2355; ûsses cynnes Wægmundinga, 2814; gen. pl. cynna gehwylcum, 98.—Comp.: eormen-, feorh-, frum-, gum-, man-, wyrm-cyn.

cyn, st. n., *that which is suitable or proper:* gen. pl. cynna (of etiquette) gemyndig, 614.

ge-cynde, adj., *innate, peculiar, natural:* nom. sg., 2198, 2697.

cyne-dôm, st. m., *kingdom, royal dignity:* acc. sg., 2377.

cyning, st. m., *king:* nom. acc. sg. cyning, 11, 864, 921, etc.; kyning, 620, 3173; dat. sg. cyninge, 3094; gen. sg. cyninges, 868, 1211; gen. pl. kyning[a] wuldor, of God, 666. —Comp. beorn-, eorð-, folc-, gûð-, heáh-, leód-, sæ-, sôð-, þeód-, worold-, wuldor-cyning.

cyning-beald, adj., "*nobly bold*" (Thorpe), *excellently brave* (?): nom. pl. cyning-balde men, 1635.

ge-cyssan, w. v., *to kiss:* pret. gecyste þâ cyning ... þegen betstan, *kissed the best thane* (Beówulf), 1871.

cyst (*choosing*, see ceósan), st. f., *the select, the best of a thing, good quality, excellence:* nom. sg. írenna cyst, *of the swords*, 803, 1698; wæpna cyst, 1560; symbla cyst, *choice banquet*, 1233; acc. sg. írena cyst, 674; dat. pl. foldwegas... cystum cúðe, *known through excellent qualities*, 868; (cyning) cystum gecýðed, 924. — Comp. gum-, hilde-cyst.

cýð. See on-cýð.

cýðan (see cúð), w. v., *to make known, to manifest, to show:* imp. sg. mágen-ellen cýð, *show thy heroic strength*, 660; inf. cwealmbealu cýðan, 1941; ellen cýðan, 2696.

ge-cýðan (*to make known*, hence): 1) *to give information, to announce:* inf. andsware gecýðan, *to give answer*, 354; gerund, tó gecýðanne hwanan eówre cyme syndon (*to show whence ye come*), 257; pret. part. sóð is gecýðed þát...(*the truth has become known*, it has shown itself to be true), 701; Higeláce wäs síð Beówulfes snúde gecýðed, *the arrival of B. was quickly announced*, 1972; similarly, 2325.— 2) *to make celebrated*, in pret. part.: wäs mín fäder folcum gecýðed (*my father was renowned in the world*), 262; wäs his módsefa manegum gecýðed, 349; cystum gecýðed, 924.

cýððu (properly, *condition of being known*, hence *relationship*), st. f., *home, country, land:* in comp. feor-cýððu.

ge-cýpan, w. v., *to purchase:* inf. nás him ænig þearf þät he ... þurfe wyrsan wígfrecan weorðe gecýpan, *had need to buy with treasures no inferior warrior*, 2497.

D

daroð, st. m., *spear:* dat. pl. dareðum lácan (*to fight*), 2849.

ge-dál, st. n., *parting, separation:* nom. sg. his worulde gedál, *his separation from the world* (his death), 3069. — Comp. ealdor-, lífgedál.

däg, st. m., *day:* nom. sg. däg, 485, 732, 2647; acc. sg. däg, 2400; andlangne däg, *the whole day*, 2116; morgenlongne däg (*the whole morning*), 2895; ðð dómes däg, *till judgment-day*, 3070; dat. sg. on þám däge þysses lífes (eo tempore, tunc), 197, 791, 807; gen. sg. däges, 1601, 2321; hwíl däges, *a day's time, a whole day*, 1496; däges and nihtes, *day and night*, 2270; däges, *by day*, 1936; dat. pl. on tyn dagum, *in ten days*, 3161.— Comp. ær-, deáð-, ende-, ealdor-, fyrn-, geár-, læn-, líf-, swylt-, win-däg, andäges.

däg-hwíl, st. f., *day-time:* acc. pl. þät he dághwíla gedrogen häfde eorðan wynne, *that he had enjoyed earth's pleasures during the days* (appointed to him), i.e. that his life was finished, 2727. — (After Grein.)

däg-rím, st. n., *series of days, fixed number of days:* nom. sg. dógera dágrím (*number of the days of his life*), 824.

däd, st. f., *deed, action:* acc. sg. deórlíce däd, 585; dómleásan däd, 2891; frécne dæde, 890; däd, 941; acc. pl. Grendles dæda, 195; gen. pl. dæda, 181, 479, 2455, etc.; dat. pl. dædum, 1228, 2437, etc.—Comp. ellen-, fyren-, lof-däd.

däd-céne, adj., *bold in deed:* nom. sg. dæd-céne mon, 1646.

GLOSSARY. 145

dǽd-fruma, w. m., *doer of deeds, doer:* nom. sg., of Grendel, 2091.

dǽd-hata, w. m., *he who pursues with his deeds:* nom. sg., of Grendel, 275.

dǽdla, w. m., *doer:* in comp. mán-for-dǽdla.

dǽl, st. m., *part, portion:* acc. sg. dǽl, 622, 2246, 3128; acc. pl. dǽlas, 1733. — Often dǽl designates the portion of a thing or of a quality which belongs in general to an individual, as, ôð þät him on innan oferhygda dǽl weaxeð, *till in his bosom his portion of arrogance increases:* i.e. whatever arrogance he has, his arrogance, 1741. Biówulfe wearð dryhtmâðma dǽl deáðe, forgolden, *to Beówulf his part of the splendid treasures was paid with death*, i.e. whatever splendid treasures were allotted to him, whatever part of them he could win in the fight with the dragon, 2844; similarly, 1151, 1753, 2029, 2069, 3128.

dǽlan, w. v., *to divide, to bestow, to share with*, w. acc.: pres. sg. III. mâdmas dǽleð, 1757; pres. subj. þät he wið aglǽcean eofoðo dǽle, *that he bestow his strength upon* (strive with) *the bringer of misery* (the drake), 2535; inf. hringas dǽlan, 1971; pret. beágas dǽlde, 80; sceattas dǽlde, 1687.

be-dǽlan, w. instr., *(to divide), to tear away from, to strip of:* pret. part. dreámum (dreáme) bedǽled, *deprived of the heavenly joys* (of Grendel), 722, 1276.

ge-dǽlan: 1) *to distribute:* inf. (w. acc. *of the thing distributed*); þær on innan eall gedǽlan geongum and ealdum swylc him god sealde, *distribute therein to young and old all that God had given him*, 71. — 2) *to divide, to separate*, with acc.: inf. sundur gedǽlan líf wið líce, *separate life from the body*, 2423; so pret. subj. þät he gedǽlde ... ânra gehwylces líf wið líce, 732.

denn (cf. denu, dene, vallis), st. n., *den, cave:* acc. sg. þäs wyrmes denn, 2761; gen. sg. (draca) gewât dennes niósian, 3046.

ge-dêfe, adj.: 1) (impersonal) *proper, appropriate:* nom. sg. swâ hit gedêfe wäs (bið), *as was appropriate, proper*, 561, 1671, 3176. — 2) *good, kind, friendly;* nom sg. beó þu suna mínum dǽdum gedêfe, *be friendly to my son by deeds* (support my son in deed, namely, when he shall have attained to the government), 1228. — Comp. un-gedêfelíce.

dêman (see dôm), w. v.: 1) *to judge, to award justly:* pres. subj. mǽrðo dême, 688. — 2) *to judge favorably, to praise, to glorify:* pret. pl. his ellenweorc duguðum dêmdon, *praised his heroic deed with all their might*, 3176.

dêmend, *judge:* dǽda dêmend (of God), 181.

deal, adj., "superbus, clarus, fretus" (Grimm): nom. pl. þryðum dealle, 494.

deád, adj., *dead:* nom. sg. 467, 1324, 2373; acc. sg. deádne, 1310.

deáð, st. m., *death, dying:* nom. sg. deáð, 441, 447, etc.; acc. sg. deáð, 2169; dat. sg. deáðe, 1389, 1590, (as instr.) 2844, 3046; gen. sg. deáðes wylm, 2270; deáðes nýd, 2455. — Comp. gûð-, wäl-, wundor-deáð.

deáð-bed, st. n., *death-bed:* dat. sg. deáð-bedde fäst, 2902.

deáð-cwalu, st. f., *violent death,*

ruin and death: dat. pl. tō deáð-
cwalum, 1713.
deáð-cwealm, st. m., *violent death,
murder:* nom. sg. 1671.
deáð-dǣg, st. m., *death-day, dying
day:* dat. sg. äfter deáð-däge (*after
his death*), 187, 886.
deáð-fǣge, adj., *given over to death:*
nom. sg. (Grendel) deáð-fǣge deóg,
*had hidden himself, being given over
to death* (mortally wounded), 851.
deáð-scúa, w. m., *death bringing,
ghostly being, demon of death:* nom.
sg. deorc deáð-scúa (of Grendel),
160.
deáð-wērig, adj., *weakened by death,*
i.e. dead: acc. sg. deáð-wērigne,
2126. See **wērig.**
deáð-wíc, st. n. *death's house, home
of death:* acc. sg. gewāt deáðwíc
seón (*had died*), 1276.
deágan (O.II.G. pret. part. tougan,
hidden), *to conceal one's self, to hide:*
pret. (for pluperf.) deóg, 851.—
Leo.
deorc, adj., *dark:* of the night, nom.
sg. (nihthelm) deorc, 1791; dat. pl.
deorcum nihtum, 275, 2212; of the
terrible Grendel, nom. sg. deorc
deáð-scúa, 160.
deófol, st. m. n., *devil:* gen. sg. deó-
fles, 2089; gen. pl. deófla, of Gren-
del and his troop, 757, 1681.
deógol, dȳgol, adj., *concealed, hid-
den, inaccessible, beyond informa-
tion, unknown:* nom. sg. deógol
dǣdhata (of Grendel), 275; acc.
sg. dȳgel lond, *inaccessible land,*
1358.
deúp, st. n., *deep, abyss:* acc. sg., 2550.
deóp, adv., *deeply:* acc. sg. deóp wä-
ter, 509, 1905.
diópe, adj., *deep:* hit ðā dōmes dǣg
diópe benemdon þeódnas mǣre,
*the illustrious rulers had charmed
it deeply till the judgment-day, had
laid a solemn spell upon it,* 3070.
deór, st. n., *animal, wild animal:*
in comp. mere-, sǣ-deór.
deór, adj.: 1) *wild, terrible:* nom.
sg. diór dǣd-fruma (of Grendel),
2091. — 2) *bold, brave:* nom. nǣ-
nig . . . deór, 1934. — Comp.: hea-
ðu-, hilde-deór.
deóre, dȳre, adj.: 1) *dear, costly*
(high in price): acc. sg. dȳre ïren,
2051; drincfāt dȳre (deóre), 2307,
2255; instr. sg. deóran sweorde,
561; dat. sg. deórum māðme, 1529;
nom. pl. dȳre swyrd, 3049; acc.
pl. deóre (dȳre) māðmas, 2237,
3132.— 2) *dear, beloved, worthy:*
nom. sg. f., ǣðelum dióre, *worthy
by reason of origin,* 1950; dat.
sg. äfter deórum men, 1880; gen.
sg. deórre duguðe, 488; superl.
acc. sg. aldorþegn þone deórestan,
1310.
deór-líc, adj., *bold, brave:* acc. sg.
deórlíce dǣd, 585. See **deór.**
disc, st. m., *disc, plate, flat dish:*
nom. acc. pl. discas, 2776, 3049.
ge-dígan. See **ge-dȳgan.**
dol-gilp, st. m., *promise of bold deeds,
binding agreement to a bold under-
taking:* dat. sg. for dolgilpe, 509.
dol-líc, adj., *audacious:* gen. pl.
mǣst . . . dǣda dollícra, 2647.
dol-sceaða, w. m., *bold enemy:* acc.
sg. þone dol-scaðan (Grendel), 479.
dōgor, st. m. n., *day:* 1) day as a
period of 24 hours: gen. sg. ymb
āntíd ōðres dōgores, *at the same
time of the next day,* 219; morgen-
leóht ōðres dōgores, *the morning-
light of the second day,* 606. —
2) day in the usual sense: acc. sg.
n. þys dōgor, *during this day,*
1396; instr. þȳ dōgore, 1798; for-
man dōgore, 2574; gen. pl. dōgora

gehwam, 88; dôgra gehwylce, 1091; dôgera dägrim, *the number of his days* (the days of his life), 824. — 3) *day* in the wider sense of time: dat. pl. ufaran dôgrum, *in later days, times*, 2201, 2393. — Comp. ende-dôgor.

dôgor-gerîm, st. n., *series of days:* gen. sg. wäs eall sceacen dôgorgerîmes, *the whole number of his days* (his life) *was past*, 2729.

dôhtor, st.f., *daughter:* nom. acc.sg. dôhtor, 375, 1077, 1930, 1982, etc.

dôm, st. m.: I., *condition, state in general;* in comp. cyne-, wîs-dôm. — II., having reference to justice, hence: 1) *judgment, judicial opinion:* instr. sg. weotena dôme, *according to the judgment of the Witan*, 1099. 2) *custom:* äfter dôme, *according to custom*, 1721. 3) *court, tribunal:* gen. sg. miclan dômes, 979; ðð dômes däg, 3070, both times of the last judgment. — III., *condition of freedom or superiority*, hence: 4) *choice, free will:* acc. sg. on sînne sylfes dôm, *according to his own choice*, 2148; instr. sg. selfes dôme, 896, 2777. 5) *might, power:* nom. sg. dôm godes, 2859; acc. sg. Eofores ânne dôm, 2965; dat. sg. drihtnes dôme, 441. 6) *glory, honor, renown:* nom. sg. [dôm], 955; dôm unlytel, *not a little glory*, 886; þät wäs forma sîð deórum mâðme þät his dôm âläg, *it was the first time to the dear treasure* (the sword Hrunting) *that its fame was not made good*, 1529; acc. sg. ic me dôm gewyrce, *make renown for myself*, 1492; þät þu ne âlæte dôm gedreósan, *that thou let not honor fall*, 2667; dat. instr. sg. þær he dôme forleás, *here he lost his reputation*, 1471; dôme gewurðad, *adorned with glory*, 1646; gen. sg. wyrce se þe môte dômes, *let him make himself reputation, whoever is able*, 1389. 7) *splendor* (in heaven): acc. sôð-fästra dôm, *the glory of the saints*, 2821.

dôm-leás, adj., *without reputation, inglorious:* acc. sg. f. dômleásan dæd, 2891.

dôn, red. v., *to do, to make, to treat:* 1) absolutely: imp. dôð swâ ic bidde, *do as I beg*, 1232. — 2) w. acc.: inf. hêt hire selfre sunu on bæl dôn, 1117; pret. þâ he him of dyde îsernbyrnan, *took off the iron corselet*, 672; (þonne) him Hûnlâfing, . . . billa sêlest, on bearm dyde, *when he made a present to him of Hunlâfing, the best of swords*, 1145; dyde him of healse hring gyldenne, *took off the gold ring from his neck*, 2810; ne him þäs wyrmes wîg for wiht dyde, eafoð and ellen, *nor did he reckon as anything the drake's fighting, power, and strength*, 2349; pl. hi on beorg dydon bêg and siglu, *placed in the (grave-) mound rings and ornaments*, 3165.— 3) representing preceding verbs: inf. tô Geátum sprec mildum wordum! swâ sceal man dôn, *as one should do*, 1173; similarly, 1535, 2167; pres. metod eallum weóld, swâ he nu git dêð, *the creator ruled over all, as he still does*, 1059; similarly, 2471, 2860, and (sg. for pl.) 1135; pret. II. swâ þu ær dydest, 1677; III. swâ he nu gyt dyde, 957; similarly, 1382, 1892, 2522; pl. swâ hie oft ær dydon, 1239; similarly, 3071. With the case also which the preceding verb governs: wên' ic þät he wille . . . Geátena leóde etan unforhte, swâ he oft dyde māgen Hrêðmanna, *I believe he will wish to devour the Geát people, the fearless, as he often did* (devoured) *the bloom of the Hrêðmen*, 444; gif ic þāt gefricge... þāt þec ymbsittend egesan þywað, swā þec hettende hwīlum dydon, *that the neighbors distress thee as once the enemy did thee* (i.e. distressed), 1829; gif ic ôwihte māg þīnre mōdlufan māran tilian þonne ic gyt dyde, *if I can with anything obtain thy greater love than I have yet done*, 1825; similarly, pl. þonne þā dydon, 44.

ge-dôn, *to do, to make*, with the acc. and predicate adj.; prs. (god) gedêð him swā gewealdene worolde dǣlas, *makes the parts of the world* (i.e. the whole world) *so subject that...*, 1733; inf. ne hyne on medo-bence micles wyrðne drihten wereda gedôn wolde, *nor would the leader of the people much honor him at the mead-banquet*, 2187. With adv.: he mec þǣr on innan... gedôn wolde, *wished to place me in there*, 2091.

draca, w. m., *drake, dragon:* nom. sg., 893, 2212; acc. sg. dracan, 2403, 3132; gen. sg., 2089, 2291, 2550. — Comp.: eorð-, fȳr-, lêg-, līg-, nīð-draca.

on-drǣdan, st. v., w. acc. of the thing and dat. of the pers., *to fear, to be afraid of:* inf. þæt þu him ondrǣdan ne þearft... aldorbealu, *needest not fear death for them*, 1675; pret. nô he him þā sācce ondrêd, *was not afraid of the combat*, 2348.

ge-drǣg (from dragan, in the sense se gerere), st. n., *demeanor, actions:* acc. sg. sêcan deôfla gedrǣg, 757.

drepan, st. v., *to hit, to strike:* pret. sg. sweorde drep ferhð-genīðlan, 2881; pret. part. bið on hreðre... drepen biteran strǣle, *struck in the breast with piercing arrow*, 1746; wǣs in feorh dropen (*fatally hit*), 2982.

drepe, st. m., *blow, stroke:* acc. sg. drepe, 1590.

drêfan, ge-drêfan, w. v., *to move, to agitate, to stir up:* inf. gewāt... drêfan deóp wæter (*to navigate*), 1905; pret. part. wæter under stôd dreórig and gedrêfed, 1418.

dreám, st. m., *rejoicing, joyous actions, joy:* nom. sg. hǣleða dreám, 497; acc. sg. dreám hlūdne, 88; þu... dreám healdende, *thou who livest in rejoicing* (at the drinking-carouse), *who art joyous*, 1228: dat./instr. sg. dreáme bedǣled, 1276; gen. pl. dreáma leás, 851; dat. pl. dreámum (here adverbial) lifdon, *lived in rejoicing, joyously*, 99; dreámum bedǣled, 722; the last may refer also to heavenly joys. — Comp. gleó-, gum-, man-, seledreám.

dreám-leás, adj., *without rejoicing, joyless:* nom. sg. of King Heremôd, 1721.

dreógan, st. v.: 1) *to lead a life, to be in a certain condition:* pret. dreáh āfter dôme, *lived in honor, honorably*, 2180; pret. pl. fyrenþearfe ongeat, þāt hie ǣr drugon aldorleáse lange hwīle, (*God*) *had seen the great distress*, (*had seen*) *that they had lived long without a ruler*(?), 15. — 2) *to experience, to live through, to do, to make, to enjoy:* imp. dreóh symbelwynne, *pass through the pleasure of the meal, to enjoy the meal*, 1783; inf. drihtscype dreógan (*do a heroic deed*), 1471; pret. sundnytte dreáh (*had the occupation of swimming*, i.e. swam through the sea), 2361; pret. pl. hie gewin drugon (*fought*), 799; hî sîð drugon, *made the way, went*, 1967. — 3) *to experience, to bear, to suffer :* scealt werhðo dreógan, *shalt suffer damnation*, 590; pret. þegn-sorge dreáh, *bore sorrow for his heroes*, 131; nearoþearfe dreáh, 422; pret. pl. inwidsorge þe hie ær drugon, 832; similarly, 1859.

â-dreógan, *to suffer, to endure :* inf. wræc âdreógan, 3079.

ge-dreógan, *to live through, to enjoy*, pret. part. þät he... gedrogen häfde eorðan wynne, *that he had now enjoyed the pleasures of earth* (i.e. that he was at his death), 2727.

dreór, st. m., *blood dropping or flowing from wounds :* instr. sg. dreóre, 447. — Comp. heoru-, sâwul-, wäldreór.

dreór-fâh, adj., *colored with blood, spotted with blood :* nom. sg. 485.

dreórig, adj., *bloody, bleeding :* nom. sg. wäter stôd dreórig, 1418; acc. sg. dryhten sînne driórigne fand, 2790. — Comp. heoru-dreórig.

ge-dreósan, st. v., *to fall down, to sink :* pres. sg. III. lîc-homa læne gedreóseð, *the body, belonging to death, sinks down*, 1755; inf. þät þu ne âlæte dôm gedreósan, *honor fall, sink*, 2667.

drincan, st. v., *to drink* (with and without the acc.) : pres. part. nom. pl. ealo drincende, 1946; pret. blôd êdrum dranc, *drank the blood in streams*(?), 743; pret. pl. druncon wîn weras, *the men drank wine*, 1234; þær guman druncon, *where the men drank*, 1649. The pret. part., when it stands absolutely, has an active sense : nom. pl. druncne dryhtguman, *ye warriors who have drunk, are drinking*, 1232; acc. pl. nealles druncne slôg heorð-geneátas, *slew not his hearth-companions who had drunk with him*, i.e. at the banquet, 2180. With the instr. it means *drunken :* nom. sg. beóre (wîne) druncen, 531, 1468; nom. pl. beóre druncne, 480.

drîfan, st. v., *to drive :* pres. pl. þâ þe brentingas ofer flôda genipu feoran drîfað, *who drive their ships thither from afar over the darkness of the sea*, 2809; inf. (w. acc.) þeáh þe he [ne] meahte on mere drîfan hringedstefnan, *although he could not drive the ship on the sea*, 1131.

to-drîfan, *to drive apart, to disperse :* pret. ðð þät unc flôd tôdrâf, 545.

drohtoð, st. m., *mode of living or acting, calling, employment :* nom. sg. ne wäs his drohtoð þær swylce he ær gemêtte, *there was no employment for him* (Grendel) *there such as he had found formerly*, 757.

drusian, w. v. (cf. dreósan, properly, *to be ready to fall;* here of water), *to stagnate, to be putrid :* pret. lagu drusade (through the blood of Grendel and his mother), 1631.

dryht, driht, st. f., *company, troop, band of warriors; noble band :* in comp. mago-driht.

ge-dryht, ge-driht, st. f., *troop, band of noble warriors :* nom sg. mînra eorla gedryht, 431; acc. sg. äðelinga gedriht, 118; mid his eorla (häleða) gedriht (gedryht), 357, 663; similarly, 634, 1673. — Comp. sibbe-gedriht.

dryht-bearn, st. n., *youth from a noble warrior band, noble young man :* nom. sg. dryhtbearn Dena, 2036.

dryhten, drihten, st. m., *commander, lord:* a) *temporal lord:* nom. sg. dryhten, 1485, 2001, etc.; drihten, 1051; dat. dryhtne, 2483, etc.; dryhten, 1832.— b) *God:* nom. drihten, 108, etc.; dryhten, 687, etc.; dat. sg. dryhtne, 1693, etc.; drihtne, 1399, etc.; gen. sg. dryhtnes, 441; drihtnes, 941.— Comp.: freáh-, freó-, gum-, man-, sige-, wine-dryhten.

dryht-guma, w. m., *one of a troop of warriors, noble warrior:* dat. sg. drihtguman, 1389; nom. pl. drihtguman, 99; dryhtguman, 1232; dat. pl. ofer dryhtgumum, 1791 (of Hróðgár's warriors).

dryht-lîc, adj., *(that which befits a noble troop of warriors), noble, excellent:* dryhtlîc îren, *excellent sword,* 893; acc. sg. f. (with an acc. sg. n.) drihtlîce wîf (of Hildeburh), 1159.

dryht-mâðum, st. m., *excellent jewel, splendid treasure:* gen. pl. dryhtmâðma, 2844.

dryht-scipe, st. m., *(warrior-ship), warlike virtue, bravery; heroic deed:* acc. sg. drihtscipe dreógan, *to do a heroic deed,* 1471.

dryht-sele, st. m., *excellent, splendid hall:* nom. sg. driht-sele, 485; dryhtsele, 768; acc. sg. dryhtsele, 2321.

dryht-sib, st. f., *peace* or *friendship between troops of noble warriors:* gen. sg. dryhtsibbe, 2069.

drync, st. m., *drink:* in comp. heorudrync.

drync-fät, st. n., *vessel for drink, to receive the drink:* acc. sg., 2255; drinc-fät, 2307.

drysmian, w. v., *to become obscure, gloomy* (through the falling rain): pres. sg. III. lyft drysmaþ, 1376.

drysne, adj. See **on-drysne.**

dugan, v., *to avail, to be capable, to be good:* pres. sg. III. hûru se aldor deáh, *especially is the prince capable,* 369; ðonne his ellen deáh, *if his strength avails, is good,* 573; þe him selfa deáh, *who is capable of himself, who can rely on himself,* 1840; pres. subj. þeáh þîn wit duge, *though, indeed, your understanding be good, avail,* 590; similarly, 1661, 2032; pret. sg. þu ûs wel dohtest, *you did us good, conducted yourself well towards us,* 1822; similarly, nu seó hand ligeð se þe eów welhwylcra wilna dohte, *which was helpful to each one of your desires,* 1345; pret. subj. þeáh þu heaðoræsa gehwær dohte, *though thou wast everywhere strong in battle,* 526.

duguð *(state of being fit, capable),* st. f.: 1) *capability, strength:* dat. pl. for dugeðum, *in ability(?),* 2502; duguðum dêmdon, *praised with all their might(?),* 3176.— 2) *men capable of bearing arms, band of warriors,* esp., *noble warriors:* nom. sg. duguð unlytel, 498; duguð, 1791, 2255; dat. sg. for duguðe, *before the heroes,* 2021; nalles frätwe geaf ealdor duguðe, *gave the band of heroes no treasure* (more), 2921; leóda duguðe on lâst, *upon the track of the heroes of the people,* i.e. after them, 2946; gen. sg. cûðe he duguðe þeáw, *the custom of the noble warriors,* 359; deórre duguðe, 488; similarly, 2239, 2659; acc. pl. duguða, 2036.— 3) contrasted with geogoð, duguð designates the noted warriors of noble birth (as in the Middle Ages, knights in contrast with squires): so gen. sg. duguðe and geogoðe,

GLOSSARY. 151

160; gehwylc...duguðe and iogoðe, 1675; duguðe and geogoðe dæl æghwylcne, 622.

durran, v. pret. and pres. *to dare;* prs. sg. II. þu dearst bîdan, *darest to expect*, 527; III. he gesêcean dear, 685; pres. subj. sêc gyf þu dyrre, *seek* (Grendel's mother), *if thou dare*, 1380; pret. dorste, 1463, 1469, etc.; pl. dorston, 2849.

duru, st. f., *door, gate, wicket:* nom. sg., 722; acc. sg. [duru], 389.

ge-dûfan, st. v., *to dip in, to sink into:* pret. þät sweord gedeáf (*the sword sank into the drake*, of a blow), 2701.

þurh-dûfan, *to dive through; to swim through, diving:* pret. wäter up þurh-deáf, *swam through the water upwards* (because he was before at the bottom), 1620.

dwellan, w. v., *to mislead, to hinder:* prs. III. nð hine wiht dweleð, âdl ne yldo, *him nothing misleads, neither sickness nor age*, 1736.

dyhtig, adj., *useful, good for:* nom. sg. n. sweord ... ecgum dyhtig, 1288.

dynnan, w. v., *to sound, to groan, to roar:* pret. dryhtsele (healwudu, hruse) dynede, 768, 1318, 2559.

dyrne, adj.: 1) *concealed, secret, retired:* nom. sg. dyrne, 271; acc. sg. dryhtsele dyrnne (of the drake's cave-hall), 2321. — 2) *secret, malicious, hidden by sorcery:* dat. instr. sg. dyrnan cräfte, *with secret magic art*, 2291; dyrnum cräfte, 2169; gen. pl. dyrnra gâsta, *of malicious spirits* (of Grendel's kin), 1358. — Comp. un-dyrne.

dyrne, adv., *in secret, secretly:* him ... äfter deôrum men dyrne langað, *longs in secret for the dear man*, 1880.

dyrstig, adj., *bold, daring:* þeáh þe he dæda gehwäs dyrstig wære, *although he had been courageous for every deed*, 2839.

ge-dŷgan, ge-dîgan, w. v., *to endure, to overcome*, with the acc. of the thing endured: pres. sg. II. gif þu þät ellenweorc aldre gedîgest, *if thou survivest the heroic work with thy life*, 662; III. þät þone hilderæs hâl gedîgeð, *that he survives the battle in safety*, 300; similarly, inf. unfæge gedîgan weán and wräcsîð, 2293; hwäðer sêl mæge wunde gedŷgan, *which of the two can stand the wounds better* (come off with life), 2532; ne meahte unbyrnende deôp gedŷgan, *could not endure the deep without burning* (could not hold out in the deep), 2550; pret. sg. I. III. gedîgde, 578, 1656, 2351, 2544.

dŷgol. See **deógol**.

dŷre. See **deóre**.

E

ecg, st. f., *edge of the sword, point:* nom. sg. sweordes ecg, 1107; ecg, 1525, etc.; acc. sg. wið ord and wið ecge ingang forstôd, *defended the entrance against point and edge* (i.e. against spear and sword), 1550; mêces ecge, 1813; nom. pl. ecge, 1146. — *Sword, battle-axe, any cutting weapon:* nom. sg. ne wäs ecg bona (*not the sword killed him*), 2507; sió ecg brûn (Beówulf's sword Nägling), 2578; hyne ecg fornam, *the sword snatched him away*, 2773, etc.; nom. pl. ecga, 2829; dat. pl. äscum and ecgum, 1773; dat. pl. (but denoting only one sword) eácnum ecgum, 2141;

gen. pl. ecga, 483, 806, 1169: — *blade:* ecg wæs Iren, 1460. — Comp.: brún-, heard-, stýl-ecg, adj.

ecg-bana, w. m., *murderer by the sword:* dat. sg. Cain wearð tó ecg-banan ángan bréðer, 1263.

ecg-hete, st. m., *sword-hate, enmity which the sword carries out:* nom. sg., 84, 1739.

ecg-þracu, st. f., *sword-storm* (of violent combat): acc. atole ecg-þráce, 597.

ed-hwyrft, st. m., *return* (of a former condition): þá þær sóna wearð edhwyrft eorlum, siððan inne fealh Grendles módor (i.e. after Grendel's mother had penetrated into the hall, the former perilous condition, of the time of the visits of Grendel, returned to the men), 1282.

ed-wendan, w. v., *to turn back, to yield, to leave off:* inf. gyf him edwendan æfre scolde bealuwa bisigu, *if for him the affliction of evil should ever cease,* 280.

ed-wenden, st. f., *turning, change:* nom. sg. edwenden, 1775; ed-wenden torna gehwylces (*reparation for former neglect*), 2189.

edwít-líf, st. n., *life in disgrace:* nom. sg., 2892.

efn, adj., *even, like,* with preceding on, and with depend. dat., *upon the same level, near:* him on efn ligeð ealdorgewinna, *lies near him,* 2904.

efnan (see æfnan) w. v., *to carry out, to perform, to accomplish:* pres. subj. eorlscype efne (*accomplish knightly deeds*), 2536; inf. eorlscipe efnan, 2623; sweorda gelác efnan (*to battle*), 1042; gerund. tó efnanne, 1942; pret. eorlscipe efnde, 2134, 3008.

efne, adv., *even, exactly, precisely, just,* united with swá or swylc: efne swá swíðe swá, *just so much as,* 1093; efne swá síde swá, 1224; wæs se gryre lássa efne swá micle swá, *by so much the less as* . . ., 1284; leóht inne stód efne swá . . . scíneð, *a gleam stood therein* (in the sword) *just as when . . . shines,* 1572; efne swá hwylc mágða swá þone magan cende (*a woman who has borne such a son*), 944; efne swá hwylcum manna swá him gemet þúhte, *to just such a man as seemed good to him,* 3058; efne swylce mæla swylce . . . þearf gesælde, *just at the times at which necessity commanded it,* 1250.

eft, adv.: 1) *thereupon, afterwards:* 56, 1147, 2112, 3047, etc.; eft sóna bið, *then it happens immediately,* 1763; bót eft cuman, *help come again,* 281. — 2) *again, on the other side:* þǽt hine on ylde eft gewunigen wilgesíðas, *that in old age again* (also on their side) *willing companions should be attached to him,* 22; — *anew, again:* 135, 604, 693, 1557, etc.; eft swá ǽr, *again as formerly,* 643. — 3) *retro, rursus, back:* 123, 296, 854, etc.; þǽt hig ǽðelinges eft ne wéndon (*did not believe that he would come back*), 1597.

eft-cyme, st. m., *return:* gen. sg. eftcymes, 2897.

eft-síð, st. m., *journey back, return:* acc. sg. 1892; gen. sg. eft-síðes georn, 2784; acc. pl. eftsíðas teáh, *went the road back,* i.e. returned, 1333.

egesa, egsa (*state of terror,* active or passive): 1) *frightfulness:* acc. sg. þurh egsan, 276; gen. egesan ne gýmeð, *cares for nothing ter-*

rible, is not troubled about future terrors(?), 1758. — 2) *terror, horror, fear:* nom. sg. egesa, 785; instr. sg. egesan, 1828, 2737. — Comp.: glêd-, lîg-, wäter-egesa.

eges-full, adj., *horrible (full of terribleness),* 2930.

eges-lîc, adj., *terrible, bringing terror:* of Grendel's head, 1650; of the beginning of the fight with the drake, 2310; of the drake, 2826.

egle, adj., *causing aversion, hideous:* nom. pl. neut., or, more probably, perhaps, adverbial, egle (MS. egl), 988.

egsian (denominative from egesa), w. v., *to have terror, distress:* pret. (as pluperf.) egsode eorl(?), 6.

ehtian, w. v., *to esteem, to make prominent with praise:* III. pl. pres. þät þe ... weras ehtigað, *that the men esteem thee, praise thee,* 1223.

elde (*those who generate,* cf. O.N. al-a, generare), st. m. only in the pl., *men:* dat. pl. eldum, 2215; mid eldum, *among men,* 2612. — See ylde.

eldo, st. f., *age:* instr. sg. eldo gebunden, 2112.

el-land, st. n., *foreign land, exile:* acc. sg. sceall ... elland tredan, (*shall be banished*), 3020.

ellen, st. n., *strength, heroic strength, bravery:* nom. sg. ellen, 573; eafoð and ellen, 903; Geáta ... eafoð and ellen, 603; acc. sg. eafoð and ellen, 2350; ellen cýðan, *show bravery,* 2696; ellen fremedon, *exercised heroic strength, did heroic deeds,* 3; similarly, ic gefremman sceal eorlîc ellen, 638; ferh ellen wräc, *life drove out the strength,* i.e. with the departing life (of the dragon) his strength left him, 2707;

dat. sg. on elne, 2507, 2817; as instr. þâ wäs ät þam geongum grim andswaru êðbegête þâm þe ær his elne forleás, *then it was easy for (every one of) those who before had lost his hero-courage, to obtain rough words from the young man* (Wîglâf), 2862; mid elne, 1494, 2536; elne, alone, in adverbial sense, *strongly, zealously,* and with the nearly related meaning, *hurriedly, transiently,* 894, 1098, 1968, 2677, 2918; gen. sg. elnes lät, 1530; þa him wäs elnes þearf, 2877. — Comp. mägen-ellen.

ellen-dæd, st. f., *heroic deed:* dat. pl. -dædum, 877, 901.

ellen-gæst, st. m., *strength-spirit, demon with heroic strength:* nom. sg. of Grendel, 86.

ellen-lîce, adv., *strongly, with heroic strength,* 2123.

ellen-mærðu, st. f., *renown of heroic strength,* dat. pl. -mærðum, 829, 1472.

ellen-rôf, adj., *renowned for strength:* nom. sg. 340, 358, 3064; dat. pl. -rôfum, 1788.

ellen-seóc, adj., *infirm in strength:* acc. sg. þeóden ellensiócne (*the mortally wounded king, Beôwulf*), 2788.

ellen-weorc, st. n., (*strength-work*), *heroic deed, achievement in battle:* acc. sg. 662, 959, 1465, etc.; gen. pl. ellen-weorca, 2400.

elles, adv., *else, otherwise:* a (modal), *in another manner,* 2521. — b (local), elles hwær, *somewhere else,* 138; elles hwergen, 2591.

ellor, adv., *to some other place,* 55, 2255.

ellor-gâst, -gæst, st. m., *spirit living elsewhere* (standing outside of the community of mankind) : nom.

sg. se ellorgâst (Grendel), 808; (Grendel's mother), 1622; ellorgæst (Grendel's mother), 1618; acc. pl. ellorgæstas, 1350.

ellor-sîð, st. m., *departure, death:* nom. sg. 2452.

elra, adj. (comparative of a not existing form, ele, Goth. aljis, alius), *another:* dat. sg. on elran men, 753.

el-þeódig, adj., *of another people: foreign:* acc. pl. el-þeódige men, 336.

ende, st. m., *the extreme:* hence, 1) *end:* nom. sg. aldres (lîfes) ende, 823, 2845; ðð þæt ende becwom (scil. unrihtes), 1255; acc. sg. ende lîfgesceafta (lîfes, læn-daga), 3064, 1387, 2343; hâfde eorðscrafa ende genyttod, *had used the end of the earth-caves* (had made use of the caves for the last time), 3047; dat. sg. ealdres (lîfes) ät ende, 2791, 2824; eoletes ät ende, 224. — 2) *boundary:* acc. sg. sîde rîce þät he his selfa ne mäg ... ende geþencean, *the wide realm, so that he himself cannot comprehend its boundaries*, 1735. — 3) *summit, head:* dat. sg. eorlum on ende, *to the nobles at the end* (the highest courtiers), 2022. — Comp. woruld-ende.

ende-däg, st. m., *last day, day of death:* nom.sg. 3036; acc. sg. 638.

ende-dôgor, st. m., *last day, day of death:* gen. sg. bega on wênum endedôgores and eftcymes leófes monnes (*hesitating between the belief in the death and in the return of the dear man*), 2897.

ende-lâf, st. f., *last remnant:* nom. sg. þu eart ende lâf ûsses cynnes, *art the last of our race*, 2814.

ende-leán, st. n., *final reparation:* acc. sg. 1693.

ende-sæta, w. m., *he who sits on the border, boundary-guard:* nom. sg. (here of the strand-watchman), 241.

ende-stäf, st. m. (elementum finis), *end:* acc. sg. hit on endestäf eft gelimpeð, *then it draws near to the end*, 1754.

ge-endian, w. v., *to end:* pret. part. ge-endod, 2312.

enge, adj., *narrow:* acc. pl. enge ânpaðas, *narrow paths*, 1411.

ent, st. m., *giant:* gen. pl. enta ær-geweorc (the sword-hilt out of the dwelling-place of Grendel), 1680; enta geweorc (the dragon's cave), 2718; eald-enta ær-geweorc (the costly things in the dragon's cave), 2775.

entisc, adj., *coming from giants:* acc. sg. entiscne helm, 2980.

etan, st. v., *to eat, to consume:* pres. sg. III. blôdig wäl ... eteð ângenga, *he that goes alone* (Grendel) *will devour the bloody corpse*, 448; inf. Geátena leóde ... etan, 444.

þurh-etan, *to eat through:* pret. part. pl. nom. swyrd ... þurhetone, *swords eaten through* (by rust), 3050.

Ê

êc. See eác.

êce, adj., *everlasting:* nom. êce drihten (God), 108; acc. sg. êce eorðreced, *the everlasting earth-hall* (the dragon's cave), 2720; geceás êcne ræd, *chose the everlasting gain* (died), 1202; dat. sg. êcean dryhtne, 1693, 1780, 2331; acc. pl. geceós êce rædas, 1761.

êdre. See ædre.

êð-begête, adj., *easy to obtain, ready:* nom. sg. þá wäs ät þam geongum

GLOSSARY. 155

grim andswaru êð-begête, *then from the young man* (Wîglâf) *it was an easy thing to get a gruff answer*, 2862.

êðe. See eáðe.

êðel, st. m., *hereditary possessions, hereditary estate:* acc. sg. swæsne êðel, 520; dat. sg. on êðle, 1731. — In royal families the hereditary possession is the whole realm: hence, acc. sg. êðel Scyldinga, *of the kingdom of the Scyldings*, 914; (Offa) wîsdôme heóld êðel sînne, *ruled with wisdom his inherited kingdom*, 1961.

êðel-riht, st. n., *hereditary privileges* (rights that belong to a hereditary estate): nom. sg. eard êðel-riht, *estate and inherited privileges*, 2199.

êðel-stôl, st. m., *hereditary seat, inherited throne:* acc. pl. êðel-stôlas, 2372.

êðel-turf, st. f., *inherited ground, hereditary estate:* dat. sg. on mînre êðeltyrf, 410.

êðel-weard, st. m., *lord of the hereditary estate* (realm): nom. sg. êðelweard (*king*), 1703, 2211; dat. sg. Eást-Dena êðel wearde (King Hrôðgâr), 617.

êðel-wyn, st. f., *joy in*, or *enjoyment of, hereditary possessions:* nom. sg. nu sceal ... eall êðelwyn eówrum cynne, lufen âlicgean, *now shall your race want all home-joy, and subsistence*(?) (your race shall be banished from its hereditary abode), 2886; acc. sg. he me lond forgeaf, eard êðelwyn, *presented me with land, abode, and the enjoyment of home*, 2494.

êð-geŷne, ŷð-gesêne, adj., *easy to see, visible to all:* nom. sg. IIII, 1245.

êfstan, w. v., *to be in haste, to hasten:* inf. uton nu êfstan, *let us hurry now*, 3102; pret. êfste mid elne, *hastened with heroic strength*, 1494.

êg-clif, st. n., *sea-cliff:* acc. sg. ofer êg-clif (ecg-clif, MS.), 2894.

êg-streám, st. m., *sea-stream, sea-flood:* dat. sg. on êg-streámum, *in the sea-floods*, 577. See eágor-streám.

êhtan (M.H.G. æchten; cf. æht and ge-æhtla), w. v. w. gen., *to be a pursuer, to pursue:* pres. part. äglæca êhtende wäs duguðe and geogoðe, 159; pret. pl. êhton aglæcan, *they pursued the bringer of sorrow* (Beówulf)(?), 1513.

êst, st. m. f., *favor, grace, kindness:* acc. sg. he him êst geteáh meara and mâðma (*honored him with horses and jewels*), 2166; gearwor häfde âgendes êst ær gesceáwod, *would rather have seen the grace of the Lord* (of God) *sooner*, 3976. — dat. pl., adverbial, libenter: him on folce heóld, êstum mid âre, 2379; êstum geŷwan (*to present*), 2150; him wäs ... wunden gold êstum geeáwed (*presented*), 1195; we þät ellenweorc êstum miclum fremedon, 959.

êste, adj., *gracious:* w. gen. êste bearn-gebyrdo, *gracious through the birth* (of such a son as Beówulf), 946.

EA

eafoð, st. n., *power, strength:* nom. sg. eafoð and ellen, 603, 903; acc. sg. eafoð and ellen, 2350; we frêcne genêðdon eafoð uncûðes, *we have boldly ventured against the strength of the enemy* (Grendel), *have withstood him*, 961; gen. sg. eafoðes cräftig, 1467; þāt þec ādl oððe ecg eafoðes getwæfed, *shall rob of strength* 1764; acc. pl. eafeðo (MS. earfeðo), 534; dat. pl. hine mihtig god ... eafeðum stēpte, *made him great through strength*, 1718.

eafor, st. m., *boar;* here the image of the boar as banner: acc. sg. eafor, 2153.

eafora (*offspring*), w. m.: 1) *son:* nom. sg. eafera, 12, 898; eafora, 375; acc. sg. eaferan, 1548, 1848; gen. sg. eafera, 19; nom. pl. eaferan, 2476; dat. pl. eaferum, 1069, 2471; uncran eaferan, 1186. — 2) in broader sense, *successor:* dat. pl. eaforum, 1711.

eahta, num., *eight:* acc. pl. eahta mearas, 1036; eode eahta sum, *went as one of eight, with seven others*, 3124.

eahtian, w. v.: 1) *to consider, to deliberate:* pret. pl. w. acc. ræd eahtedon, *consulted about help*, 172; pret. sg. (for the plural) þone sēlestan þāra þe mid Hrōðgāre hām eahtode, *the best one of those who with Hrōðgār deliberated about their home* (ruled), 1408. — 2) *to speak with reflection of* (along with the idea of praise): pret. pl. eahtodan eorlscipe, *spoke of his noble character*, 3175.

eal, eall, adj., *all, whole:* nom. sg. werod eall, 652; eal bencþelu, 486; eall ēðelwyn, 2886; eal worold, 1739, etc.; þāt hit wearð eal gearo, healārna mæst, 77; þāt hit (wīgbil) eal gemealt, 1609. And with a following genitive: þær wās eal geador Grendles grāpe, *there was all together Grendel's hand, the whole hand of Grendel*, 836;

eall ... lissa, *all favor*, 2150; wäs eall sceacen dōgorgerīmes, 2728. With apposition: þūhte him eall tō rūm, wongas and wīcstede, 2462; acc. sg. beót eal, 523; similarly, 2018, 2081; oncyððe ealle, *all distress*, 831; heals ealne, 2692; blǣw ... ealne ūtan-weardne, 2298; gif he þāt eal gemon, 1186, 2428; þāt eall geondseh, recedes geatwa, 3089; ealne wīde-ferhð, *through the whole wide life, through all time*, 1223; instr. sg. ealle mægene, *with all strength*, 2668; dat. sg. eallum ... manna cynne, 914; gen. sg. ealles moncynnes, 1956. Subst. ic þās ealles mäg ... gefeán habban, 2740; brūc ealles well, 2163; freán ealles þanc secge, *give thanks to the Lord of all*, 2795; nom. pl. untydras ealle, 111; sceótend ... ealle, 706; we ealle, 942; acc. pl. feónd ealle, 700; similarly, 1081, 1797, 2815; subst. ofer ealle, 650; ealle hie deáð fornam, 2237: līg ealle forswealg þāra þe þǣr gūð fornam, *all of those whom the war had snatched away*, 1123; dat. pl. eallum ceaster-būendum, 768; similarly, 824, 907, 1418; subst. āna wið eallum, *one against all*, 145; with gen. eallum gumena cynnes, 1058; gen. pl. äðelinga bearn ealra twelfa, *the kinsmen of all twelve nobles* (twelve nobles hold the highest positions of the court), 3172; subst. he āh ealra geweald, *has power over all*, 1728.

Uninflected: bil eal þurhwōd flǣschoman, *the battle-axe cleft the body through and through*, 1568; hāfde ... eal gefeormod fēt and folma, *had devoured entirely feet and hands*, 745; se þe eall geman gār-cwealm gumena, *who remem-*

bers thoroughly the death of the men by the spear, 2043, etc.

Adverbial: þeáh ic eal mæge, *although I am entirely able*, 681; hî on beorg dydon bêg and siglu eall swylce hyrsta, *they placed in the grave-mound rings, and ornaments, all such adornments*, 3165. — The gen. sg. ealles, adverbial in the sense of *entirely*, 1001, 1130.

eald, adj., *old:* a) of the age of living beings: nom. sg. eald, 357, 1703, 2211, etc.; dat. sg. ealdum, 2973; gen. sg. ealdes uhtflogan (*dragon*), 2761; dat. pl. ealdum, 1875; geongum and ealdum, 72. — b) of things and of institutions: nom. sg. helm monig eald and ômig, 2764: acc. sg. ealde lâfe (*sword*), 796, 1489; ealde wîsan, 1866; eald sweord, 1559, 1664, etc.; eald gewin, *old* (lasting years), *distress*, 1782; eald enta geweorc (*the precious things in the drake's cave*), 2775; acc. pl. ealde mâðmas, 472; ofer ealde riht, *against the old laws* (namely, the Ten Commandments; Beówulf believes that God has sent him the drake as a punishment, because he has unconsciously, at some time, violated one of the commandments), 2331.

yldra, compar. *older:* mîn yldra mæg, 468; yldra brôðor, 1325; ðð þät he (Heardrêd) yldra wearð, 2379.

yldesta, superl. *oldest*, in the usual sense; dat. sg. þam yldestan, 2436; in a moral sense, *the most respected:* nom. sg. se yldesta, 258; acc. sg. þone yldestan, 363, both times of Beówulf.

eald-fäder, st. m., *old-father, father who lived long ago:* nom. sg. 373.

eald-gesegen, st. f., *traditions from old times:* gen. sg. eal-fela eald-gesegena, *very many of the old traditions*, 870.

eald-gesîð, st. m., *companion ever since old times, courtier for many years:* nom. pl. eald-gesîðas, 854.

eald-gestreón, st. n., *treasure out of the old times:* dat. pl. eald-gestreónum, 1382; gen. pl. -gestreóna, 1459.

eald-gewinna, w. m., *old-enemy, enemy for many years:* nom. sg. of Grendel, 1777.

eald-gewyrht, st. n., *merit on account of services rendered during many years:* nom. pl. þät næron eald-gewyrht, þät he âna scyle gnorn þrowian, *that has not been his desert ever since long ago, that he should bear the distress alone*, 2658.

eald-hlâford, st. m., *lord through many years:* gen. sg. bill eald-hlâfordes (of the old Beówulf(?)), 2779.

eald-metod, st. m., *God ruling ever since ancient times:* nom. sg. 946.

ealdor, aldor, st. m., *lord, chief* (king or powerful noble): nom. sg. ealdor, 1645, 1849, 2921; aldor, 56, 369, 392; acc. sg. aldor, 669; dat. sg. ealdre, 593; aldre, 346.

ealdor, aldor, st. n., *life:* acc. sg. aldor, 1372; dat. sg. aldre, 1448, 1525; ealdre, 2600; him on aldre stôd herestrâl hearda (in vitalibus), 1435; nalles for ealdre mearn, *was not troubled about his life*, 1443; of ealdre gewât, *went out of life, died*, 2625; as instr. aldre, 662, 681, etc.; ealdre, 1656, 2134, etc.; gen. sg. aldres, 823; ealdres, 2791, 2444; aldres orwêna, *despairing of life*, 1003, 1566; ealdres scyldig, *having forfeited life*, 1339, 2062; dat.

pl. aldrum néðdon, 510, 538.— Phrases: on aldre (*in life*), *ever*, 1780; tô aldre (*for life*), *always*, 2006, 2499; âwa tô aldre, *for ever and ever*, 956.

ealdor-bealu, st. n., *life's evil:* acc. sg. þu ... ondrædan ne þearft ... aldorbealu eorlum, *thou needest not fear death for the courtiers*, 1677.

ealdor-cearu, st. f., *trouble that endangers life, great trouble:* dat. sg. he his leôdum wearð ... tô aldorceare, 907.

ealdor-dagas, st. m. pl., *days of one's life:* dat. pl. næfre on aldordagum (*never in his life*), 719; on ealder-dagum ær (*in former days*), 758.

ealdor-gedâl, st. n., *severing of life, death, end:* nom. sg. aldor-gedâl, 806.

ealdor-gewinna, w. m., *life-enemy, one who strives to take his enemy's life* (in N.H.G. the contrary conception, Tod-feind): nom. sg. ealdorgewinna (*the dragon*), 2904.

ealdor-leás, adj., *without a ruler*(?): nom. pl. aldor-leáse, 15.

ealdor-leás, adj., *lifeless, dead:* acc. sg. aldor-leásne, 1588; ealdorleásne, 3004.

ealdor-þegn, st. m., *nobleman at the court, distinguished courtier:* acc. sg. aldor-þegn (Hrôðgâr's confidential adviser, Áschere), 1309.

eal-fela, adj., *very much:* with following gen., eal-fela eald-gesegena, *very many old traditions*, 870; ealfela eotena cynnes, 884.

ealgian, w. v., *to shield, to defend, to protect:* inf. w. acc. feorh ealgian, 797, 2656, 2669; pret. siððan he (Hygelâc) under segne sinc ealgode, wâlreáf werede, *while under his banner he protected the treasures, defended the spoil of battle* (i.e. while he was upon the Viking expeditions), 1205.

eal-gylden, adj., *all golden, entirely of gold:* nom. sg. swŷn ealgylden, 1112; acc. sg. segn eallgylden, 2768.

eal-îrenne, adj., *entirely of iron:* acc. sg. eall-îrenne wîgbord, *a wholly iron battle-shield*, 2339.

ealu, st. n., *ale, beer:* acc. sg. ealo drincende, 1946.

ealu-benc, st. f., *ale-bench, bench for those drinking ale:* dat. sg. in ealobence, 1030; on ealu-bence, 2868.

ealu-scerwen, st. f., *terror*, under the figure of a mishap at an aledrinking, probably the sudden taking away of the ale: nom. sg. Denum eallum wearð ... ealuscerwen, 770.

ealu-wæge, st. n., *ale-can, portable vessel out of which ale is poured into the cups:* acc. sg. 2022; hroden ealowæge, 495; dat. sg. ofer ealowæge (*at the ale-carouse*), 481.

eal-wealda, w. adj., *all ruling*(God): nom. sg. fäder alwalda, 316; alwalda, 956, 1315; dat. sg. al-wealdan, 929.

eard, st. m., *cultivated ground, estate, hereditary estate;* in a broader sense, *ground in general, abode, place of sojourn:* nom. sg. him wäs bâm ... lond gecynde, eard êðelriht, *the land was bequeathed to them both, the land and the privileges attached to it*, 2199; acc. sg. fifelcynnes eard, *the ground of the giant race, place of sojourn*, 104; similarly, älwihta eard, 1501; eard gemunde, *thought of his native ground, his home*, 1130; eard git ne const, *thou knowest not yet the place of sojourn*, 1378; eard and eorlscipe, *prædium et nobilitatem*, 1728; eard êðelwyn, *land and the enjoyment* *of home*, 2494; dat. sg. ellor hwearf of earde, *went elsewhere from his place of abode*, i.e. died, 56; þät we rondas beren eft tô earde, *that we go again to our homes*, 2655; on earde, 2737; acc. pl. eácne eardas, *the broad expanses* (in the fen-sea where Grendel's home was), 1622.

eardian, w. v.: 1) *to have a dwelling-place, to live; to rest*: pret. pl. dýre swyrd swâ hie wið eorðan fäðm þær eardodon, *costly swords, as they had rested in the earth's bosom*, 3051. — 2) also transitively, *to inhabit*: pret. sg. Heorot eardode, 166; inf. wîc eardian elles hwergen, *inhabit a place elsewhere* (i.e. die), 2590.

eard-lufu, w. m., *the living upon one's land, home-life*: acc. sg. eard-lufan, 693.

earfoð-lîce, adv., *with trouble, with difficulty*, 1637, 1658; *with vexation, angrily*, 86; *sorrowfully*, 2823; *with difficulty, scarcely*, 2304, 2935.

earfoð-þrag, st. f., *time full of troubles, sorrowful time*: acc. sg. -þrage, 283.

earh, adj., *cowardly*: gen. sg. ne bið swylc earges sîð (*no coward undertakes that*), 2542.

earm, st. m., *arm*: acc. sg. earm, 836, 973; wið earm gesät, *supported himself with his arm*, 750; dat. pl. earmum, 513.

earm, adj., *poor, miserable, unhappy*: nom. sg. earm, 2369; earme ides, *the unhappy woman*, 1118; dat. sg. earmre teohhe, *the unhappy band*, 2939. — Comp. acc. sg. earmran mannan, *a more wretched, more forsaken man*, 577.

earm-beág, st. m., *arm-ring, bracelet*: gen. pl. earm-beága fela searwum gesæled, *many arm-rings interlaced*, 2764.

earm-hreád, st. f., *arm-ornament*: nom. pl. earm-hreáde twâ, 1195 (Grein's conjecture, MS. earm reade).

earm-lîc, adj., *wretched, miserable*: nom. sg. sceolde his ealdor-gedâl earmlîc wurðan, *his end should be wretched*, 808.

earm-sceapen, pret. part. as adj. (properly, *wretched by the decree of fate*), *wretched*: nom. sg. 1352.

earn, st. m., *eagle*: dat. sg. earne, 3027.

eatol. See atol.

eaxl, st. f., *shoulder*: acc. sg. eaxle, 836, 973; dat. sg. on eaxle, 817, 1548; be eaxle, 1538; on eaxle ides gnornode, *the woman sobbed on the shoulder* (of her son, who has fallen and is being burnt), 1118; dat. pl. sät freán eaxlum neáh, *sat near the shoulders of his lord* (Beówulf lies lifeless upon the earth, and Wîglâf sits by his side, near his shoulder, so as to sprinkle the face of his dead lord), 2854; he for eaxlum gestôd Deniga freán, *he stood before the shoulders of the lord of the Danes* (i.e. not directly before him, but somewhat to the side, as etiquette demanded), 358.

eaxl-gestealla, w. m., *he who has his position at the shoulder* (sc. of his lord), *trusty courtier, counsellor of a prince*: nom. sg. 1327; acc. pl. -gesteallan, 1715.

EÁ

eác, conj., *also*: 97, 388, 433, etc.; êc, 3132.

eácen (pret. part. of a not existing eácan, augere), adj., *wide-spread*, *large:* acc. pl. eácne eardas, *broad plains,* 1622. — *great, heavy:* eald sweord eácen, 1664; dat. pl. eácnum ecgum, 2141, both times of the great sword in Grendel's habitation. — *great, mighty, powerful:* áðele and eácen, of Beówulf, 198.

eácen-cräftig, adj., *immense* (of riches), *enormously great:* acc. sg. hord-árna sum eácen-cräftig, *that enormous treasure-house,* 2281; nom. sg. þät yrfe eácen-cräftig, iúmanna gold, 3052.

eádig, adj., *blessed with possessions, rich, happy by reason of property:* nom. sg. wes, þenden þu lifige, äðeling eádig, *be, as long as thou livest, a prince blessed with riches,* 1226; eádig mon, 2471. — Comp. sige-, sigor-, tir-eádig.

eádig-líce, adv., *in abundance, in joyous plenty:* dreámum lifdon eádiglíce, *lived in rejoicing and plenty,* 100.

eáðe, êðe, ýðe, adj., *easy, pleasant:* nom. pl. gode þancedon þäs þe him ýð-láde eáðe wurdon, *thanked God that the sea-ways* (the navigation) *had become easy to them,* 228; ne wäs þät êðe síð, *no pleasant way,* 2587; näs þät ýðe ceáp, *no easy purchase,* 2416; nô þät ýðe byð tô befleónne, *not easy* (as milder expression for *in no way, not at all*), 1003.

eáðe, ýðe, adv., *easily:* eáðe, 478, 2292, 2765.

eáð-fynde, adj., *easy to find:* nom. sg. 138.

eáge, w. n., *eye:* dat. pl. him of eágum stód leóht unfäger, *out of his eyes came a terrible gleam,* 727; þät ic ... eágum starige, *see with eyes, behold,* 1782; similarly, 1936; gen. pl. eágena bearhtm, 1767.

eágor-streám, st. m., *sea-stream, sea:* acc. sg. 513.

eá-land, st. n., *land with abundant water* (of the land of the Geátas): acc. sg. eá-lond, 2335.

eám, st. m., *uncle, mother's brother:* nom. sg. 882.

eástan, adv., *from the east,* 569.

eáwan, w. v., *to disclose, to show, to prove:* pres. sg. III. eáweð ... uncûðne níð, *shows evil enmity,* 276. See eówan, ýwan.

ge-eáwan, *to show, to offer:* pret. part. him wäs ... wunden gold êstum ge-eáwed, *was graciously presented,* 1195.

EO

eode. See gangan.

eodor, st. m., *fence, hedge, railing.* Among the old Germans, an estate was separated by a fence from the property of others. Inside of this fence the laws of peace and protection held good, as well as in the house itself. Hence eodor is sometimes used instead of *house:* acc. pl. hêht eahta mearas on flet teón, in under eoderas, *gave orders to lead eight steeds into the hall, into the house,* 1038. — 2) figuratively, *lord, prince,* as protector: nom. sg. eodor, 428, 1045; eodur, 664.

eofoð, st. n., *strength:* acc. pl. eofoðo, 2535. See eafoð.

eofer, st. m.: 1) *boar,* here of the metal boar-image upon the helmet: nom. sg. eofer irenheard, 1113. — 2) figuratively, *bold hero, brave fighter* (O. N. iöfur): nom. pl. þonne ... eoferas cnysedan, *when the heroes rushed upon each other,* 1329, where eoferas and fêðan stand in the same relation to each other as **cnysedan** and **hniton**.

eofor-lîc, st. n. *boar-image* (on the helmet): nom. pl. eofor-lîc scionon, 303.

eofor-spreót, st. m., *boar-spear:* dat. pl. mid eofer-spreótum heórohocyhtum, *with hunting-spears which were provided with sharp hooks*, 1438.

eoguð, loguð. See **geogoð**.

eolet, st. m. n., *sea* (?): gen. sg. eoletes, 224.

eorclan-stân, st. m., *precious stone:* acc. pl. -stânas, 1209.

eorð-cyning, st. m., *king of the land:* gen. sg. eorð-cyninges (Finn), 1156.

eorð-draca, w. m., *earth-drake, dragon that lives in the earth:* nom. sg. 2713, 2826.

eorðe, w. f.: 1) *earth* (in contrast with heaven), *world:* acc. sg. älmihtiga eorðan worhte, 92; wîde geond eorðan, *far over the earth, through the wide world*, 266; dat. sg. ofer eorðan, 248, 803; on eorðan, 1823, 2856, 3139; gen. sg. eorðan, 753.—2) *earth, ground:* acc. sg. he eorðan gefeóll, *fell to the ground*, 2835; forlêton eorla gestreón eorðan healdan, *let the earth hold the nobles' treasure*, 3168; dat. sg. þät hit on eorðan läg, 1533; under eorðan, 2416; gen. sg. wið eorðan fäðm (*in the bosom of the earth*), 3050.

eorð-reced, st. n., *hall in the earth, rock-hall:* acc. sg. 2720.

eorð-scräf, st. n., *earth-cavern, cave:* dat. sg. eorð-[scräfe], 2233; gen. pl. eorð-scrafa, 3047.

eorð-sele, st. m., *hall in the earth, cave:* acc. sg. eorð-sele, 2411; dat. sg. of eorðsele, 2516.

eorð-weall, st. m., *earth-wall:* acc. sg. (Ongenþeów) beáh eft under eorðweall, *fled again under the earth-wall* (into his fortified camp), 2958; þâ me wäs . . . stîð âlýfed inn under eorðweall, *then the way in, under the earth-wall was opened to me* (into the dragon's cave), 3091.

eorð-weard, st. m., *land-property, estate:* acc. sg. 2335.

eorl, st. m., *noble born man, a man of the high nobility:* nom. sg. 762, 796, 1229, etc.; acc. sg. eorl, 573, 628, 2696; gen. sg. eorles, 690, 983, 1758, etc.; acc. pl. eorlas, 2817; dat. pl. eorlum, 770, 1282, 1650, etc.; gen. pl. eorla, 248, 357, 369, etc.— Since the king himself is from the stock of the **eorlas**, he is also called **eorl**, 6, 2952.

eorl-gestreón, st. n., *wealth of the nobles:* gen. pl. eorl-gestreóna . . . hardfyrdne däl, 2245.

eorl-gewæde, st. n., *knightly dress, armor:* dat. pl. -gewædum, 1443.

eorlîc (i.e. eorl-lîc), adj., *what it becomes a noble born man to do, chivalrous:* acc. sg. eorlic ellen, 638.

eorl-scipe, st. m., *condition of being noble born, chivalrous nature, nobility:* acc. sg. eorl-scipe, 1728, 3175; eorl-scipe efnan, *to do chivalrous deeds*, 2134, 2536, 2623, 3008.

eorl-weorod, st. n., *followers of nobles:* nom. sg. 2894.

eormen-cyn, st. n., *very extensive race, mankind:* gen. sg. eormencynnes, 1958.

eormen-grund, st. m., *immensely wide plains, the whole broad earth:* acc. sg. ofer eormen-grund, 860.

eormen-lâf, st. f., *enormous legacy:* acc. sg. eormen-lâfe äðelan cynnes (*the treasures of the dragon's cave*), 2235.

eorre, adj., *angry, enraged:* gen. sg. eorres, 1448.

eoton, st. m.: 1) *giant:* nom. sg. eoten (Grendel), 762; dat. sg. uninflected, eoton (Grendel), 669; nom. pl. eotenas, 112. — 2) *harmful enemy,* in general (?): gen. pl. eotena, 421, 884, (of the Danes) 1073, (of the Frisians) 1089, 1142; dat. pl. eotenum, 1146.

eotonisc, adj., *gigantic, coming from giants:* acc. sg. eald sweord eotenisc (eotonisc), 1559, 2980, (etonisc, MS.) 2617.

EÓ

eóred-geatwe, st. f. pl., *warlike adornments:* acc. pl., 2867.

eówan, w. v., *to show, to be seen:* pres. sg. III. ne gesacu ðhwær, ecghete eóweð, *nowhere shows itself strife, sword-hate,* 1739. See **eáwan, ʃwan.**

eówer: 1) gen. pl. pers. pron., vestrum: eówer sum, *that one of you* (namely, Beówulf), 248; sæhðe eówer leóde, *the enmity of the people of you* (of your people), 597; nis þæt eówer sið ... nefne mín ânes, 2533. — 2) poss. pron., *your,* 251, 257, 294, etc.

F

ge-fandian, -fondian, w. v., *to try, to search for, to find out, to experience:* w. gen. pret. part. þæt hæfde gumena sum goldes gefandod, *that a man had discovered the gold,* 2302; þonne se ân hafað þurh deâðes nýd dæda gefondad, *now the one* (Herebeald) *has with death's pang experienced the deeds* (the unhappy bow-shot of Hæðcyn), 2455.

fara, w. m., *farer, traveller:* in comp. mere-fara.

faran, st. v., *to move from one place to another, to go, to wander:* inf. tô hâm faran, *to go home,* 124; lêton on geflît faran fealwe mearas, *let the fallow horses go in emulation,* 865; cwôm faran flotherge on Fresna land, *had come to Friesland with a flect,* 2916; com leóda dugoðe on lâst faran, *came to go upon the track of the heroes of his people,* i.e. to follow them, 2946; gerund wæron âðelingas eft tô leódum fûse tô farenne, *the nobles were ready to go again to their people,* 1806; pret. sg. gegnum fôr [þâ] ofer myrcan môr, *there had* (Grendel's mother) *gone away over the dark fen,* 1405; sægenga fôr, *the seafarer* (the ship) *drove along,* 1909; (wyrm) mid bæle fôr, (the dragon) *fled away with fire,* 2309; pret. pl. þæt ... scawan scîrhame tô scipe fôron, *that the visitors in glittering attire betook themselves to the ship,* 1896.

ge faran, *to proceed, to act:* inf. hû se mânsceaða under færgripum gefaran wolde, *how he would act in his sudden attacks,* 739.

ût faran, *to go out:* w. acc. lêt of breóstum ... word ût faran, *let words go out of his breast, uttered words,* 2552.

faroð, st. m., *stream, flood of the sea:* dat. sg. tô brimes faroðe, 28; æfter faroðe, *with the stream,* 580; æt faroðe, 1917.

faru, st. f., *way, passage, expedition:* in comp. âd-faru.

fâcen-stæf (elementum nequitiae), st. m., *wickedness, treachery, deceit.* acc. pl. fâcen-stafas, 1019.

GLOSSARY. 163

fáh, fág, adj., *many-colored, variegated, of varying color* (especially said of the color of gold, of bronze, and of blood, in which the beams of light are refracted) : nom. sg. fáh (*covered with blood*), 420; blôde fáh, 935; âtertânum fáh (sc. íren), 1460; sadol searwum fáh (*saddle artistically ornamented with gold*), 1039; sweord swâte fáh, 1287; brim blôde fáh, 1595; wâldreóre fág, 1632; (draca) fýrwylmum fáh (*because he spewed flame*), 2672; sweord fáh and fâted, 2702; blôde fáh, 2975; acc. sg. dreóre fâhne, 447; goldsele fâttum fâhne, 717; on fâgne flôr treddode, *trod the shining floor* (of Heorot), 726; hrôf golde fâhne, *the roof shining with gold*, 928; nom. pl. eoforlíc ... fáh and fýrheard, 305; acc. pl. þá hilt since fâge, 1616; dat. pl. fâgum sweordum, 586. — Comp. bân-, blôd-, brûn-, dreór-, gold-, gryre-, searo-, sinc-, stân-, swât-, wâl-, wyrm-fáh.

fáh, fág, fá, adj.: 1) *hostile:* nom. sg. fáh feónd-sceaða, 554; he wäs fág wið god (Grendel), 812; acc. sg. fâne (*the dragon*), 2656; gen. pl. fâra, 578, 1464. — 2) *liable to pursuit, without peace, outlawed:* nom. sg. fág, 1264; mâne fáh, *outlawed through crime*, 979; fyrendǽdum fág, 1002. — Comp. nearofáh.

fâmig-heals, adj., *with foaming neck:* nom. sg. flota fâmig-heals, 218; (sǽgenga) fâmig-heals, 1910.

fäc, st. n., *period of time:* acc. sg. lytel fäc, *during a short time*, 2241.

fäder, st. m., *father:* nom. sg. fäder, 55, 262, 459, 2609; of God, 1610; fäder alwalda, 316; acc. sg. fäder, 1356; dat. sg. fäder, 2430; gen. sg. fäder, 21, 1480; of God, 188 — Comp.: ǽr-, eald-fäder.

fädera, w. m., *father's brother:* in comp. suhter-gefäderan.

fäder-äðelo, st. n. pl., *paternus principatus* (?) : dat. pl. fäderäðelum, 912.

fäderen-mǽg, st. m., *kinsman descended from the same father, co-descendant:* dat. sg. fäderen-mǽge, 1264.

fäðm, st. m.: 1) *the outspread, encircling arms:* instr. pl. feóndes fäð[mum], 2129. — 2) *embrace, encircling:* nom. sg. líges fäðm, 782; acc. sg. in fýres fäðm, 185. — 3) *bosom, lap:* acc. sg. on foldan fäðm, 1394; wið eorðan fäðm, 3050; dat. pl. tô fäder (God's) fäðmum, 188. — 4) *power, property:* acc. in Francna fäðm, 1211. — Cf. síd-fäðmed, síð-fäðme.

fäðmian, w. v., *to embrace, to take up into itself:* pres. subj. þät minne líchaman ... glêd fäðmie, 2653; inf. lêton flôd fäðmian frätwa hyrde, 3134.

ge-fäg, adj., *agreeable, desirable* (Old Eng., fawe, *willingly*) : comp. ge-fägra, 916.

fägen, adj., *glad, joyous:* nom. pl. ferhðum fägne, *the glad at heart*, 1634.

fäger, adj., *beautiful, lovely:* nom. sg. fäger fold-bold, 774; fäger foldan bearm, 1138; acc. sg. freoðoburh fägere, 522; nom. pl. þǽr him fold-wegas fägere þúhton, 867. — Comp. un-fäger.

fägere, fägre, adv., *beautifully, well, becomingly, according to etiquette:* fägere gebǽgon medoful manig, 1015; þá wäs flet-sittendum fägere gereorded, *becomingly the repast was served*, 1789; Higelâc ongan ... fāgre fricgean, 1986; similarly, 2990.

fār, st. n., *craft, ship:* nom. sg., 33.

fāst, adj., *bound, fast:* nom. sg. bið se slǣp tō fǣst, 1743; acc. sg. freóndscipe fǣstne, 2070; fǣste frioðuwǣre, 1097. — The prep. on stands to denote the where or wherein: wǣs tō fǣst on þām (sc. on fǣhðe and fyrene), 137; on ancre fǣst, 303. Or, oftener, the dative: feónd-grāpum fǣst, (*held*) *fast in his antagonist's clutch*, 637; fȳrbendum fǣst, *fast in the forged hinges*, 723; handa fǣst, 1291, etc.; hygebendum fǣst (beorn him langað), *fast (shut) in the bonds of his bosom, the man longs for* (i.e. in secret), 1879. — Comp.: ār-, blǣd-, gin-, sōð-, tīr-, wis-fǣst.

fǣste, adv., *fast:* 554, 761, 774, 789, 1296. — Comp. fǣstor, 143.

be-fǣstan, w. v., *to give over:* inf. hēt Hildeburh hire selfre sunu sweoloðe befǣstan, *to give over to the flames her own son*, 1116.

fǣsten, st. n., *fortified place*, or *place difficult of access:* acc. sg. leóda fǣsten, *the fastness of the Geátas* (with ref. to 2327), 2334; fǣsten (Ongenþeów's castle or fort), 2951; fǣsten (Grendel's house in the fensea), 104.

fǣst-rǣd, adj., *firmly resolved:* acc. sg. fǣst-rǣdne geþoht, *firm determination*, 611.

fāt, st. m., *way, journey:* in comp. stō-fāt.

fāt, st. n., *vessel; vase, cup:* acc. pl. fyrn-manna fatu, *the (drinking-) vessels of men of old times*, 2762. — Comp.: bān-, drync-, māððum-, sinc-, wundor-fāt.

fǣt, st. n. (?), *plate, sheet of metal,* especially *gold plate* (Dietrich Hpt. Ztschr. XI. 420): dat. pl. gold-sele ... fǣttum fāhne, *shining with gold plates* (the walls and the inner part of the roof were partly covered with gold), 717; sceal se hearda helm hyrsted golde fǣtum befeallen (sc. wesan), *the gold ornaments shall fall away from it*, 2257.

fāted, fǣtt, part., *ornamented with gold beaten into plate-form:* gen. sg. fǣttan goldes, 1094, 2247; instr. sg. fǣttan golde, 2103. Elsewhere, *covered, ornamented with gold plate:* nom. sg. sweord ... fāted, 2702; acc. sg. fāted wǣge, 2254, 2283; acc. pl. fǣtte scyldas, 333; fǣtte beágas, 1751.

fāted-hleór, adj., phaleratus gena (Dietr.): acc. pl. eahta mearas fāted-hleóre (*eight horses with bridles covered with plates of gold*), 1037.

fāt-gold, st. n., *gold in sheets* or *plates:* acc. sg., 1922.

fǣge, adj.: 1) *forfeited to death, allotted to death by fate:* nom. sg. fǣge, 1756, 2142, 2976; fǣge and ge-flȳmed, 847; fūs and fǣge, 1242; acc. sg. fǣgne flǣsc-homan, 1569; dat. sg. fǣgum, 2078; gen. sg. fǣges, 1528. — 2) *dead:* dat. pl. ofer fǣgum (*over the warriors fallen in the battle*), 3026. — Comp.: deāð-, un-fǣge.

fǣhð (*state of hostility*, see fāh), st. f., *hostile act, feud, battle:* nom. sg. fǣhð, 2404, 3062; acc. sg. fǣhðe, 153, 459, 470, 596, 1334, etc.; also of the unhappy bowshot of the Hrēðling, Hæðcyn, by which he killed his brother, 2466; dat. sg. fore fǣhðe and fyrene, 137; nalas for fǣhðe mearn (*did not recoil from the combat*), 1538;

GLOSSARY.

gen. sg. ne gefeah he þære fæhðe, 109; **gen. pl.** fæhða gemyndig, 2690. — Comp. wäl-fæhð.

fæhðo, st. f., same as above: nom. sg. sió fæhðo, 3000; acc. fæhðo, 2490.

fælsian, w. v., *to bring into a good condition, to cleanse:* inf. þät ic móte ... Heorot fælsian (from the plague of Grendel), 432; pret. Hróðgâres ... sele fælsode, 2353.

ge-fælsian, w. v., same as above: pret. part. häfde gefælsod ... sele Hróðgâres, 826; Heorot is gefælsod, 1177; wæron ýð-gebland eal gefælsod, 1621.

fæmne, w. f., *virgin, recens nupta:* dat. sg. fæmnan, 2035; gen. sg. fæmnan, 2060, both times of Hróðgâr's daughter Freáware.

fær, st. m., *sudden, unexpected attack:* nom. sg. (attack upon Hnâf's band by Finn's), 1069.

fær-grîpe, st. m., *sudden, treacherous gripe, attack:* nom. sg. færgripe flôdes, 1517; dat. pl. under færgripum, 739.

fær-gryre, st. m., *fright caused by a sudden attack:* dat. pl. wið færgryrum (against the inroads of Grendel into Heorot), 174.

færinga, adv., *suddenly, unexpectedly,* 1415, 1989.

fær-nîð, st. m., *hostility with sudden attacks:* gen. pl. hwät me Grendel hafað ... færnîða gefremed, 476.

feðer-gearwe, st. f. pl. (*feather-equipment*), *the feathers of the shaft of the arrow:* dat. (instr.) pl. sceft feðer-gearwum fûs, 3120.

fel, st. n., *skin, hide:* dat. pl. glôf ... gegyrwed dracan fellum, *made of the skins of dragons,* 2089.

fela, I., adj. indecl., *much, many:* as subst.: acc. sg. fela fricgende, 2107. With worn placed before: hwät þu worn fela ... ymb Brecan spræce, *how very much you spoke about Breca,* 530. — With gen. sg.: acc. sg. fela fyrene, 810; wyrmcynnes fela, 1426; worna fela sorge, 2004; tô fela micles ... Denigea leóde, *too much of the race of the Danes,* 695; uncûðes fela, 877; fela lâðes, 930; fela leófes and lâðes, 1061. — With gen. pl.: nom. sg. fela mâdma, 36; fela þæra wera and wîfa, 993, etc.; acc. sg. fela missera, 153; fela fyrena, 164; ofer landa fela, 311; maððumsigla fela (falo, MS.), 2758; ne me swôr fela âða on unriht, *swore no false oaths,* 2739, etc.; worn fela mâðma, 1784; worna fela gûða, 2543. — Comp. eal-fela.

II., adverbial, *very,* 1386, 2103, 2951.

fela-hrôr, adj., valde agitatus, *very active against the enemy, very warlike,* 27.

fela-môdig, adj., *very courageous:* gen. pl. -môdigra, 1638, 1889.

fela-synnig, adj., *very criminal, very guilty:* acc. sg. fela-sinnigne secg (in MS., on account of the alliteration, changed to simple sinnigne), 1380.

felgan, st. v., *to betake one's self into a place, to conceal one's self:* pret. siððan inne fealh Grendles môdor (in Heorot), 1282; þær inne fealh secg syn-bysig (in the dragon's cave), 2227. — *to come to any place, to arrive:* searonîðas fealh, 1201.

ät-felgan, w. dat., insistere, adhærere: pret. nô ic him þäs georne ätfealh (*did not hold him so fast*), 969.

fen, st. n., *fen, moor:* acc. sg. fen, 104; dat. sg. tô fenne, 1296; fenne, 2010.

fen-freoðo, st. f., *refuge in the fen:* dat. sg. in fen-freoðo, 852.

feng, st. m., *gripe, embrace:* nom. sg. fŷres feng, 1765; acc. sg. fâra feng (of the hostile sea-monsters), 578. — Comp. inwit-feng.

fengel (probably *he who takes possession,* cf. tô fôn, 1756, and fôn tô rîce, *to enter upon the government*), st. m., *lord, prince, king:* nom. sg. wîsa fengel, 1401; snottra fengel, 1476, 2157; hringa fengel, 2346.

fen-ge-lâd, st. n., *fen-paths, fen with paths:* acc. pl. frêcne fengelâd (*fens difficult of access*), 1360.

fen-hliðu, st. n., *marshy precipice:* acc. pl. under fen-hleoðu, 821.

fen-hôp, st. n., *refuge in the fen:* acc. pl. on fen-hôpu, 765.

ferh, st. m. n., *life;* see **feorh**.

ferh, st. m., *hog, boar,* here of the boar-image on the helmet: nom. sg., 305.

ferhð, st. m., *heart, soul:* dat. sg. on ferhðe, 755, 949, 1719; gehwylc hiora his ferhðe treôwde, þât..., *each of them trusted to his* (Hûnferð's) *heart, that* ..., 1167; gen. sg. ferhðes fore-þanc, 1061; dat. pl. (adverbial) ferhðum fägne, *happy at heart*, 1634; þât mon ... ferhðum freóge, *that one ... heartily love*, 3178. — Comp.: collen-, sârig-, swîð-, wîde-ferhð.

ferhð-frec, adj., *having good courage, bold, brave:* acc. sg. ferhð-frecan Fin, 1147.

ferhð-geniðla, w. m., *mortal enemy:* acc. sg. ferhð-genîðlan, of the drake, 2882.

ferian, w. v. w. acc., *to bear, to bring, to conduct:* pres. II. pl. hwanon ferigeað fätte scyldas, 333; pret. pl. tô scypum feredon eal ingesteald eorðcyninges, 1155; similarly, feredon, 1159, 3114.

ât-ferian, *to carry away, to bear off:* pret. ic þât hilt þanon feóndum ätferede, 1670.

ge-ferian, *to bear, to bring, to lead:* pres. subj. I. pl. þonne (we) geferian freán ûserne, 3108; inf. geferian... Grendles heáfod, 1639; pret. þât hi ût geferedon dŷre máðmas, 3131; pret. part. her syndon geferede feorran cumene ... Geáta leóde, *men of the Gedtas, come from afar, have been brought hither* (by ship), 361.

ðð-ferian, *to tear away, to take away:* pret. sg. I. unsôfte þanon feorh ðð-ferede, 2142.

of-ferian, *to carry off, to take away, to tear away:* pret. ôðer swylc ût offerede, *took away another such* (sc. fifteen), 1584.

fetel-hilt, st. n., *sword-hilt*, with the gold chains fastened to it: acc. (sg. or pl.?), 1564. (See "Leitfaden f. nord. Altertumskunde," pp. 45, 46.)

fetian, w. v., *to bring near, bring:* pres. subj. nâh hwâ ... fe[tige] fäted wæge, *bring the gold-chased tankard*, 2254; pret. part. hraðe wäs tô bûre Beówulf fetod, 1311.

ge-fetian, *to bring:* inf. hêt þû eorla hleó in gefetian Hrêðles lâfe, *caused Hrêðel's sword to be brought*, 2191.

â-fêdan, w. v., *to nourish, to bring up:* pret. part. þær he âfêded wäs, 694.

fêða (O.H.G. fendo), w. m.: 1) *foot-soldiers:* nom. pl. fêðan, 1328, 2545. — 2) collective in sing., *band*

GLOSSARY. 167

of foot-soldiers, troop of warriors: nom. fêða eal gesät, 1425; dat. on fêðan, 2498, 2920. — Comp. gumfeða.

fêðe, st. n., *gait, going, pace:* dat. sg. wäs tô foremihtig feónd on fêðe, *the enemy was too strong in going* (i.e. could flee too fast), 971.

fêðe-cempa, w. m., *foot-soldier:* nom. sg., 1545, 2854.

fêðe-gäst, st. m., *guest coming on foot:* dat. pl. fêðe-gestum, 1977.

fêðe-lâst, st. m., *signs of going, footprint:* dat. pl. fêrdon forð þonon fêðe-lâstum, *went forth from there upon their trail*, i.e. by the same way that they had gone, 1633.

fêðe-wîg, st. m., *battle on foot:* gen. sg. nealles Hetware hrêmge þorfton (sc. wesan) fêðe-wîges, 2365.

fêl (= feól), st. f., *file:* gen. pl. fêla lâfe, *what the files have left behind* (that is, the swords), 1033.

fêran, w. v., iter (A.S. fôr) facere, *to come, to go, to travel:* pres. subj. II. pl. ær ge . . . on land Dena furður fêran, *ere you go farther into the land of the Danes*, 254; inf. fêran on freán wäre (*to die*), 27; gewiton him þâ fêran (*set out upon their way*), 301; mæl is me tô fêran, 316; fêran . . . gang sceáwigan, *go, so as to see the footprints*, 1391; wîde fêran, 2262; pret. fêrdon folctogan . . . wundor sceáwian, *the princes came to see the wonder*, 840; fêrdon forð, 1633.

ge-fêran: 1) adire, *to arrive at:* pres. subj. þonne eorl ende gefêre lífgesceafta, *reach the end of life*, 3064; pret. part. häfde æghwäðer ende gefêred lænan lîfes, *frail life's end had both reached*, 2845. — 2) *to reach, to accomplish, to bring about:* pret. hafast þu gefê-

red þät . . ., 1222, 1856. — 3) *to behave one's self, to conduct one's self:* pret. frêcne gefêrdon, *had shown themselves daring*, 1692.

feal, st. m., *fall;* in comp. wäl-feal.

feallan, st. v., *to fall, to fall headlong:* inf. feallan, 1071; pret. sg. þät he on hrusan ne feól, *that it* (the hall) *did not fall to the ground*, 773; similarly, feóll on foldan, 2976; feóll on fêðan (dat. sg.), *fell in the band* (of his warriors), 2920; pret. pl. þonne walu feóllon, 1043.

be-feallen, pret. part., w. dat. or instr., *deprived of, robbed:* freóndum befeallen, *robbed of friends*, 1127; sceal se hearda helm . . . fätum befeallen (sc. wesan), *be robbed of its gold mountings* (the gold mounting will fall away from it moldering), 2257.

ge-feallan, *to fall, to sink down:* pres. sg. III. þät se lîc-homa . . sæge gefealleð, *that the body doomed to die sinks down*, 1756. — Also, with the acc. of the place whither: pret. meregrund gefeóll, 2101; he eorðan gefeóll, 2835.

fealu, adj., *fallow, dun-colored, tawny:* acc. sg. ofer fealone flôd (*over the sea*), 1951; fealwe stræte (with reference to 320), 917; acc. pl. lêton on gefílt faran fealwe mearas, 866. — Comp. äppel-fealo.

feax, st. n., *hair, hair of the head:* dat. sg. wäs be feaxe on flet boren Grendles heáfod, *was carried by the hair into the hall*, 1648; him . . . swât . . . sprong forð under fexe, *the blood sprang out under the hair of his head*, 2968. — Comp.: blonden-, gamol-, wunden-feax.

ge-feá, w. m., *joy:* acc. sg. þære fylle gefeán, *joy at the abundant* *repast*, 562; ic þǣs ealles mǣg... gefeán habban (*can rejoice at all this*), 2741.

feá, adj., *few:* dat. pl. nemne feáum ánum, *except some few*, 1082; gen. pl. feára sum, *as one of a few, with a few*, 1413; feára sumne, *one of a few (some few)*, 3062. With gen. following: acc. pl. feá worda cwǣð, *spoke few words*, 2663, 2247.

feá-sceaft, adj., *miserable, unhappy, helpless:* nom. sg. syððan ǣrest wearð feásceaft funden, 7; feásceaft guma (Grendel), 974; dat. sg. feásceaftum men, 2286; Eádgilse ... feásceaftum, 2394; nom. pl. feásceafte (the Geátas robbed of their king, Hygelâc), 2374.

feoh, feó, st. n., (properly *cattle, herd*), here, *possessions, property, treasure:* instr. sg. ne wolde ... feorhbealo feó þingian, *would not allay life's evil for treasure* (tribute), 156; similarly, þá fǣhðe feó þingode, 470; ic þe þá fǣhðe feó leánige, 1381.

ge-feohan, ge-feón, st. v., w. gen. and instr., *to enjoy one's self, to rejoice at something:* a) w. gen.: pret. sg. ne gefeah he þǣre fǣhðe, 109; hilde gefeh, beado-weorces, 2299; pl. fylle gefǣgon, *enjoyed themselves at the bounteous repast*, 1015; þeódnes gefēgon, *rejoiced at* (the return of) *the ruler*, 1628. — b) w. instr.: niht-weorce gefeh, ellen-mǣrðum, 828; secg weorce gefeh, 1570; sǣlâce gefeah, mǣgenbyrðenne þára þe he him mid hǣfde, *rejoiced at the gift of the sea, and at the great burden of that* (Grendel's head and the swordhilt) *which he had with him*, 1625.

feoh-gift, -gyft, st. f., *bestowing of gifts* or *treasures:* gen. sg. þǣre feoh-gyfte, 1026; dat. pl. ǣt feohgyftum, 1090; fromum feohgiftum, *with rich gifts*, 21.

feoh-leás, adj., *that cannot be atoned for through gifts:* nom. sg. þǣt wǣs feoh-leás gefeoht, *a deed of arms that cannot be expiated* (the killing of his brother by Hæðcyn), 2442.

ge-feoht, st. n., *combat; warlike deed:* nom. sg. (the killing of his brother by Hæðcyn), 2442; dat. sg. mêce þone þin fæder tô gefeohte bǣr, *the sword which thy father bore to the combat*, 2049.

ge-feohtan, st. v., *to fight:* inf. w. acc. ne mehte ... wig Hengeste wiht gefeohtan (*could by no means offer Hengest battle*), 1084.

feohte, w. f., *combat:* acc. sg. feohtan, 576, 960. See **were-fyhte.**

feor, adj., *far, remote:* nom. sg. nis þǣt feor heonon, 1362; nǣs him feor þanon tô gesêcanne sinces bryttan, 1922; acc. sg. feor eal (*all that is far, past*), 1702.

feor, adv., *far, far away:* a) of space, 42, 109, 809, 1806, 1917; feor and (oððe) neáh, *far and* (or) *near*, 1222, 2871; feorr, 2267. — b) of time: ge feor hafað fǣhðe gestǣled (*has placed us under her enmity henceforth*), 1341.

Comparative, fyr, feorr, and feor: fyr and fǣstor, 143; fyr, 252; feorr, 1989; feor, 542.

feor-búend, pt., *dwelling far away:* nom. pl. ge feor-búend, 254.

feor-cýð, st. f., *home of those living far away, distant land:* nom. pl. feor-cýððe beóð sêlran gesôhte þám þe him selfa deáh, *who trusts to his own ability, for him is it better that he seek foreign lands*, 1839.

feorh, ferh (Goth. fairhvu-s, *world*),

GLOSSARY.

st. m. and n., *life, principle of life, soul:* nom. sg. feorh, 2124; nô þon lange wäs feorh äðelinges flæsce bewunden, *not for much longer was the soul of the prince enveloped in the body* (he was near death), 2425; ferh ellen wrāc, *life expelled the strength* (i.e. with the departing life the strength disappeared also), 2707; acc. sg. feorh ealgian, 797, 2656, 2669; feorh gehealdan, *preserve his life*, 2857; feorh âlegde, *gave up his life*, 852; similarly, ær he feorh seleð, 1371; feorh oðferede, *tore away her life*, 2142; ðð þāt hie forlæddan tô þam lindplegan swæse gesīðas ond hyra sylfra feorh, *till in an evil hour they carried into battle their dear companions and their lives* (i.e. led them to their death), 2041; gif þu þīn feorh hafast, 1850; ymb feorh sacan (*to fight for life*), 439; wäs in feorh dropen, *was wounded into his life*, i.e. mortally, 2982; widan feorh, as temporal acc., *through a wide life*, i.e. always, 2015; dat. sg. feore, 1294, 1549; tô widan feore, *for a wide life*, i.e. at all times, 934; on swâ geongum feore (*at a so youthful age*), 1844; as instr., 578, 3014; gen. sg. feores, 1434, 1943; dat. pl. buton ... feorum gumena, 73; freónda feorum, 1307. — Also, *body, corpse:* þā wäs heal hroden feónda feorum (*the hall was covered with the slain of the enemy*), 1153; gehwearf þā in Francna fäðm feorh cyninges, *then the body of the king* (Hygelâc) *fell into the power of the Franks*, 1211. — Comp. geogoð-feorh.

feorh-bana, w. m., (*life-slayer*), *man-slayer, murderer:* dat. sg. feorh-bonan, 2466.

feorh-ben, st. f., *wound that takes away life, mortal wound:* dat. (instr.) pl. feorh-bennum seóc, 2741.

feorh-bealu, st. n., *evil destroying life, violent death:* nom. sg., 2078, 2251, 2538; acc. sg., 156.

feorh-cyn, st. n., *race of the living, mankind:* gen. pl. fela feorh-cynna, 2267.

feorh-genīðla, w. m., *he who seeks life, life's enemy* (N.H.G. Todfeind), *mortal enemy:* acc. sg. -genīðlan, 1541; dat. sg. -genīðlan, 970; acc. pl. folgode feorh-genīðlan, 970; acc. pl. folgode feorh-genīðlan, (Ongenþeów) *pursued his mortal enemies*, 2934.

feorh-lagu, st. f., *the life allotted to anyone, life determined by fate:* acc. sg. on māðma hord mīne (mīnne, MS.) bebohte frôde feorh-lege, *for the treasure-hoard I sold my old life*, 2801.

feorh-lâst, st. m., *trace of (vanishing) life, sign of death:* acc. sg. fcorh-lâstas bär, 847.

feorh-seóc, adj., *mortally wounded:* nom. sg., 821.

feorh-sweng, st. m., (*stroke robbing of life*), *fatal blow:* acc. sg., 2490.

feorh-wund, st. f., *mortal wound, fatal injury:* acc. sg. feorh-wunde hleát, 2386.

feorm, st. f., *subsistence, entertainment:* acc. sg. nô þu ymb mīnes ne þearft līces feorme leng sorgian, *thou needest no longer have care for the sustenance of my body*, 451. — 2) *banquet:* dat. on feorme (or feorme, MS.), 2386.

feormend-leás, adj., *wanting the cleanser:* acc. pl. geseah ... fyrnmanna fatu feormend-leásc, 2762.

feormian, w. v., *to clean, to cleanse, to polish :* pres. part. nom pl. feormiend swefað (feormynd, MS.), 2257.

ge-feormian, w. v., *to feast, to eat :* pret. part. sōna hǣfde unlyfigendes eal gefeormod fēt and folma, 745.

feorran, w. v., w. acc., *to remove :* inf. sibbe ne wolde wið manna hwone mǣgenes Deniga feorh-bealo feorran, feó þingian, (Grendel) *would not from friendship free any one of the race of the Danes of life's evil, nor allay it for tribute,* 156.

feorran, adv., *from afar :* a) of space, 361, 430, 826, 1371, 1820, etc.; siððan æðelingas feorran gefricgean fleám eówerne, *when noble men afar learn of your flight* (when the news of your flight reaches distant lands), 2890; fērdon folctogan feorran and neán, *from far and from near,* 840; similarly, neán and feorran þu nu [friðu] hafast, 1175; wǣs þǣs wyrmes wīg wīde gesýne ... neán and feorran, *visible from afar, far and near,* 2318.—b) temporal: se þe cūðe frumsceaft fira feorran reccan (*since remote antiquity*), 91; similarly, feorran rehte, 2107.

feorran-cund, adj., *foreign-born :* dat. sg. feorran-cundum, 1796.

feor-weg, st. m., *far way :* dat. pl. māðma fela of feorwegum, *many precious things from distant paths* (from foreign lands), 37.

ge-feón. See **feohan.**

feónd, st. m., *enemy :* nom. sg., 164, 726, 749; feónd on helle (Grendel), 101; acc. sg., 279, 1865, 2707; dat. sg. feónde, 143, 439; gen. sg. feóndes, 985, 2129, 2290; acc. pl. feónd, 699; dat. pl. feóndum, 420, 1670; gen. pl. feonda, 294, 809, 904.

feónd-grāp, st. f., *foe's clutch :* dat. (instr.) pl. feónd-grāpum fǣst, 637.

feónd-sceaða, w. m., *one who is an enemy and a robber :* nom. sg. fāh feónd-scaða (*a gleaming sea-monster*), 554.

feónd-scipe, st. m., *hostility :* nom. sg., 3000.

feówer, num., *four :* nom. feówer bearn, 59; feówer mearas, 2164; feówer, as substantive, 1638; acc. feówer māðmas, 1028.

feówer-tyne, num., *fourteen :* nom. with following gen. pl. feówertyne Geáta, 1642.

findan, st. v., *to find, to invent, to attain :* a) with simple object in acc.: inf. þāra þe he cēnoste findan mihte, 207; swylce hie ǣt Finneshām findan meahton sigla searogimma, 1157; similarly, 2871; mǣg þǣr fela freónda findan, 1839; wolde guman findan, 2295; swā hyt weorðlīcost fore-snotre men findan mihton, *so splendidly as only very wise men could devise it,* 3164; pret. sg. healþegnas fand, 720; word ōðer fand, *found other words,* i.e. went on to another narrative, 871; grimne gyrelicne grundhyrde fond, 2137; þǣt ic gōdne funde beága bryttan, 1487; pret. part. syððan ǣrest wearð feásceaft funden (*discovered*), 7.—b) with acc. and pred. adj.: pret. sg. dryhten sinne driórigne fand, 2790.—c) with acc. and inf.: pret. fand þā þǣr inne æðelinga gedriht swefan, 118; fand wǣccendne wer wīges bīdan, 1268; hord-wynne fond opene standan, 2271; ōð þǣt he fyrgen-beámas ... hleonian funde, 1416; pret. pl. fundon þā sáwulleásne hlim-bed healdan, 3034. — d) with dependent clause: inf. nð þý ær feásceafte findan meahton ät þam äðelinge þät he Heardrêde hláford wære (*could by no means obtain it from the prince*), 2374.

on-findan, *to be sensible of, to perceive, to notice:* a) w. acc.: pret. sg. landweard onfand eftsíð eorla, *the coast-guard observed the return of the earls*, 1892; pret. part. þâ heó onfunden wäs (*was discovered*), 1294. — b) w. depend. clause: pret. sg. þâ se gist onfand þät se beadoleóma bítan nolde, *the stranger* (Beówulf) *perceived that the sword would not cut*, 1523; sóna þät onfunde, þät..., *immediately perceived that*..., 751; similarly, 810, 1498.

fInger, st. m., *finger:* nom. pl. fingras, 761; acc. pl. fingras, 985; dat. (instr.) pl. fingrum, 1506; gen. pl. fingra, 765.

firas, fyras (O.H.G. firahî, i.e. *the living;* cf. feorh), st. m., only in pl., *men:* gen. pl. fira, 91, 2742; monegum fira, 2002; fyra gehwylcne leóda mînra, 2251; fira fyrngeweorc, 2287.

firen, fyren, st. f., *cunning waylaying, insidious hostility, malice, outrage:* nom. sg. fyren, 916; acc. sg. fyrene and fæhðe, 153; fæhðe and fyrene, 880, 2481; firen' ondrysne, 1933; dat. sg. fore fæhðe and fyrene, 137; gen. pl. fyrena, 164, 629; and fyrene, 812; fyrena hyrde (of Grendel), 751. The dat. pl., fyrenum, is used adverbially in the sense of *maliciously*, 1745, or *fallaciously*, with reference to Hæðcyn's killing Herebeald, which was done unintentionally, 2442.

firen-dǽd, st. f., *wicked deed:* acc. pl. fyren-dǽda, 1670; instr. pl. fyren-dǽdum, 1002; both times of Grendel and his mother, with reference to their nocturnal inroads.

firen-þearf, st. f., *misery through the malignity of enemies:* acc. sg. fyren-þearfe, 14.

firgen-beám, st. m., *tree of a mountain-forest:* acc. pl. fyrgen-beámas, 1415.

firgen-holt, st. m., *mountain-wood, mountain-forest:* acc. sg. on fyrgen-holt, 1394.

firgen-streám, st. m., *mountain-stream:* nom. sg. fyrgen-streám, 1360; acc. sg. under fyrgen-streám (marks the place where the mountain-stream, according to 1360, empties into Grendel's sea), 2129.

fisc, st. m., *fish:* in comp. hron-, mere-fisc.

fíf, num., *five:* uninflect. gen. fíf nihta fyrst, 545; acc. fífe (?), 420.

fífel-cyn (O.N. fífl, *stultus* and *gigas*), st. n., *giant-race:* gen. sg. fífelcynnes eard, 104.

fíf-tene, fíf-tyne, num., *fifteen:* acc. fýftyne, 1583; gen. fíftena sum, 207.

fíf-tig, num., *fifty:* 1) as substantive with gen. following; acc. fíftig wintra, 2734; gen. se wäs fíftiges fót-gemearces lang, 3043. — 2) as adjective: acc. fíftig wintru, 2210.

flán, st. m., *arrow:* dat. sg. flâne, 3120; as instr., 2439.

flán-boga, w. m., *bow which shoots the flán, bow:* dat. sg. of flán-bogan, 1434, 1745.

flǽsc, st. n., *flesh, body in contrast with soul:* instr. sg. nó þon lange wäs feorh äðelinges flǽsce bewunden, *not much longer was the soul of the prince contained in his body*, 2425.

flæsc-hama, w. m., *clothing of flesh*, i.e. the body: acc. sg. flæsc-homan, 1569.

flet, st. n.: 1) *ground, floor of a hall:* acc. sg. heó on flet gebeáh, *fell to the ground*, 1541; similarly, 1569.—2) *hall, mansion:* nom. sg. 1977; acc. sg. flet, 1037, 1648, 1950, 2018, etc.; flett, 2035; þät hie him óðer flet eal gerýmdon, *that they should give up entirely to them another hall*, 1087; dat. sg. on flette, 1026.

flet-räst, st. f., *resting-place in the hall:* acc. sg. flet-räste gebeág, *reclined upon the couch in the hall*, 1242.

flet-sittend, pres. part., *sitting in the hall:* acc. pl. -sittende, 2023; dat. pl. -sittendum, 1789.

flet-werod, st. n., *troop from the hall:* nom. sg., 476.

fleám, st. m., *flight:* acc. sg. on fleám gewand, *had turned to flight*, 1002; fleám eówerne, 2890.

fleógan, st. v., *to fly:* prs. sg. III. fleógeð, 2274.

fleón, st. v., *to flee:* inf. on heolster fleón, 756; fleón on fenhôpu, 765; fleón under fen-hleoðu, 821; w. acc. hetc-swengeas fleáh, 2226.

be-fleón, w. acc., *to avoid, to escape:* gerund nð þät ýðe byð tô befleónne, *that is not easy* (i.e. not at all) *to be avoided*, 1004.

ofer-fleón, w. acc., *to flee from one, to yield:* inf. nelle ic beorges weard oferfleón fôtes trem, *will not yield to the warder of the mountain* (the drake) *a foot's breadth*, 2526.

fleótan, st. v., *to float upon the water, to swim:* inf. nð he wiht fram me flôd-ýðum feor fleótan meahte, hraðor on holme, *no whit, could he swim from me farther on the waves* (regarded as instrumental, so that the waves marked the distance), *more swiftly in the sea*, 542; pret. sægenga fleát fâmigheals forð ofer ýðe, *floated away over the waves*, 1910.

fliht. See **flyht**.

flitme. See **un-flitme**.

flîtan, st. v., *to exert one's self, to strive, to emulate:* pres. part. flîtende fealwe stræte mearum mæton (*rode a race*), 917; pret. sg. II. eart þu se Beówulf, se þe wið Brecan ... ymb sund flite, *art thou the Beówulf who once contended with Breca for the prize in swimming?* 507.

ofer-flîtan, *to surpass one in a contest, to conquer, to overcome:* pret. w. acc. he þe ät sunde oferflât (*overcome thee in a swimming-wager*), 517.

ge-flit, st. n., *emulation:* acc. sg. lêton on geflit faran fealwe mearas, *let the fallow horses go in emulation*, 866.

floga, w. m., *flyer;* in the compounds: gûð-, lyft-, uht-, wîð-floga.

flota (see **fleótan**), w. m., *float, ship, boat:* nom. sg., 210, 218, 301; acc. sg. flotan eówerne, 294.—Comp. wæg-flota.

flot-here, st. m., *fleet:* instr. sg. cwom faran flotherge on Fresna land, 2916.

flôd, st. m., *flood, stream, sea-current:* nom. sg., 545, 580, 1362, etc.; acc. sg. flôd, 3134; ofer fealone flôd, 1951; dat. sg. tô flôde, 1889; gen. pl. flôda begong, *the region of floods*, i.e. the sea, 1498, 1827; flôda genipu, 2809.

GLOSSARY. 173

flôd-ýð, st. f., *flood-wave:* instr. pl. flôd-ýðum, 542.

flôr, st. m., *floor, stone-floor:* acc. sg. on fâgne flôr (the floor was probably a kind of mosaic, made of colored flags), 726; dat. sg. gang þâ äfter flôre, *along the floor* (i.e. along the hall), 1317.

flyht, fliht, st. m., *flight:* nom. sg. gâres fliht, *flight of the spear,* 1766.

ge-flýman, w. v., *to put to flight:* pret. part. geflýmed, 847, 1371.

folc, st. n., *troop, band of warriors; folk,* in the sense of the whole body of the fighting men of a nation: acc. sg. folc, 522, 694, 912; Sûðdene folc, 464; folc and rîce, 1180; dat. sg. folce, 14, 2596; folce Deninga, 465; as instr. folce gestepte ofer sæ side, *went with a band of warriors over the wide sea,* 2394; gen. sg. folces, 1125; folces Denigea, 1583.— The king is called folces hyrde, 611, 1833, 2645, 2982; freáwine folces, 2358; or folces weard, 2514. The queen, folces cwên, 1933.— The pl., in the sense of *warriors, fighting men:* nom. pl. folc, 1423, 2949; dat. pl. folcum, 55, 262, 1856; gen. pl. freó- (freá-) wine folca, *of the king,* 430, 2430; friðu-sibb folca, *of the queen,* 2018. — Comp. sige-folc.

folc-âgend, pres. part., *leader of a band of warriors:* nom. pl. folc-âgende, 3114.

folc-beorn, st. m., *man of the multitude, a common man:* nom. sg. folc-beorn, 2222.

folc-cwên, st. f., *queen of a warlike host:* nom. sg., of Wealhþeów, 642.

folc-cyning, st. m., *king of a warlike host:* nom. sg., 2734, 2874.

folc-ræd, st. m., *what best serves a warlike host:* acc. sg., 3007.

folc-riht, st. n., *the rights of the fighting men of a nation:* gen. pl. him ær forgeaf ... folcrihta gehwylc, swâ his fäder âhte, 2609.

folc-scearu, st. f., *part of a host of warriors, nation:* dat. sg. folc-scare, 73.

folc-stede, st. m., *position of a band of warriors, place where a band of warriors is quartered:* acc. sg. folcstede, of the hall, Heorot, 76; folcstede fâra (*the battle-field*), 1464.

folc-toga, w. m., *leader of a body of warriors, duke:* nom. pl., powerful liege-men of Hrôðgar are called folc-togan, 840.

fold-bold, st. n., *earth-house* (i.e. a house on earth in contrast with a dwelling in heaven): nom. sg. fäger fold-bold, of the hall, Heorot, 774.

fold-bûend, pres. part., *dweller on earth, man:* nom. pl. fold-bûend, 2275; fold-bûende, 1356; dat. pl. fold-bûendum, 309.

folde, w. f., *earth, ground:* acc. sg. under foldan, 1362; feóll on foldan, 2976; gen. sg. foldan bearm, *the bosom of the earth,* 1138; foldan sceátas, 96; foldan fäðm, 1394. — Also, *earth, world:* dat. sg. on foldan, 1197.

fold-weg, st. m., *field-way, road through the country:* acc. sg. fold-weg, 1634; acc. pl. fold-wegas, 867.

folgian, w. v.: 1) *to perform vassal-duty, to serve, to follow:* pret. pl. þeáh hie hira beäggyfan banan folgedon, *although they followed the murderer of their prince,* 1103. — 2) *to pursue, to follow after:* folgode feorh-geníðlan (acc. pl.), 2934.

folm, st. f., *hand:* acc. sg. folme, 971, 1304; dat. sg. mid folme, 749; acc. pl. fêt and folma, *feet and hands*, 746; dat. pl. tô banan folmum, 158; folmum (instr.), 723, 993. — Comp.: beado-, gearo-folm.

for, prep. w. dat., instr., and acc.:
1) w. dat. local, *before*, ante: þǽt he for eaxlum gestôd Deniga freán, 358; for hlâwe, 1121. — b) *before*, coram, in conspectu: nô he þǽre feohgyfte for sceótendum scamigan þorfte, *had no need to be ashamed of the gift before the warriors*, 1027; for þǽm werede, 1216; for eorlum, 1650; for duguðe, *before the noble band of warriors*, 2021; for dugeðum, 2502. — Causal, a) to denote a subjective motive, *on account of, through, from:* for wlenco, *from bravery, through warlike courage*, 338, 1207; for wlence, 508; for his wonhydum, 434; for onmêdlan, 2927, etc. — b) objective, partly denoting a cause, *through, from, by reason of:* for metode, *for the creator, on account of the creator*, 169; for þreánýdum, 833; for þreánêdlan, 2225; for dolgilpe, *on account of, in accordance with the promise of bold deeds* (because you claimed bold deeds for yourself), 509; him for hrófsele hrínan ne mehte fǽrgripe flôdes, *on account of the roofed hall the malicious grasp of the flood could not reach him*, 1516; ligegesan wǽg for horde, *on account of* (the robbing of) *the treasure*, 2782; for mundgripe mínum, *on account of, through the gripe of my hand*, 966; for þǽs bildfruman handgeweorce, 2836; for swenge, *through the stroke*, 2967; ne meahte ... deóp gedýgan for dracan lêge, *could not hold out in the deep on account of the heat of the drake*, 2550. Here may be added such passages as ic þǽm gôdan sceal for his môdþrǽce máðmas beódan, *will offer him treasures on account of his boldness of character, for his high courage*, 385; ful-oft for lǽssan leán teohhode, *gave often reward for what was inferior*, 952; nalles for ealdre mearn, *was not uneasy about his life*, 1443; similarly, 1538. Also denoting purpose: for ârstafum, *to the assistance*, 382, 458. — 2) w. instr. causal, *because of, for:* he hine feor forwrǽc for þý máne, 110. — 3) w. acc., *for, as, instead of:* for sunu freógan, *love as a son*, 948; for sunu habban, 1176; ne him þǽs wyrmes wîg for wiht dyde, *held the drake's fighting as nothing*, 2349.

foran, adv., *before, among the first, forward:* siððan ... sceáwedon feóndes fingras, foran ǽghwylc (*each before himself*), 985; þǽt wǽs ân foran ealdgestreóna, *that was one among the first of the old treasures*, i.e. a splendid old treasure, 1459; þe him foran ongeán linde bǽron, *bore their shields forward against him* (went out to fight against him), 2365.

be-foran: 1) adv., local, *before:* he ... beforan gengde, *went before*, 1413; temporal, *before, earlier*, 2498. — 2) prep. w. acc. *before*, in conspectu: mǽre máððum-sweord manige gesâwon beforan beorn beran, 1025.

ford, st. m., *ford, water-way:* acc. sg. ymb brontne ford, 568.

forð: 1) local, *forth, hither, near:* forð neár ǽtstôp, *approached nearer*, 746; þá cwom Wealhþeó forð gân,

1163; similarly, 613; him selebegn forð wîsade, *led him* (Beówulf) *forth* (to the couch that had been prepared for him in Heorot), 1796; þät him swât sprong forð under fexe, *forth under the hair of his head*, 2968. *Forward, further:* gewîtað forð beran wæpen and gewædu, 291; he tô forð gestôp, 2290; freoðo-wong þone forð ofereodon, 2960. *Away, forth*, 45, 904; fyrst forð gewât, *the time* (of the way to the ship) *was out*, i.e. they had arrived at the ship, 210; me ... forð-gewitenum, *to me the departed*, 1480; fêrdon forð, *went forth* (from Grendel's sea), 1633; þonne he forð scile, *when he must* (*go*) *forth*, i.e. die, 3178; hine mihtig god ... ofer ealle men forð gefremede, *carried him forth, over all men*, 1719.— 2) temporal, *forth, from now on:* heald forð tela niwe sibbe, 949; ic sceal forð sprecan gen ymbe Grendel, *shall from now on speak again of Grendel*, 2070. See **furðum** and **furðor**.

forð-gerîmed, pres. part., *in unbroken succession*, 59.

forð-gesceaft, st. f., *that which is determined for farther on, future destiny:* acc. sg. he þâ forð-gesceaft forgyteð and forgýmeð, 1751.

forð-weg, st. m., *road that leads away, journey:* he of ealdre gewât frôd on forð-weg (*upon the way to the next world*), 2626.

fore, prep. w. dat., local, *before, coram, in conspectu*: heó fore þäm werede spräc, 1216. Causal, *through, for, because of:* nô mearn fore fæhðe and fyrene, 136; fore fäder dædum, *because of the father's deeds*, 2060. — Allied to this is the meaning, *about*, de, super: þær wäs sang and swêg samod ätgädere fore Healfdenes hildewîsan, *song and music about Healfdene's general* (the song of Hnäf), 1065.

fore-mære, adj., *renowned beyond* (*others*), præclarus: superl. þät wäs fore-mærost foldbûendum receda under roderum, 309.

fore-mihtig, adj., *able beyond* (*others*), præpotens: nom. sg. wäs tô foremihtig feónd on fêðe, *the enemy was too strong in going* (could flee too rapidly), 970.

fore-snotor, adj., *wise beyond* (*others*), sapientissimus: nom. pl. foresnotre men, 3164.

fore-þanc, st. m., *forethought, consideration, deliberation:* nom. sg., 1061.

forht, adj., *fearful, cowardly:* nom. sg. forht, 2968; he on môde wearð forht on ferhðe, 755. — Comp. unforht.

forma, adj., *foremost, first:* nom. sg. forma sîð (*the first time*), 717, 1464, 1528, 2626; instr. sg. forman sîðe, 741, 2287; forman dôgore, 2574.

fyrmest, adv. superl., *first of all, in the first place:* he fyrmest läg, 2078.

forst, st. m., *frost, cold:* gen. sg. forstes bend, 1610.

for-þam, for-þan, for-þon, adv. and conj., *therefore, on that account, then:* forþam, 149; forþan, 418, 680, 1060; forþon þe, *because*, 503.

fôn, st. v., *to catch, to grasp, to take hold, to take:* prs. sg. III. fêhð ôðer tô, *another lays hold* (takes possession), 1756; inf. ic mid grâpe sceal fôn wið feónde, 439; pret. sg. him tôgeánes fêng, *caught at him, grasped at him*, 1543; w.

GLOSSARY.

dat. he þām frǣtwum fēng, *received the rich adornments* (Ongenþeów's equipment), 2990.

be-fōn, *to surround, to ensnare, to encompass, to embrace:* pret. part. hyne sār hafað ... nearwe befongen balwon bendum, 977; heó āðelinga ānne hāfde fāste befangen (*had seized him firmly*), 1296; helm... befongen freáwrāsnum (*encircled by an ornament like a diadem*), 1452; fenne bifongen, *surrounded by the fen*, 2010; (draca) fýre befongen, *encircled by fire*, 2275, 2596; hāfde landwara līge befangen, *encompassed by fire*, 2322.

ge-fōn, w. acc., *to seize, to grasp:* pres. he gefēng slǣpendne rinc, 741; gūðrinc gefēng atolan clommum, 1502; gefēng þā be eaxle ... Gūðgeáta leód Grendles mōdor, 1538; gefēng þā fetelhilt, 1564; hond rond gefēng, geolwe linde, 2610; ic on ōfoste gefēng micle mid mundum māgen-byrðenne, *hastily I seized with my hands the enormous burden*, 3091.

on-fōn, w. dat., *to receive, to accept, to take:* pres. imp. sg. onfōh þissum fulle, *accept this cup*, 1170; inf. þāt þāt þeódnes bearn ... scolde fāder-āðelum onfōn, *receive the paternal rank*, 912; pret. sg. hwā þām hlāste onfēng, *who received the ship's lading*, 52; bleórbolster onfēng eorles andwlitan, *the pillow received the nobleman's face*, 689; similarly, 853, 1495; heal swēge onfēng, *the hall received the loud noise*, 1215; he onfēng hraðe inwit-þancum, *he* (Beówulf) *at once received him* (Grendel) *devising malice*, 749.

þurh-fōn, w. acc., *to break through with grasping, to destroy by grasping:* inf. þāt heó þone fyrd-hom þurh-fōn ne mihte, 1505.

wið-fōn, w. dat., (*to grasp at*), *to seize, to lay hold of:* pret. sg. him fāste wið-fēng, 761.

ymbe-fōn, w. acc., *to encircle:* pret. heals ealne ymbefēng biteran bānum, *encircled his* (Beówulf's) *whole neck with sharp bones* (teeth), 2692.

fōt, st. m., *foot:* gen. sg. fōtes trem (*the measure of a foot, a foot broad*), 2526; acc. pl. fēt, 746; dat. pl. āt fōtum, *at the feet*, 500, 1167.

fōt-gemearc, st. n., *measure, determining by feet, number of feet:* gen. sg. se wās fīftiges fōtgemearces long (*fifty feet long*), 3043.

fōt-lāst, st. m., *foot-print:* acc. sg. (draca) onfand feóndes fōt-lāst, 2290.

fracod, adj., *objectionable, useless:* nom. sg. nās seó ecg fracod hilderince, 1576.

fram, from, I. prep. w. dat. loc. *away from something:* þǣr fram sylle ābeág medubenc monig, 776, 1716; þanon eft gewiton ealdgestðas ... fram mere, 856; cyning-balde men from þǣm holmclife hafelan bǣron, 1636; similarly, 541, 543, 2367. Standing after the dat.: he hine feor forwrāc ... mancynne fram, 110; similarly, 1716. Also, *hither from something:* þā ic cwom ... from feóndum, 420; ǣghwǣðrum wās ... brōga fram ðrum, 2566. — Causal with verbs of saying and hearing, *of, about, concerning:* sǣgdest from his stðe, 532; nō ic wiht fram þe swylcra searo-nīða secgan hýrde, 581; þāt he fram Sigemunde secgan hyrde, 876.

GLOSSARY. 177

II. adv., *away, thence:* nð þý ær fram meahte, 755; *forth, out:* from ærest cwom oruð aglæcean ût of stâne, *the breath of the dragon came forth first from the rock*, 2557.

fram, from, adj.: 1) *directed forwards, striving forwards;* in comp. stð-fram. — 2) *excellent, splendid*, of a man with reference to his warlike qualities: nom. sg. ic eom on môde from, 2528; nom. pl. frome fyrd-hwate, 1642, 2477. Of things: instr. pl. fromum feoh-giftum, 21. — Comp. un-from; see freme, forma.

ge-frägen. See frignan.

frätwe, st. f. pl., *ornament, anything costly*, originally *carved objects* (cf. Dietrich in Hpts. Ztschr. X. 216 ff.), afterwards of any costly and artistic work: acc. pl. frätwe, 2920; beorhte frätwe, 214; beorhte frätwa, 897; frätwe ... eorclanstânas, 1208; frätwe, ... breóstweorðunge, 2504, both times of Hygelâc's collar; frätwe and fätgold, 1922; frätwe (Eanmund's sword and armor), 2621; dat. instr. pl. þâm frätwum, 2164; on frätewum, 963; frätwum (Heaðobeard sword) hrêmig, 2055; frätwum, of the drake's treasures, 2785; frätwum (Ongenþeów's armor), 2990; gen. pl. fela ... frätwa, 37; þâra frätwa (drake's treasure), 2795; frätwa hyrde (drake), 3134.

frätwan, w. v., *to supply with ornaments, to adorn:* inf. folc-stede frätwan, 76.

ge-frätwian, w. v., *to adorn:* pret. sg. gefrätwade foldan sceátas leomum and leáfum, 96; pret. part. þâ wäs hâten Heort innanweard folmum gefrätwod, 993.

ge-fræge, adj., *known by reputation, renowned:* nom. sg. leódcyning ... folcum gefræge, 55; swâ hyt gefræge wäs, 2481.

ge-fræge, st. n., *information through hearsay:* instr. sg. mine gefræge (*as I learned through the narrative of others*), 777, 838, 1956, etc.

ge-frægnian, w. v., *to become known through hearsay:* pret. part. fylle gefrægnod (of Grendel's mother, who had become known through the carrying off of Äschere), 1334.

freca, w. m., properly *a wolf*, as one that breaks in, robs; here a designation of heroes: nom. sg. freca Scildinga, of Beówulf, 1564. — Comp.: gûð-, hilde-, scyld-, sweord-, wîg-freca; ferhð-frec (adj.).

fremde, adj., properly *distant, foreign;* then *estranged, hostile:* nom. sg. þät wäs fremde þeód êcean dryhtne, of the giants, 1692.

freme, adj., *excellent, splendid:* nom. sg. fem. fremu folces cwên, of Þryðo, 1933(?).

fremman, w. v., *to press forward, to further*, hence: 1) in general, *to perform, to accomplish, to do, to make:* pres. subj. without an object, fremme se þe wille, *let him do* (*it*) *whoever will*, 1004. With acc.: imp. pl. fremmað ge nu leóda þearfe, 2801; inf. fyrene fremman, 101; säcce fremman, 2500; fæhðe ... mærðum fremman, 2515, etc.; pret. sg. folcræd fremede (*did what was best for his men*, i.e. ruled wisely), 3007; pl. hû þâ äðelingas ellen fremedon, 3; feohtan fremedon, 960; nalles fâcenstafas ... þenden fremedon, 1020; pret. subj. þät ic ... mærðo fremede, 2135. — 2) *to help on, to support:* inf. þät he mec fremman wile wordum and worcum (to an expedition), 1833.

ge-fremman, w. acc., *to do, to make, to render :* inf. gefremman eorlīc ellen, 637; helpan gefremman, *to give help,* 2450; æfter weáspelle wyrpe gefremman, *to work a change after sorrow* (to give joy after sorrow), 1316; gerund, tô gefremmanne, 174, 2645; pret. sg. gefremede, 135, 165, 551, 585, etc.; þeáh þe hine mihtig god ... ofer ealle men forð gefremede, *placed him away, above all men,* i.e. raised him, 1719; pret. pl. gefremedon, 1188, 2479; pret. subj. gefremede, 177; pret. part. gefremed, 476; fem. nu sceale hafað ... dǽd gefremede, 941; absolutely, þu þe self hafast dǽdum gefremed, þǽt ... , *hast brought it about by thy deeds that,* 955.

fretan, st. v., *to devour, to consume :* inf. þá (the precious things) sceal brond fretan, 3015; nu sceal glêd fretan wīgena strengel, 3115; pret. sg. (Grendel) slǽpende frǽt folces Denigea fȳftyne men, 1582.

frêcne, adj., *dangerous, bold :* nom. sg. frêcne fȳr-draca, 2690; feorhbealo frêcne, 2251, 2538; acc. sg. frêcne dǽde, 890; frêcne fengelâd, 1360; frêcne stôwe, 1379; instr. sg. frêcnan sprǽce (*through provoking words*), 1105.

frêcne, adv., *boldly, audaciously,* 960, 1033, 1692.

freá, w. m., *ruler, lord,* of a temporal ruler : nom. sg. freá, 2286; acc. sg. freán, 351, 1320, 2538, 3003, 3108; gen. sg. freán, 359, 500, 1167, 1681; dat. sg. freán, 271, 291, 2663. Of a husband : dat. sg. eode ... tô hire freán sittan, 642. Of God : dat. sg. freán ealles, *the Lord of all,* 2795; gen. sg. freán, 27. — Comp. : âgend-, līf-, sin-freá.

freá-dryhten, st. m., *lord, ruling lord :* gen. sg. freá-drihtnes, 797.

freá-wine, st. m., *lord and friend, friendly ruler :* nom. sg. freá-wine folces (folca), 2358, 2430; acc. sg. his freá-wine, 2439.

freá-wrâsn, st. f., *encircling ornament like a diadem :* instr. pl. helm ... befongen freáwrâsnum, 1452; see wrâsn.

freoðu, friðu, f., *protection, asylum, peace :* acc. sg. wel bið þǽm þe môt ... tô fäder fæðmum freoðo wilnian, *who may obtain an asylum in God's arms,* 188; neán and feorran þu nu [friðu] hafast, 1175. — Comp. fen-freoðo.

freoðo-burh, st. f., *castle, city affording protection :* acc. sg. freoðoburh fägere, 522.

freoðo-wong, st. m., *field of peace, field of protection :* acc. sg., 2960; seems to have been the proper name of a field.

freoðo-wǽr, st. f., *peace-alliance, security of peace :* acc. sg. þá hie getrûwedon on twâ healfa fäste frioðu-wǽre, 1097; gen. sg. frioðowǽre bäd hlâford sinne, *entreated his lord for the protection of peace* (i.e. full pardon for his delinquency), 2283.

freoðo-webbe, w. f., pacis textrix, designation of the royal consort (often one given in marriage as a confirmation of a peace between two nations) : nom. sg., 1943.

freó-burh, st. f., = freá-burg (?), *ruler's castle* (?) (according to Grein, arx ingenua) : acc. sg. freóburh, 694.

freód, st. f., *friendship :* acc. sg. freóde ne woldon ofer heafo healdan, 2477; gen. sg. näs þær mâra fyrst freóde tô friclan, *was no longer time to seek for friendship*, 2557; —*favor, acknowledgement:* acc. sg. ic þe sceal mîne gelæstan freóde (*will show myself grateful*, with reference to 1381 ff.), 1708.

freó-dryhten (= freá-dryhten), st. m., *lord, ruler;* according to Grein, dominus ingenuus vel nobilis : nom. sg. as voc. freó-drihten mîn! 1170; dat. sg. mid his freó-dryhtne, 2628.

freógan, w. v., *to love ; to think of lovingly :* pres. subj. þät mon his wine-dryhten ... ferhðum freóge, 3178; inf. nu ic þec ... me for sunu wylle freógan on ferhðe, 949.

freó-lîc, adj., *free, free-born* (here of the lawful wife in contrast with the bond concubine): nom. sg. freólîc wîf, 616; freólîcu folc-cwên, 642.

freónd, st. m., *friend:* acc. sg. freónd, 1386, 1865; dat. pl. freóndum, 916, 1019, 1127; gen. pl. freónda, 1307, 1839.

freónd-laðu, st. f., *friendly invitation :* nom. sg. him wäs ful boren and freónd-laðu (*friendly invitation to drink*) wordum bewägned, 1193.

freónd-lâr, st. f., *friendly counsel:* dat. (instr.) pl. freónd-lârum, 2378.

freónd-lîce, adv., *in a friendly manner, kindly :* compar. freóndlîcor, 1028.

freónd-scipe, st. m., *friendship :* acc. sg. freónd-scipe fästne, 2070.

freó-wine, st. m. (see freáwine), *lord and friend, friendly ruler ;* according to Grein, amicus nobilis, princeps amicus : nom. sg. as voc. freó-wine folca! 430.

fricgean, w. v., *to ask, to inquire into :* inf. ongan sinne geseldan fägre fricgean hwylce Sæ-Geáta sîðas wæron, 1986; pres. part. gomela Scilding fela fricgende feorran rehte, *the old Scilding, asking many questions* (having many things related to him), *told of old times* (the conversation was alternate), 2107.

ge-fricgean, *to learn, to learn by inquiry :* pres. pl. syððan hie gefricgeað freán ûserne ealdorleásne, *when they learn that our lord is dead,* 3003; pres. subj. gif ic þät gefricge, þät ..., 1827; pl. syððan äðelingas feorran gefricgean fleám eówerne, 2890.

friclan (see freca), w. v. w. gen., *to seek, to desire, to strive for :* inf. näs þær mâra fyrst freóde tô friclan, 2557.

friðu-sib, st. f., *kin for the confirming of peace,* designation of the queen (see freoðo-webbe), *peacebringer :* nom. sg. friðu-sibb folca, 2018.

frignan, fringan, frînan, st. v., *to ask, to inquire :* imp. ne frîn þu äfter sælum, *ask not after the wellbeing!* 1323; inf. ic þäs wine Deniga frînan wille ... ymb þînne sîð, 351; pret. sg. frägn, 236, 332; frägn gif ..., *asked whether ...,* 1320.

ge-frignan, ge-fringan, ge-frinan, *to find out by inquiry, to learn by narration :* pret. sg. (w. acc.) þät fram hâm gefrägn Higelâces þegn Grendles dæda, 194; nô ic gefrägn heardran feohtan, 575 ; (w. acc. and inf.) þa ic wîde gefrägn weorc gebannan, 74; similarly, 2485, 2753, 2774; ne gefrägen ic þâ mægðe mâran weorode ymb hyra sincgyfan sêl gebæran, *I never heard that any people, richer in warriors, conducted*

itself better about its chief, 1012;
similarly, 1028; pret. pl. (w. acc.)
we þeodcyninga þrym gefrunon, 2;
(w. acc. and inf.) geongne gúð-
cyning gôdne gefrunon hringas
dǽlan, 1970; (parenthetical) swâ
guman gefrungon, 667; (after
þonne) medo-ärn micel (*greater*)
... þone yldo bearn æfre gefru-
non, 70; pret. part. häfde Hige-
láces hilde gefrunen, 2953; häfdon
gefrunen þät..., *had learned that*
..., 695; häfde gefrunen hwanan
sió fǽhð árás, 2404; healsbeága
mæst þára þe ic on foldan gefrägen
häbbe, 1197.

from. See **fram.**

frôd, adj.: 1) ætate provectus, *old,
gray:* nom. sg. frôd, 2626, 2951;
frôd cyning, 1307, 2210; frôd
folces weard, 2514; wintrum frôd,
1725, 2115, 2278; se frôda, 2929;
acc. sg. frôde feorhlege (*the laying
down of my old life*), 2801; dat.
sg. frôdan fyrnwitan (may also,
from its meaning, belong under
No. 2), 2124. — 2) mente excellen-
tior, *intelligent, experienced, wise:*
nom. sg. frôd, 1367; frôd and
gôd, 279; on môde frôd, 1845.—
Comp.: in-, un-frôd.

frôfor, st. f., *consolation, compensa-
tion, help:* nom. sg. frôfor, 2942;
acc. sg. frôfre, 7, 974; fyrena frô-
fre, 629; frôfre and fultum, 1274;
frôfor and fultum, 699; dat. sg. tô
frôfre, 14, 1708; gen. sg. frôfre,
185.

fruma (see **forma**), w. m., *the fore-
most,* hence: 1) *beginning:* nom.
sg. wäs se fruma egeslîc leódum
on lande, swâ hyt lungre wearð on
hyra sincgifan sâre geendod (*the be-
ginning of the dragon-combat was
terrible, its end distressing through
the death of Beówulf*), 2310. —
2) *he who stands first, prince;* in
comp. dǽd-, hild-, land-, leód-,
ord-, wîg-fruma.

frum-cyn, st. n., (genus primiti-
vum), *descent, origin:* acc. sg. nu
ic eówer sceal frumcyn witan, 252.

frum-gâr, st. m., primipilus, *duke,
prince:* dat. sg. frumgâre (of Beó-
wulf), 2857.

frum-sceaft, st. f., prima creatio,
beginning: acc. sg. se þe cûðe
frumsceaft fira feorran reccan, *who
could tell of the beginning of man-
kind in old times*, 91; dat. sg. frum-
sceafte, *in the beginning*, i.e at his
birth, 45.

fugol, st. m., *bird:* dat. sg. fugle
gelîcost, 218; dat. pl. [fuglum] tô
gamene, 2942.

ful, adj., *full, filled:* nom. sg. w.
gen. pl. se wäs innan full wrätta
and wîra, 2413. — Comp.: eges-,
sorh-, weorð-ful.

ful, adv., plene, *very:* ful oft, 480,
952.

ful, st. n., *cup, beaker:* nom. sg.,
1193; acc. sg. ful, 616, 629, 1026;
ofer ýða ful, *over the cup of the
waves* (the basin of the sea filled
with waves), 1209; dat. sg. onfôh
þissum fulle, 1170.—Comp.: medo-,
sele-full.

fullǽstian, w. v. w. dat., *to give
help:* pres. sg. ic þe fullǽstu, 2669.

fultum, st. m., *help, support, protec-
tion:* acc. sg. frôfor (frôfre) and
fultum, 699, 1274; mägenes ful-
tum, 1836; on fultum, 2663. —
Comp. mägen-fultum.

fundian, w. v., *to strive, to have in
view:* pres. pl. we fundiað Hige-
lâc sêcan, 1820; pret. sg. fundode
of geardum, 1138.

furðum, adv., primo. *just, exactly;*

GLOSSARY. 181

then first: þa ic furðum weóld folce Deninga, *then first governed the people of the Danes* (had just assumed the government), 465; þa hie tó sele furðum ... gangan cwômon, 323; ic þær furðum cwom tô þam hringsele, 2010; — *before, previously:* ic þe sceal mine gelæstan freóde, swâ wit furðum spræcon, 1708.

furður, adv., *further, forward, more distant,* 254, 762, 3007.

fûs, adj., *inclined to, favorable, ready:* nom. sg. nu ic eom siðes fûs, 1476; leófra manna fûs, *prepared for the dear men,* i.e. expecting them, 1917; sigel sûðan fûs, *the sun inclined from the south* (midday sun), 1967; se wonna hrefn fûs ofer fægum, *eager over the slain,* 3026; sceft ... feðer-gearwum fûs, 3120; nom. pl. wæron ... eft to leódum fûse tô farenne, 1806. — Sometimes fûs means *ready for death,* moribundus: fûs and fæge, 1242. — Comp.: hin-, ût-fûs.

fûs-lîc, adj., *prepared, ready:* acc. sg. fûs-lîc f[yrd]-leóð, 1425; fyrd-searo fûs-lîc, 2619; acc. pl. fyrd-searu fûs-lîcu, 232.

fyl, st. m., *fall:* nom. sg. fyll cyninges, *the fall of the king* (in the dragon-fight), 2913; dat. sg. þät he on fylle wearð, *that he came to a fall, fell,* 1545. — Comp. hrâ-fyl.

fylce (collective form from folc), st. n., *troop, band of warriors:* in comp. äl-fylce.

ge-fyllan (see feal), w. v., *to fell, to slay in battle:* inf. fâne gefyllan, *to slay the enemy,* 2656; pret. pl. feónd gefyldan, *they had slain the enemy,* 2707.

â-fyllan (see ful), w. v., *to fill:* pret. part. Heorot innan wäs freóndum âfylled (*was filled with trusted men*), 1019.

fyllo, st. f., *plenty, abundant meal:* dat. (instr.) sg. fylle gefrægnod, 1334; gen. sg. näs hie þære fylle gefeán häfdon, 562; fylle gefægon, 1015. — Comp.: wäl-, wist-fyllo.

fyl-wêrig, adj., *weary enough to fall, faint to death,* moribundus: acc. sg. fyl-wêrigne, 963.

fyr. See feor.

fyrian, w. v. w. acc. (= ferian), *to bear, to bring, carry:* pret. pl. þâ þe gif-sceattas Geáta fyredon þyder tô þance, 378.

fyras. See firas.

fyren. See firen.

fyrde, adj., *movable, that can be moved.* — Comp. hard-fyrde. — Leo.

fyrd-gestealla, w. m., *comrade on an expedition, companion in battle:* dat. pl. fyrd-gesteallum, 2874

fyrd-ham, st. m., *war-dress, coat of mail:* acc. sg. þone fyrd-hom, 1505.

fyrd-hrägl, st. n., *coat of mail, war-dress:* acc. sg. fyrd-hrägl, 1528.

fyrd-hwät, adj., *sharp, good in war, warlike:* nom. pl. frome fyrd-hwate, 1642, 2477.

fyrd-leóð, st. n., *war-song, warlike music:* acc. sg. horn stundum song fûslîc f[yrd]leóð, 1425.

fyrd-searu, st. n., *equipment for an expedition:* acc. sg. fyrd-searu fûslîc, 2619; acc. pl. fyrd-searu fûslîcu, 232.

fyrd-wyrðe, adj., *of worth in war, excellent in battle:* nom. sg. fyrd-wyrðe man (Beówulf), 1317.

ge-fyrðran (see forð), w. v., *to bring forward, to further:* pret. part. âr wäs on ôfoste, eftsîðes georn, fratwum gefyrðred, *he was hurried forward by the treasure* (i.e. after he had gathered up the treasure, he hasted to return, so as to be able to show it to the mortally-wounded Beówulf), 2785.

fyrmest. See forma.

fyrn-dagas, st. m. pl., *by-gone days:* dat. pl. fyrndagum (*in old times*), 1452.

fyrn-geweorc, st. n., *work, something done in old times:* acc. sg. fira fyrn-geweorc (the drinking-cup mentioned in 2283), 2287.

fyrn-gewin, st. n., *combat in ancient times:* gen. sg. ôr fyrn-gewinnes (*the origin of the battles of the giants*), 1690.

fyrn-man, st. m., *man of ancient times:* gen. pl. fyrn-manna fatu, 2762.

fyrn-wita, w. m., *counsellor ever since ancient times, adviser for many years:* dat. sg. frôdan fyrn-witan, of Äschere, 2124.

fyrst, st. m., *portion of time, definite time, time:* nom. sg. næs hit lengra fyrst, ac ymb âne niht..., 134; fyrst forð gewât, *the time* (of going to the harbor) *was past*, 210; næs þer mâra fyrst freóde tô friclan, 2556; acc. sg. niht-longne fyrst, 528; fíf nihta fyrst, 545; instr. sg. þý fyrste, 2574; dat. sg. him on fyrste gelomp..., *within the fixed time*, 76.

fyr-wit, -wet, -wyt, st. n., *prying spirit, curiosity:* nom. sg. fyrwyt, 232; fyrwet, 1986, 2785.

ge-fýsan (fús), w. v., *to make ready, to prepare:* part. winde gefýsed flota, *the ship provided with wind* (for the voyage), 217; (wyrm) fýre gefýsed, *provided with fire*, 2310; þâ wæs hringbogan (of the drake) heorte gefýsed sæcce to sêcanne, 2562; with gen., in answer to the question, for what? gûðe gefýsed, *ready for battle, determined to fight*, 631.

fýr, st. n., *fire:* nom. sg., 1367, 2702, 2882; dat. sg. fýre, 2220; as instr. fýre, 2275, 2596; gen. sg. fýres fäðm, 185; fýres feng, 1765.— Comp.: âd-, bæl-, heaðu-, wäl-fýr.

fýr-bend, st. m., *band forged in fire:* dat. pl. duru... fýr-bendum fäst, 723.

fýr-draca, w. m., *fire-drake, fire-spewing dragon:* nom. sg., 2690.

fýr-heard, adj., *hard through fire, hardened in fire:* nom. pl. (eoforlíc) fâh and fýr-heard, 305.

fýr-leóht, st. n., *fire-light:* acc. sg., 1517.

fýr-wylm, st. m., *wave of fire, flame-wave:* dat. pl. wyrm... fýrwylmum fâh, 2672.

G

galan, st. v., *to sing, to sound:* pres. sg. sorh-leóð gäleð, 2461; inf. gryre-leóð galan, 787; bearhtm ongeâton, gûðhorn galan, *heard the clang, the battle-trumpet sound*, 1433.

â-galan, *to sing, to sound:* pret. sg. þät hire on hafelan hringmæl âgôl grædig gûðleóð, *that the sword caused a greedy battle-song to sound upon her head*, 1522.

gamban, or, according to Bout., gambe, w. f., *tribute, interest:* acc. sg. gomban gyldan, 11.

gamen, st. n., *social pleasure, rejoicing, joyous doings:* nom. sg. gamen, 1161; gomen, 2460; gomen gleóbeâmes, *the pleasure of the harp*, 2264; acc. sg. gamen and

gleódreám, 3022; dat. sg. gamene, 2942; gomene, 1776.—Comp. heal-gamen.

gamen-wáð, st. f., *way offering social enjoyment, journey in joyous society:* dat. sg. of gomen-wáðe, 855.

gamen-wudu, st. m., *wood of social enjoyment*, i.e. harp: nom. sg. þær wǽs ... gomenwudu gréted, 1066; acc. sg. gomenwudu grétte, 2109.

gamol, gomol, gomel, adj., *old; of persons, having lived many years, gray:* gamol, 58, 265; gomol, 3096; gomel, 2113, 2794; se gomela, 1398; gamela (gomela) Scylding, 1793, 2106; gomela, 2932; acc. sg. þone gomelan, 2422; dat. sg. gamelum rince, 1678; gomelum ceorle, 2445; þam gomelan, 2818; nom. pl. blondenfeaxe gomele, 1596. — Also, *late, belonging to former time:* gen. pl. gomelra láfe (*legacy*), 2037. — Of things, *old, from old times:* nom. sg. sweord ... gomol, 2683; acc. sg. gomele láfe, 2564; gomel swyrd, 2611; g a m o l is a more respectful word than e a l d.

gamol-feax, adj., *with gray hair:* nom. sg., 609.

gang, st. m.: 1) *gait, way:* dat. sg. on gange, 1885; gen. sg. ic hine ne mihte ... ganges ge-twǽman, *could not keep him from going*, 969. — 2) *step, foot-step:* nom. sg. gang (the foot-print of the mother of Grendel), 1405; acc. sg. uton hraðe féran Grendles mágan gang sceáwigan, 1392. — Comp. in-gang.

be-gang, bi-gang, st. m., (*so far as something goes*), *extent:* acc. sg. ofer geofenes begang, *over the extent of the sea*, 362; ofer flóda begang, 1827; under swegles begong, 861, 1774; flóda begong, 1498; sioleða bigong, 2368.

gangan. See under **gán**.

ganot, st. m., *diver*, fulica marina: gen. sg. ofer ganotes bað (i.e. the sea), 1862.

gád, st. n., *lack:* nom. sg. ne bið þe wilna gád (*thou shalt have no lack of desirable* [valuable] *things*), 661; similarly, 950.

gán, *expanded* = **gangan**, st. v., *to go:* pres. sg. III. gǽð á Wyrd swa hió scel, 455; gǽð eft ... tó medo, 605; þonne he ... on flett gǽð, 2035; similarly, 2055; pres. subj. III. sg. gá þær he wille, *let him go whither he will*, 1395; imp. sg. II. gá nu tó setle, 1783; nu þu lungre geong, hord sceáwian, under hárne stán, 2744; inf. in gán, *to go in*, 386, 1645; forð gán, *to go forth, to go thither*, 1164; þæt hie him tó mihton gegnum gangan, *to go towards, to go to*, 314; tó sele ... gangan cwómon, 324; in a similar construction, gongan, 1643; nu ge móton gangan ... Hróðgár geseón, 395; þá com of móre ... Grendel gongan, *there came Grendel* (*going*) *from the fen*, 712; ongeán gramum gangan, *to go to meet the enemy, to go to the war*, 1035; cwom ... tó hofe gongan, 1975; wutun gangan tó, *let us go thither*, 2649. — As preterite, serve, 1) geóng or giong: he tó healle geóng, 926; similarly, 2019; se þe on orde geóng, *who went at the head, went in front*, 3126; on innan gióng, *went in*, 2215; he ... gióng tó þæs þe he eorðsele ánne wisse, *went thither, where he knew of that earth-hall*, 2410; þá se æðeling, gióng, þæt he bī wealle gesät, *then went the prince* (Beówulf) *that he might sit down* *by the wall*, 2716. — 2) gang : tô healle gang Healfdenes sunu, 1010; similarly, 1296; gang þå äfter flore, *went along the floor, along the hall*, 1317. — 3) gengde (Goth. gaggida) : he ... beforan gengde ..., wong sceáwian, *went in front to inspect the fields*, 1413; gengde, also of riding, 1402. — 4) from another stem, eode (Goth. iddja) : eode ellenrôf, þät he for eaxlum gestôd Deniga freán, 358; similarly, 403; [wið duru healle Wulfgâr eode], *went towards the door of the hall*, 390; eode Wealhþeów forð, *went forth*, 613; eode tô hire freán sittan, 641; eode yrremôd, *went with angry feeling*, 727; eode ... tô sele, 919; similarly, 1233; eode ... þær se snottra bâd, 1313; eode weorð Denum äðeling tô yppan, *the prince* (Beówulf), *honored by the Danes, went to the high seat*, 1815; eode ... under inwit-hrôf, 3124; pl. þær swlðferhðe sittan eodon, 493; eodon him þå tô-geánes, *went to meet him*, 1627; eodon under Earna näs, 3032.

â-gangan, *to go out, to go forth, to befall:* pret. part. swâ hit âgangen wearð eorla manegum (*as it befell many a one of the earls*), 1235.

full-gangan, *to emulate, to follow after:* pret. sg. þonne ... sceft nytte heóld, feðer-gearwum fûs flâne full-eode, *when the shaft had employment, furnished with feathers it followed the arrow, did as the arrow*, 3120.

ge-gân, ge-gangan : 1) *to go, to approach:* inf. (w. acc.) his môdor ... gegân wolde sorhfulne sið, 1278; se þe gryre-siðas gegân dorste, *who dared to go the ways of terror* (to go into the combat), 1463; pret. sg. se maga geonga under his mæges scyld elne geeode, *went quickly under his kinsman's shield*, 2677; pl. elne geeodon tô þäs þe ..., *went quickly thither where ...*, 1968; pret. part. syððan hie tô-gädre gegân häfdon, *when they* (Wlglaf and the drake) *had come together*, 2631; þät his aldres wäs ende gegongen, *that the end of his life had come*, 823; þå wäs ende-däg gôdum gegongen, þät se gûð-cyning ... swealt, 3037. — 2) *to obtain, to reach:* inf. (w. acc.) þonne he ät gûðe gegân þenceð longsumne lof, 1536; ic mid elne sceall gold gegangan, 2537; gerund, näs þät ýðe ceáp tô gegangenne gumena ænigum, 2417; pret. pl. elne geeodon ... þät se byrnwîga bûgan sceolde, 2918; pret. part. häfde ... gegongen þät, *had attained it, that* ..., 894; hord ys gesceáwod, grimme gegongen, 3086. — 3) *to occur, to happen:* pres. sg. III. gif þät gegangeð þät ..., *if that happen, that ...*, 1847; pret. sg. þät geiode ufaran dôgrum hilde-hlämmum, *it happened in later times to the warriors* (the Geátas), 2201; pret. part. þå wäs gegongen guman unfrôdum earfoðlíce þät, *then it had happened to the young man in sorrowful wise that* ..., 2822.

ôð-gangan, *to go thither:* pret. pl. oð þät hi ððeodon ... in Hrefnes-holt, 2935.

ofer-gangan, w. acc., *to go over:* pret. sg. ofereode þå äðelinga bearn steáp stân-hliðo, *went over steep, rocky precipices*, 1409; pl. freoðo-wong þone forð ofereodon, 2960.

ymb-gangan, w. acc., *to go around:* pret. ymb-eode þå ides Helminga duguðe and geogoðe dæl ægh-wylcne, *went around in every part, among the superior and the inferior warriors*, 621.

gâr, st. m., *spear, javelin, missile:* nom. sg., 1847, 3022; instr. sg. gâre, 1076; blôdigan gâre, 2441; gen. sg. gâres fliht, 1766; nom. pl. gâras, 328; gen. pl., 161(?). — Comp.: bon-, frum-gâr.

gâr-cêne, adj., *spear-bold:* nom. sg., 1959.

gâr-cwealm, st. m., *murder, death by the spear:* acc. sg. gâr-cwealm gumena, 2044.

gâr-holt, st. n., *forest of spears*, i.e. crowd of spears: acc. sg., 1835.

gâr-secg, st. m. (cf. Grimm, in Haupt I. 578), *sea, ocean:* acc. sg. on gâr-secg, 49, 537; ofer gâr-secg, 515.

gâr-wiga, w. m., *one who fights with the spear:* dat. sg. geongum gâr-wigan, of Wîglaf, 2675, 2812.

gâr-wîgend, pres. part., *fighting with spear, spear-fighter:* acc. pl. gâr-wigend, 2642.

gâst, gæst, st. m., *ghost, demon:* acc. sg. helle gâst (Grendel), 1275; gen. sg. wergan gâstes (of Grendel), 133; (of the tempter), 1748; gen. pl. dyrnra gâsta (Grendel's race), 1358; gæsta gîfrost (*flames consuming corpses*), 1124.— Comp.: ellor-, geó-sceaf-gâst; ellen-, wäl-gæst.

gâst-bana, w. m., *slayer of the spirit*, i.e. the devil: nom. sg. gâst-bona, 177.

gädeling, st. m., *he who is connected with another, relation, companion:* gen. sg. gädelinges, 2618; dat. pl. mid his gädelingum, 2950.

ät-gädere, adv., *together, united:* 321, 1165, 1191; samod ätgädere, 329, 387, 730, 1064.

tô-gädere, adv., *together*, 2631.

gäst, gist, gyst, st. m., *stranger, guest:* nom. sg. gäst, 1801; se gäst (the drake), 2313; se grimma gäst (Grendel), 102; gist, 1139, 1523; acc. sg. gryre-lîcne gist (the nixy slain by Beówulf), 1442; dat. sg. gyste, 2229; nom. pl. gistas, 1603; acc. pl. gäs[tas], 1894. — Comp.: fêde-, gryre-, inwit-, nîð-, sele-gäst (-gyst).

gäst-sele, st. m., *hall in which the guests spend their time, guest-hall:* acc. sg., 995.

ge, conj., *and*, 1341; ge ... ge ..., *as well ... as ...*, 1865; ge ... ge ..., ge ..., 1249; ge swylce, *and likewise, and moreover*, 2259.

ge, pron., *ye, you*, plur. of þu, 237, 245, etc.

gegn-cwide, st. m., *reply:* gen. pl. þinra gegn-cwida, 367.

gegnum, adv., *thither, towards, away*, with the prep. tô, ofer, giving the direction: þät hie him tô mihton gegnum gangan (*that they might go thither*), 314; gegnum fôr[þâ] ofer myrcan môr, *away over the dark moor*, 1405.

gehðu, geohðu, st. f., *sorrow, care:* instr. sg. giohðo mænde, 2268; dat. sg. on gehðo, 3096; on giohðe, 2794.

gen (from gegn), adv., *yet, again:* ne wäs hit lenge þâ gen, þät ..., *it was not then long again that ...*, 83; ic sceal forð sprecan gen ymb Grendel, *shall from now on speak again of Grendel*, 2071; nô þŷ ær ût þâ gen ... gongan wolde (*still he would not yet go out*), 2082; gen is eall ät þe lissa gelong (*yet all my favor belongs to thee*), 2150; þâ gen, *then again*, 2678, 2703; swâ he nu gen dêð, *as he still does*, 2860; furður gen, *further still, besides*, 3007; nu gen, *now again*, 3169; ne gen, *no more, no farther:* ne wǽs þæt wyrd þá gen, *that was no more fate* (fate no longer willed that), 735.

gena, *still:* cwico wǽs þá gena, *was still living*, 3094.

genga, w. m., *goer;* in comp. in-, sǽ-, sceadu-genga.

gengde. See gán (3).

genge. See ûð-genge.

genunga (from gegnunga), adv., *precisely, completely*, 2872.

gerwan, gyrwan, w. v.: 1) *to prepare, to make ready, to put in condition:* pret. pl. gestsele gyredon, 995. — 2) *to equip, to arm for battle:* pret. sg. gyrede hine Beówulf eorl-gewǽdum (*dressed himself in the armor*), 1442.

ge-gyrwan: 1) *to make, to prepare:* pret. pl. him þá gegiredan Geáta leóda ád . . . unwáclícne, 3138; pret. part. glóf . . . eall gegyrwed deófles cræftum and dracan fellum, 2088. — 2) *to fit out, to make ready:* inf. ceól gegyrwan hilde-wǽpnum and heaðowǽdum, 38; hét him ýðlidan gódne gegyrwan, *had (his) good ship fitted up for him*, 199. Also, *to provide warlike equipment:* pret. part. syððan he hine tó gúðe gegyred háfde, 1473. — 3) *to endow, to provide, to adorn:* pret. part. nom. sg. beado-hrágl . . . golde gegyrwed, 553; acc. sg. láfe . . . golde gegyrede, 2193; acc. pl. mádmas . . . golde gegyrede, 1029.

getan, w. v., *to injure, to slay:* inf., 2941.

be-géte, adj., *to find, to attain;* in comp. eð-begéte.

geador, adv., *unitedly, together,*

jointly, 836; geador ætsomne, 491.

on-geador, adv., *unitedly, together*, 1596.

gealdor, st. n.: 1) *sound:* acc. sg. býman gealdor, 2944. — 2) *magic song, incantation, spell:* instr. sg. þonne wæs þæt yrfe . . . galdre bewunden (*placed under a spell*), 3053.

gealga, w. m., *gallows:* dat. sg. þæt his byre ride giong on galgan, 2447.

gealg-móð, adj., *gloomy:* nom. sg. gífre and galgmóð, 1278.

gealg-treów, st. n., *gallows:* dat. pl. on galg-treówu[m], 2941.

geard, st. m., *residence;* in Beówulf corresponding to the house-complex of a prince's residence, used only in the plur.: acc. in geardas (*in Finn's castle*), 1135; dat. in geardum, 13, 2460; of geardum, 1139; ǽr he on weg hwurfe . . . of geardum, *before he went away from his dwelling-place*, i.e. died, 265. — Comp. middan-geard.

gearo, adj., properly, *made, prepared;* hence, *ready, finished, equipped:* nom. sg. þæt hit wearð eal gearo, heal-ærna mæst, 77; wiht unhǽlo . . . gearo sóna wæs, *the demon of destruction was quickly ready, did not delay long*, 121; Here-Scyldinga betst beadorinca wæs on bǽl gearu, *was ready for the funeral-pile* (for the solemn burning), 1110; þeód (is) eal gearo, *the warriors are altogether ready, always prepared*, 1231; braðe wæs æt holme hýð-weard gearo (geara, MS.), 1915; gearo gúð-freca, 2415; sie sió bǽr gearo ædre geæfned, *let the bier be made ready at once*, 3106. With gen.: gearo gyrnwrǽce, *ready for revenge for harm done*, 2119; acc. sg. gearwe stôwe, 1007; nom. pl. beornas gearwe, 211; similarly, 1814.

gearwe, gearo, geare, adv., *completely, entirely:* ne ge ... gearwe ne wisson, *you do not know at all* ..., 246; similarly, 879; hine gearwe geman witena welhwylc (*remembers him very well*), 265; wisse he gearwe þæt ..., *he knew very well that* ..., 2340, 2726; þæt ic ... gearo sceáwige swegle searogimmas (*that I may see the treasures altogether, as many as they are*), 2749; ic wât geare þæt ..., 2657.—Comp. gearwor, *more readily, rather*, 3077.— Superl. gearwost, 716.

gearo-folm, adj., *with ready hand*, 2086.

gearwe, st. f., *equipment, dress;* in comp. feðer-gearwe.

geat, st. n., *opening, door;* in comp. ben-, hilde-geat.

geato-lîc, adj., *well prepared, handsome, splendid:* of sword and armor, 215, 1563, 2155; of Heorot, 308. Adv.: wîsa fengel geatolîc gengde, *passed on in a stately manner*, 1402.

geatwe, st. f. pl., *equipment, adornment:* acc. recedes geatwa, *the ornaments of the dragon's cave* (its treasures), 3089.—Comp.: eóred-, gryre-, gûð-, hilde-, wîg-geatwe.

geán (from gegn), adv. in on-geán, adv. and prep., *against, towards:* þæt he me ongeán sleá, 682; ræhte ongeán feónd mid folme, 748; foran ongeán, *forward towards*, 2365. With dat.: ongeán gramum, *against the enemy*, 1035.

tô-geánes, tô-gênes, prep, *against, towards:* Grendle tôgeánes, *towards Grendel, against Grendel*, 667; grâp þâ tôgeánes, *she grasped at* (Beówulf), 1502; similarly, him tôgeánes fêng, 1543; eodon him þâ tôgeánes, *went towards him*, 1627; hêt þâ gebeódan ... þæt hie bæl-wudu feorran feredon gôdum tôgênes, *had it ordered that they should bring the wood from far for the funeral-pyre towards the good man* (i.e. to the place where the dead Beówulf lay), 3115.

geáp, adj., *roomy, extensive, wide:* nom. sg. reced ... geáp, *the roomy hall*, 1801; acc. sg. under geápne hrôf, 837.—Comp.: horn-, sæ-geáp.

geâr, st. n., *year:* nom. sg., 1135; gen. pl. geâra, in adverbial sense, olim, *in former times*, 2665. See un-geâra.

geâr-dagas, st. m. pl., *former days:* dat. pl. in(on) geâr-dagum, 1, 1355.

geofe. See gifu.

geofon, gifen, gyfen (see Kuhn Zeitschr. I. 137), st. n., *sea, flood:* nom. sg. geofon, 515; gifen geótende, *the streaming flood*, 1691; gen. sg. geofenes begang, 362; gyfenes, 1395.

geogoð, st. f.: 1) *youth, time of youth:* dat. sg. on geogoðe, 409, 466, 2513; on giogoðe, 2427; gen. giogruðe, 2113. — 2) contrasted with duguð, *the younger warriors of lower rank* (about as in the Middle Ages, the squires with the knights): nom. sg. geogoð, 66; giogoð, 1191; acc. sg. geogoðe, 1182; gen. duguðe and geogoðe, 160; duguðe and iogoðe (geogoðe), 1675, 622.

geoguð-feorh, st. n., *age of youth*, i.e. age in which one still belongs in the ranks of the geogoð: on geogoð-(geoguð-)feore, 537, 2665.

geohðo. See gehðo.

geolo, adj., *yellow:* acc. sg. geolwe linde (*the shield of yellow linden bark*), 2611.

geolo-rand, st. m., *yellow shield* (shield with a covering of interlaced yellow linden bark): acc. sg., 438.

geond, prep. w. acc., *through, throughout, along, over:* geond þisne middangeard, *through the earth, over the earth*, 75; wīde geond eorðan, 266, 3100; férdon folctogan ... geond wīd-wegas, *went along the ways coming from afar*, 841; similarly, 1705; geond þāt sǣld, *through the hall, through the extent of the hall*, 1281; similarly, 1982, 2265.

geong, adj., *young, youthful:* nom. sg., 13, 20, 855, etc.; giong, 2447; w. m. se maga geonga, 2676; acc. sg. geongne gūðcyning, 1970; dat. sg. geongum, 1949, 2045, 2675, etc.; on swā geongum feore, *at a so youthful age*, 1844; geongan cempan, 2627; acc. pl. geonge, 2019; dat. pl. geongum and ealdum, 72.—Superl. gingest, *the last:* nom. sg. w. f. gingeste word, 2818.

georn, adj., *striving, eager,* w. gen. of the thing striven for: eft stōes georn, 2784.— Comp. lof-georn.

georne, adv., *readily, willingly:* þāt him wine-māgas georne hȳrdon, 66; georne trūwode, 670.— *zealously, eagerly:* sōhte georne āfter grunde, *eagerly searched over the ground*, 2295.— *carefully, industriously:* nō ic him þās georne ātfealh (*did not hold him so fast*), 969.— *completely, exactly:* comp. wiste hē geornor, 822.

geó, iú, adv., *once, formerly, earlier,* 1477; gió, 2522; iú, 2460.

geóc, st. f., *help, support:* acc. sg. geóce gefremman, 2675; þæt him gást-bona geóce gefremede wið þeód-þreáum, 177; geóce gelȳfde, *believed in the help* (of Beówulf), 609; dat. sg. tō geóce, 1835.

geócor, adj., *ill, bad:* nom. sg., 766. — See Haupt's Zeitschrift 8, p. 7.

geó-man, iú-man, st. m., *man of former times:* gen. pl. iú-manna, 3053.

geó-meowle, w. f., (*formerly a virgin*), *wife:* acc. sg. ió-meowlan, 2932.

geōmor, adj., *with depressed feelings, sad, troubled:* nom. sg. him wæs geōmor sefa, 49, 2420, 2633, 2951; mōdes geōmor, 2101; fem. þæt wæs geōmuru ides, 1076.

geōmore, adv., *sadly,* 151.

geōmor-gid, st. n., *dirge:* acc. sg. giōmor-gyd, 3151.

geōmor-līc, adj., *sad, painful:* swā bið geōmorlīc gomelum ceorle tō gebīdanne þæt ..., *it is painful to an old man to experience it, that* ..., 2445.

geōmor-mōd, adj., *sad, sorrowful:* nom. sg., 2045, 3019; giōmor-mōd, 2268.

geōmrian, w. v., *to complain, to lament:* pret. sg. geōmrode giddum, 1119.

geó-sceaft, st. f., (*fixed in past times*), *fate:* acc. sg. geósceaft grimme, 1235.

geósceaft-gást, st. m., *demon sent by fate:* gen. sg. fela geósceaft-gásta, of Grendel and his race, 1267.

geótan, st. v. intrans., *to pour, to flow, to stream:* pres. part. gifen geótende, 1691.

gicel, st. m., *icicle:* in comp. hilde-gicel.

gid, gyd, st. n., *speech, solemn alli-*

GLOSSARY. 189

terative song: nom. sg. þǽr wǽs ... gid oft wrecan, 1066; leóð wǽs ásungen, gleómannes gyd, *the song was sung, the gleeman's lay*, 1161; þǽr wǽs gidd and gleó, 2106; acc. sg. ic þis gid áwrǽc, 1724; gyd áwrǽc, 2109; gyd äfter wrǽc, 2155; þonne he gyd wrece, 2447; dat. pl. giddum, 151, 1119; gen. pl. gydda gemyndig, 869. — Comp.: geômor-, word-gid.

giddian, w. v., *to speak, to speak in alliteration:* pret. gyddode, 631.

gif, conj.: 1) *if*, w. ind., 442, 447, 527, 662, etc.; gyf, 945, etc. With subj., 452, 594, 1482, etc.; gyf, 280, 1105, etc. — 2) *whether*, w. ind., 272; w. subj., 1141, 1320.

gifa, geofa, w. m., *giver;* in comp. gold-, sinc-, wil-gifa (-geofa).

gifan, st. v., *to give:* inf. giofan, 2973; pret. sg. nallas beágas geaf Denum, 1720; he me [máðmas] geaf, 2147; and similarly, 2174, 2432, 2624, etc.; pret. pl. geâfon (hyne) on gârsecg, 49; pret. part. þâ wǽs Hrôðgâre here-spêd gyfen, 64; þâ wǽs gylden hilt gamelum rince ... on hand gyfen, 1679; syððan ǽrest wearð gyfen ... geongum cempan (*given in marriage*), 1949.

â-gifan, *to give, to impart:* inf. andsware ... âgifan, *to give an answer*, 355; pret. sg. sôna him se fróda fäder Ôhtheres ... ondslyht âgeaf (*gave him a counter-blow*), (*hand-blow?*), 2930.

for-gyfan, *to give, to grant:* pret. sg. him þǽs lîf-freá ... worold-âre forgeaf, 17; þǽm tô hâm forgeaf Hrêðel Geáta ângan dôhtor (*gave in marriage*), 374; similarly, 2998; he me lond forgeaf, *granted me land*, 2493; similarly, 697, 1021, 2607, 2617; mägen-rǽs forgeaf hilde-bille, *he gave with his battle-sword a mighty blow*, i.e. he struck with full force, 1520.

of-gifan, (*to give up*), *to leave:* inf. þät se mǽra maga Ecgþeówes grund-wong þone ofgyfan wolde (*was fated to leave the earth-plain*), 2589; pret. sg. þǽs worold ofgeaf gromheort guma, 1682; similarly, gumdreám ofgeaf, 2470; Dena land ofgeaf, 1905; pret. pl. nǽs ofgeâfon hwate Scyldingas, *left the promontory*, 1601; þät þâ hildlatan holt ofgêfan, *that the cowards left the wood* (into which they had fled), 2847; sg. pret. for pl. þâra þe þis [lîf] ofgeaf, 2252.

gifeðe, adj., *given, granted:* Gûð-fremmendra swylcum gifeðe bið þät ..., *to such a warrior is it granted that* ..., 299; similarly, 2682; swâ me gifeðe wǽs, 2492; þǽr me gifeðe swâ ǽnig yrfeweard äfter wurde, *if an heir*, (living) *after me, had been given me*, 2731. — Neut. as subst.: wǽs þät gifeðe tô swîð, þe þone [þeóden] þyder ontyhte, *the fate was too harsh that has drawn hither the king*, 3086; gyfeðe, 555, 820. — Comp. un-gifeðe.

gif-heal, st. f., *hall in which fiefs were bestowed, throne-hall:* acc. sg. ymb þâ gifhealle, 839.

gif-sceat, st. m., *gift of value:* acc. pl. gif-sceattas, 378.

gif-stôl, st. m., *seat from which fiefs are granted, throne:* nom. sg., 2328; acc. sg., 168.

gift, st. f., *gift, present:* in comp. feoh-gift.

gifu, geofu, st. f., *gift, present, grant; fief:* nom. sg. gifu, 1885·

acc. sg. gimfǣste gife þe him god sealde, *the great gift that God had granted him* (i.e. the enormous strength), 1272; ginfǣstan gife þe him god sealde, 2183; dat. pl. (as instr.) geofum, 1959; gen. pl. gifa, 1931; geofena, 1174. — Comp.: māððum-, sinc-gifu.

gigant, st. m., *giant:* nom. pl. gigantas, 113; gen. pl. giganta, 1563, 1691.

gild, gyld, st. n., *reparation:* in comp. wiðer-gyld (?).

gildan, gyldan, st. v., *to do something in return, to repay, to reward, to pay:* inf. gomban gyldan, *pay tribute,* 11; he mid gôde gyldan wille uncran eaferan, 1185; we him þā gūðgeatwa gyldan woldon, 2637; pret. sg. heaðorǣsas geald mearum and māðmum, *repaid the battles with horses and treasures,* 1048; similarly, 2492; geald þone gūðrǣs ... Jofore and Wulfe mid ofermāðmum, *repaid Eofor and Wulf the battle with exceedingly great treasures,* 2992.

an-gildan, *to pay for:* pret. sg. sum sāre angeald æfenrǣste, *one* (Æschere) *paid for the evening-rest with death's pain,* 1252.

ā-gildan, *to offer one's self:* pret. sg. þā me sǣl āgeald, *when the favorable opportunity offered itself,* 1666; similarly, þā him rūm āgeald, 2691.

for-gildan, *to repay, to do something in return, to reward:* pres. subj. sg. III. alwalda þec gôde forgylde, *may the ruler of all reward thee with good,* 957; inf. þone ænne hēht golde forgyldan, *he ordered that the one* (killed by Grendel) *be paid for* (atoned for) *with gold,* 1055; he ... wolde Grendle for-gyldan gūðrǣsa fela, *wished to pay Grendel for many attacks,* 1578; wolde se lāða līge forgyldan drincfāt dȳre, *the enemy wished to repay with fire the costly drinking vessel* (the theft of it), 2306; pret. sg. he him þǣs leán forgeald, *he gave them the reward therefor,* 114; similarly, 1542, 1585, 2095; forgeald hraðe wyrsan wrixle wālhlem þone, *repaid the murderous blow with a worse exchange,* 2969.

gilp, gylp, st. m., *speech in which one promises great things for himself in a coming combat, defiant speech, boasting speech:* acc. sg. hǣfde ... Geát-mecga leód gilp gelǣsted (*had fulfilled what he had claimed for himself before the battle*), 830; nallas on gylp seleð fǣtte beágas, *gives no chased gold rings for a boastful speech,* 1750; þāt ic wið þone gūðflogan gylp oferfitte, *restrain myself from the speech of defiance,* 2529; dat. sg. gylpe wiðgripan (*fulfil my promise of battle*), 2522.—Comp. dolgilp.

gilpan, gylpan, st. v. w. gen., acc., and dat., *to make a defiant speech, to boast, to exult insolently:* pres. sg. I. nô ic þǣs gilpe (after a break in the text), 587; sg. III. morðres gylpeð, *boasts of the murder,* 2056; inf. swā ne gylpan þearf Grendles maga ǣnig ... uhthlem þone, 2007; nealles folc-cyning fyrdgesteallum gylpan þorfte, *had no need to boast of his fellow-warriors,* 2875; pret. sg. hrēðsigora ne gealp goldwine Geáta, *did not exult at the glorious victory* (could not gain the victory over the drake), 2584.

gilp-cwide, st. m., *speech in which a man promises much for himself*

for a coming combat, speech of defiance: nom. sg., 641.
gilp-hläden, pret. part., *laden with boasts of defiance* (i.e. he who has made many such boasts, and consequently has been victorious in many combats), *covered with glory:* nom. sg. guma gilp-hläden, 869.
gilp-spræc, same as gilp-cwide, *speech of defiance, boastful speech:* dat. sg. on gylp-spræce, 982.
gilp-word, st. n., *defiant word before the coming combat, vaunting word:* gen. pl. gespräc ... gylp-worda sum, 676.
gim, st. m., *gem, precious stone, jewel:* nom. sg. heofones gim, *heaven's jewel*, i.e. the sun, 2073. Comp. searo-gim.
gimme-ríce, adj., *rich in jewels:* acc. sg. gimme-ríce hord-burh häleða, 466.
gin (according to Bout., ginne), adj., properly *gaping*, hence, *wide, extended:* acc. sg. gynne grund (*the bottom of the sea*), 1552.
gin-fæst, adj., *extensive, rich:* acc. sg. gim-fæste gife (gim-, on account of the following *f*), 1272; in weak form, gin-fæstan gife, 2183.
ginnan, st. v., original meaning, *to be open, ready;* in
on-ginnan, *to begin, to undertake:* pret. ðð þät án ongan fyrene fremman feónd on helle, 100; secg eft ongan stð Beówulfes snyttrum styrian, 872; þá þät sweord ongan ... wanian, *the sword began to diminish,* 1606; Higelác ongan sínne geseldan ... fägre fricgean, *began with propriety to question his companion,* 1984, etc.; ongon, 2791; pret. pl. nð her cúðlícor cuman ongunnon lindhäbbende, *no shield-bearing men e'er undertook more openly to come hither,* 245; pret. part. hähbe ic mærða fela ongunnen on geogoðe, *have in my youth undertaken many deeds of renown,* 409.
gist. See gäst.
gistran, adv., *yesterday:* gystran niht, *yesterday night,* 1335.
git, pron., *ye two*, dual of þu, 508, 512, 513, etc.
git, gyt, adv., *yet; then still,* 536, 1128, 1165, 2142; *hitherto,* 957; næfre git, *never yet,* 853; *still,* 945, 1059, 1135; *once more,* 2513; *moreover,* 47, 1051, 1867.
gitan (original meaning, *to take hold of, to seize, to attain*), in
be-gitan, w. acc., *to grasp, to seize, to reach:* pret. sg. begeat, 1147, 2231; þá hine wíg beget, *when war seized him, came upon him,* 2873; similarly, begeat, 1069; pret. pl. hit ær on þe góde be-geáton, *good men received it formerly from thee,* 2250; subj. sg. for pl. þät wäs Hróðgáre hreówa tornost þára þe leódfruman lange begeáte, *the bitterest of the troubles that for a long time had befallen the people's chief,* 2131.
for-gitan, w. acc., *to forget:* pres. sg. III. he þá forðgescexft forgyteð and forgýmeð, 1752.
an-gitan, on-gitan, w. acc.: 1) *to take hold of, to grasp:* imp. sg. gumcyste ongit, *lay hold of manly virtue, of what becomes the man,* 1724; pret. sg. þe hine se bróga angeat, *whom terror seized,* 1292. — 2) *to grasp intellectually, to comprehend, to perceive, to distinguish, to behold:* pres. subj. I. þät ic ærwelan ... ongite, *that I may behold the ancient wealth* (the treasures of the drake's cave), 2749; inf. säl

timbred ... ongytan, 308, 1497; Geáta clifu ongitan, 1912; pret. sg. fyren-þearfe ongeat, *had perceived their distress from hostile snares*, 14; ongeat ... grund-wyrgenne, *beheld the she-wolf of the bottom*, 1519; pret. pl. bcarhtm ongeâton, gûðhorn galan, *perceived the noise*, (heard) *the battle-trumpet sound*, 1432; syððan hie Higelâces horn and býman gealdor ongeâton, 2944.

gifre, adj., *greedy, eager:* nom. sg. gifre and galgmôd, of Grendel's mother, 1278. — Superl.: lig ..., gæsta gifrost, 1124. — Comp. heorogifre.

gitsian, w. v., *to be greedy:* pres. sg. III. gýtsað, 1750.

glo-, gló-. See geo-, geó-.

gladian, w. v., *to gleam, to shimmer:* pres. pl. III. on him gladiað gomelra lâfe, *upon him gleams the legacy of the men of ancient times* (armor), 2037.

glǣd, adj., *gracious, friendly* (as a form of address for princes): nom. sg. beó wið Geátas glǣd, 1174; acc. sg. glǣdne Hrôðgâr, 864; glǣdne Hrôðulf, 1182; dat. sg. gladum suna Frôdan, 2026.

glǣde, adv., *in a gracious, friendly way*, 58.

glǣdnian, w. v., *to rejoice:* inf. w. gen., 367.

glǣd-môd, adj., *joyous, glad*, 1786.

glêd, st. f., *fire, flame:* nom. sg., 2653, 3115; dat. (instr.) pl. glêdum, 2313, 2336, 2678, 3042.

glêd-egesa, w. m., *terror on account of fire, fire-terror:* nom. sg. glêdegesa grim (*the fire-spewing of the drake*), 2651.

gleáw (Goth. glaggwu-s), adj., *considerate, well-bred*, of social conduct; in comp. un-gleáw.

gleó, st. n., *social entertainment*, (especially by music, play, and jest): nom. sg. þær wǣs gidd and gleó, 2106.

gleó-beám, st. m., *(tree of social entertainment, of music), harp:* gen. sg. gleó-beámes, 2264.

gleó-dreám, st. m., *joyous carrying-on in social entertainment, mirth, social gaiety:* acc. sg. gamen and gleó-dreám, 3022.

gleó-man, m., *(gleeman, who enlivens the social entertainment, especially with music), harper:* gen. sg. gleómannes gyd, 1161.

glitinian (O.H.G. glizinôn), w. v., *to gleam, to light, to glitter:* inf. geseah þâ ... gold glitinian, 2759.

glîdan, st. v., *to glide:* pret. sg. syððan heofones gim glâd ofer grundas, *after heaven's gem had glided over the fields* (after the sun had set), 2074; pret. pl. glidon ofer gârsecg, *you glided over the ocean* (swimming), 515.

tô-glîdan (*to glide asunder*), *to separate, to fall asunder:* pret. gûð-helm tô-glâd (Ongenþeów's helmet was split asunder by the blow of Eofor), 2488.

glôf, st. f., *glove:* nom. sg. glôf hangode, (on Grendel) *a glove hung*, 2086.

gneáð, adj., *niggardly:* nom. sg. f. nǣs hió ... tô gneáð gifa Geáta leódum, *was not too niggardly with gifts to the people of the Geátas*, 1931.

gnorn, st. m., *sorrow, sadness:* acc. sg. gnorn þrowian, 2659.

gnornian, w. v., *to be sad, to complain:* pret. sg. earme ... ides gnornode, 1118.

be-gnornian, w. acc., *to bemoan, to mourn for:* pret. pl. begnornodon ... hlâfordes [hry]re, *bemoaned their lord's fall*, 3180.

god, st. m., *god:* nom. sg., 13, 72, 478, etc.; hâlig god, 381, 1554; witig god, 686; mihtig god, 702; acc. sg. god, 812; ne wiston hie drihten god, *did not know the Lord God*, 181; dat. sg. gode, 113, 227, 626, etc.; gen. sg. godes, 570, 712, 787, etc.

gold, st. n., *gold:* nom. sg., 3013, 3053; icge gold, 1108; wunden gold, *wound gold, gold in ringform*, 1194, 3136; acc. sg. gold, 2537, 2759, 2794, 3169; hæðen gold, *heathen gold* (that from the drake's cave), 2277; brâd gold, *massive gold*, 3106; dat. instr. sg. golde, 1055, 2932, 3019; fättan golde, *with chased gold, with gold in plate-form*, 2103; gehroden golde, *covered with gold, gilded*, 304; golde gegyrwed (gegyrede), *provided with, ornamented with gold*, 553, 1029, 2193; golde geregnad, *adorned with gold*, 778; golde fâhne (hrôf), *the roof shining with gold*, 928; bunden golde, *bound with gold* (see under **bindan**), 1901; hyrsted golde (helm), *the helmet ornamented with, mounted with gold*, 2256; gen. sg. goldes, 2302; fättan goldes, 1094, 2247; sciran goldes, *of pure gold*, 1695. — Comp. fāt-gold.

gold-æht, st. f., *possessions in gold, treasure:* acc. sg., 2749.

gold-fâh, adj., *variegated with gold, shining with gold:* nom. sg. reced ... gold-fâh, 1801; acc. sg. gold-fâhne helm, 2812; nom. pl. gold-fâg scinon web äfter wagum, *variegated with gold, the tapestry gleamed along the walls*, 995.

gold-gifa, w. m., *gold-giver*, desig-nation of the prince: acc. sg. mid minne goldgyfan, 2653.

gold-hroden, pret. part., (*covered with gold*), *ornamented with gold:* nom. sg., 615, 641, 1949, 2026; epithet of women of princely rank.

gold-hwät, adj., *striving after gold, greedy for gold:* næs he goldhwät, *he* (Beówulf) *was not greedy for gold* (he did not fight against the drake for his treasure, cf. 3067 ff.), 3075.

gold-mâðm, st. m., *jewel of gold:* acc. pl. gold-mâðmas (the treasures of the drake's cave), 2415.

gold-sele, st. m., *gold-hall*, i.e. the hall in which the gold was distributed, ruler's hall: acc. sg., 716, 1254; dat. sg. gold-sele, 1640, 2084.

gold-weard, st. m., *gold-ward, defender of the gold:* acc. sg. (of the drake), 3082.

gold-wine, st. m., *friend who distributes gold*, i.e. ruler, prince: nom. sg. (partly as voc.) goldwine gumena, 1172, 1477, 1603; goldwine Geáta, 2420, 2585.

gold-wlanc, adj., *proud of gold:* nom. sg. guðrinc goldwlanc (Beówulf rewarded with gold by Hrôðgâr on account of his victory), 1882.

gomban, gomel, gomen. See **gamban, gamal, gamen.**

gong, gongan. See **gang, gangan.**

gôd, adj., *good, fit*, of persons and things: nom. sg., 11, 195, 864, 2264, 2391, etc.; frôd and gôd, 279; w. dat. cyning äðelum gôd, *the king noble in birth*, 1871; guncystum gôd, 2544; w. gen. wes þu ûs lârena gôd, *be good to us with teaching* (help us thereto through thy instruction), 269; in weak form, se gôda, 205, 355, 676, 1191, etc.; acc. sg. gôdne, 199, 347, 1596, 1970, etc.; gumcystum gôdne, 1487; neut. gôd, 1563; dat. sg. gôdum, 3037, 3115; þâm gôdan, 384, 2328; nom. pl. gôde, 2250; þâ gôdan, 1164; acc. pl. gôde, 2642; dat. pl. gôdum dædum, 2179; gen. pl. gôdra gûðrinca, 2649.—Comp. ær-gôd.

gôd, st. n.: 1) *good that is done, benefit, gift*: instr. sg. gôde, 20, 957, 1185; gôde mære, *renowned on account of her gifts* (Þrýðo), 1953; instr. pl. gôdum, 1962.—2) *ability*, especially in fight: gen. pl. nât he þâra gôda, 682.

gram, adj., *hostile*: gen. sg. on grames grâpum, *in the gripe of the enemy* (Beówulf), 766; nom. pl. þâ graman, 778; dat. pl. gramum, 424, 1035.

gram-heort, adj., *of a hostile heart, hostile*: nom. sg. grom-heort guma, 1683.

gram-hydig, adj., *with hostile feeling, maliciously inclined*: nom. sg. gromhydig, 1750.

grâp, st. f., *the hand ready to grasp, hand, claw*: dat. sg. mid grâpe, 438; on grâpe, 555; gen. sg. eal ... Grendles grâpe, *all of Grendel's claw, the whole claw*, 837; dat. pl. on grames grâpum, 766; (as instr.) grimman grâpum, *with grim claws*, 1543.—Comp.: feónd-, hilde-grâp.

grâpian, w. v., *to grasp, to lay hold of, to seize*: pret. sg. þât hire wið halse heard grâpode, *that* (the sword) *griped hard at her neck*, 1567; he ... grâpode gearofolm, *he took hold with ready hand*, 2086.

grâs-molde, w. f., *grass-plot*: acc. sg. græsmoldan trâd, *went over the grass-plot*, 1882.

grædig, adj., *greedy, hungry, voracious*: nom. sg. grim and grædig, 121, 1500; acc. sg. grædig gûðleóð, 1523.

græg, adj., *gray*: nom. pl. æsc-holt ufan græg, *the ashen wood, gray above* (the spears with iron points), 330; acc. pl. græge syrcan, *gray* (i.e. iron) *shirts of mail*, 334.

græg-mæl, adj., *having a gray color*, here = *iron*: nom. sg. sweord Beówulfes gomol and grægmæl, 2683.

græpe. See ât-græpe.

grêtan, w. v. w. acc.: 1) *to greet, to salute*: inf. hine swâ gôdne grêtan, 347; Hrôðgâr grêtan, 1647, 2011; eôwic grêtan hêt (*bade me bring you his last greeting*), 3096; pret. sg. grêtte Geáta leôd, 626; grêtte þâ guma ôðerne, 653; Hrôðgâr grêtte, 1817.—2) *to come on, to come near, to seek out; to touch; to take hold of*: inf. gifstôl grêtan, *take possession of the throne, mount it as ruler*, 168; nâs se folccyning ænig ... þe mec gûðwinum grêtan dorste (*attack with swords*), 2736; Wyrd ... se þone gomelan grêtan sceolde, 2422; þât þone sin-scaðan gûðbilla nân grêtan nolde, *that no sword would take hold upon the irreconcilable enemy*, 804; pret. sg. grêtte goldhroden guman on healle, *the gold-adorned* (queen) *greeted the men in the hall*, 615; nô he mid hearme ... gâstas grette, *did not approach the strangers with insults*, 1894; gomenwudu grêtte, *touched the wood of joy, played the harp*, 2109; pret. subj. II. sg. þât þu þone walgæst wihte ne grêtte, *that thou shouldst by no means seek out the murderous spirit*

GLOSSARY. 195

(Grendel), 1996; similarly, sg. III. þät he ne grêtte goldweard þone, 3082; pret. part. þær wäs . . . gomenwudu grêted, 1066.

ge-grêtan, w. acc.: 1) *to greet, to salute, to address:* pret. sg. holdne gegrêtte meaglum wordum, *greeted the dear man with formal words,* 1981; gegrêtte þâ gumena gehwylcne . . . hindeman siðe, *spoke then the last time to each of the men,* 2517. — 2) *to approach, to come near, to seek out:* inf. sceal . . . manig ôðerne gôdum gegrêtan ofer ganotes bäð, *many a one will seek another across the sea with gifts,* 1862.

greót, st. m., *grit, sand, earth:* dat. sg. on greóte, 3169.

greótan, st. v., *to weep, to mourn, to lament:* pres. sg. III. se þe äfter sincgyfan on sefan greóteð, *who laments in his heart for the treasure-giver,* 1343.

grim, adj., *grim, angry, wild, hostile:* nom. sg., 121, 555, 1500, etc.; weak form, se grimma gäst, 102; acc. sg. m. grimne, 1149, 2137; fem. grimme, 1235; gen. sg. grimre gûðe, 527; instr. pl. grimman grâpum, 1543. — Comp.: beado-, heaðo-, heoro-, searo-grimm.

grimme, adv., *grimly, in a hostile manner, bitterly,* 3013, 3086.

grim-lîc, adj., *grim, terrible:* nom. sg. grimlic gry[re-gäst], 3042.

grimman, st. v., (properly *to snort*), *to go forward hastily, to hasten:* pret. pl. grummon, 306.

grindan, st. v., *to grind,* in

for-grindan, *to destroy, to ruin:* pret. sg. w. dat. forgrand gramum, *destroyed the enemy, killed them* (?), 424; pret. part. w. acc. häfde ligdraca leóda fästen . . . glêdum forgrunden, *had with flames destroyed the people's feasts,* 2336; þâ his âgen (scyld) wäs glêdum forgrunden, *since his own (shield) had been destroyed by the fire,* 2678.

gripe, st. m., *gripe, attack:* nom. sg. gripe mêces, 1766; acc. sg. grimne gripe, 1149. — Comp.: fær-, mund-, nîð-gripe.

grîma, w. m., *mask, visor:* in comp. beado-, here-grîma.

grîm-helm, st. m., *mask-helmet, helmet with visor:* acc. pl. grîm-helmas, 334.

grîpan, st. v., *to gripe, to seize, to grasp:* pret. sg. grâp þâ tôgeánes, *then she caught at,* 1502.

for-grîpan (*to gripe vehemently*), *to gripe so as to kill, to kill by the grasp,* w. dat.: pret. sg. ät gûðe forgrâp Grendeles mægum, 2354.

wið-grîpan, w. dat., (*to seize at*), *to maintain, to hold erect:* inf. hû wið þam aglæcean elles meahte gylpe wið-grîpan, *how else I might maintain my boast of battle against the monster,* 2522.

grôwan, st. v., *to grow, to sprout:* pret. sg. him on ferhðe greów breósthord blôdreów, 1719.

grund, st. m.: 1) *ground, plain, fields* in contrast with highlands; *earth* in contrast with heaven: dat. sg. sôhte . . . äfter grunde, *sought along the ground,* 2295; acc. pl. ofer grundas, 1405, 2074. — 2) *bottom, the lowest part:* acc. sg. grund (of the sea of Grendel), 1368; on gyfenes grund, 1395; under gynne grund (*bottom of the sea*), 1552; dat. sg. tô grunde (of the sea), 553; grunde (of the drake's cave) getenge, 2759; so, on grunde, 2766. — Comp.: eormen-, mere-, sæ-grund.

grund-búend, pres. part., *inhabitant of the earth:* gen. pl. grund-búendra, 1007.

grund-hyrde, st. m., *warder of the bottom* (of the sea): acc. sg. (of Grendel's mother), 2137.

grund-sele, st. m., *hall at the bottom* (of the sea): dat. sg. in þam [grund]sele, 2140.

grund-wang, st. m., *ground surface, lowest surface:* acc. sg. þone grund-wong *(bottom of the sea)*, 1497; (bottom of the drake's cave), 2772, 2589.

grund-wyrgen, st. f., *she-wolf of the bottom* (of the sea): acc. sg. grund-wyrgenne (Grendel's mother), 1519.

gryn (cf. Gloss. Aldh. "retinaculum, rete grin," Hpts. Ztschr. IX. 429), st. n., *net, noose, snare:* gen. pl. fela ... grynna, 931. See **gyrn.**

gryre, st. m., *horror, terror, anything causing terror:* nom. sg., 1283; acc. sg. wið Grendles gryre, 384; hie Wyrd forsweóp on Grendles gryre, *snatched them away into the horror of Grendel, to the horrible Grendel,* 478; dat. pl. mid gryrum ecga, 483; gen. pl. swá fela gryra, 592.— Comp.: fǽr-, wíg-gryre.

gryre-bróga, w. m., *terror and horror, amazement:* nom. sg. [gryre-]br[ð]g[a], 2229.

gryre-fáh, adj., *gleaming terribly:* acc. sg. gryre-fáhne *(the fire-spewing drake,* cf. also [draca] fýrwylmum fáh, 2672), 2577.

gryre-gǽst, st. m., *terror-guest, stranger causing terror:* nom. sg. grimlíc gry[regǽst], 3042; dat. sg. wið þam gryregieste (the dragon), 2561.

gryre-geatwe, st. f. pl., *terror-armor, warlike equipment:* dat. pl. in hyra gryre-geatwum, 324.

gryre-leóð, st. n., *terror-song, fearful song:* acc. sg. gehýrdon gryre-leóð galan godes and-sacan *(heard Grendel's cry of agony),* 787.

gryre-líc, adj., *terrible, horrible:* acc. sg. gryre-lícne, 1442, 2137.

gryre-síð, st. m., *way of terror, way causing terror,* i.e. warlike expedition: acc. pl. se þe gryre-síðas gegán dorste, 1463.

guma, w. m., *man, human being:* nom. sg., 653, 869, etc.; acc. sg. guman, 1844, 2295; dat. sg. guman (gumum, MS.), 2822; nom. pl. guman, 215, 306, 667, etc.; acc. pl. guman, 615; dat. pl. gumum, 127, 321; gen. pl. gumena, 73, 328, 474, 716, etc. — Comp.: driht-, seld-guma.

gum-cyn, st. n., *race of men, people, nation:* gen. sg. we synt gum-cynnes Geáta leóde, *people from the nation of the Geátas,* 260; dat. pl. æfter gum-cynnum, *along the nations, among the nations,* 945.

gum-cyst, st. f., *man's excellence, man's virtue:* acc. sg. (or pl.) gumcyste, 1724; dat. pl. as adv., *excellently, preëminently:* gumcystum gódne beága bryttan, 1487; gumcystum gód ... hilde-hlemma (Beówulf), 2544.

gum-dreám, st. m., *joyous doings of men:* acc. sg. gum-dreám ofgeaf (died), 2470.

gum-dryhten, st. m., *lord of men:* nom. sg. 1643.

gum-féða, w. m., *troop of men going on foot:* nom. sg., 1402.

gum-man, st. m., *man:* gen. pl. gum-manna fela, 1029.

gum-stól, st. m., *man's seat*

GLOSSARY. 197

ἐξοχήν, *ruler's seat, throne:* dat. sg. in gumstôle, 1953.

gûð, st. f., *combat, battle:* nom. sg., 1124, 1659, 2484, 2537; acc. sg. gûðe, 604; instr. sg. gûðe, 1998; dat. sg. tô (ät) gûðe, 438, 1473, 1536, 2354, etc.; gen. sg. gûðe, 483, 527, 631, etc.; dat. pl. gûðum, 1959, 2179; gen. pl. gûða, 2513, 2544.

gûð-beorn, st. m., *warrior:* gen. pl. gûð-beorna sum (*the strand-guard on the Danish coast*), 314.

gûð-bil, st. n., *battle-bill:* nom. sg. gûðbill, 2585; gen. pl. gûð-billa nân, 804.

gûð-byrne, w. f., *battle-corselet:* nom. sg., 321.

gûð-ceäru, st. f., *sorrow which the combat brings:* dat. sg. äfter gûð-ceare, 1259.

gûð-cräft, st. m., *warlike strength, power in battle:* nom. sg. Grendles gûð-cräft, 127.

gûð-cyning, st. m., *king in battle, king directing a battle:* nom. sg., 199, 1970, 2336, etc.

gûð-deáð, st. m., *death in battle:* nom. sg., 2250.

gûð-floga, w. m., *flying warrior:* acc. sg. wið þone gûðflogan (the drake), 2529.

gûð-freca, w. m., *hero in battle, warrior* (see freca) : nom. sg. gearo gûð-freca, of the drake, 2415.

gûð-fremmend, pres. part., *fighting a battle, warrior:* gen. pl. gûð-fremmendra, 246; gûð- (gôd-, MS.) fremmendra swylcum, *such a warrior* (meaning Beówulf), 299.

gûð-gewæde, st. n., *battle-dress, armor:* nom. pl. gûð-gewædo, 227; acc. pl. -gewædu, 2618, 2631 (?), 2852, 2872; gen. pl. -gewæda, 2624.

gûð-geweorc, st. n., *battle-work, warlike deed:* gen. pl., -geweorca, 679, 982, 1826.

gûð-geatwe, st. f. pl., *equipment for combat:* acc. þâ gûð-geatwa (-getawa, MS.), 2637; dat. in eówrum gûð-geatawum, 395.

gûð-helm, st. m., *battle-helmet:* nom. sg., 2488.

gûð-horn, st. n., *battle-horn:* acc. sg., 1433.

gûð-hrêð, st. f., *battle-fame:* nom. sg., 820.

gûð-leóð, st. n., *battle-song:* acc. sg., 1523.

gûð-môd, adj., *disposed to battle, having an inclination to battle:* nom. pl. gûð-môde, 306.

gûð-ræs, st. m., *storm of battle, attack:* acc. sg., 2992; gen. pl. gûð-ræsa, 1578, 2427.

gûð-reów, adj., *fierce in battle:* nom. sg., 58.

gûð-rinc, st. m., *man of battle, fighter, warrior:* nom. sg., 839, 1119, 1882; acc. sg., 1502; gen. pl. gûð-rinca, 2649.

gûð-rôf, adj., *renowned in battle:* nom. sg., 609.

gûð-sceaða, w. m., *battle-foe, enemy in combat:* nom. sg., of the drake, 2319.

gûð-scearu, st. f., *decision of the battle:* dat. sg. äfter gûð-sceare, 1214.

gûð-sele, st. m., *battle-hall, hall in which a battle takes place:* dat. sg. in þäm gûðsele (in Heorot), 443.

gûð-searo, st. n. pl., *battle-equipment, armor:* acc., 215, 328.

gûð-sweord, st. n., *battle-sword:* acc. sg., 2155.

gûð-wêrig, adj., *wearied by battle, dead:* acc. sg. gûð-wêrigne Grendel, 1587.

gûð-wine, st. m., *battle-friend, comrade in battle,* designation of the sword: acc. sg., 1811; instr. pl. þe mec gūð-winum grētan dorste, *who dared to attack me with his war-friends*, 2736.

gūð-wīga, w. m., *fighter of battles, warrior :* nom. sg., 2112.

gyd. See **gid.**

gyfan. See **gifan.**

gyldan. See **gildan.**

gylden, adj., *golden :* nom. sg. gylden hilt, 1678; acc. sg. segen gyldenne, 47, 1022; hring gyldenne, 2810; dat. sg. under gyldnum beáge, 1164.—Comp. eal-gylden.

gylp. See **gilp.**

gyrdan, w. v., *to gird, to lace :* pret. part. gyrded cempa, *the (sword-) girt warrior*, 2079.

gyrn, st. n., *sorrow, harm :* nom. sg., 1776.

gyrn-wracu, st. f., *revenge for harm :* dat. sg. tō gyrn-wrǣce, 1139; gen. sg. þā wǣs eft hraðe gearo gyrn-wrǣce Grendeles mōdor, *then was Grendel's mother in turn immediately ready for revenge for the injury*, 2119.

gyrwan. See **gerwan.**

gystran. See **gistran.**

gȳman, w. v. w. gen., *to take care of, to be careful about :* pres. III. gȳmeð, 1758, 2452; imp. sg. oferhyda ne gȳm! *do not study arrogance* (despise it), 1761.

for-gȳman, w. acc., *to neglect, to slight :* pres. sg. III. he þā forðgesceaft forgyteð and forgȳmeð, 1752.

gȳtsian. See **gītsian.**

H

habban, w. v., *to have :* 1) w. acc.: pres. sg. I. þǣs ic wēn hǣbbe (*as I hope*), 383; þe ic geweald hǣbbe, 951; ic me on hafu bord and byrnan, *have on me shield and coat of mail*, 2525; hafo, 3001; sg. II. þu nu [friðu] hafast, 1175; pl. I. habbað we ... micel ǣrende, 270; pres. subj. sg. III. þǣt he þrittiges manna mǣgencrǣft on his mundgripe hǣbbe, 381. Blended with the negative: pl. III. þǣt þe Sǣ-Geátas sēlran nǣbben tō geceósenne cyning ǣnigne, *that the Sea-Geátas will have no better king than you to choose*, 1851; imp. hafa nu and geheald hūsa sēlest, 659; inf. habban, 446, 462, 3018; pret. sg. hǣfde, 79, 518, 554; pl. hǣfdon, 539.—2) used as an auxiliary with the pret. part.: pres. sg. I. hǣbbe ic ... ongunnen, 408; hǣbbe ic ... geāhsod, 433; II. hafast, 954, 1856; III. hafað, 474, 596; pret. sg. hǣfde, 106, 220, 666, 2322, 2334, 2953, etc.; pl. hǣfdon, 117, 695, 884, 2382, etc. Pret. part. inflected: nu scealc hafað dǣd gefremede, 940; hǣfde se gōda ... cempan gecorene, 205. With the pres. part. are formed the compounds: bord-, rond-hǣbbend.

for-habban, *to hold back, to keep one's self :* inf. ne meahte wǣfre mōd forhabban in hreðre, *the expiring life could not hold itself back in the breast*, 1152; ne mihte þā for-habban, *could not restrain himself*, 2610.

wið-habban, *to resist, to offer resistance :* pret. þǣt se winsele wið-hǣfde heaðo-deórum, *that the hall resisted them furious in fight*, 773.

hafela, heafola, w. m., *head :* acc. sg. hafelan, 1373, 1422, 1615, 1636, 1781; nā þu mīnne þearft hafalan hȳdan, 446; þonne we on orlege hafelan weredon, *protected our*

GLOSSARY. 199

heads, defended ourselves, 1328; se hwīta helm hafelan werede, 1449; dat. sg. hafelan, 673, 1522; heafolan, 2680; gen. sg. heafolan, 2698; nom. pl. hafelan, 1121.— Comp. wīg-heafola.

hafenian, w. v., *to raise, to uplift:* pret. sg. wæpen hafenade heard be hiltum, *raised the weapon, the strong man, by the hilt,* 1575.

hafoc, st. m., *hawk:* nom. sg., 2264.

haga, w. m., *enclosed piece of ground, hedge, farm-enclosure:* dat. sg. tō hagan, 2893, 2961.

haga, w. m. See **ān-haga.**

hama, homa, w. m., *dress:* in the comp. flæsc-, fyrd-, līc-hama, scīr-ham (adj.).

hamer, st. m., *hammer:* instr. sg. hamere, 1286; gen. pl. homera lāfe (swords), 2830.

hand, hond, st. f., *hand:* nom. sg. 2138; sió swīðre ... hand, *the right hand,* 2100; hond, 1521, 2489, 2510; acc. sg. hand, 558, 984; hond, 657, 687, 835, 928, etc.; dat. sg. on handa, 495, 540; mid handa, 747, 2721; be honda, 815; dat. pl. (as instr.) hondum, 1444, 2841.

hand-bana, w. m., *murderer with the hand,* or *in hand-to-hand combat:* dat. sg. tō hand-bonan (-banan), 460, 1331.

hand-gemōt, st. n., *hand-to-hand conflict, battle:* gen. pl. (ecg) þolode ǣr fela hand-gemōta, 1527; nō þāt lǣsest wæs hond-gemōta, 2356.

hand-gesella, w. m., *hand-companion, man of the retinue:* dat. pl. hond-gesellum, 1482.

hand-gesteallа, w. m., *(one whose position is near at hand), comrade,* *companion, attendant:* dat. sg. hond-gesteallan, 2170; nom. pl. hand-gesteallan, 2597.

hand-geweorc, st. n., *work done with the hands,* i.e. achievement in battle : dat. sg. for þās hild-fruman handgeweorce, 2836.

hand-gewriðen, pret. part., *hand-wreathed, bound with the hand:* acc. pl. wälbende ... hand-gewri-ðene, 1938.

hand-locen, pret. part., *joined, united by hand:* nom. sg. (gūð-byrne, līc-syrce) handlocen (because the shirts of mail consisted of interlaced rings), 322, 551.

hand-rǣs, st. m., *hand-battle,* i.e. combat with the hands: nom. sg. hond-rǣs, 2073.

hand-scalu, st. f., *hand-attendance, retinue:* dat. sg. mid his hand-scale (hond-scole), 1318, 1964.

hand-spere, st. n., *finger* (on Grendel's hand), under the figure of a spear: nom. pl. hand-speru, 987.

hand-wundor, st. n., *wonder done by the hand, wonderful handwork:* gen. pl. hond-wundra mǣst, 2769.

hangan. See **hōn.**

hangian, w. v., *to hang:* pres. sg. III. þonne his sunu hangað hrefne tō hrōðre, *when his son hangs, a joy to the ravens,* 2448; pl. III. ofer þǣm (mere) hongiað hrīnde bearwas, *over which rustling forests hang,* 1364; inf. hangian, 1663; pret. hangode, *hung down,* 2086.

hatian, w. v. w. acc., *to hate, to be an enemy to, to hurt:* inf. hē þone heaðo-rinc hatian ne meahte lāðum dǣdum (*could not do him any harm*), 2467; pret. sg. hū se gūð-sceaða Gēata leóde hatode and hȳnde, 2320.

hád, st. m., *form, condition, position, manner:* acc. sg. þurh hæstne hád, *in a powerful manner,* 1336; on gesíðes hád, *in the position of follower, as follower,* 1298; on sweordes hád, *in the form of a sword,* 2194. See under **on.**

hádor, st. m., *clearness, brightness:* acc. sg. under heofenes hádor, 414.

hádor, adj., *clear, fresh, loud:* nom. sg. scop hwílum saug hádor on Heorote, 497.

hádre, adv., *clearly, brightly,* 1572.

hál, adj., *hale, whole, sound, unhurt:* nom. sg. hál, 300. With gen. heaðo-láces hál, *safe from battle,* 1975. As form of salutation, wes ... hál, 407; dat. sg. hálan líce, 1504.

hálig, adj., *holy:* nom. sg. hálig god, 381, 1554; hálig dryhten, 687.

hám, st. m., *home, residence, estate, land:* acc. sg. hám, 1408; Hróðgáres hám, 718. Usually in adverbial sense: gewát him hám, *betook himself home,* 1602; tó hám, 124, 374, 2993; fram hám, *from home,* 194; ǽt hám, *at home,* 1249, 1924, 1157; gen. sg. hámes, 2367; acc. pl. hámas, 1128. — Comp. Finnes-hám, 1157.

hám-weorðung, st. f., *honor or ornament of home:* acc. sg. hámweorðunge (designation of the daughter of Hygelác, given in marriage to Eofor), 2999.

hár, adj., *gray:* nom. sg. hár hilderinc, 1308, 3137; acc. sg. under (ofer) hárne stán, 888, 1416, 2554; háre byrnan (i.e. iron shirt of mail), 2154; dat. sg. hárum hildfruman, 1679; f. on heáre hæðe (on heaw ... h ... ðe, MS.), 2213; gen. sg. háres, *of the old man,* 2989. — Comp. un-hár.

hát, adj., *hot, glowing, flaming* · nom. sg., 1617, 2297, 2548, 2559, etc.; wyrm hát gemealt, *the drake hot (of his own heat) melted,* 898; acc. sg., 2282(?); inst. sg. hátan heolfre, 850, 1424; g. sg. heaðu-fýres hátes, 2523; acc. pl. háte heaðo-wylmas, 2820. — Sup.: hátost heaðo-swáta, 1669.

hát, st. n., *heat, fire:* acc. sg. geseah his mondryhten ... hát þrowian, *saw his lord endure the (drake's) heat,* 2606.

hata, w. m., *persecutor:* in comp. dǽd-hata.

hátan, st. v.: 1) *to bid, to order, to direct,* with acc. and inf., and acc. of the person: pres. sg. I. ic magu-þegnas míne háte ... flotan eówerne árum healdan, *I bid my thanes take good care of your craft,* 293; imp. sg. II. hát in gán ... sibbegedriht, 386; pl. II. hátað heaðomǽre hlǽw gewyrcean, 2803; inf. þæt healreced hátan wolde ... men gewyrcean, *that he wished to command men to build a hall-edifice,* 68. Pret. sg. héht: héht ... eahta mearas ... on flet teón, *gave command to bring eight horses into the hall,* 1036; þonne ǽnne héht golde forgyldan, *commanded to make good that one with gold,* 1054; héht þá þæt heaðo-weorc tó hagan biódan, *ordered the combat to be announced at the hedge*(?), 2893; swá se snottra héht, *as the wise (Hróðgár) directed,* 1787; so, 1808, 1809. hét: hét him ýðlidan gódne gegyrwan, *ordered a good vessel to be prepared for him,* 198; so, hét, 391, 1115, 3111. As the form of a wish: hét hine wel brúcan, 1064; so, 2813; pret. part. þá wæs háten hraðe Heort innan-weard folmum gefrætwod, *forthwith was* *ordered Heorot, adorned by hand on the inside* (i.e. that the edifice should be adorned by hand on the inside), 992. — 2) *to name, to call:* pres. subj. III. pl. þät hit sælið̄end ... hâtan Biówulfes biorh, *that mariners may call it Beówulf's gravemound*, 2807; pret. part. wäs se grimma gäst Grendel hâten, 102; so, 263, 373, 2603.

ge-hâtan, *to promise, to give one's word, to vow, to threaten:* pres. sg. I. ic hit þe gehâte, 1393; so, 1672; pret. sg. he me mêde gehêt, *promised me reward*, 2135; him fägre gehêt leána (gen. pl.), *promised them proper reward*, 2990; weán oft gehêt earmre teohhe, *with woe often threatened the unhappy band*, 2938; pret. pl. gehêton ät härgtrafum wig-weorðunga, *vowed offerings at the shrines of the gods*, 175; þonne we gehêton ûssum hlâforde þät ..., *when we promised our lord that* ..., 2635; pret. part. sió gehâtan [wäs] ... gladum suna Frôdan, *betrothed to the glad son of Froda*, 2025.

hâtor, st. m. n., *heat:* in comp. and-hâtor.

häft, adj., *held, bound, fettered:* nom. sg., 2409; acc. sg. helle häftan, *him fettered by hell* (Grendel), 789.

häft-mêce, st. m., *sword with fetters or chains* (cf. fetel-hilt): dat. sg. þäm häft-mêce, 1458.

häg-steald, st. m., *man, liegeman, youth:* gen. pl. häg-stealdra, 1890.

häle, st. m., *man:* nom. sg., 1647, 1817, 3112; acc. sg. häle, 720; dat. pl. hælum (hænum, MS.), 1984.

häleð, st. m., *hero, fighter, warrior, man:* nom. sg., 190, 331, 1070; nom. pl. häleð, 52, 2248, 2459, 3143; dat. pl. häleðum, 1710, 1962; etc.; gen. pl. häleða, 467, 497, 612, 663, etc.

härg. See hearg.

hæð, st. f., *heath:* dat. sg. hæðe, 2213.

hæðen, adj., *heathenish;* acc. sg. hæðene sâwle, 853; dat. sg. hæðnum horde, 2217; gen. sg. hæðenes, *of the heathen* (Grendel), 987; gen. pl. hæðenra, 179.

hæð-stapa, w. m., *that which goes about on the heath* (stag): nom. sg., 1369.

hæl, st. f.: 1) *health, welfare, luck:* acc. sg. him hæl âbeád, 654; mid hæle, 1218. — 2) *favorable sign, favorable omen:* hæl sceáwedon, *observed favorable signs* (for Beówulf's undertaking), 204.

hælo, st. f., *health, welfare, luck:* acc. sg. hælo âbeád heorð-geneátum, 2419. — Comp. un-hælo.

hæst (O.H.G. haisterâ hantî, manu violenta; heist, ira; heistigo, iracunde), adj., *violent, vehement:* acc. sg. þurh hæstne hâd, 1336.

he, fem. heó, neut. hit, pers. pron., *he, she, it;* in the oblique cases also reflexive, *himself, herself, itself:* acc. sg. hine, hî, hit; dat. sg. him, hire, him; gen. sg. his, hire, hit; plur. acc. nom. hî, hig, hie; dat. him; gen. hira, heora, hiera, hiora. — h e omitted before the verb, 68, 300, 2309, 2345.

hebban, st. v., *to raise, to lift,* w. acc.: inf. siððan ic hond and rond hebban mihte, 657; pret. part. hafen, 1291; häfen, 3024.

â-hebban, *to raise, to lift from, to take away:* wäs ... icge gold âhafen of horde, *taken up from the hoard*, 1109; þâ wäs ... wôp up âhafen, *a cry of distress raised*, 128.

ge-hegan (O.H.G. hagjan), w. v., *to enclose, to fence:* þing gehegan, *to mark off the court, hold court.* Here figurative: inf. sceal ... âna gehegan þing wið þyrse (*shall alone decide the matter with Grendel*), 425.

hel, st. f., *hell:* nom. sg., 853; acc. sg. helle, 179; dat. sg. helle, 101, 589; (as instr.), 789; gen.sg. helle, 1275.

hel-bend, st.m.f., *bond of hell:* instr. pl. hell-bendum fäst, 3073.

hel-rûna, w. m., *sorcerer:* nom. pl. helrûnan, 163.

be-helan, st. v., *to conceal, to hide:* pret. part. be-holen, 414.

helm, st. m.: 1) *protection in general, defence, covering that protects:* acc. sg. on helm, 1393; under belm, 1746. — 2) *helmet:* nom. sg., 1630; acc. sg. helm, 673, 1023, 1527, 2988; (helo, MS.), 2724; brûn-fâgne, gold-fâhne helm, 2616, 2812; dat. sg. under helme, 342, 404; gen. sg. helmes, 1031; acc. pl. helmas, 240, 2639. — 3) *defence, protector,* designation of the king: nom. sg. helm Scyldinga (Hrôðgâr), 371, 456, 1322; acc. sg. heofena helm (*the defender of the heavens* = God), 182; helm Scylfinga, 2382. — Comp.: grîm-, gûð-, beaðo-, niht-helm.

ofer-helmian, w. v. w. acc., *to cover over, to overhang:* pres. sg. III. ofer-helmað, 1365.

helm-berend, pres. part., *helm-wearing* (warrior): acc. pl. helmberend, 2518, 2643.

helpan, st. v., *to help:* inf. þät him holt-wudu helpan ne meahte, lind wið lige, *that a wooden shield could not help him, a linden shield against flame,* 2341; þät him trenna ecge mihton helpan ät hilde, 2685; wutun gangan tô, helpan hildfruman, *let us go thither to help the battle-chief,* 2650; w. gen. ongan ... mæges helpan, *began to help my kinsman,* 2880; so, pret. sg. þær he his mæges (MS. mägenes) healp, 2699.

help, helpe, f., *help, support:* in strong form.: acc. sg. helpe, 551, 1553; dat. sg. tô helpe, 1831. In weak form: acc. sg. helpan, 2449.

hende, adj., *-handed:* in comp. ïdelhende.

her, adv., *here,* 397, 1062, 1229, 1655, 1821, 2054, 2797, etc.; *hither,* 244, 361, 376.

here (Goth. harji-s), st. m., *army, troops:* dat. sg. on herge, *in the army, on a warlike expedition,* 1249; *in the army, among the fighting men,* 2639; as instr. herge, 2348. — Comp.: flot-, scip-, sin-here.

here-brôga, w. m., *terror of the army, fear of war:* dat. sg. for here-brôgan, 462.

here-byrne, w. f., *battle-mail, coat of mail:* nom. sg., 1444.

here-grîma, w. m., *battle-mask,* i.e. helmet (with visor): dat. sg. -grîman, 396, 2050, 2606.

here-net, st. n., *battle-net,* i.e. coat of mail (of interlaced rings): nom. sg., 1554.

here-nîð, st. m., *battle-enmity, battle of armies:* nom. sg., 2475.

here-pâd, st. f., *army-dress,* i.e. coat of mail, armor: nom. sg., 2259.

here-rinc, st. m., *army-hero, hero in battle, warrior:* acc. sg. hererinc (MS. here ric), 1177.

here-sceaft, st. m., *battle-shaft,* i.e. spear: gen. pl. here-sceafta heáp, 335.

here-spêd, st. f., *(war-speed), luck in war:* nom. sg., 64.

here-strǽl, st. m., *war-arrow, missile:* nom. sg., 1436.

here-syrce, w. f., *battle-shirt, shirt of mail:* acc. sg. here-syrcan, 1512.

here-wǽd, st. f., *army-dress, coat of mail, armor:* dat. pl. (as instr.) here-wǽdum, 1898.

here-wǽsma, w. m., *war-might, fierce strength in battle:* dat. pl. an here-wǽsmum, 678. — Leo.

here-wîsa, w. m., *leader of the army*, i.e. ruler, king: nom. sg., 3021.

herg, hearg, st. m., *image of a god, grove where a god was worshipped*, hence to the Christian a wicked place (?) : dat. pl. hergum geheaðerod, *confined in wicked places* (parallel with hell-bendum fäst), 3073.

herigean, w. v. w. dat. of pers., *to provide with an army, to support with an army:* pres. sg. I. ic þe wel herige, 1834. — Leo.

hete, st. m., *hate, enmity:* nom. sg. 142, 2555. — Comp.: ecg-, morðor-, wîg-hete.

hete-lîc, adj., *hated:* nom. sg., 1268.

hetend, hettend, (pres. part. of hetan, see **hatian**), *enemy,* hostis : nom. pl. hetende, 1829; dat. pl. wið hettendum, 3005.

hete-nîð, st. m., *enmity full of hate:* acc. pl. hete-nîðas, 152.

hete-sweng, st. m., *a blow from hate:* acc. pl. hete-swengeas, 2226.

hete-þanc, st. m., *hate-thought, a hostile design:* dat. pl. mid his hete-þancum, 475.

hêdan, ge-hêdan, w. v. w. gen.: 1) *to protect:* pret. sg. ne hêdde he þǽs heafolan, *did not protect his head*, 2698. — 2) *to obtain:* subj. pret. sg. III. gehêdde, 505.

hêrian, w. v. w. acc., *to praise, to commend;* with reference to God, *to adore:* inf. heofena helm hêrian ne cûðon, *could not worship the defence of the heavens* (God), 182; ne hûru Hildeburh hêrian þorfte eotena treówe, *had no need to praise the fidelity of the Jutes*, 1072; pres. subj. þät mon his winedryhten wordum hêrge, 3177.

ge-heaðerian, w. v., *to force, to press in:* pret. part. ge-heaðerod, 3073.

heaðo-byrne, w. f., *battle-mail, shirt of mail:* nom. sg., 1553.

heaðo-deór, adj., *bold in battle, brave:* nom. sg., 689; dat. pl. heaðo-deórum, 773.

heaðo-fŷr, st. n., *battle-fire, hostile fire:* gen. sg. heaðu-fŷres, 2523; instr. pl. heaðo-fŷrum, 2548, of the drake's fire-spewing.

heaðo-grim, adj., *grim in battle*, 548.

heaðo-helm, st. m., *battle-helmet, war-helmet:* nom. sg., 3157(?).

heaðo-lâc, st. n., *battle-play, battle:* dat. sg. ät heaðo-lâce, 584; gen. sg. heaðo-lâces hâl, 1975.

heaðo-mǽre, adj., *renowned in battle:* acc. pl. -mǽre, 2803.

heaðo-rǽs, st. m., *storm of battle, attack in battle, entrance by force:* nom. sg., 557; acc. pl. -rǽsas, 1048; gen. pl. -rǽsa, 526.

heaðo-reáf, st. n., *battle-dress, equipment for battle:* acc. sg. heaðo-reáf heóldon (*kept the equipments*), 401.

heaðo-rinc, st. m., *battle-hero, warrior:* acc. sg. þone heaðo-rinc (Hreðel's son, Hæðcyn), 2467; dat. pl. þǽm heaðo-rincum, 370.

heaðo-rôf, adj., *renowned in battle:* nom. sg., 381; nom. pl. heaðo-rôfe, 865.

heaðo-scearp, adj., *sharp in battle,*

bold; nom. pl. (-scearde, MS.), 2830.

heaðo-seóc, adj., *battle-sick:* dat. sg. -siócum, 2755.

heaðo-steáp, adj., *high in battle, excelling in battle:* nom. sg. in weak form, heaðo-steápa, 1246; acc. sg. heaðo-steápne, 2154, both times of the helmet.

heaðo-swât, st. m., *blood of battle:* dat. sg. heaðo-swâte, 1607; as instr., 1461; gen. pl. hâtost heaðo-swâta, 1669.

heaðo-sweng, st. m., *battle-stroke* (blow of the sword): dat. sg. äfter heaðu-swenge, 2582. .

heaðo-torht, adj., *loud, clear in battle:* nom. sg. stefn ... heaðo-torht, *the voice clear in battle,* 2554.

heaðo-wæd, st. f., *battle-dress, coat of mail, armor:* instr. pl. heaðo-wædum, 39.

heaðo-weorc, st. n., *battle-work, battle:* acc. sg., 2893.

heaðo-wylm, st. m., *hostile (flame-) wave:* acc. pl. hâte heaðo-wylmas, 2820; gen. pl. heaðo-wylma, 82.

heaf, st. n., *sea:* acc. pl. ofer heafo, 2478.

heafola. See **hafela.**

heal, st. f., *hall, main apartment, large building* (consisting of an assembly-hall and a banqueting-hall): nom. sg. heal, 1152, 1215; heall, 487; acc. sg. healle, 1088; dat. sg. healle, 89, 615, 643, 664, 926, 1010, 1927, etc.; gen. sg. [healle], 389.—Comp.: gif-, meodo-heal.

heal-ärn, st. n., *hall-building, hall-house:* gen. sg. heal-ärna, 78.

heal-gamen, st. n., *social enjoyment in the hall, hall-joy:* nom. sg., 1067.

heal-reced, st. n., *hall-building:* acc. sg., 68.

heal-sittend, pres. part., *sitting in the hall* (at the banquet): dat. pl. heal-sittendum, 2869; gen. pl. heal-sittendra, 2016.

heal-þegn, st. m., *hall-thane,* i.e. a warrior who holds the hall: gen. sg. heal-þegnes, of Grendel, 142; acc. pl. heal-þegnas, of Beówulf's band, 720.

heal-wudu, *hall-wood,* i.e. hall built of wood: nom. sg., 1318.

healdan, st. v. w. acc.: 1) *to hold, to hold fast; to support:* pret. pl. hû þâ stânbogan ... êce eorðreced innan beóldon (MS. healde), *how the arches of rock within held the everlasting earth-house,* 2720. Pret. sg., with a person as object: heóld hine tô fäste, *held him too fast,* 789; w. the dat. he him freóndlârum heóld, *supported him with friendly advice,* 2378. — 2) *to hold, to watch, to preserve, to keep;* reflexive, *to maintain one's self, to keep one's self:* pres. sg. II. eal þu hit geþyldum healdest, mägen mid môdes snyttrum, *all that preservest thou continuously, strength and wisdom of mind,* 1706; III. healdeð hige-mêðum heáfod-wearde, *holds for the dead the head-watch,* 2910; imp. sg. II. heald forð tela niwe sibbe, *keep well, from now on, the new relationship,* 949; beald (heold, MS.) þu nu bruse ... eorla æhte, *preserve thou now, Earth, the noblemen's possessions,* 2248; inf. se þe holmclifu healdan scolde, *watch the sea-cliffs,* 230; so, 705; nacan ... ârum healdan, *to keep well your vessel,* 296; wearde healdan, 319; forlêton eorla gestreón eorðan healdan, 3168; pres. part. dreám healdende, *holding rejoicing* (i.e. thou who art rejoicing), 1228; pret. sg. heóld hine syððan fyr and fǽstor, *kept himself afterwards afar and more secure*, 142; ægwearde heóld, *I have (hitherto) kept watch on the sea*, 241; so, 305; hióld heáhlufan wið hǽleða brego, *preserved high love*, 1955; ginfǽstan gife ... heóld, 2184; gold-máðmas heóld, *took care of the treasures of gold*, 2415; heóld mín tela, *protected well mine own*, 2738; þonne ... sceft ... nytte heóld, *had employment, was employed*, 3119; heóld mec, *protected*, i.e. brought me up, 2431; pret. pl. heaðo-reáf heóldon, *watched over the armor*, 401; sg. for pl. heáfodbeorge ... walan útan heóld, *outwards, bosses kept guard over the head*, 1032.—Related to the preceding meaning are the two following: 3) *to rule and protect the fatherland:* inf. gif þu healdan wylt maga ríce, 1853; pret. heóld, 57, 2738.—4) *to hold, to have, to possess, to inhabit:* inf. lêt þone brego-stól Beówulf healdan, 2390; gerund. tô healdanne hleóburh wera, 1732; pret. sg. heóld, 103, 161, 466, 1749, 2752; lyftwynne heóld nihtes hwílum, *at night-time had the enjoyment of the air*, 3044; pret. pl. Geáta leóde hreáwíc heóldon, *the Geátas held the place of corpses* (lay dead upon it), 1215; pret. sg. þær heó ær mǽste heóld worolde wynne, *in which she formerly possessed the highest earthly joy*, 1080. —5) *to win, to receive:* pret. pl. I. heóldon heáh gesceap, *we received a heavy fate, heavy fate befell us*, 3085.

be-healdan, w. acc.: 1) *to take care of, to attend to:* pret. sg. þegn nytte beheóld, *a thane discharged the office*, 494; so, 668.—2) *to hold:* pret. sg. se þe flóda begong ... beheóld, 1499.— 3) *to look at, to behold:* þryðswyð beheóld mæg Higeláces hû ..., *great woe saw H.'s kinsman, how ...*, 737.

for-healdan, w. acc., (*to hold badly*), *to fall away from, to rebel:* pret. part. häfdon hy forhealden helm Scylfinga, *had rebelled against the defender of the Scylfings*, 2382.

ge-healdan: 1) *to hold, to receive, to hold fast:* pres. sg. III. se þe waldendes hyldo gehealdeð, *who receives the Lord's grace*, 2294; pres. subj. fäder alwalda ... eówic gehealde síða gesunde, *keep you sound on your journey*, 317; inf. ne meahte he ... on þam frumgâre feorh gehealdan, *could not hold back the life in his lord*, 2857.— 2) *to take care, to preserve, to watch over; to stop:* imp. sg. hafa nu and geheald húsa sêlest, 659; inf. gehealdan hêt bildegeatwe, 675; pret. sg. he frätwe gcheóld fela missera, 2621; þone þe ær geheóld wið hettendum hord and ríce, *him who before preserved treasure and realm*, 3004.— 3) *to rule:* inf. folc gehealdan, 912; pret. sg. geheóld tela (brâde ríce), 2209.

healf, st. f., *half, side, part:* acc. sg. on þá healfe, *towards this side*, 1676; dat. sg. hǽleðum be healfe, *at the heroes' side*, 2263; acc. pl. on twá healfa, *upon two sides, mutually*, 1096; on bâ healfa (healfe), *on both sides* (to Grendel and his mother), 1306; *on two sides, on both sides*, 2064; gen. pl. on healfa gehwone, *in half, through the middle*, 801.

healf, adj., *half:* gen. sg. healfre, 1088.

heals, st. m., *neck:* acc. sg. heals, 2692; dat. sg. wið halse, 1567; be healse, 1873. — Comp.: the adjectives fâmig-, wunden-heals.

heals-beáh, st. m., *neck-ring, collar:* acc. sg. þone heals-beáh, 2173; gen. pl. heals-beága, 1196.

heals-gebedda, w. m., *beloved bedfellow, wife:* nom. sg. healsgebedda (MS. healsgebedda), 63.

healsian, w. v. w. acc., *to entreat earnestly, to implore:* pret. sg. þâ se þeóden mec ... healsode hreóhmôd þāt ..., *entreated me sorrowful, that ...*, 2133.

heard, adj.: 1) of persons, *able, efficient in war, strong, brave:* nom. sg. heard, 342, 376, 404, 1575, 2540, etc.; in weak form, se hearda, 401, 1964; se hearda þegn, 2978; þes hearda heáp, 432; nom. pl. hearde hilde-frecan, 2206; gen. pl. heardra, 989. Comparative: acc. sg. heardran hâle, 720. With accompanying gen.: wiges heard, *strong in battle,* 887; dat. sg. nîða heardum, 2171. — 2) of the implements of war, *good, firm, sharp, hard:* nom. sg. (gûð-byrne, lîc-syrce) heard, 322, 551. In weak form: masc. here-strǽl hearda, 1436; se hearda helm, 2256; neutr. here-net hearde, 1554; acc. sg. (swurd, wǽpen), heard, 540, 2688, 2988; nom. pl. hearde ... homera lâfe, 2830; heard and hring-mǽl Heaðobeardna gestreón, 2038; acc. pl. heard sweord, 2639. Of other things, *hard, rough, harsh, hard to bear:* nom. sg. hreðer-bealo hearde, 1344; wrôht ... heard, 2915; bere-nîð hearda, 2475; acc. sg. heoro-sweng heardne, 1591;

instr. sg. heardan ceápe, 2483; instr. pl. heardan, heardum clammum, 964, 1336; gen. pl. heardra hŷnða, 166. Compar.: acc. sg. heardran feohtan, 576. — Comp.: fŷr-, îren-, nîð-, regen-, scûr-heard.

hearde, adv., *hard, very,* 1439.

heard-ecg, st. f., *sharp sword, sword good in battle:* nom. sg., 1289.

heard-fyrde, adj., *hard to take away, heavy:* acc. sg. hard-fyrdne, 2246. — Leo.

heard-hycgend, pres. part., *of a warlike disposition, brave:* nom. pl. -hicgende, 394, 800.

hearg-trǽf, st. n., *tent of the gods, temple:* dat. pl. ǽt hǽrg-trafum (MS. hrǽrg trafum), 175.

hearm, st. m., *harm, injury, insult:* dat. sg. mid hearme, 1893.

hearm-sceaða, w. m., *enemy causing injury* or *grief:* nom. sg. hearm-scaða, 767.

hearpe, w. f., *harp:* gen. sg. hearpan swêg, 89, 3024; hearpan wynne (wyn), 2108, 2263.

heáðu, st. f., *sea, waves:* acc. sg. heáðu, 1863.

heáðu-lîðend, pres. part., *sea-farer, sailor:* nom. pl. -lîðende, 1799; dat. pl. -lîðendum (designation of the Geátas), 2956.

heáfod, st. n., *head:* acc. sg., 48, 1640; dat. sg. heáfde, 1591, 2291, 2974; dat. pl. heáfdum, 1243.

heáfod-beorh, st. f., *head-defence, protection for the head:* acc. sg. heáfod-beorge, 1031.

heáfod-mǽg, st. m., *head-kinsman, near blood-relative:* dat. pl. heáfod-mǽgum (*brothers*), 589; gen. pl. heáfod-mága, 2152.

heáfod-segn, st. n., *head-sign, banner:* acc. sg., 2153.

heáfod-weard, st. f., *head-watch*

acc. sg. healdeð... heáfod-wearde leófes and láðes, *for the friend and the foe* (Beówulf and the drake, who lie dead near each other), 2910.

heáh, heá, adj., *high, noble* (in composition, also primus): nom. sg. heáh Healfdene, 57; heá (Higelác), 1927; heáh (sele), 82; heáh hlæw, 2806, 3159; acc. sg. heáh (segn), 48, 2769; heáhne (MS. heánne) hróf, 984; dat. sg. in (tô) sele þam heáp, 714, 920; gen. sg. heán húses, 116. — *high, heavy:* acc. hcáh gesceap (*an unusual, heavy fate*), 3085.

heá-burh, st. f., *high city, first city of a country:* acc. sg., 1128.

heáh-cyning, st. m., *high king, mightiest of the kings:* gen. sg. -cyninges (of Hróðgár), 1040.

heáh-gestreón, st. n., *splendid treasure:* gen. pl. -gestreóna, 2303.

heáh-lufe, w. f., *high love:* acc. sg. heáh-lufan, 1955.

heáh-sele, st. m., *high hall, first hall in the land, hall of the ruler:* dat. sg. heáh-sele, 648.

heáh-setl, st. n., *high seat, throne:* acc. sg., 1088.

heáh-stede, st. m., *high place, ruler's place:* dat. sg. on heáh-stede, 285.

heán, adj., *depressed, low, despised, miserable:* nom. sg., 1275, 2100, 2184, 2409.

heáp, st. m., *heap, crowd, troop:* nom. sg. þegna heáp, 400; þes hearda heáp, *this brave band*, 432; acc. sg. here-sceafta heáp, *the crowd of spears*, 335; mago-rinca heáp, 731; dat. sg. on heápe, *in a compact body, as many as there were of them*, 2597. — Comp. wîg-heáp.

heáwan, st. v., *to hew, to cleave:* inf., 801.

ge-heáwan, *cleave:* pres. subj. ge-heáwe, 683.

heoðu, st. f., *the interior of a building:* dat. sg. þát he on heoðe gestôd, *in the interior* (of the hall, Heorot), 404.

heofon, st. m., *heaven:* nom. sg., 3157; dat. sg. hefene, 1572; gen. sg. heofenes, 414, 576, 1802, etc.; gen. pl. heofena, 182; dat. pl. under heofenum, 52, 505.

heolfor, st. n., *putrid* or *festering blood:* dat. instr. sg. hâtan heolfre, 850, 1424; heolfre, 2139; under heolfre, 1303.

heolster, st. n., *haunt, hiding-place:* acc. sg. on heolster, 756.

heonan, adv., *hence, from here:* heonan, 252; heonon, 1362.

heor, st. m., *door-hinge:* nom. pl. heorras, 1000.

heorde, adj. See **wunden-heorde**.

heorð-geneát, st. m., *hearth-companion*, i.e. a vassal of the king, in whose castle he receives his livelihood: nom. pl. heorð-geneátas, 261, 3181; acc. pl. heorð-geneátas, 1581, 2181; dat. pl. heorð-geneátum, 2419.

heorot, st. m., *stag:* nom. sg., 1370.

heorte, w. f., *heart:* nom. sg., 2562; dat. sg. ät heortan, 2271; gen. sg. heortan, 2464, 2508. — Comp.: the adjectives blíð-, grom-, rûm-, starc-heort.

heoru, st. m., *sword:* nom. sg. heoru bunden (cf. under **bindan**), 1286. In some of the following compounds heoro- seems to be confounded with here- (see **here**).

heoro-blác, adj., *pale through the sword, fatally wounded:* nom. sg. [heoro-]blâc, 2489.

heoru-dreór, st. m., *sword-blood:* instr. sg. heoru-dreóre, 487; heoro-dreore, 850.

heoro-dreórig, adj., *bloody through the sword:* nom. sg., 936; acc. sg. heoro-dreórigne, 1781, 2721.

heoro-drync, st. m., *sword-drink,* i.e. blood shed by the sword: instr. pl. hioro-dryncum swealt, *died through sword-drink,* i.e. struck by the sword, 2359.

heoro-gífre, adj., *eager for hostile inroads:* nom. sg., 1499.

heoro-grim, adj., *sword-grim, fierce in battle:* nom. sg. m., 1565; fem. -grimme, 1848.

heoro-hócihte, adj., *provided with barbs, sharp like swords:* instr. pl. mid eofer-spreótum heoro-hócyhtum, 1439.

heoro-serce, w. f., *shirt of mail:* acc. sg. hioro-sercean, 2540.

heoro-sweng, st. m., *sword-stroke:* acc. sg. 1591.

heoro-weallende, pres. part., *rolling around fighting,* of the drake, 2782. See **weallian.**

heoro-wearh, st. m., *he who is sword-cursed, who is destined to die by the sword:* nom. sg., 1268.

heófan, w. v., *to lament, to moan:* part. nom. pl. hiófende, 3143.

â-heóran, *to free* (?) : w. acc. pret. sg. brýd âheórde, 2931.

heóre, adj., *pleasant, not haunted, secure:* nom. sg. fem. nis þät heóru stów, *that is no secure place,* 1373. — Comp. un-heóre (-hýre).

hider, adv., *hither,* 240, 370, 394, 3093, etc.

ofer-higian, w. v. (according to the connection, probably), *to exceed,* 2767. (O.H.G. ubar-hugjan, *to be arrogant.*)

hild, st. f., *battle, combat:* nom. sg., 452, 902, 1482, 2077; hild heoru-grimme, 1848; acc. sg. hilde, 648; instr. sg. hilde, *through the combat,* 2917; dat. sg. ät hilde, 1461.

hilde-bil, st. n., *battle-sword:* nom. sg., 1667; instr. dat. sg. hilde-bille, 557, 1521.

hilde-bord, st. n., *battle-shield:* acc. pl. hilde-bord, 397; instr. pl. -bordum, 3140.

hilde-cyst, st. f., *excellence in battle, bravery in battle:* instr. pl. -cystum, 2599.

hilde-deór, adj., *bold in battle, brave in battle:* nom. sg., 312, 835, 1647, 1817; hilde-diór, 3112; nom. pl. hilde-deóre, 3171.

hilde-freca, w. m., *hero in battle:* nom. pl. hilde-frecan, 2206; dat. sg. hild-frecan, 2367.

hilde-geatwe, st. f. pl., *equipment for battle, adornment for combat:* acc. hilde-geatwe, 675; gen. -geatwa, 2363.

hilde-gicel, st. m., *battle-icicle,* i.e. the blood which hangs upon the sword-blades like icicles: instr. pl. hilde-gicelum, 1607.

hilde-gráp, st. f., *battle-gripe:* nom. sg., 1447, 2508.

hilde-hlämma, w. m., *one raging in battle, warrior, fighter:* nom. sg., 2352, 2545; dat. pl. eft þät ge-eode . . . hilde-hlämmum, *it happened to the warriors* (the Geátas), 2202.

hilde-leóma, w. m., *battle-light, gleam of battle,* hence: 1) the fire-spewing of the drake in the fight: nom. pl. -leóman, 2584. — 2) *the gleaming sword:* acc. sg. -leóman, 1144.

hilde-mecg, st. m., *man of battle, warrior:* nom. pl. hilde-mecgas, 800.

GLOSSARY. 209

hilde-mēce, st. m., *battle-sword:* nom. pl. -mēceas, 2203.

hilde-rand, st. m., *battle-shield:* acc. pl. -randas, 1243.

hilde-ræs, st. m., *storm of battle:* acc. sg., 300.

hilde-rinc, st. m., *man of battle, warrior, hero:* nom. sg., 1308, 3125, 3137; dat. sg. hilde-rince, 1496; gen. sg. hilde-rinces, 987.

hilde-sǣd, adj., *satiated with battle, not wishing to fight any more:* acc. sg. hilde-sädne, 2724.

hilde-sceorp, st. n., *battle-dress, armor, coat of mail:* acc. sg., 2156.

hilde-setl, st. n., *battle-seat* (saddle): nom. sg., 1040.

hilde-strengo, st. f., *battle-strength, bravery in battle:* acc., 2114.

hilde-swāt, st. m., *battle-sweat:* nom. sg. hāt hilde-swāt (the hot, damp breath of the drake as he rushes on), 2559.

hilde-tux, st. m., *battle-tooth:* instr. pl. hilde-tuxum, 1512.

hilde-wǣpen, st. m., *battle-weapon:* instr. pl. -wǣpnum, 39.

hilde-wīsa, w. m., *leader in battle, general:* dat. sg. fore Healfdenes hildewīsan, *of Healfdene's general* (Hnäf), 1065.

hild-freca. See **hilde-freca**.

hild-fruma, st. m., *battle-chief:* dat. sg. -fruma, 1679, 2650; gen. sg. þǣs hild-fruman, 2836.

hild-lata, w. m., *he who is late in battle, coward:* nom. pl. þā hild-latan, 2847.

hilt, st. n., *sword-hilt:* nom. sg. gylden hilt, 1678; acc. sg. þæt hilt, 1669; hylt, 1668. Also used in the plural; acc. þā hilt, 1615; dat. pl. be hiltum, 1575. — Comp. : fetel-, wreoðen-hilt.

hilte-cumbor, st. n., *banner with a staff:* acc. sg., 1023.

hilted, pret. part., *provided with a hilt* or *handle:*. acc. sg. heard swyrd hilted, *sword with a* (rich) *hilt*, 2988.

hin-fūs, adj., *ready to die:* nom. sg. hyge wæs him hinfūs (i.e. he felt that he should not survive), 756.

hindema, adj. superl., *hindmost, last:* instr. sg. hindeman sīðe, *the last time, for the last time,* 2050, 2518.

hirde, hyrde, st. m., *(herd) keeper, guardian, possessor:* nom. sg. folces hyrde, 611, 1833, 2982; rīces hyrde, 2028; fyrena hyrde, *the guardian of mischief, wicked one,* 751, 2220; wuldres hyrde, *the king of glory, God,* 932; bringa hyrde, *the keeper of the rings,* 2246; cumbles hyrde, *the possessor of the banner, the bearer of the banner,* 2506; folces hyrde, 1850; frätwa hyrde, 3134; rīces hyrde, 3081; acc. pl. hūses hyrdas, 1667. — Comp. : grund-hyrde.

hit (O.N. hita), st. f.(?), *heat:* nom. sg. þenden hyt sȳ, 2650.

hladan, st. v.: 1) *to load, to lay:* inf. on bæl hladan lēofne mannan, *lay the dear man on the funeral-pile,* 2127; him on bearm hladan bunan and discas, *laid cups and plates upon his bosom, loaded himself with them,* 2776; pret. part. þǣr wæs wunden gold on wǣn hladen, *laid upon the wain,* 3135. — 2) *to load, to burden:* pret. part. þā wæs ... sægeáp naca hladen herewǣdum, *loaded with armor,* 1898. — Comp. gilp-hläden.

ge-hladan, w. acc., *to load, to burden:* pret. sg. sǣbāt gehlōd (MS. gehleod), 896.

hláford, st. m., *lord, ruler:* nom. sg., 2376; acc. sg., 267; dat. sg. hláforde, 2635; gen. sg. hláfordes, 3181. — Comp. eald-hláford.

hláford-leás, adj., *without a lord:* nom. pl. hláford-leáse, 2936.

hláw, hlǽw, st. m., *hill, grave-hill:* acc. sg. hlǽw, 2803, 3159, 3171; dat. sg. for hláwe, 1121. Also, *grave-chamber* (the interior of the grave-hill), *cave:* acc. sg. hláw [under] hrusan, 2277; hlǽw under brusan, 2412; dat. sg. on hlǽwe, 2774. The drake dwells in the rocky cavern which the former owner of his treasure had chosen as his burial-place, 2242–2271.

hlást, st. n., *burden, load:* dat. sg. hláste, 52.

hlem, st. m., *noise, din of battle, noisy attack:* in the compounds, uht-, wǽl-hlem.

hlemma, w. m., *one raging, one who calls;* see **hilde-hlemma**.

á-hlehhan, st. v., *to laugh aloud, to shout, to exult:* pret. sg. his mód áhlóg, *his mood exulted*, 731.

hleahtor, st. m., *laughter:* nom. sg., 612; acc. sg., 3021.

hleápan, st. v., *to run, to trot, to spring:* inf. hleápan léton ... fealwe mearas, 865.

á-hleápan, *to spring up:* pret. áhleóp, 1398.

hleoðu. See **hlið**.

hleonian, w. v., *to incline, to hang over:* inf. oð þát he ... fyrgenbeámas ofer hárne stán hleonian funde, *till he found mountain-trees hanging over the gray rocks*, 1416.

hleó, st. m., *shady, protected place; defence, shelter;* figurative designation of the king, or of powerful nobles: wígendra hleó, of Hróðgár, 429; of Sigemund, 900; of Beówulf, 1973, 2338; eorla hleó, of Hróðgár, 1036, 1867; of Beówulf, 792; of Hygelác, 2191.

hleó-burh, st. f., *ruler's castle or city:* acc. sg., 913, 1732.

hleóðor-cwyde, st. m., *speech of solemn sound, ceremonious words*, 1980.

hleór, st. n., *cheek, jaw:* in comp. fǽted-hleór (adj.).

hleór-bera, w. m., *cheek-bearer*, the part of the helmet that reaches down over the cheek and protects it: acc. pl. ofer hleór-beran (*visor?*), 304.

hleór-bolster, st. m., *cheek-bolster, pillow:* nom. sg., 689.

hleótan, st. v. w. acc., *to obtain by lot, to attain, to get:* pret. sg. feorhwunde hleát, 2386.

hlífian, w. v., *to rise, to be prominent:* inf. hlifian, 2806; pret. hlífade, 81, 1800, 1899.

hlið, st. n., *cliff, precipice of a mountain:* dat. sg. on hlíðe, 3159; gen. sg. hlíðes, 1893; pl. hlíðu in composition, stán-hlíðu; hleoðu in the compounds fen-, mist-, nás-, wulf-hleoðu.

hlin-bed (Frisian hlen-bed, Richthofen 206²⁸, for which another text has cronk-bed), st. n., κλινίδιον, *bed for reclining, sick-bed:* acc. sg. hlim-bed, 3035.

tó-hlídan, st. v., *to spring apart, to burst:* pret. part. nom. pl. tó-hlídene, 1000.

hlúd, adj., *loud:* acc. sg. dreám ... hlúdne, 89.

hlyn, st. m., *din, noise, clatter:* nom. sg., 612.

hlynnan, hlynian, w. v., *to sound, to resound:* inf. hlynnan (of the voice), 2554; of fire, *to crackle:* pret. sg. hlynode, 1121.

hlynsian, w. v., *to resound, to crash:* pret. sg. reced hlynsode, 771.

hlytm, st. m., *lot:* dat. sg. næs þâ on hlytme, hwâ þät hord strude, *it did not depend upon lot who should plunder the hoard*, i.e. its possession was decided, 3127.

hnâh, adj.: 1) *low, inferior:* comp. acc. sg. hnâgran, 678; dat. sg. hnâhran rince, *an inferior hero, one less brave*, 953. — 2) *familiarly intimate:* nom. sg. næs hió hnâh swâ þeáh, *was nevertheless not familiarly intimate* (with the Geátas, i.e. preserved her royal dignity towards them), (*niggardly?*), 1930.

hnægan, w. v. w. acc., (for nægan), *to speak to, to greet:* pret. sg. þät he þone wîsan wordum hnægde freán Ingwina, 1319.

ge-hnægan, w. acc., *to bend, to humiliate, to strike down, to fell:* pret. sg. ge-hnægde helle gâst, 1275; þær hyne Hetware hilde gehnægdon, 2917.

hnîtan, st. v., *to dash against, to encounter*, here of the collision of hostile bands: pret. pl. þonne hniton (hnitan) féðan, 1328, 2545.

hoðma, w. m., *place of concealment, cave*, hence, *the grave:* dat. sg. in hoðman, 2459.

hof, st. n., *enclosed space, court-yard, estate, manor-house:* acc. sg. hof (Hrôðgâr's residence), 312; dat. sg. tô hofe sînum (Grendel's home in the sea), 1508; tô hofe (Hygelâc's residence), 1975; acc. pl. beorht hofu, 2314; dat. pl. tô hofum Geáta, 1837.

hogode. See **hycgan**.

hold, adj., *inclined to, attached to, gracious, dear, true:* nom. sg. w. dat. of the person, hold weorod freán Scyldinga, *a band well disposed to the lord of the Scyldings*, 290; mandrihtne hold, 1230; Hygelâce wäs ... nefa swýðe hold, *to H. was his nephew* (Beówulf) *very much attached*, 2171; acc. sg. þurh holdne hige, *from a kindly feeling, with honorable mind*, 267; holdne wine, 376; holdne, 1980; gen. pl. holdra, 487.

hold. See **healdan**.

holm, st. m., *deep sea:* nom. sg., 519, 1132, 2139; acc. sg., 48, 633; dat. sg. holme, 543, 1436, 1915; acc. pl. holmas, 240. — Comp. wæg-holm.

holm-clif, st. n., *sea-cliff:* dat. sg. on þam holm-clife, 1422; from þäm holmclife, 1636; acc. pl. holmclifu, 230.

holm-wylm, st. m., *the waves of the sea:* dat. sg. holm-wylme, 2412.

holt, st. n., *wood, thicket, forest:* acc. sg. on holt, 2599; holt, 2847. — Comp.: äsc-, fyrgen-, gâr-, Hrefnes-holt.

holt-wudu, st. m., *forest-wood:* 1) of the material: nom. sg., 2341. — 2) = *forest:* acc. sg., 1370.

hord, st. m. and n., *hoard, treasure:* nom. sg., 2284, 3085; beága hord, 2285; mâðma hord, 3012; acc. sg. hord, 913, 2213, 2320, 2510, 2745, 2774, 2956, 3057; sâwle hord, 2423; þät hord, 3127; dat. sg. of horde, 1109; for horde, *on account of* (the robbing of) *the hoard*, 2782; hæðnum horde, 2217; gen. sg. hordes, 888. — Comp.: beáh-, breóst-, word-, wyrmhord.

hord-ärn, st. n., *place in which a treasure is kept, treasure-room:* dat. hord-ärne, 2832; gen. pl. hord-ärna, 2280.

hord-burh, st. f., *city in which is*

the treasure (of the king's), *ruler's castle:* acc. sg., 467.

hord-gestreón, st. n., *hoard-treasure, precious treasure:* dat. pl. hord-gestreónum, 1900; gen. pl. mägen-byrðenne hord-gestreóna, *the great burden of rich treasures*, 3093.

hord-máððum, st. m., *treasure-jewel, precious jewel:* acc. sg. (-madmum, MS.), 1199.

hord-wela, w. m., *treasure-riches, abundance of treasures:* acc. sg. hord-welan, 2345.

hord-weard, st. m., *warder of the treasure, hoard-warden:* 1) of the king: nom. sg., 1048; acc. sg., 1853. — 2) of the drake: nom. sg., 2294, 2303, 2555, 2594.

hord-weorðung, st. f., *ornament out of the treasure, rich ornament:* acc. sg. -weorðunge, 953.

hord-wyn, st. f., *treasure-joy, joy-giving treasure:* acc. sg. hord-wynne, 2271.

horn, st. m., *horn:* 1) upon an animal: instr. pl. heorot hornum trum, 1370. — 2) wind-instrument: nom. sg., 1424; acc. sg., 2944. — Comp. gúð-horn.

horn-boga, w. m., *bow made of horn:* dat. sg. of horn-bogan, 2438.

horn-geáp, adj., of great extent between the (stag-)horns adorning the gables(?): nom. sg. sele ... heáh and horn-geáp, 82.

horn-reced, st. n., *building whose two gables are crowned by the halves of a stag's antler(?)*: acc. sg., 705. Cf. Heyne's Treatise on the Hall, Heorot, p. 44.

hors, st. n., *horse:* nom. sg., 1400.

hóciht, adj., *provided with hooks, hooked:* in comp. heoro-hóciht.

be-**hófian**, w. v. w. gen., *to need, to want:* pres. sg. III. nu is se dæg cumen þæt úre man-dryhten mägenes behófað gódra gúðrinca, *now is the day come when our lord needs the might of strong warriors*, 2648.

on-**hóhsnian**, w. v., *to hinder:* pret. sg. þæt onhóhsnode Heminges mæg (on hohsnod, MS.), 1945.

hólinga, adv., *in vain, without reason*, 1077.

be-**hón**, st. v., *to hang with:* pret. part. helmum behongen, 3140.

hóp, st. n., *protected place, place of refuge, place of concealment*, in the compounds fen-, mór-hóp.

hós (Goth. hansa), st. f., *accompanying troop, escort:* instr. sg. mágða hóse, *with an accompanying train of servingwomen*, 925.

hraðe, adv., *hastily, quickly, immediately*, 224, 741, 749, 1391, etc.; hräðe, 1438; hreðe, 992; compar. hraðor, 543.

hran-fix, st. m., *whale:* acc. pl. hron-fixas, 540.

hran-rád, st. f., *whale-road*, i.e. sea: dat. sg. ofer hron-ráde, 10.

hrá, st. n., *corpse:* nom. sg., 1589.

hrá-fyl, st. m., *fall of corpses, killing, slaughter:* acc. sg., 277.

hrädlíce, adv., *hasty, quick, immediate*, 356, 964.

hrúfn, hrefn, st. m., *raven:* nom. sg. hrefn blaca, *black raven*, 1802; se wonna hrefn, *the dark raven*, 3025; dat. sg. hrefne, 2449.

hrägl, st. n., *dress, garment, armor:* nom. sg., 1196; gen. sg., hrägles, 1218; gen. pl. hrägla, 454. — Comp.: beado-, fyrd-, mere-hrägl.

hreðe. See hraðe.

hreðer, st. m., *breast, bosom* · nom. sg. hreðer inne weóll (*it surged in* *his breast*), 2114; hreðer æðme weóll, 2594; dat. sg. in hreðre, 1152; of hreðre, 2820.—*Breast as the seat of feeling, heart:* dat. sg. þät wäs ... hreðre hygemêðe, *that was depressing to the heart* (of the slayer, Hæðcyn), 2443; on hreðre, 1879, 2329; gen. pl. þurh hreðra gehygd, 2046.—*Breast as seat of life*: instr. sg. hreðre, parallel with aldre, 1447.

hreðer-bealo, st. n., *evil that takes hold on the heart, evil severely felt:* acc. sg., 1344.

hrefn. See **hräfn.**

hrêð, st. f., *glory;* in composition, gûð-hrêð; *renown, assurance of victory,* in sige-hrêð.

hrêðe, adj., *renowned in battle:* nom. sg. hrêð (on account of the following ät, final *e* is elided, as wên ic for wêne ic, 442; frôfor and fultum for frôfre and fultum, 699; firen ondrysne for firene ondr., 1933), 2576.

hrêð-sigor, st. m., *glorious victory:* dat. sg. hrêð-sigora, 2584.

hrêmig, adj., *boasting, exulting:* with instr. and gen. hûðe hrêmig, 124; since hrêmig, 1883; frätwum hrêmig, 2055; nom. pl. nealles Hetware hrêmge þorfton (sc. wesan) fêðe-wîges, 2365.

on-hrêran, w. v., *to excite, to stir up:* pret. part. on-hrêred, 549, 2555.

hreâ-wîc, st. n., *place of corpses:* acc. sg. Geáta leóde hreâ-wîc heóldon, *held the place of corpses,* 1215.

hreád, st. f., *ornament*(?), in comp. earm-hreád. See **hreóðan.**

hreám, st. m., *noise, alarm:* nom. sg., 1303.

hreóða, w. m., *cover,* in the compound bord-hreóða.

hreóðan, ge-hreóðan, st. v., *to cover, to clothe;* only in the pret. part. hroden, gehroden, *dressed, adorned:* hroden, 495, 1023; þâ wäs heal hroden feónda feorum, *then was the hall covered with the corpses of the enemy,* 1152; ge-hroden golde, *adorned with gold,* 304.—Comp.: beág-, gold-hroden.

hreóh, hreów, hreó, adj., *excited, stormy, wild, angry, raging; sad, troubled:* nom. sg. (Beówulf) hreóh and heoro-grim, 1565; þät þam gôdan wäs hreów on hreðre, (*that came with violence upon him, pained his heart*), 2329; hreó wæron ýða, *the waves were angry, the sea stormy,* 548; näs him hreóh sefa, *his mind was not cruel,* 2181; dat. sg. on hreón môde, *of sad heart,* 1308; on hreóum môde, *angry at heart,* 2582.

hreóh-môd, adj., *of sad heart,* 2133; *angry at heart,* 2297.

hreósan, st. v., *to fall, to sink, to rush:* pret. hreás, 2489, 2832; pret. pl. hruron, 1075; hie on weg hruron, *they rushed away,* 1431; hruron him teáras, *tears burst from him,* 1873.

be-hreósan, *to fall from, to be divested of:* pret. part. acc. pl. fyrnmanna fatu ... hyrstum behrorene, *divested of ornaments* (from which the ornaments had fallen away), 2760.

hreów, st. f., *distress, sorrow:* gen. pl. þät wäs Hrôðgâre hreówa tornost, *that was to Hrôðgâr the bitterest of his sorrows,* 2130.

hring, st. m.: 1) *ring:* acc. sg. þone hring, 1203; hring gyldenne, 2810; acc. pl. hringas, 1196, 1971, 3035; gen. pl. hringa, 1508, 2246.—2) *shirt of mail* (of interlaced rings): nom sg. hring, 1504; byrnan hring, 2261. — Comp. bân-hring.

hringan, w. v., *to give forth a sound, to ring, to rattle:* pret. pl. byrnan hringdon, 327.

hring-bogn, w. m., *one who bends himself into a ring:* gen. sg. hring-bogan (of the drake, bending himself into a circle), 2562.

hringed, pret. part., *made of rings:* nom. sg. hringed byrne, 1246; acc. sg. hringde byrnan, 2616.

hringed-stefna, w. m., *ship whose stem is provided with iron rings* (cramp-irons), especially of sea-going ships (cf. Friðþiofs saga, I : þorsteinn átti skip þat er Ellidi hêt, ... borðit war spengt iarni): nom. sg., 32, 1898; acc. sg. hringed-stefnan, 1132.

hring-îren, st. n., *sword ornamented with rings:* nom. sg., 322.

hring-mæl, adj., *marked with rings,* i.e. ornamented with rings, or marked with characters of ring-form: nom. acc. sg., of the sword, 1522, 1562(?); nom. pl. heard and hring-mæl Heaðobeardna gestreón (*rich armor*), 2038.

hring-naca, w. m., *ship with iron rings, sea-going ship:* nom. sg., 1863.

hring-net, st. n., *ring-net,* i.e. a shirt of interlaced rings: acc. sg., 2755; acc. pl. hring-net, 1890.

hring-sele, st. m., *ring-hall,* i.e. hall in which are rings, or in which rings are bestowed: acc. sg., 2841; dat. sg., 2011, 3054.

hring-weorðung, st. f., *ring-ornament:* acc. sg. -weorðunge, 3018.

hrînan, st. v. w. dat.: 1) *to touch, lay hold of:* inf. þát him heardra nán hrínan wolde íren ærgôd (*that no good sword of valiant men would make an impression on him*), 989; him for hrôf-sele hrînan ne mehte færgripe flôdes (*the sudden grip of the flood might not touch him owing to the hall-roof*), 1516; þät þam hring-sele hrînan ne môste gumena ænig (*so that none might touch the ringed-hall*), 3054; pret. sg. siððan he hine folmum [hr]án (*as soon as he touched it with his hands*), 723; ðð þät deaðes wylm hrán ät heortan (*seized his heart*), 2271. Pret. subj. þeáh þe him wund hrîne (*although he was wounded*), 2977. — 2) (O.N. hrína, *sonare, clamare*), *to resound, rustle:* pres. part. nom. pl. hrînde bearwas (for hrínende), 1364.

hroden. See hreóðan.

hron-fix. See hran-fix.

hrôðor, st. m., *joy, beneficium:* dat. sg. hrefne tô hrôðre, 2449; gen. pl. hrôðra, 2172.

hrôf, st. m., *roof, ceiling of a house:* nom. sg., 1000; acc. sg. under Heorotes hrôf, 403; under geápne hrôf, 838; geseáh steápne hrôf (here *inner roof, ceiling*), 927; so, ofer heáhne hrôf, 984; ymb þäs helmes hrôf, 1031; under beorges hrôf, 2756. — Comp. inwithrôf.

hrôf-sele, st. m., *covered hall:* dat. sg. hrôf-sele, 1516.

hrôr, adj., *stirring, wide-awake, valorous:* dat. sg. of þám hrôran, 1630. — Comp. fela-hrôr.

hruron. See hreósan.

hruse, w. f., *earth, soil:* nom. sg., 2248, 2559; acc. sg. on hrusan, 773, 2832; dat. sg. under hrusan, 2412.

hrycg, st. m., *back:* acc. sg. ofer

GLOSSARY. 215

wäteres hrycg (*over the water's back, surface*), 471.

hryre, st. m., *fall, destruction, ruin:* acc. sg., 3181; dat. sg., 1681, 3006. — Comp.: leód-, wíg-hryre.

hrysian, w. v., *to shake, be shaken, clatter:* pret. pl. syrcan hrysedon (*corselets rattled*, of men in motion), 226.

hund, st. m., *dog:* instr. pl. hundum, 1369.

hund, num., *hundred:* þreó hund, 2279; w. gen. pl. hund missera, 1499; hund þúsenda landes and locenra beága, 2995.

hú, adv., *how, quomodo,* 3, 116, 279, 738, 845, 2319, 2520, 2719, etc.

húð, st. f., *booty, plunder:* dat. (instr.) sg. húðe, 124.

húru, adv., *at least, certainly,* 369; *indeed, truly,* 182, 670, 1072, 1466, 1945, 2837; *yet, nevertheless,* 863; *now,* 3121.

hús, st. n., *house:* gen. sg. húses, 116; gen. pl. húsa sêlest (Heorot), 146, 285, 659, 936.

hwan, adv., *whither:* tô hwan syððan wearð hondræs háleða (*what issue the hand-to-hand fight of the heroes had*), 2072.

hwanan, hwanon, adv., *whence:* hwanan, 257, 2404; hwanon, 333.

hwá, interrog. and indef. pron., *who:* nom. sg. m. hwá, 52, 2253, 3127; neut. hwät, 173; ánes hwät (*a part only*), 3011; hwät þá men wæron (*who the men were*), 233, etc.; hwät syndon ge searo-häbbendra (*what armed men are ye?*), 237; acc. sg. m. wið manna hwone (*from*(?) *any man*), 155; neut. þurh hwät, 3069; hwät wit geó spræcon, 1477; hwät ... hýnðo (gen.), fær-nîða (*what shame and sudden woes*), 474; so, hwät þu worn fela (*how very much thou*), 530; swylces hwät, 881; hwät... árna, 1187; dat. m. hwam, 1697. — Comp. æg-hwá.

hwät, interj., *what! lo! indeed!* 1, 943, 2249.

ge-hwá, w. part. gen., *each, each one:* acc. sg. m. wið feónda gehwone, 294; nîða gehwane, 2398; mêca gehwane, 2686; gum-cynnes gehwone, 2766; fem. on healfa gehwone, 801; dat. sg. m. dôgora gehwam, 88; ät nîða gehwam, 883; þegna gehwam, 2034; eorla gehwäm, 1421; fem. in mægða gehwære, 25; nihta gehwäm, 1366; gen. sing. m. manna gehwäs, 2528; fem. dæda gehwäs, 2839.

hwár. See **hwær.**

hwäder. See **hwider.**

hwäðer, pron., *which of two:* nom. sg. hwäðer ... uncer twega, 2531; swá hwäðer, *utercunque:* acc. sg. on swá hwäðere hond swá him gemet þince, 687. — Comp. æg-hwäðer.

ge-hwäðer, *each of two, either-other:* nom. sg. m. wäs gehwäðer ôðrum lifigende láð, 815; wäs ... gehwäðer ôðrum hróðra gemyndig, 2172; ne gehwäðer incer (*nor either of you two*), 584; nom. sg. neut. gehwäðer þára (*either of them*, i.e. ready for war or peace), 1249; dat. sg. hiora gehwäðrum, 2995; gen. sg. bega gehwäðres, 1044.

hwäðer, hwäðere, hwäðre, 1) adv., *yet, nevertheless:* hwäðre, 555, 891, 1271, 2099, 2299, 2378, etc.; hwäðre swá þeáh, *however, notwithstanding,* 2443; hwäðere, 574, 578, 971, 1719. — 2) conj., = *utrum, whether:* hwäðre, 1315; hwäðer, 1357, 2786.

hwät, adj., *sharp, bold, valiant:*

nom. sg. se secg hwata, 3029; dat. sg. hwatum, 2162; nom. pl. hwate, 1602, 2053; acc. pl. hwate, 2643, 3036.—Comp.: fyrd-, gold-hwāt.

hwāt. See **hwā**.

hwǣr, adv., *where:* elles hwǣr, *elsewhere*, 138; hwǣr, *somewhere*, 2030. In elliptical question: wundur hwār þonne..., *is it a wonder when...?* 3063.—Comp. ô-hwǣr.

ge-hwǣr, *everywhere:* þeáh þu heaðo-rǣsa gehwǣr dohte (*everywhere good in battle*), 526.

hwelc. See **hwylc**.

hwergen, adv., *anywhere:* elles hwergen, *elsewhere*, 2591.

hwettan, w. v., *to encourage, urge:* pres. subj. swâ þín sefa hwette (*as thy mind urges, as thou likest*), 490; pret. pl. hwetton higerôfne (*they whetted the brave one*), 204.

hwêne, adv., *a little, paululum*, 2700.

hwealf, st. f., *vault:* acc. sg. under heofones hwealf, 576, 2016.

hweorfan, st. v., *to stride deliberately, turn, depart, move, die:* pres. pl. þâra þe cwice hwyrfað, 98; inf. hwīlum he on lufan lǣteð hworfan monnes môd-geþonc (*sometimes on love (?) possessions (?) permits the thoughts of man to turn*), 1729; londrihtes môt... monna ǣghwylc ídel hweorfan (*of rights of land each one of men must be deprived*), 2889; pret. sg. fäder ellor hwearf ...of earde (*died*), 55; hwearf þâ hrädlíce þær Hrôðgâr sāt, 356; hwearf þâ bi bence (*turned then to the bench*), 1189; so, hwearf þâ be wealle, 1574; hwearf geond þāt reced, 1982; hlǣw oft ymbe hwearf (*went oft round the cave*), 2297; nalles äfter lyfte lâcende hwearf (*not at all through the air did he go springing*), 2833; subj. pret. sg. ǣr he on weg hwurfe...of geardum (*died*), 264.

and-hweorfan, *to move against:* pret. sg. ðð þāt... norðan wind heaðo-grim and-hwearf (*till the fierce north wind blew in our faces*), 548.

āt-hweorfan, *to go to:* pret. sg. hwīlum he on beorh āt-hwearf (*at times returned to the mountain*), 2300.

ge-hweorfan, *to go, come:* pret. sg. gehwearf þâ in Francna fäðm feorh cyninges, 1211; hit on ǣht gehwearf... Denigea freán, 1680; so, 1685, 2209.

geond-hweorfan, *to go through from end to end:* pres. sg. flet eall geond-hwearf, 2018.

hwider, adv., *whither:* hwyder, 163; hwäder (hwäðer, MS.), 1332.

hwīl, st. f., *time, space of time:* nom. sg. wäs seo hwīl micel (*it was a long time*), 146; þâ wäs hwīl däges (*the space of a day*), 1496; acc. sg. hwīle, *for a time*, 2138; *a while*, 105, 152; lange (longe) hwīle, *a long while*, 16, 2781; âne hwīle, *a while*, 1763; lytle hwīle, *brief space*, 2031, 2098; ǣnige hwīle, *any while*, 2549; lässan hwīle, *a lesser while*, 2572; dat. sg. ǣr däges hwīle, *before daybreak*, 2321; dat. pl. nihtes hwīlum, *sometimes at night*, 3045. Adv., *sometimes, often:* hwīlum, 175, 496, 917, 1729, 1829, 2017, 2112, etc.; hwīlum... hwīlum, 2108–9–10.—Comp.: däg-, gescāp-, orleg-, sige-hwīl.

hwīt, adj., *brilliant, flashing:* nom. sg. se hwīta helm, 1449.

hworfan. See **hweorfan**.

hwôpan, st. v., *to cry, cry out mourn:* pret. sg. hweóp, 2269.

hwyder. See **hwider.**

hwylc, pron., *which, what, any:* 1) adj.: nom. sg. m. sceaða ic nât hwylc, 274; fem. hwylc orleghwîl, 2003; nom. pl. hwylce Sægeáta sîðas wæron, 1987.— 2) subst., w. gen. pl. nom. m.: Frisna hwylc, 1105; fem. efne swâ hwylc mägða swâ þone magan cende (*whatever woman brought forth this son*), 944; neut. þonne his bearna hwylc (*than any one of his sons*), 2434; dat. sg. efne swâ hwylcum manna swâ him gemet þûhte, 3058.— Comp.: æg-, nât-, wel-hwylc.

ge-**hwylc,** ge-**hwilc,** ge-**hwelc,** w. gen. pl., *each:* nom. sg. m. gehwylc, 986, 1167, 1674; acc. sg. m. gehwylcne, 937, 2251, 2517; gehwelcne, 148; fem. gehwylce, 1706; neut. gehwylc, 2609; instr. sg. dôgra gehwylce, 1091; so, 2058, 2451; dat. sg. m. gehwylcum, 412, 769, 785, etc.; fem. ecga gehwylcre, 806; neut. cynna gehwylcum, 98; gen. sg. m. and neut. gehwylces, 733, 1397, 2095.

hwyrft, st. m., *circling movement, turn:* dat. pl. adv. hwyrftum scrîðað (*wander to and fro*), 163.— Comp. ed-hwyrft.

hycgan, w. v., *to think, resolve upon:* pret. sg. ic þät hogode þät ... (*my intention was that* ...), 633.— Comp. w. pres. part.: bealo-, heard-, swîð-, þanc-, wîs-hycgend.

for-**hycgan**, *to despise, scorn, reject with contempt:* pres. sg. 1. ic þät þonne for-hicge þät ..., *reject with scorn the proposition that* ..., 435.

ge-**hycgan**, *to think, determine upon:* pret. sg. þâ þu ... feorr gehogodest sæcce sêcean, 1989.

ofer-**hycgan**, *to scorn:* pret. sg. ofer-hogode þâ hringa fengel þät he þone wîdflogan weorode gesôhte (*scorned to seek the wide-flier with a host*), 2346.

hydig (for **hygdig**), adj., *thinking, of a certain mind:* comp. ân-, bealo-, grom-, nîð-, þrîst-hydig.

ge-**hygd,** st. n., *thought, sentiment:* acc. sg. þurh hreðra gehygd, 2046. — Comp.: breóst-, môd-gehygd, won-hyd.

hyge, hige, st. m., *mind, heart, thought:* nom. sg. hyge, 756; hige, 594; acc. sg. þurh holdne hige, 267; gen. sg. higes, 2046; dat. pl. higum, 3149.

hyge-bend, st. m. f., *mind-fetter, heart-band:* instr. pl. hyge-bendum fäst, *fast in his mind's fetters, secretly*, 1879.

hyge-geômor, adj., *sad in mind:* nom. sg. hyge-giômor, 2409.

hyge-mêðe, adj.: 1) *sorrowful, soul-crushing:* nom. sg., 2443. — 2) *life-weary, dead:* dat. pl. hyge-mêðum (-mæðum, MS.), 2910.

hyge-rôf, adj., *brave, valiant, vigorous-minded:* nom. sg. [hygerôf], 403; acc. sg. hige-rôfne, 204.

hyge-sorh, st. f., *heart-sorrow:* gen. pl. -sorga, 2329.

hyge-þyhtig, adj., *doughty, courageous:* acc. sg. hige-þihtigne (of Beówulf), 747. See **þyhtig.**

hyge-þrym, st. m., *animi majestas, high-mindedness:* dat. pl. for hige-þrymmum, 339.

hyht, st. m., *thought, pleasant thought, hope* (Dietrich): nom. sg., 179.

ge-**hyld** (see **healdan**), st. n., *support, protection:* nom. sg., 3057. — Leo.

hyldan, w. v., *to incline one's self, lie down to sleep:* pret. sg. hylde hine, *inclined himself, lay down*, 689.

hyldo, st. f., *inclination, friendliness, grace:* acc. sg. hyldo, 2068, 2294; gen. sg. hyldo, 671, 2999.

â-hyrdan, w. v., *harden:* pret. part. â-hyrded, 1461.

hyrde. See **hirde.**

hyrst, st. f., *accoutrements, ornament, armor:* acc. sg. hyrste (Ongenþeów's *equipments and arms*), 2989; acc. pl. hyrsta, 3166; instr. pl. hyrstum, 2763.

hyrstan, w. v., *to deck, adorn:* pret. part. hyrsted sweord, 673; helm [hyr]sted golde, 2256.

hyrtan, w. v., *to take heart, be emboldened:* pret. sg. hyrte hyne hordweard (*the drake took heart;* see 2566, 2568, 2570), 2594.

hyse, st. m., *youth, young man:* nom. sg. as voc., 1218.

hyt. See **hit.**

hýdan, w. v., *to hide, conceal, protect, preserve:* pres. subj. hýde [hine, *himself*] se þe wylle, 2767; inf. w. acc. nô þu minne þearft hafalan hýdan, 446; ær he in wille hafelan [hýdan] (*ere in it he* [the stag] *will hide his head*), 1373.

ge-hýdan, w. acc., *to conceal, preserve:* pret. sg. gehýdde, 2236, 3061.

hýð, st. f., *haven:* dat. sg. æt hýðe, 32.

hýð-weard, st. m., *haven-warden:* nom. sg., 1915.

hýnan (see **heán**), w. v. w. acc., *to crush, afflict, injure:* pret. sg. hýnde, 2320.

hýnðu, st. f., *oppression, affliction, injury:* acc. sg. hýnðu, 277; gen. sg. hwät ... hýnðo, 475; fela ... hýnðo, 594; gen. pl. heardra hýnða, 166.

hýran, w. v.: 1) *to hear, perceive, learn:* a) w. inf. or acc. with inf.:

I. pret. sg. hýrde ic, 38, 582, 1347, 1843, 2024; III. sg. þät he fram Sigemunde secgan hýrde, 876; I. pl. swâ we sôðlîce secgan hýrdon, 273. b) w. acc.: nænigne ic ... sêlran hýrde hordmâððum (*I heard of no better hoard-jewel*), 1198. c) w. dependent clause: I. sg. pret. hýrde ic þät ..., 62, 2164, 2173.— 2) w. dat. of person, *to obey:* inf. ôð þät him æghwilc þâra ymbsittendra hýran scolde, 10; hýran heaðosiócum, 2755; pret. pl. þät him winemâgas georne hýrdon, 66.

ge-hýran, *to hear, learn:* a) w. acc.: II. pers. sg. pres. minne gehýrað ânfealdne geþôht, 255; III. sg. pret. gehýrde on Beówulfe fästrædne geþôht, 610. b) w. acc. and inf.: III. pl. pret. gehýrdon, 786. c) w. depend. clause: I. pres. sg. ic þät gehýre þät ..., 290.

I

ic, pers. pron. *I:* acc. mec, dat. me, gen. min; dual nom. wit, acc. uncit, unc, dat. unc, gen. uncer; pl. nom. we, acc. ûsic, ûs, dat. ûs, gen. ûser. ic omitted before the verb, 470.

icge, *gold* (perhaps related to Sanskrit íç, = dominare, imperare, O.H.G. êht, *wealth*, opes), *treasure?, sword* (edge)?, 1108.—KÖRNER.

ides, st. f., *woman, lady, queen:* nom. sg., 621, 1076, 1118, 1169; dat. sg. idese, 1650, 1942. Also of Grendel's mother: nom. sg., 1260; gen. sg. idese, 1352.

in. See **inn.**

in: I. prep. w. dat. and acc.: 1) w. dat. (local, indicating rest), *in:* in geardum, 13, 2460; in þâm gûðsele, 443; in beórsele, 2636; so, 89, 482, 589, 696, 729, 2140, 2233,

etc.; in mægða gehwære, 25; in þýstrum, 87; in Caines cynne, 107; in hyra gryregeatwum (*in their accoutrements of terror, war-weeds*), 324; so, 395; in campe (*in battle*), 2506; hiora in ânum (*in one of them*), 2600. Prep. postpositive: Scedelandum in, 19. Also, *on, upon*, like on: in ealo-bence, 1030; in gumstôle, 1953; in þam wongstede (*on the grassy plain, the battle-field*), 2787; in bælstede, 3098. Temporal: in geâr-dagum, 1. — 2) w. acc. (local, indicating motion), *in, into:* in woruld, 60; in fýres fäðm, 185; so, 1211; in Hrefnesholt, 2936. Temporal, *in, at, about, toward:* in þâ tîde (in watide, MS.), 2228.
II. adv., *in* (here or there), 386, 1038, 1372, 1503, 1645, 2153, 2191, 2228; inn, 3091.
incge, adj. (perhaps related to icge), instr. sg. incge lâfe (*with the costly sword? or with mighty sword?*), 2578. — [*Edge:* incge lâfe, *edge of the sword.* — K. Körner?]
in-frôd, adj., *very aged:* nom. sg., 2450; dat. pl. in-frôdum, 1875.
in-gang, st. m., *entrance, access to:* acc. sg., 1550.
in-genga, w. m., *in-goer, visitor:* nom. sg., of Grendel, 1777.
in-gesteald, st. m., *house-property, possessions in the house:* acc. sg., 1156.
inn, st. n., *apartment, house:* nom. sg. in, 1301.
innan, adv., *within, inside*, 775, 1018, 2413, 2720; on innan (*in the interior*), *within*, 1741, 2716; þær on innan (*in there*), 71; burgum on innan (*within his city*), 1969. Also, *therein:* þær on innan, 2090, 2215, 2245.

innan-weard, adv., *inwards, inside, within*, 992, 1977; inneweard, 999.
inne, adv.: 1) *inside, within*, 643, 1282, 1571, 2114, 3060; word inne abeád (*called, sent word, in*, i.e. standing in the hall door), 390; *in it* (i.e. the battle), 1142; þær inne (*therein*), 118, 1618, 2116, 2227, 3088. — 2) = *insuper, still further, besides*, 1867.
inwit, st. n., *evil, mischief, spite, cunning hostility*, as in
inwit-feng, st. m., *malicious grasp, grasp of a cunning foe:* nom. sg., 1448.
inwit-gäst, st. m., *evil guest, hostile stranger:* nom. sg., 2671.
inwit-hrôf, st. m., *hostile roof, hiding-place of a cunning foe:* acc. sg. under inwit-hrôf, 3124.
inwit-net, st. n., *mischief-net, cunning snare:* acc. sg., 2168.
inwit-nîð, st. n., *cunning hostility, hostile contest:* nom. pl. inwit-nîðas (*hostility through secret attack*), 1859; gen. pl. inwit-nîða, 1948.
inwit-scear, st. m., *massacre through cunning, murderous attack:* acc. sg. eatolne inwit-scear, 2479.
inwit-searo, st. n., *cunning, artful intrigue:* acc. sg. þurh inwit-searo, 1102. See searo.
inwit-sorh, st. f., *grief, remorse, mourning springing from hostile cunning:* nom. sg., 1737; acc. sg. inwid-sorge, 832.
inwit-þanc, adj., *ill-disposed, malicious:* dat. sg. he onfêng hraðe inwit-þancum (*he quickly grasped the cunning-in-mind* [Grendel]), 749.
irnan (for rinnan), st. v., *to run;* so be-irnan, *to run up to, occur:* pret.

sg. him on môd be-arn (*came into his mind*), 67.

on-irnan, *to open:* pret. sg. duru sôna onarn, 722.

irre-môd, adj. See yrre-môd.

Î

idel, adj., *empty, bare; deprived of:* nom. sg., 145, 413; w. gen. londrihtes þære mægburge idel (*deprived of his land-possessions among the people* [of the Geátas]), 2889.

idel-hende, adj., *empty-handed,* 2082.

iren, st. n., *iron, sword:* nom. sg. drihtlîc iren (*the doughty, lordly sword*), 893; iren ær-gôd, 990; acc. sg. leóflic iren, 1810; gen. pl. irena cyst (*choicest of swords*), 674; irenna cyst, 803; irenna ecge (*edges of swords*), 2684.

iren, adj., *of iron:* nom. sg. ecg wäs iren, 1460.

iren-bend, st. f., *iron band, bond, rivet:* instr. pl. iren-bendum fâst (bold), 775, 999.

iren-byrne, w. f., *iron corselet:* acc. sg. iren-byrnan, 2987. See isern-byrne.

iren-heard, adj., *hard as iron:* nom. sg., 1113.

irenne, adj., *of iron:* in comp. eall-irenne.

iren-þreát, st. m., *iron troop, armored band:* nom. sg., 330.

is, st. n., *ice:* dat. sg. ise, 1609.

isern-byrne, w. f., *iron corselet:* acc. sg. isern-byrnan, 672. See iren-byrne.

isern-scûr, st. f., *iron shower, shower of arrows:* gen. sg. þone þe oft gebâd isern-scûre, 3117.

is-gebind, st. n., *fetters of ice:* instr. sg. is-gebinde, 1134.

isig, adj., *shining, brilliant* (like brass): nom. sg. isig (said of a vessel covered with plates(?) of metal), 33. — Leo.

IO IU

iú. See geó.
iú-man. See geó-man.
ió-meówle. See geó-meówle.

L

laðu, st. f., *invitation.* — Comp.: freónd-, neód-laðu.

ge-lafian, w. v. w. acc. pers. and instr. of the thing, *to refresh, lave:* pret. sg. wine-dryhten his wätere gelafede, 2723.

lagu, st. m., *lake, sea:* nom. sg., 1631.

lagu-cräftig, adj., *acquainted with the sea:* nom. sg. lagu-cräftig mon (*pilot*), 209.

lagu-strät, st. f., *path over the sea:* acc. sg. ofer lagu-stræte, 239.

lagu-streám, st. m., *sea-current, flood:* acc. pl. ofer lagu-streámas, 297.

land, st. n., *land:* nom. sg. lond, 2198; acc. sg. land, 221, 2063; lond, 2472, 2493; land Dena, 242, 253; lond Brondinga, 521; Finna land, 580; dat. sg. on lande (*in the land*), 2311, 2837; *at, near, land, shore,* 1914; tô lande (*to the land, ashore*), 1624; gen. sg. landes, 2996; gen. pl. ofer landa fela (*over much country, space; afar*), 311. — Comp.: el-, eá-land.

land-bûend, part. pres., terricola, *inhabitant of the land:* nom. pl. lond-bûend, 1346; dat. pl. land-bûendum, 95.

land-fruma, w. m., *ruler, prince of the country:* nom. sg., 31.

land-gemyrcu, st. n. pl., *frontier, land-mark:* acc. pl., 209.

land-geweorc, st. n., *land-work, fortified place:* acc. sg. leóda landgeweorc, 939. See **weorc, geweorc**.

land-riht, st. n., *prerogatives based upon land-possessions, right to possess land,* hence *real estate* itself: gen. sg. lond-rihtes ídel, 2887.

land-waru, st. f., *inhabitants, population:* acc. pl. land-wara, 2322.

land-weard, st. m., *guard, guardian of the frontier:* nom. sg., 1891.

lang, long, adj., *long:* 1) temporal: nom. sg. tô lang, 2094; nǽs þá long (lang) tô þon (*not long after*), 2592, 2846; acc. sg. lange hwîle (*for a long time*), 16, 2160, 2781; longe (lange) þrage, 54, 114, 1258; lange tîd, 1916. Compar. nom. sg. lengra fyrst, 134. — 2) local, nom. sg. se wǽs fîftiges fôtgemearces lang, 3044.—Comp.: and-, morgen-, niht-, up-lang.

l a n g e, l o n g e, adv., *long:* lange, 31, 1995, 2131, 2345, 2424; longe, 1062, 2752, 3109; tô lange (*too long, excessively long*), 906, 1337, 1749. Compar. leng, 451, 1855, 2802, 3065; nô þý leng (*none the longer*), 975. Superl. lengest (*longest*), 2009, 2239.

ge-lang, adj., *extending, reaching to something* or *somebody,* hence *ready, prepared:* nû is rǽd gelang eft ǽt þe ânum (*now is help [counsel] at hand in thee alone*), 1377; gen is eall ǽt þe lissa gelong (*all of favor is still on thee dependent, is thine*), 2151. See **ge-lenge**.

lang-ge-streón, st. n., *long-lasting treasure:* gen. pl. long-gestreóna, 2241. — Leo.

langian, w. v., reflex. w. dat., *to long, yearn:* pres. sg. III. him ... ǽfter deórum men dyrne langað beorn (*the hero longeth secretly after the dear man*), 1880.

lang-sum, adj., *long-lasting, continuing:* nom. sg. longsum, 134, 192, 1723; acc. sg. long-sumne, 1537.

lang-twîdig, adj., *long-granted, assured:* nom. sg., 1709.

lata, w. m., *a lazy, cowardly one;* in comp. hild-lata.

lâ, interj., *yes! indeed!* 1701, 2865.

lâc, st. n.: 1) *measured movement, play:* in comp. beadu-, heaðo-lâc.
—2) *gift, offering:* acc. pl. lâc, 1864; lâðlícu lâc (*loathly offering, prey*), 1585; dat. pl. lâcum, 43, 1869. — Comp. sǽ-lâc.

ge-lâc, st. n., *sport, play:* acc. pl. sweorda gelâc (*battle*), 1041; dat. pl. ǽt ecga gelâcum, 1169.

lâcan, st. v., *to move in measured time, dancing, playing, fighting, flying,* etc.: inf. dareðum lâcan (*fight*), 2849; part. pres. ǽfter lyfte lâcende (*flying through the air*), 2833.

f o r - l â c a n, *to deceive, betray:* part. pret. he wearð on feónda geweald forð forlâcen (*deceitfully betrayed into the enemy's hands*), 904.

lâd, st. f., *street, way, journey:* dat. sg. on lâde, 1988; gen. sg. lâde, 569. — Comp.: brim-, sǽ-lâd.

ge-lâd, st. n., *way, path, road:* acc. sg. uncûð gelâd, 1411.

lâð, adj., *loathly, evil, hateful, hostile:* nom. sg. lâð, 816; lâð lyftfloga, 2316; lâð (*enemy*), 440; ne leóf ne lâð, 511; neut. lâð, 134, 192; in weak form, se lâða (of the dragon), 2306; acc. sg. lâðne (wyrm), 3041; dat. sg. lâðum,

440, 1258; gen. sg. láðes (of the enemy), 842; fela láðes (*much evil*), 930; so, 1062; láðan líges, 83; láðan cynnes, 2009, 2355; þǽs láðan (of the enemy), 132; acc. pl. neut. láð gewiðru (*hateful storms*), 1376; dat. instr. pl. wið láðum, 550; láðum scuccum and scynnum, 939; láðum dǽdum (*with evil deeds*), 2468; láðan fingrum, 1506; gen. pl. láðra manna, spella, 2673, 3030; láðra (*the enemy*), 242. Compar. nom. sg. láðra ... beorn, 2433.

láð-bite, st. m., *hostile bite:* dat. sg. láð-bite líces (*the body's hostile bite* = the wound), 1123.

láð-geteóna, w. m., *evil-doer, injurer:* nom. sg., 975; nom. pl. láð-geteónan, 559.

láð-líc, adj., *loathly, hostile:* acc. pl. láð-lícu, 1585.

láf, st. f.: 1) *what is left, relic; inheritance, heritage, legacy:* nom. sg. Hréðlan láf (Beówulf's corselet), 454; nom. pl. fela láfe (*the leavings of files* = swords, Grein), 1033; so, homera láfe, 2830; on him gladiað gomelra láfe, heard and hringmǽl Heaðobeardna gestreón (*on him gleams the forefather's bequest, hard and ring-decked, the Heaðobeardas' treasure*, i.e. the equipments taken from the slain king of the Heaðobeardas), 2037; acc. sg. sweorda láfe (*leavings of the sword*, i.e. those spared by the sword), 2937.— 2) *the sword as a specially precious heir-loom:* nom. sg., 2629; acc. sg. láfe, 796, 1489, 1689, 2192, 2564; instr. sg. ince láfe, 2578. — Comp.: ende-, eormen-, weá-, yrfe-, ýð-láf.

lár, st. f., *lore, instruction, prescription:* dat. sg. be fäder láre, 1951;

gen. pl. lára, 1221; lárena, 269.— Comp. freónd-lár.

lást, st. m., *footstep, track:* acc. sg. lást, 132, 972, 2165; on lást (*on the traces of, behind*), 2946; nom. pl. lástas, 1403; acc. pl. lástas, 842. — Comp.: féðe-, feorh-, fót-, wrác-lást.

láger. See leger.

láger-bed, st. n., *bed to lie on:* instr. sg. leger-bedde, 1008.

læs, adv., *less*, 1947; þý læs (*the less*), 487; *quominus* (*that not, lest*), 1919.

læssa, adj., *less, fewer:* nom. sg. læssa, 1283; acc. sg. m. læssan, 43; fem. læssan hwíle, 2572; dat. sg. for læssan (*for less, smaller*), 952. Superl. nom. sg. nó þæt læsest wæs hond-gemót[a], 2355.

læt, adj., *negligent, neglectful;* w. gen.: nom. sg. elnes læt, 1530.

lædan, w. v. w. acc.: *to lead, guide, bring:* inf. lædan, 239; pret. pl. læddon, 1160.

for-lædan, *to mislead:* pret. pl. for-læddan, 2440(?).

ge-lædan, *to lead, bring:* part. pret. ge-læded, 37.

læfan, w. v.: 1), *to bequeathe, leave:* imper. sg. þinum magum læf folc and ríce, 1179; pret. sg. eaferum læfde ... lond and leódbyrig, 2471. — 2) *spare, leave behind:* áht cwices læfan (*to spare aught living*), 2316.

læn-dagas, st. m. pl., *loan-days, transitory days* (of earthly existence as contrasted with the heavenly, unending): acc. pl. læn-dagas, 2592; gen. pl. læn-daga, 2342.

læne, adj., *inconstant, perishable, evanescent, given over to death* or *destruction:* nom. sg., 1755, 3179;

GLOSSARY.

of rust-eaten treasures, 3130; acc. sg. þás lænan gesceaft (*this fleeting life*), 1623; gen. sg. lænan lífes, 2846.

læran, w. v., *to teach, instruct:* imper. sg. þu þe lær be þon (*learn this, take this to heart*), 1723.

ge-læran, *to teach, instruct, give instruction:* inf. ic þäs Hróðgár mäg ... ræd gelæran (*I can give H. good advice about this*), 278; so, 3080; pret. pl. þá me þät gelærdon leóde míne (*gave me the advice*), 415.

læstan, w. v.: 1) *to follow, to sustain, serve:* inf. þät him se líc-homa læstan nolde (*that his body would not sustain him*), 813. — 2) *perform:* imper. læst eall tela (*do all well*), 2664.

ge-læstan: 1) *to follow, serve:* pret. sg. (sweord) þät mec ær and oft gelæste, 2501. — 2) *to fulfil, grant:* subj. pres. pl. þät ... wilgesíðas, þonne wíg cume, leóde gelæstan (*render war service*), 24; inf. ic þe sceal míne gelæstan freóde (*shall grant thee my friendship, be grateful*), 1707; pret. sg. beót ... gelæste (*fulfilled his boast*), 524; gelæste swâ (*kept his word*), 2991; pres. part. häfde Eást-Denum ... gilp gelæsted (*had fulfilled for the East Danes his boast*), 830.

lætan, st. v., *to let, allow,* w. acc. and inf.: pres. sg. III. læteð, 1729; imper. pl. II. lætað, 397; sg. II. læt, 1489; pret. sg. lêt, 2390, 2551, 2978, 3151(?); pret. pl. lêton, 48, 865, 3133; subj. pret. sg. II. lête, 1997; sg. III. lête, 3083.

â-lætan: 1) *to let, allow:* subj. pres. sg. II. þät þu ne âlæte ... dôm gedreósan, 2666. — 2) *to leave, lay aside:* inf. âlætan læn-dagas (*die*), 2592; so, âlætan líf and leódscipe, 2751.

for-lætan: 1) *to let, permit,* w. acc. and inf.: pret. sg. for-lêt, 971; pret. pl. for-lêton, 3168. Also with inf. omitted: inf. nolde eorla hleó ... þone cwealmcuman cwicne (i.e. wesan) forlætan (*would not let the murderous spirit go alive*), 793. — 2) *to leave behind, leave:* pret. sg. in þam wong-stede ... þær he hine ær forlêt (*where he had previously left him*), 2788.

of-lætan, *to leave, lay aside:* pres. sg. II. gyf þu ær þonne he worold oflætest (*leavest the world, diest*), 1184; so pret. sg. oflêt líf-dagas and þás lænan gesceaft, 1623.

on-lætan, *to release, liberate:* pres. sg. III. þonne forstes bend fäder on-læteð (*as soon as the Father looseth the frost's fetters*), 1610.

â-lecgan, w. v.: 1) *to lay, lay down:* pret. sg. syððan hilde-deór hond â-legde ... under geápne hrôf, 835; þät he on Beówulfes bearm â-legde (*this* [the sword] *he laid in B.'s bosom, presented to him*), 2195; pret. pl. â-lêdon þá leófne þeóden ... on bearm scipes, 34; â-legdon þá tô middes mærne þeóden (*laid the mighty prince in-the midst* [of the pyre]), 3142. — 2) *to lay aside, give up:* siððan ... in fen-freoðo feorh â-legde (*laid down his life, died*), 852; nu se here-wísa hleahtor â-legde, gamen and gleó-dreám (*now the war-chief has left laughter,* etc.), 3021.

leger, st. n., *couch, bed, lair:* dat. sg. on legere, 3044.

lemian, w. v., *to lame, hinder, oppress:* pret. sg. (for pl.) hine sorhwylmas lemede tô lange, 906.

leng. See **lang.**

lenge, adj., *extending along* or *to, near* (of time) : nom. sg. neut. ne wǽs hit lenge þá gen (*nor was it yet long*), 83.

ge´-lenge, adj., *extending, reaching to, belonging:* nom. sg. yrfe-weard ... líce gelenge (*an heir belonging to one's body*), 2733.

let, st. m., *place of rest, sojourn:* in comp. eó-let (*voyage?*).

lettan, w. v., *to hinder:* pret. pl. (acc. pers. and gen. thing), þǽt syððan ná ... brim-líðende láde ne letton (*might no longer hinder seafarers from journeying*), 569.

á-lédon. See **á-lecgan.**

lég, st. m., *flame, fire:* nom. sg. wonna lég´(*the lurid flame*), 3116; swógende lég, 3146; dat. sg. for dracan lége, 2550. See **líg.**

lég-draca, w. m., *fire-drake, flaming dragon:* nom. sg., 3041.

leahan, leán, st. v. w. acc., *to scold, blame:* pres. sg. III. lyhð, 1049; pret. sg. lóg, 1812; pret. pl. lógon, 203, 863.

be-leán, *to dissuade, prevent:* inf. ne inc ænig mon ... beleán mihte sorhfullne síð (*no one might dissuade you twain from your difficult journey*), 511.

leahtre. See **or-leahtre.**

leáf, st. n., *leaf, foliage:* instr. pl. leáfum, 97.

leáfnes-word, st. n., *permission, leave:* acc. pl., 245.

leán. See **leahan.**

leán, st. n., *reward, compensation:* acc. sg., 114, 952, 1221, 1585, 2392; dat. sg. leáne, 1022. Often in the pl.: acc. þá leán, 2996; dat. þám leánum, 2146; gen. leána, 2991.— Comp.: and-, ende-leán.

leán (for lǽn, O.H.G. léhan), st. n., *loan,* 1810.

leánian, w. v., *to reward, compensate:* pres. sg. I. ic þe þá sǽhðe feó leánige (*repay thee for the contest with old-time treasures*), 1381; pret. sg. me þone wǽl-rǽs wine Scyldinga fǽttan golde fela leánode (*the friend of the Scyldings rewarded me richly for the combat with plated gold*), 2103.

leás, adj., *false:* nom. pl. leáse, 253.

leás, adj., *deprived of, free from,* w. gen.: nom. sg. dreáma leás, 851; dat. sg. winigea leásum, 1665.— Comp.: dóm-, dreám-, ealdor-, feoh-, feormend-, hláford-, sáwol-, sige-, sorh-, tir-, þeóden-, wine-, wyn-leás.

leásig, adj., *concealing one's self;* in comp. sin-leásig(?).

leoðo-cræft, st. m., *the art of weaving* or *working in meshes, wire,* etc.: instr. pl. segn eall-gylden ... gelocen leoðo-cræftum (*a banner all hand-wrought of interlaced gold*), 2770.

leoðo-syrce, w. f., *shirt of mail* (*limb-sark*): acc. sg. locene leoðo-syrcan (*locked linked sark*), 1506; acc. pl. locene leoðo-syrcan, 1891.

leomum. See **lim.**

leornian, w. v., *to learn, devise, plan:* pret. him þǽs gúð-cyning ... wrǽce leornode (*the war-king planned vengeance therefor*), 2337.

leód, st. m., *prince:* nom. sg., 341, 348, 670, 830, 1433, 1493, 1613, 1654, etc.; acc. leód, 626.

leód, st. f., *people:* gen. sg. leóde, 597, 600, 697, 1214. In pl. indicates *individuals, people, kinsmen:* nom. pl. leóde, 362, 415, 1214 (gen. sg.?), 2126, etc.; gum-cynnes Geáta leóde (*people of the race of the Geátas*),

260; acc. pl. leóde, 24, 192, 443, 1337, 1346, etc.; dat. pl. leódum, 389, 521, 619, 698, 906, 1160, etc.; gen. pl. leóda, 205, 635, 794, 1674, 2034, etc.

leód-bealo, st. n., *(mischief, misfortune affecting an entire people), great, unheard-of calamity:* acc. sg., 1723; gen. pl. leód-bealewa, 1947.

leód-burh, st. f., *princely castle, stronghold of a ruler, chief city:* acc. pl. -byrig, 2472.

leód-cyning, st. m., *king of the people:* nom. sg., 54.

leód-fruma, w. m., *prince of the people, ruler:* acc. sg. leód-fruman, 2131.

leód-gebyrgea, w. m., *protector of the people, prince:* acc. sg. -gebyrgean, 269.

leód-hryre, st. m., *fall, overthrow, of the prince, ruler:* dat. sg. äfter leód-hryre (*after the fall of the king of the Heaðobeardas*, Fróda, cf. 2051), 2031; gen. sg. þäs leódhryres (of the fall of Heardred, cf. 2389), 2392.

leód-sceaða, w. m., *injurer of the people:* dat. sg. þam leód-sceaðan, 2094.

leód-scipe, st. m., *the whole nation, people:* acc. sg., 2752; dat. sg. on þam leód-scipe, 2198.

leóð, st. n., *song, lay:* nom. sg., 1160. — Comp.: fyrd-, gryre-, gûð-, sorh-leóð.

leóf, adj., *lief, dear:* nom. sg., 31, 54, 203, 511, 521, 1877, 2468; weak form m., leófa, 1217, 1484, 1855, 2664; acc. sg. m. leófne, 34, 297, 619, 1944, 2128, 3109, 3143; gen. sg. leófes (m.), 1995, 2081, 2898; (neut.), 1062, 2911; dat. pl. leófum, 1074; gen. pl. leófra, 1916. Compar. nom. sg. neut. leófre, 2652. Superl. nom. sg. m. leófost, 1297; acc. sg. þone leófestan, 2824.

leóflîc, *dear, precious, valued:* nom. sg. m. leóflîc lind-wîga, 2604; acc. sg. neut. leóflîc îren, 1810.

leógan, st. v., *to lie, belie, deceive:* subj. pres. näfne him his wlite leóge (*unless his looks belie him*), 250; pret. sg. he ne leág fela wyrda ne worda, 3030.

â-leógan, *to deceive, leave unfulfilled:* pret. sg. he beót ne â-lêh (*he left not his promise unfulfilled*), 80.

ge-leógan, *to deceive, betray:* pret. sg. him seó wên geleáh (*hope deceived him*), 2324.

leóht, st. n., *light, brilliance:* nom. sg., 569, 728, 1751 (?); acc. sg. sunnan leóht, 649; godes leóht geceás (*chose God's light, died*), 2470; dat. sg. tô leóhte, 95. — Comp.: æfen-, fŷr-, morgen-leóht.

leóht, adj., *luminous, bright:* instr. sg. leóhtan sweorde, 2493.

leóma, w. m.: 1) *light, splendor:* nom. sg., 311, 2770; acc. sg. leóman, 1518; sunnan and mônan leóman (*light of sun and moon*), 95. — 2) (as beadu- and hilde-leóma), *the glittering sword:* nom. sg. lixte se leóma (*the blade-gleam flashed*), 1571.

leósan, st. v., = amitti, in

be-leósan, *to deprive, be deprived of:* pres. part. (heó) wearð beloren leófum bearnum and brôðrum (*was deprived of her dear children and brethren*), 1074.

for-leósan, with dat. instr., *to lose something:* pret. sg. þær he dôme for-leás, ellen-mærðum (*there lost he the glory, the repute, of his heroic*

deeds), 1471; pret. sg. for pl. þám
þe ær his elne for-leás (*to him who,
before, had lost his valor*), 2862;
part. pret. nealles ic þám leánum
for-loren häfde (*not at all had I
lost the rewards*), 2146.

libban, w. v., *to live, be, exist:* pres.
sing. III. lifað, 3169; lyfað, 945;
leofað, 975, 1367, 2009; subj. pres.
sg. II. lifige, 1225; pres. part. lifi-
gende, 816, 1954, 1974, 2063; dat.
sg. be þe lifigendum (*in thy life-
time*), 2666; pret. sg. lifde, 57,
1258; lyfde, 2145; pret. pl. lifdon,
99. See unlifigende.

licgan, st. v.: 1) *to lie, lie down* or
low: pres. sg. nu seó hand ligeð
(*now the hand lies low*), 1344; nu
se wyrm ligeð, 2746, so 2904; inf.
licgan, 3130; licgean, 967, 3083;
pret. sg. läg, 40, 552, 2078; syððan
Heardréd lág (*after Heardréd
had fallen*), 2389; pret. pl. lágon,
3049; lægon, 566. — 2) *to lie pros-
trate, rest, fail:* pret. sg. næfre on
óre lág wid-cúðes wig (*never failed
the far-famed one's valor at the
front*), 1042; syððan wiðer-gyld
lág (*after vengeance failed*, or,
when Withergyld lay dead, if *W*.
is a proper name), 2052.

á-licgan, *to succumb, fail, yield:*
inf. 2887; pret. sg. þät his dóm
á-lág (*that its power failed it*),
1529.

ge-licgan, *to rest, lie still:* pret. sg.
wind-blond geläg, 3147.

lida, w. m., *boat, ship* (as in motion);
in comp.: sund-, ýð-lida.

lid-man, st. m., *seafarer, sailor:*
gen. pl. lid-manna, 1624.

lim, st. n., *limb, branch:* instr. pl.
leomum, 97.

limpan, st. v., *to succeed, befall* (well
or ill); impers. w. dat. pret. sg. hú
lomp eów on láde (*how went it
with you on the journey?*), 1988.

á-limpan, *to come about, offer it-
self:* pret. sg. ðð þät sæl á-lamp
(*till the opportunity presented
itself*), 623; pret. part. þá him
á-lumpen wäs wistfylle wén (*since
a hope of a full meal had befallen
him*), 734.

be-limpan, *to happen to, befall:*
pret. sg. him sió sár belamp, 2469.

ge-limpan, *to happen, occur, turn
out:* pres. sg. III. hit eft gelimpeð
þät..., 1754; subj. pres. þisse an-
sýne alwealdan þanc lungre gelimpe
(*thanks to the Almighty forthwith
for this sight!*), 930; pret. sg. him
on fyrste gelamp þät..., 76; swá
him ful-oft gelamp (*as often hap-
pened to them*), 1253; þäs þe hire
se willa gelamp þät... (*because
her wish had been fulfilled*), 627;
frófor eft gelamp sárig-módum,
2942; subj. pret. gif him þyslicu
þearf gelumpe, 2638 ; pret. part.
Denum eallum wearð ... willa ge-
lumpen, 825.

lind, st. f. (properly *linden;* here, a
a wooden shield covered with lin-
den-bark or pith) : nom. sg., 2342 ;
acc. sg. geolwe linde, 2611 ; acc. pl.
linde, 2366.

lind-gestealla, w. m., *shield-com-
rade, war-comrade:* nom. sg.,
1974.

lind-häbbend, pres. part., *provided
with a shield*, i.e. warrior: nom. pl.
-häbbende, 245; gen. pl. häbben-
dra, 1403.

lind-plega, w. m., *shield-play*, i.e.
battle: dat. sg. lind-plegan, 1074,
2040.

lind-wiga, w. m., *shield-fighter, war-
rior:* nom. sg., 2604.

linnan, st. v., *to depart, be deprived*

of: inf. aldre linnan (*depart from life*), 1479; ealdres linnan, 2444.

lis, st. f., *favor, affection:* gen. pl. call ... lissa, 2151.

list, st. m., *art, skill, cleverness, cunning:* dat. pl. adverbial, listum (*cunningly*), 782.

lixan, w. v., *to shine, flash:* pret. sg. lixte, 311, 485, 1571.

lîc, st. n.: 1) *body, corpse:* nom. sg., 967; acc. sg. lîc, 2081; þät lîc (*the body, corpse*), 2128; dat. sg. lîce, 734, 1504, 2424, 2572, 2733, 2744; gen. sg. lîces, 451, 1123.— 2) *form, figure:* in comp. eofor-, swîn-lîc.

ge-lîc, adj., *like, similar:* nom. pl. m. ge-lîce, 2165. Superl. ge-lîcost, 218, 728, 986, 1609.

lîc-hama, -homa, w. m. (*body-home, garment*), *body:* nom. sg. lîc-homa, 813, 1008, 1755; acc. sg. lîc-haman, 2652; dat. sg. lîc-haman, 3179.

lîcian, w. v., *to please, like* (impers.): pres. sg. III. me þîn môd-sefa lîcað leng swâ wel, 1855; pret. pl. þam wîfe þâ word wel lîcodon, 640.

lîcnes. See on-lîcnes.

lîc-sâr, st. n., *bodily pain:* acc. sg. lîc-sâr, 816.

lîc-syrce, w. f., *body-sark, shirt of mail covering the body:* nom. sg., 550.

lîðan, st. v., *to move, go:* pres. part. nom. pl. þâ lîðende (*navigantes, sailors*), 221; þâ wäs sund liden (*the water was then traversed*), 223.—Comp.: heaðu-, mere-, wæg-lîðend.

lîðe (O.H.G. lindi), adj., *gentle, mild, friendly:* nom. sg. w. instr. gen. lâra lîðe, 1221. Superl. nom. sg. lîðost, 3184.

lîð-wæge, st. n., *can in which lîð*

(a wine-like, foaming drink) *is contained:* acc. sg., 1983.

lîf, st. n., *life:* acc. sg. lîf, 97, 734, 1537, 2424, 2744, 2752; dat. sg. lîfe, 2572; tô lîfe (*in one's life, ever*), 2433; gen. sg. lîfes, 197, 791, 807, 2824, 2846; worolde lîfes (*of the earthly life*), 1388, 2344.— Comp. edwît-lîf.

lîf-bysig, adj. (*striving for life or death*), *weary of life, in torment of death:* nom. sg., 967.

lîf-dagas, st. m. pl., *lifetime:* acc. -dagas, 794, 1623.

lîf-freá, w. m., *lord of life, God:* nom. sg., 16.

lîf-gedâl, st. n., *separation from life:* nom. sg., 842.

lîf-gesceaft, st. f., *fate, destiny:* gen. pl. -gesceafta, 1954, 3065.

lîf-wraðu, st. f., *protection for one's life, safety:* acc. sg. lîf-wraðe, 2878; dat. sg. tô lîf-wraðe, 972.

lîf-wyn, st. f., *pleasure, enjoyment, joy* (of life): gen. pl. lîf-wynna, 2098.

lîg, st. m., *flame, fire:* nom. sg., 1123; dat. instr. sg. lîge, 728, 2306, 2322, 2342; gen. sg. lîges, 83, 782. See lêg.

lîg-draca, w. m., *fire-drake, flaming dragon:* nom. pl., 2334. See lêg-draca.

lîg-egesa, w. m., *horror arising through fire, flaming terror:* acc. sg., 2781.

lîge-torn, st. m., *false, pretended insult* or *injury, fierce anger* (?): dat. sg. äfter lîge-torne (*on account of a pretended insult?* or *fierce anger?* cf. Bugge in Zacher's Zeits. 4, 208), 1944.

lîg-ýð, st. m., *wave of fire:* instr. pl. lîg-ýðum, 2673.

lîhan, st. v., *to lend:* pret. sg. þät

him on þearfe lâh þyle Hrôðgâres (*which H.'s spokesman lent him in need*), 1457.

on-lîhan, *to lend, grant as a loan*, with gen. of thing and dat. pers.: pret. sg. þâ he þâs wæpnes on-lâh sêlran sweord-frecan, 1468.

lôca, w. m., *bolt, lock :* in comp. bân-, burh-lôca.

locen. See lûcan.

lond, long. See land, lang.

lof, st. m., *praise, repute :* acc. sg. lof, 1537.

lof-dæd, st. f., *deed of praise :* instr. pl. lof-dædum, 24.

lof-georn, adj., *eager for praise, ambitious :* superl. nom. sg. lof-geornost, 3184.

loga, w. m., *liar;* in comp. treów-loga.

losian, w. v., *to escape, flee :* pres. sg. III. losað, 1393, 2063; pret. sg. he on weg losade (*fled away*), 2097.

lôcian, w. v., *to see, look at :* pres. sg. II. sæ-lâc ... þe þu her tô lôcast (*booty of the sea that thou lookest on*), 1655.

ge-lôme, adv., *often, frequently*, 559.

lufe, w. f., *love :* in comp. heáh-, môd-, wîf-lufe.

lufu (cf. and-leofa, big-leofa, *nourishment*), w. m., *food, subsistence; property, real estate :* acc. sg. on lufan (*on possessions*), 1729. — Comp. eard-lufa.

lufen, st. f. (cf. lufa), *subsistence, food; real estate,* (*enjoyment?*): nom. sg. lufen (parallel with êðel-wyn), 2887.

luf-tâcen, st. n., *love-token :* acc. pl. luf-tâcen, 1864.

lufian, w. v., *to love, serve affectionately :* pret. sg. III. lufode þâ leóde (*was on affectionate terms with the people*), 1983.

lungre, adv.: 1) *hastily, quickly, forthwith*, 930, 1631, 2311, 2744. — 2) *quite, very, fully :* feówer mearas lungre gelîce (*four horses quite alike*), 2165.

lust, st. m., *pleasure, joy :* dat. pl. adv. lustum (*joyfully*), 1654; so, on lust, 619, cf. 600.

lûcan, st. v., *to twist, wind, lock, interweave :* pret. part. acc. sg. and pl. locene leoðo-syrcan (*shirt of mail wrought of meshes or rings interlocked*), 1506, 1891; gen. pl. locenra beága (*rings wrought of gold wire*), 2996.

be-lûcan: 1) *to shut, close in or around :* pret. sg. winter ýðe beleác îs-gebinde (*winter locked the waves with icy bond*), 1133. — 2) *to shut in, off, preserve, protect :* pret. sg. I. hig wîge beleác manegum mægða (*I shut them in, protected them, from war arising from many a tribe*), 1771. Cf. me wîge belûc wrâðum feóndum (*protect me against mine enemies*), Ps. 34, 3.

ge-lûcan, *to unite, link together, make :* pret. part. gelocen, 2770.

on-lûcan, *to unlock, open :* pret. sg. word-hord on-leác (*opened the word-hoard, treasure of speech*), 259.

tô-lûcan, (*to twist, wrench, in two*), *to destroy :* inf., 782.

lyft, st. f. (m. n.?), *air :* nom. sg., 1376; dat. sg. æfter lyfte (*along, through, the air*), 2833.

lyft-floga, w. m., *air-flier :* nom. sg. (of the dragon), 2316.

lyft-geswenced, pret. part., *urged, hastened on, by the wind*, 1914.

lyft-wyn, st. f., *enjoyment of the air :* acc. sg. lyft-wynne, 3044.

lyhð. See **leahan.**

lystan, w. v., *to lust after, long for:* pret. sg. Geát ungemetes wel ... restan lyste (*the Geát* [Beówulf] *longed sorely to rest*), 1794.

lyt, adj. neut. (= parum), *little, very little, few:* lyt eft becwom ... hâmes niósan (*few escaped homeward*), 2366; lyt ænig (*none at all*), 3130; usually with gen.: wintra lyt, 1928; lyt ... heáfod-mâga, 2151; wergendra tô lyt (*too few defenders*), 2883; lyt swîgode nîwra spella (*he kept to himself little, none at all, of the new tidings*), 2898; dat. sg. lyt manna (*too few of men*), 2837.

lytel, adj., *small, little:* nom. sg. neut. tô lytel, 1749; acc. sg. f. lytle hwîle (*a little while*), 2031, 2098; lîf-wraðe lytle (*little protection for his life*), 2878. — Comp. un-lytel.

lyt-hwon, adv., *little = not at all:* lyt-hwon lôgon, 204.

lýfe, st. n., *leave, permission,* (*life?*): instr. sg. þíne lýfe (life, MS.), 2132. — Leo. Cf. O.N. leyfi, n., *leave, permission,* in Möbius' Glossary, p. 266.

lýfan, w. v., (fundamental meaning *to believe, trust*) in

â-lýfan, *to allow, grant, entrust:* pret. sg. næfre ic ænegum men ær âlýfde ... þryð-ärn Dena (*never before to any man have I entrusted the palace of the Danes*), 656; pret. part. (þâ me wäs) stô ... âlýfed inn under eorð-weall (*the way in under the wall of earth was allowed me*), 3090.

ge-lýfan, w. v., *to believe, trust:* 1) w. dat.: inf. þær gelýfan sceal dryhtnes dôme se þe hine deáð nimeð (*whomever death carrieth away, shall believe it to be the judgment of God,* i.e. in the contest between Beówulf and Grendel), 440. — 2) w. acc.: pret. sg. geóce gelýfde brego Beorht-Dena (*believed in, expected, help,* etc.), 609; þät heó on ænigne eorl gelýfde fyrena frôfre (*that she at last should expect from any earl comfort, help, out of these troubles*), 628; se þe him bealwa tô bôte gelýfde (*who trusted in him as a help out of evils*), 910; him tô anwaldan âre gelýfde (*relied for himself on the help of God*), 1273.

â-lýsan, w. v., *to loose, liberate:* pret. part. þâ wäs of þäm hrôran helm and byrne lungre â-lýsed (*helm and corselet were straightway loosed from him*), 1631.

M

maðelian, w. v. (sermocinari), *to speak, talk:* pret. sg. maðelode, 286, 348, 360, 371, 405, 456, 499, etc.; maðelade, 2426.

maga, w. m., *son, male descendant, young man:* nom. sg. maga Healfdenes (Hrôðgâr), 189, 1475, 2144; maga Ecgþeówes (Beówulf), 2588; maga (Grendel), 979; se maga geonga (Wîglâf), 2676; Grendles maga (*a descendant of Grendel*), 2007; acc. sg. þone magan, 944.

magan, v. with pret.-pres. form, *to be able:* pres. sg. I. III. mäg, 277, 478, 931, 943, 1485, 1734, etc.; II. meaht þu, 2048; subj. pres. mæge, 2531, 2750; þeáh ic eal mæge (*even though I could*), 681; subj. pl. we mægen, 2655; pret. sg. meahte, 542, 755, 1131, 1660, 2465, etc.; mihte, 190, 207, 462, 511, 571, 657, 1509, 2092, 2610; mehte, 1083;

1497, 1516, 1878; pl. meahton, 649, 942, 1455, 1912, 2374, 3080; mihton, 308, 313, 2684, 3164; subj. pret. sg. meahte, 243, 763, 2521; pres. sg. mäg, sometimes = licet, *may, can, will* (fut.), 1366, 1701, 1838, 2865.

mago (Goth. magu-s), st. m., *male, son:* nom. sg. mago Ecgláfes (Hunferð), 1466; mago Healfdenes (Hróðgár), 1868, 2012.

mago-dryht, st. f., *troop of young men, band of men:* nom. sg. magodriht, 67.

mago-rinc, st. m., *hero, man* (pre-eminently): gen. pl. mago-rinca, heáp, 731.

magu-þegn, mago-þegn, st. m., *vassal, war-thane:* nom. sg. 408, 2758; dat. sg. magu-þegne, 2080; acc. pl. magu-þegnas, 293; dat. pl. mago-þegnum, 1481; gen.pl. mago-þegna ... þone sēlestan (*the best of vassals*), 1406.

man, mon, st. m.: 1) *man, human being:* nom. sg. man, 25, 503, 534, 1049, 1354, 1399, 1535, 1877, etc.; mon, 209, 510, 1561, 1646, 2282, etc.; acc. sg. w. mannan, 297, 577, 1944, 2128, 2775; wid-cûðne man, 1490; dat. sg. men, 656, 753, 1880; menn, 2190; gen. sg. mannes, 1195 (?), 2081, 2534, 2542; monnes, 1730; nom. pl. men, 50, 162, 233, 1635, 3167; acc. pl. men, 69, 337, 1583, 1718; dat. pl. mannum, 3183; gen. pl. manna, 155, 201, 380, 702, 713, 736, etc.; monna, 1414, 2888. — 2) indef. pron.= *one, they, people* (Germ. *man*): man, 1173, 1176; mon, 2356, 3177. — Comp.: fyrn-, gleó-, gum-, ió-, lid-, sæ-, wæpnedman.

man. See **manan**.

man-cyn, st. n., *mankind:* dat. sg. man-cynne, 110; gen. sg. mancynnes, 164, 2182; mon-cynnes, 196, 1956.

man-dreám, st. m., *human joy, mundi voluptus:* acc. sg. mandreám, 1265; dat. pl. mon-dreámum, 1716.

man-dryhten, st. m. (*lord of men*), *ruler of the people, prince, king:* nom. sg. man-dryhten, 1979, 2648; mon-drihten, 436; mon-dryhten, 2866; acc. sg. mon-dryhten, 2605; dat. sg. man-drihtne, 1230; man-dryhtne, 1250, 2282; gen. sg. man-dryhtnes, 2850; mon-dryhtnes, 3150.

ge-mang, st. m., *troop, company:* dat. sg. on gemonge (*in the troop* [of the fourteen Geátas that returned from the sea]), 1644.

manian, w. v., *to warn, admonish:* pres. sg. III. manað swâ and myndgað ... sârum wordum (*so warneth and remindeth he with bitter words*), 2058.

manig, monig, adj., *many, many a, much:* 1) adjectively: nom. sg. rinc manig, 399; geong manig (*many a young man*), 855; monig snellic sæ-rinc, 690; medu-benc monig, 777; so 839, 909, 919, 1511, 2763, 3023, etc.; acc. sg. medo-ful manig, 1016; dat. sg. m. þegne monegum, 1342, 1420; dat. sg. f. manigre mægðe, 75; acc. pl. manige men, 337; dat. pl. manegum mâðmum, 2104; monegum mægðum, 5; gen. pl. manigra mêða, 1179. — 2) substantively: nom. sg. manig, 1861; monig, 858; dat. sg. manegum, 349, 1888; nom. pl. manige, 1024; monige, 2983; acc. pl. monige, 1599; gen. pl. manigra, 2092. — 3) with depend. gen. pl.: dat. manegum mægða, 1772; monegum fira, 2002; hăleða monegum bold-âgendra, 3112; acc. pl. rinca manige, 729; (mâðm)-æhta monige, 1614.

manig-oft, adv., *very often, frequently,* 171 [if manig and oft are to be connected].

man-lîce, adv., *man-like, manly,* 1047.

man-þwære, adj., *kind, gentle toward men, philanthropic:* nom. sg. superl. mon-þwærust, 3183.

mâ, contracted compar., *more:* with partitive gen., 504, 736, 1056.

mâðum, mâððum, st. m., *gift, jewel, object of value:* acc. sg. mâððum, 169, 1053, 2056, 3017; dat. instr. sg. mâðme, 1529, 1903; nom. pl. mâðmas, 1861; acc. pl. mâdmas, 385, 472, 1028, 1483, 1757, 1868, etc.; dat. instr. pl. mâðmum, mâdmum, 1049, 1899, 2104, 2789; gen. pl. mâðma, 1785, 2144, 2167, etc.; mâdma, 36, 41. — Comp.: dryht-, gold-, hord-, ofer-, sinc-, wundor-mâðum.

mâðm-æht, st. f., *treasure in jewels, costly objects:* gen. pl. mâðmæhta, 1614, 2834.

mâððum-fät, st. n., *treasure-casket or cup, costly vessel:* nom. sg., 2406.

mâðm-gestreón, st. n., *precious jewel:* gen. pl. mâðm-gestreóna, 1932.

mâðum-gifu, st. f., *gift of valuable objects, largess of treasure:* dat. sg. äfter mâððum-gife, 1302.

mâðum-sigl, st. n., *costly, sun-shaped ornament, valuable decoration:* gen. pl. mâððum-sigla, 2758.

mâðum-sweord, st. n., *costly sword* (inlaid with gold and jewels): acc. sg., 1024.

mâðum-wela, w. m., *wealth of jewels, valuables:* dat. sg. äfter-mâð-ðum-welan (*after the sight of the wealth of jewels*), 2751.

mâgas. See mæg.

mâge, w. f., *female relative:* gen. sg. Grendles mâgan (*mother*), 1392.

mân, st. n., *crime, misdeed:* instr. sg. mâne, 110, 979; adv., *criminally,* 1056.

mân-for-dædla, w. m., *evil-doer, criminal:* nom. pl. mân-for-dædlan, 563.

mân-scaða, w. m., *mischievous, hurtful foe, hostis nefastus:* nom. sg. 713, 738, 1340; mân-sceaða, 2515.

mâra (comp. of micel), adj., *greater, stronger, mightier:* nom. sg. m. mâra, 1354, 2556; neut. mâre, 1561; acc. sg. m. mâran, 2017; mund-gripe mâran (*a mightier hand-grip*), 754; with following gen. pl. mâran ... eorla (*a more powerful earl*), 247; fem. mâran, 533, 1012; neut. mâre, 518; with gen. pl. morð-beala mâre (*more, greater, deeds of murder*), 136; gen. sg. f. mâran, 1824.

mæst (superl. of micel, mâra), *greatest, strongest:* nom. sg. neut. (with partitive gen.), mæst, 78, 193; fem. mæst, 2329; acc. sg. fem. fæhðe mæste, 459; mæste ... worolde wynne (*the highest earthly pleasure*), 1080; neut. (with partitive gen.) mæst mærða, 2646; hond-wundra mæst, 2769; bæl-fýra mæst, 3144; instr. sg. m. mæste cräfte, 2182.

mäcg. See mecg.

mägð, st. f., *wife, maid, woman:* nom. sg., 3017; gen. pl. mägða hôse (*accompanied by her maids of honor*), 925; mägða, 944, 1284.

mägen, st. n.: 1) *might, bodily*

strength, heroic power: acc. sg. mägen, 518, 1707; instr. sg. mägene, 780 (?), 2668; gen. sg. mägenes, 418, 1271, 1535, 1717, etc.; mägnes, 671, 1762; mägenes strang, strengest (*great in strength*), 1845, 196; mägenes rôf (id.), 2085. — 2) *prime, flower* (of a nation), *forces available in war:* acc. sg. swâ he oft (i.e. etan) dyde mägen Hrêðmanna (*the best of the Hrêðmen*), 445; gen. sg. wið manna hwone mägenes Deniga (*from* (?) *any of the forces of the Danes*), 155. — Comp. ofer-mägen.

mägen-âgend, pres. part., *having great strength, valiant:* gen. pl. -âgendra, 2838.

mägen-byrðen, st. f., *huge burthen:* acc. sg. mägen-byrðenne, 3092; dat. (instr.) sg., 1626.

mägen-cräft, st. m., *great, hero-like, strength:* acc. sg., 380.

mägen-ellen, st. n. (the same), acc. sg., 660.

mägen-fultum, st. m., *material aid:* gen. pl. näs þät þonne mætost mägen-fultuma (*that was not the least of strong helps,* i.e. the sword Hrunting), 1456.

mägen-ræs, st. m., *mighty attack, onslaught:* acc. sg., 1520.

mägen-strengo, st. f., *main strength, heroic power:* acc. sg., 2679.

mägen-wudu, st. m., *might-wood,* i.e. the spear, lance: acc. sg., 236.

mäst, st. m., *mast:* nom. sg., 1899; dat. sg. be mäste (*beside the mast*), 36; *to the mast,* 1906.

mæðum. See mâðum, hygemæðum.

mæg, st. m., *kinsman by blood:* nom. sg. mæg, 408, 738, 759, 814, 915, 1531, 1945, etc.; (*brother*), 468, 2605? acc. sg. mæg (*son*), 1340; (*brother*), 2440, 2485, 2983; dat. sg. mæge, 1979; gen. sg. mæges, 2629, 2676, 2699, 2880; nom. pl. mâgas, 1016; acc. pl. mâgas, 2816; dat. pl. mâgum, 1179, 2615, 3066; (*to brothers*), 1168; mægum, 2354; gen. pl. mâga, 247, 1080, 1854, 2007, 2743. — Comp.: fäderen-, heâfod-, wine-mæg.

mæg-burh, st. f., *borough of bloodkinsmen, entire population united by ties of blood;* (in wider sense) *race, people, nation:* gen. sg. londrihtes... þære mæg-burge (*of land possessions among the people,* i.e. of the Geátas), 2888.

mægð, st. f., *race, people:* acc. sg. mægðe, 1012; dat. sg. mægðe, 75; dat. pl. mægðum, 5; gen. pl. mægða, 25, 1772.

mæg-wine, st. m., *blood kinsman, friend,* 2480.

mæl, st. n.: 1) *time, point of time:* nom. sg. 316; þâ wäs sæl and mæl (*there was* [appropriate] *chance and time*), 1009; acc. sg. mæl, 2634; instr. pl. ærran mælum, 908, 2238, 3036; gen. pl. mæla, 1250; sæla and mæla, 1612; mæla gehwylce (*each time, without intermission*), 2058. — 2) *sword, weapon:* nom. sg. broden (brogden) mæl (*the drawn sword*), 1617, 1668 (cf. Grimm, Andreas and Elene, p. 156). — 3) *mole, spot, mark.* — Comp.: græg-, hring-, sceaðen-, wunden-mæl.

mæl-cearu, st. f., *long-continued sorrow, grief:* acc. sg. mæl-ceare, 189.

mæl-gesceaft, st. f., *fate, appointed time:* acc. pl. ic on earde bâd mælgesceafta (*awaited the time allotted for me by fate*), 2738.

mænan, w. v., with acc. in the sense

GLOSSARY.

of (1) *to remember, mention, proclaim:* inf. mænan, 1068; pret. part. þær wǽs Beówulfes mǽrðo mǽned, 858. — 2) *to mention sorrowfully, mourn:* inf. 3173; pret. sg. giohðo mænde (*mourned sorrowfully*), 2268; pret. pl. mændon, 1150, 3150.

ge-mǽnan (see mán), w. v. with acc., *to injure maliciously, break:* subj. pret. pl. ge-mǽnden, 1102.

ge-mǽne, adj., *common, in common:* nom. sg. gemǽne, 2474; þær unc hwíle wǽs hand gemǽne (i.e. in battle), 2138; sceal úrum þæt sweord and helm bám gemǽne (i.e. wesan), 2661; nom. pl. gemǽne, 1861; dat. pl. þǽt þǽm folcum sceal ... sib gemǽnum (attraction for gemǽne, i.e. wesan), 1858; gen. pl. unc sceal (i.e. wesan) fela máðma gemǽnra (*we two shall share many treasures together*), 1785.

mǽrðu, st. f.: 1) *glory, a hero's fame:* nom. sg. 858; acc. sg. mǽrðo, 600(?), 688; acc. pl. mǽrða, 2997; instr. pl. mǽrðum (*gloriously*), 2515: gen. pl. mǽrða, 504, 1531. — 2) *deed of glory, heroism:* acc. sg. mǽrðo, 2135; gen. pl. mǽrða, 408, 2646. — Comp. ellen-mǽrðu.

mǽre, adj., *memorable; celebrated, noble; well known, notorious:* nom. sg. m. mǽre, 103, 129, 1716, 1762; se mǽra, 763, 2012, 2588; also as vocative m. se mǽra, 1475; nom. fem. mǽru, 2017; mǽre, 1953; neut. mǽre, 2406; acc. sg. m. mǽrne, 36, 201, 353, 1599, 2385, 2722, 2789, 3099; neut. mǽre, 1024; dat. sg. mǽrum, 345, 1302, 1993, 2080, 2573; tó þǽm mǽran, 270; gen. sg. mǽres, 798; mǽran, 1730; nom. pl.

mǽre, 3071; superl. mǽrost, 899. — Comp.: fore-, heaðo-mǽre.

mǽst. See mára.

mǽte, adj., *moderate, small:* superl. nom. sg. mǽtost, 1456.

mecg, mǽcg, st. m., *son, youth, man:* in comp. hilde-, oret-mecg, wræc-mǽcg.

medla. See on-medla.

medu, st. m., *mead:* acc. sg. medu, 2634; dat. sg. tó medo, 605.

medo-ǽrn, st. n., *mead-hall:* acc. sg. medo-ǽrn (Heorot), 69.

medu-benc, st. f., *mead-bench, bench in the mead-hall:* nom. sg. medu-benc, 777; dat. sg. medu-bence, 1053; medo-bence, 1068, 2186; meodu-bence, 1903.

medu-dreám, st. m., *mead-joy, joyous carousing during mead-drinking:* acc. sg. 2017.

medo-ful, st. n., *mead-cup:* acc. sg. 625, 1016.

medu-heal, st. f., *mead-hall:* nom. sg., 484; dat. sg. meodu-healle, 639.

medu-scenc, st. m., *mead-can, vessel:* instr. pl. meodu-scencum, 1981.

medu-seld, st. n., *mead-seat, mead-house:* acc. sg., 3066.

medo-setl, st. n., *mead-seat upon which one sits mead-drinking:* gen. pl. meodo-setla, 5.

medo-stíg, st. f., *mead-road, road to the mead-hall:* acc. sg. medo-stíg, 925.

medo-wang, st. m., *mead-field* (where the mead-hall stood): acc. pl. medo-wongas, 1644.

meðel, st. n., *speech, conversation:* dat. sg. on meðle, 1877.

meðel-stede, st. m., (properly *place of speech, judgment-seat*), here *meeting-place, battle-field* (so, also

425, the battle is conceived under the figure of a parliament or convention): dat. sg. on þām meðel-stede, 1083.

meðel-word, st. n., *words called forth at a discussion; address:* instr. pl. meðel-wordum, 236.

meldn, w. m., *finder, informer, betrayer:* gen. sg. þǣs meldan, 2406.

meltan, st. v. intrans., *to consume by fire, melt* or *waste away:* inf., 3012; pret. sg. mealt, 2327; pl. multon, 1121.

ge-meltan, the same: pret. sg. gemealt, 898, 1609, 1616; ne gemealt him se môd-sefa (*his courage did not desert him*), 2629.

men. See man.

mene, st. m., *neck ornament, necklace, collar:* acc. sg., 1200.

mengan, w. v., *to mingle, unite, with,* w. acc. of thing: inf. se þe meregrundas mengan scolde, 1450.

ge-mengan, *to mix with, commingle:* pret. part., 849, 1594.

menigu, st. f., *multitude, many:* nom. and acc. sg. mâðma menigeo (*multitude of treasures, presents*), 2144; so, mänigo, 41.

mercels, st. m., *mark, aim:* gen. sg. mercelses, 2440.

mere, st. m., *sea, ocean:* nom. sg. se mere, 1363; acc. sg. on mere, 1131, 1604; on nicera mere, 846; dat. sg. fram mere, 856.

mere-deór, st. n., *sea-beast:* acc. sg., 558.

mere-fara, w. m., *seafarer:* gen. sg. mere-faran, 502.

mere-fix, st. m., *sea-fish:* gen. pl. mere-fixa (*the whale*, cf. 540), 549.

mere-grund, st. m., *sea-bottom:* acc. sg., 2101; acc. pl. mere-grundas, 1450.

mere-hrägl, st. n., *sea-garment,* i.e., sail: gen. pl. mere-h.ägla sum, 1906.

mere-liðend, pres. part., *moving on the sea, sailor:* nom. pl. mere-liðende, 255.

mere-strǣt, st. f., *sea-street, way over the sea:* acc. pl. mere-strǣta, 514.

mere-strengo, st. f., *sea-power, strength in the sea:* acc. sg., 533.

mere-wif, st. n., *sea-woman, merwoman:* acc. sg. (of Grendel's mother), 1520.

mergen. See morgen.

met, st. n., *thought, intention* (cf. metian = meditari): acc. pl. onsǣl meoto, 489 (meaning doubtful; see Bugge, Journal 8, 292; Dietrich, Haupt's Zeits. 11, 411; Körner, Eng. Stud. 2, 251).

ge-met, st. n., *an apportioned share; might, power, ability:* nom. sg. nis þǣt ... gemet mannes nefne mīn ānes (*nobody, myself excepted, can do that*), 2534; acc. sg. ofer mīn gemet (*beyond my power*), 2880; dat. sg. mid gemete, 780.

ge-met, adj., *well-measured, meet, good:* nom. sg. swā him gemet þince (þūhte), (*as seemed meet to him*), 688, 3058. See un-gemete, adv.

metan, st. v., *to measure, pass over* or *along:* pret. pl. fealwe strǣte mearum mǣton (*measured the yellow road with their horses*), 918; so, 514, 1634.

ge-metan, the same: pret. sg. medu-stīg gemāt (*measured, walked over, the road to the mead-hall*), 925.

metod, st. m. (the measuring, arranging) *Creator, God:* nom. sg., 110, 707, 968, 1058, 2528; scīr metod, 980; sōð metod, 1612; acc.

sg. metod, 180; dat. sg. metode, 169, 1779; gen. sg. metodes, 671. — Comp. eald-metod.

metod-sceaft, st. f.: 1) *the Creator's determination, divine purpose, fate:* acc. sg. -sceaft, 1078.— 2) *the Creator's glory:* acc. sg. metodsceaft seón (i.e. die), 1181; dat. sg. tô metod-sceafte, 2816.

mêce, st. m., *sword:* nom. sg., 1939; acc. sg. mêce, 2048; brâdne mêce, 2979; gen. sg. mêces, 1766, 1813, 2615, 2940; dat. pl. instr. mêcum, 565; gen. pl. mêca, 2686.—Comp.: beado-, häft-, hilde-mêce.

mêd, st. f., *meed, reward:* acc. sg. mêde, 2135; dat. sg. mêde, 2147; gen. pl. mêda, 1179.

ge-mêde, st. n., *approval, permission* (Grein): acc. pl. ge-mêdu, 247.

mêðe, adj., *tired, exhausted, dejected:* in comp. hyge-, sæ-mêðe.

mêtan, w. v., *to meet, find, fall in with:* with acc., pret. pl. syððan Aescheres... hafelan mêtton, 1422; subj. pret. sg. þät he ne mêtte ... on elran man mundgripe mâran (*that he never met, in any other man, with a mightier hand-grip*), 752.

ge-mêtan, with acc., the same: pret. sg. gemêtte, 758, 2786; pl. näs þâ long tô þon, þät þâ aglæcean hy eft gemêtton (*it was not long after that the warriors again met each other*), 2593.

ge-mêting, st. f., *meeting, hostile coming together:* nom. sg., 2002.

meagol, adj., *mighty, immense; formal, solemn:* instr. pl. meaglum wordum, 1981.

mearc, st. f., *frontier, limit, end:* dat. sg. tô mearce (*the end of life*), 2385.— Comp. Weder-mearc, 298.

ge-mearc, st. n., *measure, distance:* comp. fôt-, mîl-ge-mearc.

mearcian, w. v., *to mark, stain:* pres. ind. sg. mearcað môrhôpu (*will stain, mark, the moor with the blood of the corpse*), 450.

ge-mearcian, the same: pres. part. (Cain) morðre gemearcod (*murder-marked* [cf. 1 Book Mos. IV. 15]), 1265; swâ wäs on þæm scennum ... gemearcod ... hwam þät sweord geworht wære (*engraved for whom the sword had been wrought*), 1696.

mearc-stapa, w. m., *march-strider, frontier-haunter* (applied to Grendel and his mother): nom. sg., 103; acc. pl. mearc-stapan, 1349.

mearh, st. m., *horse, steed:* nom. pl. mearas, 2164; acc. pl. mearas, 866, 1036; dat. pl. inst. mearum, 856, 918; mearum and mâðmum, 1049, 1899; gen. pl. meara and mâðma, 2167.

mearn. See murnan.
meodu. See medu.
meoto. See met.
meotud. See metod.

meowle, w. f., *maiden:* comp. geómeowle.

micel, adj., *great, huge, long* (of time): nom. sg. m., 129, 502; fem., 67, 146, 170; neut., 772; acc. sg. m. micelne, 3099; fem. micle, 1779, 3092; neut. micel, 270, 1168. The comp. mâre must be supplied before þone in: medo-ärn micel ... (mâre) þone yldo bearn æfre ge-frunon, 69; instr. sg. ge-trume micle, 923; micle (*by much, much*); micle leófre (*far dearer*), 2652; efne swâ micle (lässa), ([*less*] *even by so much*), 1284; oftor micle (*much oftener*), 1580; dat. sg. weak form miclan, 2850; gen. sg.

miclan, 979. The gen. sg. micles is an **adv.** = *much, very:* micles wyrðne gedôn (*deem worthy of much*, i.e. honor very highly), 2186; tô fela micles (*far too much, many*), 695; acc. pl. micle, 1349. Compar., see **mâra**.

mid, I. prep. w. dat., instr., and acc., signifying preëminently *union, community, with*, hence: 1) w. dat.: a) *with, in company, community, with:* mid Finne, 1129; mid Hrôðgâre, 1593; mid scipherge, 243; mid gesîðum (*with his comrades*), 1314; so, 1318, 1964, 2950, etc.; mid his freódrihtne, 2628; mid þæm lâcum (*with the gifts*), 1869; so, 2789, 125; mid hæle (*with good luck!*), 1218; mid bæle fôr (*sped off amid fire*), 2309. The prep. postponed: him mid (*with him, in his company*), 41; *with him*, 1626; ne wæs him Fitela mid (*was not with him*), 890. b) *with, among:* mid Geátum (*among the Geátas*), 195, 2193, 2624; mid Scyldingum, 274; mid Eotenum, 903; mid yldum (eldum), 77, 2612; mid him (*with, among, one another*), 2949. In temporal sense: mid ær-dæge (*at dawn*), 126. — 2) *with, with the help of, through*, w. dat.: mid âr-stafum (*through his grace*), 317; so, 2379; mid grâpe (*with the fist*), 438; so, 1462, 2721; mid his heteþoncum (*through his hatred*), 475; mid sweorde, 574; so, 1660, 2877; mid gemete (*through, by, his power*), 780; so, 1220, 2536, 2918; mid gôde (*with benefits*), 1185; mid hearme (*with harm, insult*), 1893; mid þære sorge (*with [through?] this sorrow*), 2469; mid rihte (*by rights*), 2057. With instr.: mid þý wîfe (*through [marriage with] the woman*), 2029. — 3) w. acc., *with, in community, company, with:* mid his eorla gedriht, 357; so, 634, 663, 1673; mid hine, 880; mid mînne goldgyfan, 2653.

II. adv., mid, *thereamong, in the company*, 1643; *at the same time, likewise*, 1650.

middan-geard, st. m., *globe, earth:* acc. sg., 75, 1772; dat. sg. on middan-gearde, 2997; gen. sg. middan-geardes, 504, 752.

midde, w. f., *middle* = *medius:* dat. sg. on middan (*through the middle, in two*), 2706; gen. sg. (adv.) tô-middes (*in the midst*), 3142.

middel-niht, st. f., *midnight:* dat. pl. middel-nihtum, 2783, 2834.

miht, st. f., *might, power, authority:* acc. sg. þurh drihtnes miht (*through the Lord's help, power*), 941; instr. pl. selfes mihtum, 701.

mihtig, adj.: 1) *physically strong, powerful:* nom. sg. mihtig mere-deór, 558; mere-wîf mihtig, 1520. — 2) *possessing authority, mighty:* nom. sg. mihtig god, 702, 1717, 1726; dat. sg. mihtigan drihtne, 1399. — Comp.: äl-, fore-mihtig.

milde, adj., *kind, gracious, generous:* nom. sg. môdes milde (*kind-hearted*), 1230; instr. pl. mildum wordum (*graciously*), 1173. Superl. nom. sg. worold-cyning mannum mildust (*a king most liberal to men*), 3183.

milts, st. f., *kindness, benevolence:* nom. sg., 2922.

missan, w. v. with gen., *to miss, err in:* pret. sg. miste mercelses (*missed the mark*), 2440.

missere, st. n., *space of a semester, half a year:* gen. pl. hund missera (*fifty winters*), 2734, 2210; generally, *a long period of time, season*, 1499, 1770; fela missera, 153, 2621.

mist-hlið, st. n., *misty cliff, cloud-capped slope:* dat. pl. under mist-hleoðum, 711.

mistig, adj., *misty:* acc. pl. mistige môras, 162.

mîl-gemearc, st. n., *measure by miles:* gen. sg. mîl-gemearces, 1363.

mîn: 1) poss. pron., *my, mine*, 255, 345, etc.; Hygelâc mîn (*my lord*, or *king, II.*), 2435. — 2) gen. sg. of pers. pron. ic, *of me*, 2085, 2534, etc.

molde, w. f., *dust; earth, field:* in comp. gräs-molde.

mon. See **man**.

ge-mong. See **ge-mang**.

morð-bealu, st. n., *murder, deadly bale* or *deed of murder:* gen. pl. morð-beala, 136.

morðor, st. n., *deed of violence, murder:* dat. instr. sg. morðre, 893, 1265, 2783; gen. sg. morðres, 2056; morðres scyldig (*victim of a violent death*), 1684.

morðor-bed, st. n., *bed of death, murder-bed:* acc. sg. wäs þam yldestan ... morðor-bed stred (*a bed of death was spread for the eldest*, i.e. through murder his death-bed was prepared), 2437.

morðor-bealu, st. n., *death-bale, destruction by murder:* acc. sg. morðor-bealo, 1080, 2743.

morðor-hete, st. m., *murderous hate:* gen. sg. þäs morðor-hetes, 1106.

morgen, morn, mergen, st. m., *morning, forenoon;* also *morrow:* nom. sg. morgen, 1785, 2125; (*morrow*), 2104; acc. sg. on morgen (*in the morning*), 838; dat. sg. on morgne, 2485; on mergenne, 565, 2940; gen. pl. morna gehwylce (*every morning*), 2451.

morgen-ceald, adj., *morning-cold, dawn-cold:* nom. sg. gâr morgen-ceald (*spear chilled by the early air of morn*), 3023.

morgen-lang, adj., *lasting through the morning:* acc. sg. morgen-longne däg (*the whole forenoon*), 2895.

morgen-leóht, st. n., *morning-light:* nom. sg., 605, 918.

morgen-swêg, st. m., *morning-cry, cry at morn:* nom. sg., 129.

morgen-tîd, st. f., *morning-tide:* acc. sg. on morgen-tîde, 484, 818(?).

morn. See **morgen**.

môd, st. n.: 1) *heart, soul, spirit, mood. mind, manner of thinking:* nom. sg., 50, 731; wäfre môd (*the flickering spirit, the fading breath*), 1151; acc. sg. on môd (*into his mind*), 67; dat. instr. sg. môde geþungen (*of mature, lofty spirit*), 625; on môde (*in heart, mind*), 754, 1845, 2282, 2528; on hreóum môde (*fierce of spirit*), 2582; gen. sg. môdes, 171, 811, 1707; môdes blîðe (*gracious-minded, kindly disposed*), 436; so, môdes milde, 1230; môdes seóce (*depressed in mind*), 1604. — 2) *boldness, courage:* nom. and acc. sg., 1058, 1168. 3) *passion, fierceness:* nom. sg., 549. — Comp. form adj.: galg-, geômor-, gläd-, gûð-, hreóh-, irre-, sârig-, stið-, swið-, wêrig-môd.

môd-cearu, st. f., *grief of heart:* acc. sg. môd-ceare, 1993, 3150.

môd-geþygd, st. f., *thought of the heart; mind:* instr. pl. môd-geþygdum, 233

môd-ge-þanc, st. n., *mood-thought;*

meditation : acc. sg. môd-ge-þonc, 1730.

môd-glômor, adj., *grieved at heart, dejected :* nom. sg., 2895.

môdig, adj., *courageous :* nom. sg., 605, 1644, 1813, 2758; he þäs (þām, MS.) môdig wäs (*had the courage for it*), 1509; se môdega, 814; dat. sg. mid þam môdigan, 3012; gen. sg. môdges, 502; môdiges, 2699; Geáta leód georne trûwode môdgan mägnes (*trusted firmly in his bold strength*), 671; nom. pl. môdge, 856; môdige, 1877; gen. pl. môdigra, 312, 1889. — Comp. fela-môdig.

môdig-lîc, adj., *of bold appearance :* compar. acc. pl. môdiglîcran, 337.

môd-lufe, w. f., *heart's affection, love :* gen. pl. þînre môd-lufan, 1824.

môd-sefa, w. m., *thought of the heart; brave, bold temper; courage :* nom. sg., 349, 1854, 2629; acc. sg. môd-sefan, 2013; dat. sg. môd-sefan, 180.

môd-þracu, st. f., *boldness, courage, strength of mind :* dat. sg. for his môd-þrāce, 385.

môdor, f., *mother :* nom. sg., 1259, 1277, 1283, 1684, 2119; acc. sg. môdor, 1539, 2140, 2933.

môna, w. m., *moon :* gen. sg. mônan, 94.

môr, st. m., *moor, morass, swamp :* acc. sg. ofer myrcan môr, 1406; dat. sg. of môre, 711; acc. pl. môras, 103, 162, 1349.

môr-hôp, st. n., *place of refuge in the moor, hiding - place in the swamp :* acc. pl. môr-hôpu, 450.

ge - môt, st. n., *meeting :* in comp. hand-, torn-ge-môt.

môtan, pret.-pres. v. : 1) *power or permission to have something, to be permitted; may, can :* pres. sg. I., III. môt, 186, 442, 604; II. môst, 1672; pl. môton, 347, 365, 395; pres. subj. ic môte, 431; III. se þe môte, 1388; pret. sg. môste, 168, 707, 736, 895, 1488, 1999, 2242, 2505, etc.; pl. môston, 1629, 1876, 2039, 2125, 2248; pres. subj. sg. II. þāt þu hine selfne geseón môste (*mightest see*), 962. — 2) *shall, must, be obliged :* pres. sg. môt, 2887; pret. sg. môste, 1940; þær he þý fyrste forman dôgore wealdan môste, swâ him Wyrd ne gescrâf, hrêð āt hilde (*if he must for the first time that day be victorious, as Fate had denied him victory*, cf. 2681, 2683 seqq.), 2575.

ge - munan, pret.-pres. v., *to have in mind, be mindful; remember, think of,* w. acc.: pres. sg. hine gearwe geman witena wel-hwylc (*each of the knowing ones still remembers him well*), 265; ic þe þäs leán geman (*I shall not forget thy reward for this*), 1221; ic þāt eall gemon (*I remember all that*), 2428; so, 1702, 2043; gif he þāt eall gemon hwāt ... (*if he is mindful of all that which ...*), 1186; ic þāt mæl gemon hwær ... (*I remember the time when ...*), 2634; pret. sg. w. gemunde ... æfen-sprǣce (*recalled his evening speech*), 759; so, 871, 1130, 1260, 1271, 1291, 2115, 2432, 2607, 2679; se þās leód-hryres leán ge-munde (*was mindful of reward for the fall of the ruler*), 2392; þāt he Eotena bearn inne gemunde (*that he in this should remember, take vengeance on, the children of the Jutes*), 1142; so, hond gemunde fǣhðo genôge (*his hand remembered strife enough*), 2490; ne gemunde mago Ecgláfes þát ... (*remembered not that which* . . .), 1466; pret. pl. helle gemundon in môd-sefan (*their thoughts* [as heathens] *fixed themselves on, remembered, hell*), 179.

on-munan, w. acc. pers. and gen. of thing, *to admonish, exhort:* pret. sg. onmunde ûsic mærða (*exhorted us to deeds of glory*), 2641.

mund, st. f., *hand:* instr. pl. mundum, mid mundum, 236, 514, 1462, 3023, 3092.

mund-bora, w. m., *protector, guardian, preserver:* nom. sg., 1481, 2780.

mund-gripe, st. m., *hand-grip, seizure:* acc. sg. mund-gripe, 754; dat. sg. mund-gripe, 280(?), 1535; áfter mund-gripe (*after having seized the criminal*), 1939.

murnan, st. v., *to shrink from, be afraid of, avoid:* pret. sg. nô mearn fore fæhðe and fyrene, 136; so, 1538; nalles for ealdre mearn (*was not apprehensive for his life*), 1443.— 2) *to mourn, grieve:* pres. part. him wäs ... murnende môd, 50; pres. subj., þonne he fela murne (*than that he should mourn much*), 1386.

be-murnan, be-meornan, with acc., *to mourn over:* pret. bemearn, 908, 1078.

murn-lîce. See un-murn-lîce.

mûð-bana, w. m., *mouth-destroyer:* dat. sg. tô mûð-bonan (of Grendel because he bit his victim to death), 2080.

mûða, w. m., *mouth, entrance:* acc. sg. recedes mûðan (*mouth of the house, door*), 725.

ge-mynd, st. f., *memory, memorial, remembrance:* dat. pl. tô gemyndum, 2805, 3017. See weorð-mynd.

myndian, w. v., *to call to mind, remember:* pres. sg. myndgað, 2058; pres. part. w. gen. gif þonne Fresna hwylc ... þás morðorhetes myndgiend wære (*were to call to mind the bloody feud*), 1106.

ge-myndian, w. v. w. acc., *to remember:* bið gemyndgad ... eaforan ellor-sîð (*is reminded of his son's decease*), 2451.

ge-myndig, adj., *mindful:* nom. sg. w. gen., 614, 869, 1174, 1531, 2083, etc.

myne, st. m.: 1) *mind, wish:* nom. sg., 2573.— 2) *love*(?): ne his myne wisse (*whose* [God's] *love he knew not*), 169.

ge-mynian, w. v. w. acc., *to be mindful of:* imper. sg. gemyne mærðo! 660.

myntan, w. v., *to intend, think of, resolve:* pret. sg. mynte ... manna cynnes sumne besyrwan (*meant to entrap all*(?) [see sum], *some one of*(?), *the men*), 713; mynte þát he gedælde ... (*thought to sever*), 732; mynte se mæra, þær he meahte swâ, wîdre gewindan (*intended to flee*), 763.

myrce, adj., *murky, dark:* acc. sg. ofer myrcan môr, 1406.

myrð, st. f., *joy, mirth:* dat. (instr.) sg. môdes myrðe, 811.

N

naca, w. m., *vessel, ship:* acc. sg. nacan, 295; gen. sg. nacan, 214. —Comp.: hring-, ýð-naca.

nacod, adj., *naked:* nom. and acc. sg. swurd, gûð-bill nacod, 539, 2586; nacod nîð-draca, 2274.

nalas, nales, nallas. See nealles.

nama, w. m., *name:* nom. sg. Beówulf is mîn nama, 343; wäs þâm häft-mêce Hrunting nama, 1458; acc. sg. scôp him Heort naman (*gave it the name Hart*), 78.

nâ (from ne-â), strength. negative, *never, not all*, 445, 567, 1537.

nâh, from ne-âh. See âgan.

nân (from ne-ân), indef. pron., *none, no:* with gen. pl. gûð-billa nân, 804; adjectively, nân ... îren ærgôd, 990.

nât, from ne-wât: *I know not = nescio*. See witan.

nât-hwylc (nescio quis, ne-wâthwylc, *know not who, which*, etc.), indef. pron., *any, a certain one, some or other:* 1) w. partitive gen.: nom. sg. gumena nât-hwylc, 2234; gen. sg. nât-hwylces (þâra banena), 2054; nîða nât-hwylces(?), 2216; nât-hwylces hâleða bearna, 2225. — 2) adjectively: dat. sg. in nîðsele nât-hwylcum, 1514.

nâbben, from ne-hâbben (subj. pres.). See habban.

nâfne. See nefne.

nægel, st. m., *nail:* gen. pl. nægla (of the finger-nails), 986.

nægled, part., *nailed?, nail-like?, buckled?:* acc. sg. neut. nægled (MS. gled) sinc, 2024.

næs, st. m., *naze, rock projecting into the sea, cliff, promontory:* acc. sg. næs, 1440, 1601, 2899; dat. sg. næsse, 2244, 2418; acc. pl. windige næssas, 1412; gen. pl. næssa, 1361.

næs, from ne-wæs (*was not*). See wesan.

næs, neg. adv., *not, not at all*, 562, 2263.

næs-hlið, st. n., *declivity, slope of a promontory that sinks downward to the sea:* dat. pl. on næs-hleoðum, 1428.

næfre, adv., *never*, 247, 583, 592, 656, 719, 1042, 1049, etc.; also strengthened by ne: næfre ne, 1461.

ge-nægan, w. v. w. acc. pers. and gen. of thing, *to attack, press:* pret. pl. nîða genægdan nefan Hererîces (*in combats pressed hard upon H.'s nephew*), 2207; pret. part. wearð ... nîða genæged, 1440.

nænig (from ne-ænig), pron., *not any, none, no:* 1) substantively w. gen. pl.: nom. sg., 157, 242, 692; dat. sg. nænegum, 599; gen. pl. nænigra, 950. — 2) adjectively: nom. sg. ôðer nænig, 860; nænig wæter, 1515; nænig ... deór, 1934; acc. sg. nænigne ... horð-mâðum, 1199.

nære, from ne-wære (*were not, would not be*). See wesan.

ne, simple neg., *not*, 38, 50, 80, 83, 109, etc.; before imper. ne sorga! 1385; ne gŷm! 1761, etc. Doubled = *certainly not, not even that:* ne ge ... gearwe ne wisson (*ye certainly have not known*, etc.), 245; so, 863; ne ic ... wihte ne wêne (*nor do I at all in the least expect*), 2923; so, 182. Strengthened by other neg.: nôðer ... ne, 2125; swâ he ne mihte nô ... (*so that he absolutely could not*), 1509.

ne ... ne, *not ... and not, nor; neither ... nor*, 154-157, 511, 1083-1085, etc. Another neg. may supply the place of the first ne: so, nô ... ne, 575-577, 1026-1028, 1393-1395, etc.; næfre ... ne, 583-584; nalles ... ne, 3016-3017. The neg. may be omitted the first time: ær ne siððan (*neither before nor after, before nor since*), 719; sûð ne norð (*south nor north*), 859; âdl ne yldo (*neither illness nor old age*), 1737; wordum ne worcum (*neither by word nor deed*), 1101; wiston and ne wêndon (*knew not and weened not*), 1605.

nefa, w. m., *nephew, grandson:* nom. sg. nefa (*grandson*), 1204; so, 1963; (*nephew*), 2171; acc. sg. nefan (*nephew*), 2207; dat. sg. nefan (*nephew*), 882.

nefne, näfne, nemne (orig. from ni-iba-ni): 1) subj.: a) with depend. clause = *unless:* nefne him witig god wyrd forstôde (*if fate, the wise God, had not prevented him*), 1057; nefne god sylfa ... sealde (*unless God himself*, etc.), 3055; näfne him his wlite leóge (MS. næfre) (*unless his face belie him*), 250; näfne he wäs mâra (*except that he was huger*), 1354; nemne him heaðo-byrne helpe gefremede, 1553; so, 2655.—b) w. follow. substantive = *except, save, only:* nefne sin-freá (*except the husband*), 1935; ic lyt hafo heáfod-mâga nefne Hygelâc þec (*have no near kin but thee*), 2152; nis þät eówer (gen. pl.) stô ... nefne mîn ânes, 2534.—2) Prep. with dat., *except:* nemne feáum ânum, 1082.

ge-nehost. See ge-neahhe.

nelle, from ne-wille (*I will not*). See willan.

nemnan, w. v. w. acc.: 1) *to name, call:* pres. pl. þone yldestan oretmecgas Beówulf nemnað (*the warriors call the most distinguished one Beówulf*), 364; so inf. nemnan, 2024; pret. pl. nemdon, 1355. — 2) *to address*, as in be-nemnan, *to pronounce solemnly, put under a spell:* pret. sg. Fin Hengeste ... âðum be-nemde þät (*asserted, promised under oath that* ...), 1098; pret. pl. swâ hit ðð dômes däg diópe benemdon þeódnas mære (*put under a curse*), 3070.

nemne. See nefne.

nerian, ge-nerian, w. v., *to save, rescue, liberate:* pres. sg. Wyrd oft nereð unfægne eorl, 573; pret. part. häfde ... sele Hróðgâres genered wið nîða (*saved from hostility*), 828.

ge-nesan, st. v.: 1) intrans., *to remain over, be preserved:* pret. sg. hrôf âna genäs ealles ansund (*the roof alone was quite sound*), 1000. — 2) w. acc., *to endure successfully, survive, escape from:* pret. sg. se þâ säcce ge-näs, 1978; fela ic ... gûð-ræsa ge-näs, 2427; pret. part. swâ he nîða gehwane genesen häfde, 2398.

net, st. n., *net:* in comp. breóst-, here-, hring-, inwit-, searo-net.

nêdla, w. m., *dire necessity, distress:* in comp. þreá-nêdla.

nêðan (G. nanþjan), w. v., *to venture, undertake boldly:* pres. part. nearo nêðende (*encountering peril*), 2351; pret. pl. þær git ... on deóp wäter aldrum nêðdon (*where ye two risked your lives in the deep water*), 510; so, 538.

ge-nêðan, the same: inf. ne dorste under ýða gewin aldre ge-nêðan, 1470. With depend. clause: nænig þät dorste geneðan þät (*none durst undertake to* ...), 1934; pret. sg. he under hârne stân âna geneðde frêcne dæde (*he risked alone the bold deed, venturing under the grey rock*), 889; (ic) wîge under wätere weorc geneðde earfoð-lîce (*I with difficulty stood the work under the water in battle*, i.e. could hardly win the victory),

1657; ic geneðde fela guða (*ventured on, risked, many contests*), 2512; pres. pl. (of majesty) we ... frēcne geneðdon eafoð uncûðes (*we have boldly risked, dared, the monster's power*), 961.

nêh. See neáh.

ge-neahhe, adv., *enough, sufficiently*, 784, 3153; superl. genehost brägd eorl Beówulfes ealde lâfe (*many an earl of B.'s*), 795.

nealles (from ne-ealles), adv., *omnino non, not at all, by no means*: nealles, 2146, 2168, 2180, 2223, 2597, etc.; nallas, 1720, 1750; nalles, 338, 1019, 1077, 1443, 2504, etc.; nalas, 43, 1494, 1530, 1538; nales, 1812.

nearo, st. n., *strait, danger, distress*: acc. sg. nearo, 2351, 2595.

nearo, adj., *narrow*: acc. pl. f. nearwe, 1410.

nearwe, adv., *narrowly*, 977.

nearo-cräft, st. m., *art of rendering difficult of access?, inaccessibility* (see 2214 seqq.): instr. pl. nearocräftum, 2244.

nearo-fâh, m., *foe that causes distress, war-foe*: gen. sg. nearofâges, 2318.

nearo-þearf, st. f., *dire need, distress*: acc. sg. nearo-þearfe, 422.

ge-nearwian, w. v., *to drive into a corner, press upon*: pret. part. genearwod, 1439.

neáh, nêh: 1) adj., *near, nigh*: nom. sg. neáh, 1744, 2729. In superl. also = *last*: instr. sg. nýhstan sîðe (*for the last time*), 1204; nichstan sîðe, 2512.

2) adv., *near*: feor and (oððe) neáh, 1222, 2871; w. dat. sægrunde neáh, 564; so, 1925, 2243; holm-wylme nêh, 2412. Compar. neár, 746.

neán, adv., *near by, (from) close at hand*, 528; (neon, MS.), 3105; feorran and neán, 840; neán and feorran, 1175, 2318.

ge-neát, st. m., *comrade, companion*: in comp. beód-, heorð-geneát.

nioðor. See niðer.

neowol, adj., *steep, precipitous*: acc. pl. neowle, 1412.

neód, st. f., *polite intercourse regulated by etiquette?, hall-joy?* : acc. sg. nióde, 2117.

neódu?, 2216.

neód-laðu, st. f., *polite invitation; wish*: dat. sg. äfter neód-laðu (*according to his wishes*), 1321.

neósan, neósian, w. v. w. gen., *to seek out, look for; to attack*: inf. neósan, 125, 1787, 1792, 1807, 2075; niósan, 2389, 2672; neósian, 115, 1126; niósian, 3046; pret. sg. niósade, 2487.

neótan, st. v., *to take, accept*, w. gen.; *to use, enjoy*: imper. sg. neót, 1218.

be-neótan, w. dat., *to rob, deprive of*: inf. hine aldre be-neótan, 681; pret. sg. cyning ealdre bi-neát (*deprived the king of life*), 2397.

nicor, st. m., *sea-horse, walrus, sea-monster* (cf. Bugge in Zacher's Journal, 4, 197): acc. pl. niceras, 422, 575; nicras, 1428; gen. pl. nicera, 846.

nicor-hûs, st. n., *house* or *den of sea-monsters*: gen. pl. nicor-hûsa, 1412.

nið, st. m., *man, human being*: gen. pl. niðða, 1006; niða? (passage corrupt), 2216.

niðer, nyðer, neoðor, adv., *down, downward*: niðer, 1361; nioðor, 2700; nyðer, 3045.

nið-sele, st. m., *hall, room, in the deep* (Grein): dat. sg. [in] nið-sele nât-hwylcum, 1514.

nigon, num., *nine:* acc. sg. nigene, 575.

niht, st. f. *night:* nom. sg., 115, 547, 650, 1321, 2117; acc. sg. niht, 135, 737, 2939; gystran niht (*yester-night*), 1335; dat. sg. on niht, 575, 684; on wanre niht, 703; gen. sg. nihtes hwílum (*sometimes at night, in the hours of the night*), 3045; as adv. = *of a night, by night*, G. nachts, 422, 2274; däges and nihtes, 2270; acc. pl. seofon niht (*se'nnight, seven days*, cf. Tac. Germ. 11), 517; dat. pl. sweartum nihtum, 167; deorcum nihtum, 275, 221; gen. pl. nihta, 545, 1366. — Comp.: middel-, sin-niht.

niht-bealu, st. n., *night-bale, destruction by night:* gen. pl. niht-bealwa, 193.

niht-helm, st. m., *veil* or *canopy of night:* nom. sg., 1790.

niht-long, adj., *lasting through the night:* acc. sg. m. niht-longne fyrst (*space of a night*), 528.

niht-weorc, st. n., *night-work, deed done at night:* instr. sg. niht-weorce, 828.

niman, st. v. w. acc.: 1) *to take, hold, seize, undertake:* pret. sg. nam þá mid handa hige-þihtigne rinc, 747; pret. pl. we . . . nióde náman, 2117. — 2) *to take, take away, deprive of:* pres. sg. se þe hine deáð nimeð (*he whom death carrieth off*), 441; so, 447; nymeð, 1847; nymeð nýd-báde, 599; subj. pres. gif mec hild nime, 452, 1482; pret. sg. ind. nam on Ongen-þió íren-byrnan, 2987; ne nom he . . . máðm-æhta má (*he took no more of the rich treasures*), 1613; pret. part. þá wäs . . . seó cwén numen (*the queen carried off*), 1154.

be-niman, *to deprive of:* pret. sg. óð þät hine yldo benam mägenes wynnum (*till age bereft him of joy in his strength*), 1887.

for-niman, *to carry off:* pres. sg. þe þá deáð for-nam (*whom death carr..d off*), 488; so, 557, 696, 1081, 1124, 1206, 1437, etc. Also, dat. for acc.: pret. pl. him írenna ecge fornámon, 2829.

ge-niman: 1) *to take, seize:* pret. sg. (hine) be healse ge-nam (*clasped him around the neck, embraced him*), 1873. — 2) *to take, take away:* pret. on reste genam þritig þegna, 122; heó under heolfre genam cúðe folme, 1303; segn eác genom, 2777; þá mec sinca baldor . . . ät minum fäder genam (*took me at my father's hands, adopted me*), 2430; pret. part. ge-numen, 3167.

ge-nip, st. n., *darkness, mist, cloud:* acc. pl. under nässa genipu, 1361; ofer flóda genipu, 2809.

nis, from ne-is (*is not*): see **wesan.**

niwe, níowe, adj., *new, novel; unheard-of:* nom. sg. swêg up â-stâg niwe geneahhe (*a monstrous hubbub arose*), 784; beorh . . . niwe (*a newly-raised(?) grave-mound*), 2244; acc. sg. niwe sibbe (*the new kinship*), 950; instr. sg. niwan stefne (properly, nová voce; here = de novo, iterum, *again*), 2595; niówan stefne (*again*), 1790; gen. pl. niwra spella (*new tidings*), 2899.

ge-niwian, w. v., *to renew:* pret part. ge-niwod, 1304, 1323; geniwad, 2288.

niw-tyrwed, pret. part., *newly-tarred:* acc. sg. niw-tyrwedne (-tyrwydne, MS.) nacan, 295.

nið, st. m., properly only *zeal, endeavor;* then *hostile endeavor, hos-*

tility, battle, war: nom. sg., 2318; acc. sg. nīð, 184, 276; Wedera nīð (*enmity against the W., the sorrows of the Wederas*), 423; dat. sg. wið (āt) nīðe, 828, 2586; instr. nīðe, 2681; gen. pl. nīða, 883, 2351, 2398, etc.; also instr. = *by, in, battle,* 846, 1440, 1963, 2171, 2207. — Comp.: bealo-, fǣr-, here-, hete-, inwit-, searo-, wāl-nīð.

nīð-draca, w. m., *battle-dragon:* nom. sg., 2274.

nīð-gǣst, st. m., *hostile alien, fell demon:* acc. sg. þone nīð-gǣst (*the dragon*), 2700.

nīð-geweorc, st. n., *work of enmity, deed of evil:* gen. pl. -geweorca, 684.

nīð-grim, adj., *furious in battle, savage:* nom. sg., 193.

nīð-heard, adj., *valiant in war:* nom. sg., 2418.

nīð-hydig, adj., *eager for battle, valorous:* nom. pl. nīð-hydige men, 3167.

ge-nīðla, w. m., *foe, persecutor, waylayer:* in comp. ferhð-, feorh-genīðla.

nīð-wundor, st. n., *hostile wonder, strange marvel of evil:* acc. sg., 1366.

nīpan, st. v., *to veil, cover over, obscure;* pres. part. nīpende niht, 547, 650.

nolde, from ne-wolde (*would not*); see **willan.**

norð, adv., *northward,* 859.

norðan, adv., *from the north,* 547.

nose, w. f., *projection, cliff, cape:* dat. sg. of hlīðes nosan, 1893; āt brimes nosan, 2804.

nō (strengthened neg.), *not, not at all, by no means,* 136, 244, 587, 755, 842, 969, 1736, etc.; strengthened by following ne, 459(?), 1509; nō ... nō (*neither ... nor*), 541–543; so, nō ... ne, 168. See **ne.**

nōðer (from nā-hwæðer), neg., *and not, nor,* 2125.

ge-nōh, adj., *sufficient, enough:* acc. sg. fæhðo genōge, 2490; acc. pl. genōge ... beāgas, 3105.

nōn, st. f., [Eng. *noon*], *ninth hour of the day, three o'clock in the afternoon of our reckoning* (the day was reckoned from six o'clock in the morning; cf. Bouterwek Screádunga, 24 2: we hātað ænne dǣg fram sunnan upgange ðð æfen): nom. sg. nōn, 1601.

nu, adv.: 1) *now, at present,* 251, 254, 375, 395, 424, 426, 489, etc.: nu gyt (*up to now, hitherto*), 957; nu gēn (*now still, yet*), 2860; (*now yet, still*), 3169. — 2) conj., *since, inasmuch as:* nu þu lungre geong ... nu se wyrm ligeð (*go now quickly, since the dragon lieth dead*), 2746; so, 2248; þǣt þu me ne forwyrne ... nu ic þus feorran com (*that do not thou refuse me, since I am come so far*), 430; so, 1476; nu ic on māðma hord mīne bebohte frōde feorh-lege, fremmað ge nu (*as I now ..., so do ye*), 2800; so, 3021.

nymðe, conj. w. subj., *if not, unless,* 782; nymðe mec god scylde (*if God had not shielded me*), 1659.

nyt, st. f., *duty, service, office, employment:* acc. sg. þegn nytte behēold (*did his duty*), 494; so, 3119. — Comp.: sund-, sundor-nyt.

nyt, adj., *useful:* acc. pl. m. nytte, 795; comp. un-nyt.

ge-nyttian, w. v., *to make use of, enjoy:* pret. part. hāfde eorð-scrafa ende ge-nyttod (*had enjoyed, made use of*), 3047.

nȳd, st. f., *force, necessity, need, pain:* acc. sg. þurh deáðes nȳd, 2455; instr. sg. nȳde, 1006. In comp. (like nȳd-maga, consanguineus, in Æthelred's Laws, VI. 12, Schmid, p. 228; nêd-maga, in Cnut's Laws, I. 7, ibid., p. 258); also, *tie of blood.*—Comp. þreá-nȳd.

ge-nȳdan, w. v.: 1) *to force, compel:* pret. part. nîðe ge-nȳded (*forced by hostile power*), 2681.—2) *to force upon:* pret. part. acc. sg. f. nȳde genȳdde ... gearwe stôwe (*the inevitable place prepared for each*, i.e. the bed of death), 1006.

nȳd-bâd, st. f., *forced pledge, pledge demanded by force:* acc. pl. nȳd-bâde, 599.

nȳd-gestealla, w. m., *comrade in need* or *united by ties of blood:* nom. pl. nȳd-gesteallan, 883.

nȳd-gripe, st. m., *compelling grip:* dat. sg. in nȳd-gripe (mid-gripe, MS.), 977.

nȳd-wracu, st. f., *distressful persecution, great distress:* nom. sg., 193.

nȳhst. See neáh.

O

oððe, conj.: 1) *or; otherwise,* 283, 437, 636, 638, 694, 1492, 1765, etc. — 2) *and*(?), *till*(?), 650, 2476 (*whilst*?).

of, prep. w. dat., *from, off from:* 1) *from some point of view:* geseah of wealle (*from the wall*), 229; so, 786; of hefene scíneð (*shineth from heaven*), 1572; of hlíðes nosan gástas grêtte (*from the cliff's projection*), 1893; of þam leóma stôd (*from which light streamed*), 2770; þær wæs máðma fela of feorwegum ... gelæded (*from distant lands*), 37; þá com of môre (*from the moor*), 711, 922. — 2) *forth from, out of:* hwearf of earde (*wandered from his home, died*), 56; so, 265, 855, 2472; þá ic of searwum com (*when I had escaped from the persecutions of the foe*), 419; þá him Hróðgâr gewât ... ût of healle (*out of the hall*), 664; so, 2558, 2516; 1139, 2084, 2744; wudu-rêc â-stâh sweart of (ofer) swioðole (*black wood-reek ascended from the smoking fire*), 3145; (icge gold) â-häfen of horde (*lifted from the hoard*), 1109; lêt þá of breóstum ... word ût faran (*from his breast*), 2551; dyde ... helm of hafelan (*doffed his helmet*), 673; so, 1130; sealdon wîn of wunder-fatum (*presented wine from wondrous vessels*), 1163; siððan hyne Hæðcyn of horn-bogan ... flâne geswencte (*with an arrow shot from the horned bow*), 2438; so, 1434. Prep. postponed: þá he him of dyde îsern-byrnan (*doffed his iron corselet*), 672.

ofer, prep. w. dat. and acc., *over, above:* 1) w. dat., *over* (rest, locality): Wíglâf siteð ofer Biówulfe, 2908; ofer æðelinge, 1245; ofer eorðan, 248, 803, 2008; ofer wer-þeóde (*over the earth, among mankind*), 900; ofer ȳðum, 1908; ofer hron-râde (*over the sea*), 10; so, 304, 1287, 1290, etc.; ofer ealo-wæge (*over the beer-cup, drinking*), 481. — 2) w. acc. of motion: a) *over* (local): ofer ȳðe (*over the waves*), 46, 1910; ofer swan-râde (*over the swan-road, the sea*), 200; ofer wægholm, 217; ofer geofenes be-gang, 362; so, 239, 240, 297,

393, 464, 471, etc.; ofer bolcan (*over the gangway*), 231; ofer landa fela (*over many lands*), 311; so, 1405, 1406; ofer heáhne hróf (*along upon* (*under?*) *the high roof*), 984; ofer eormen-grund (*over the whole earth*), 860; ofer ealle (*over all, on all sides*), 2900, 650; so, 1718; — 606, 900, 1706; ofer borda gebræc (*over, above, the crashing of shields*), 2260; ofer bord-(scild) weall, 2981, 3119. Temporal: ofer þá niht (*through the night, by night*), 737. b) w. verbs of saying, speaking, *about, of, concerning:* he ofer benne spræc, 2725. c) *beyond, over:* ofer mîn ge-met (*beyond my power*), 2880; — hence, *against, contrary to:* he ofer willan gióng (*went against his will*), 2410; ofer ealde riht (*against the ancient laws,* i.e. the ten commandments), 2331; — also, *without:* wíg ofer wǽpen (*war sans, dispensing with, weapons*), 686; — temporal = *after:* ofer eald-gewin (*after long, ancient, suffering*), 1782.

ofer-hygd, st. n., *arrogance, pride, conceit:* gen. pl. ofer-hygda, 1741; ofer-hyda, 1761.

ofer-máðum, st. m., *very rich treasure:* dat. pl. ofer-máðmum, 2994.

ofer-mägen, st. n., *over-might, superior numbers:* dat. sg. mid ofer-mägene, 2918.

ofer-þearf, st. f., *dire distress, need:* dat. sg. [for ofer] þea[rfe], 2227.

oft, adv., *often,* 4, 165, 444, 572, 858, 908, 1066, 1239, etc.; oft [nô]. seldan, 2030; oft nalles ǽne, 3020; so, 1248, 1888. Compar. oftor, 1580. Superl. oftost, 1664.

om-, on-. See am-, an-.

ombiht. See ambiht.

oncer. See ancer.

ond. See and.

onsÿn. See ansÿn.

on, prep. w. dat. and acc., signifying primarily *touching on, contact with:* I. local, w. dat.: a) *on, upon, in at* (of exterior surface): on heáh-stede (*in the high place*), 285; on mînre êðel-tyrf (*in my native place*), 410; on þǽm meðel-stede, 1083; so, 2004; on þǽm holm-clife, 1422; so, 1428; on foldan (*on earth*), 1197; so, 1533, 2997; on þǽre medu-bence (*on the mead-bench*), 1053; beornas on blancum (*the heroes on the dapple-greys*), 857, etc.; on räste (*in bed*), 1299; on stapole (*at, near, the pillar*), 927; on wealle, 892; on wage (*on the wall*), 1663; on þǽm wǽl-stenge (*on the battle-lance*), 1639; on eaxle (*on his shoulder*), 817, 1548; on bearme, 40; on breóstum, 552; on hafelan, 1522; on handa (*in his hand*), 495, 540; so, 555, 766; on him byrne scán (*on him shone the corselet*), 405; on ôre (*at the front*), 1042; on corðre (*at the head of, among, his troop*), 1154; scip on ancre (*the ship at anchor*), 303; þǽt he on heaðe ge-stôd (*until he stood in the hall*), 404; on fäder stäle (*in a father's place*), 1480; on ÿðum (*on the waves, in the water*), 210, 421, 534, 1438; on holme, 543; on êg-streámum, 577; on segl-ráde, 1438, etc.; on flôde, 1367. The prep. postponed: Freslondum on, 2358. — b) *in, inside of* (of inside surface): secg on searwum (*a champion in armor*), 249; so, 963; on wíg-geatwum, 368; (reced) on þǽm se rica bád (*in which the mighty one abode*), 310; on

Heorote (*in Heorot*), 475, 497, 594, 1303; on beór-sele, 492, 1095; on healle, 615, 643; so, 639, 1017, 1026, etc.; on burgum (*in the cities, boroughs*), 53; on helle, 101; on sefan mínum (*in my mind*), 473; on môde, 754; so, 755, 949, 1343, 1719, etc.; on aldre (*in his vitals*), 1435; on middan (in medio), 2706. — c) *among, amid:* on searwum (*among the arms*), 1558; on gemonge (*among the troop*), 1644; on þam leódscipe (*among the people*), 2198; nymðe líges fæðm swulge on swaðule (*unless the embracing flame should swallow it in smoke*), 783; — *in, with, touched by, possessing something:* þá wæs on sálum sinces brytta (*then was the dispenser of treasure in joy*), 608; so, 644, 2015; wæs on hreón môde, 1308; on sweofote (*in sleep*), 1582, 2296; heó wæs on ôfste (*she was in haste*), 1293; so, 1736, 1870; þá wæs on blôde brim weallende (*there was the flood billowing in, with, blood*), 848; (he) wæs on sunde (*was a-swimming*), 1619; wæs tô foremihtig feónd on fêðe (*too powerful in speed*), 971; þær wæs swígra secg ... on gylpspræce (*there was the champion more silent in his boasting speech*), 982; — *in; full of, representing, something:* on weres wæstmum (*in man's form*), 1353. — d) *attaching to,* hence *proceeding from; from something:* ge-hýrde on Beówulfe fæst-rædne ge-þoht (*heard in, from, B. the fixed resolve*), 610; þæt he ne mêtte ... on elran men mund-gripe máran, 753; — hence, with verbs of taking: on ræste genam (*took from his bed*), 122; so, 748, 2987;

hit ær on þe gôde be-geâton (*took it before from thee*), 2249. — e) *with:* swâ hit lungre wearð on hyra sinc-gifan sâre ge-endod (*as it, too, soon painfully came to an end with the dispenser of treasure*), 2312. — f) *by:* mæg þonne on þǽm golde ongitan Geáta dryhten (*the lord of the Geátas may perceive by the gold*), 1485. — g) *to, after* weorðan: þæt he on fylle wearð (*that he came to a fall*), 1545.

With acc.: a) w. verbs of moving, doing, giving, seeing, etc., *up to, on, upon, in:* â-lêdon þá leófne þeóden ... on bearm scipes, 35; on stefn (on wang) stigon, 212, 225; þá him mid scoldon on flôdes æht feor ge-wítan, 42; se þe wið Brecan wunne on sídne sæ (*who strovest in a swimming-match with B. on the broad sea*), 507, cf. 516; þæt ic on holma ge-þring eorlscipe efnde (*that I should venture on the sea to do valiant deeds*), 2133; on feónda geweald sîðian, 809; þára þe on swylc staráð, 997; so, 1781; on lufan læteð hworfan (*lets him turn his thoughts to love?, to possessions?*), 1729; him on môd bearn (*came into his mind, occurred to him*), 67; ræsde on þone rôfan (*rushed on the powerful one*), 2691; (cwom) on worðig (*came into the palace*), 1973; so, 27, 242, 253, 512, 539, 580, 677, 726, etc.; on weg (*away*), 764, 845, 1383, 1431, 2097. — b) *against* (= wið): gôde gewyrcean ... on fäder wine (pl.), 21. — c) aim or object, *to, for the object, for, as, in, on:* on þearfe (*in his need, in his strait*), 1457; so, on hyra man-dryhtnes miclan þearfe, 2850; wrâðum on andan (*as a terror to the foe*), 709;

Hrôðgâr maðelode him on andsware (*said to him in reply*), 1841; betst beado-rinca wǣs on bǣl gearu (*on the pyre ready*), 1110; wîgheafolan bǣr freán on fultum (*for help*), 2663; wearð on bid wrecen (*forced to wait*), 2963. — d) ground, reason, *according to, in conformity with:* rodera rǣdend hit on ryht gescêd (*decided it in accordance with right*), 1556; ne me swôr fela âða on unriht (*swore no oaths unjustly, falsely*), 2740; on spêd (*skilfully*), 874; nallas on gylp seleð fǣtte beágas (*giveth no gold-wrought rings as he promised*), 1750; on sinne selfes dôm (*boastingly, at his own will*), 2148; him eal worold wendeð on willen (*according to his will*), 1740. — e) w. verbs of buying, *for, in exchange for:* me ic on mâðma hord mîne be-bohte frôde feorh-lege (*for the hoard of jewels*), 2800. — f) *of, as to:* ic on Higelâce wât, Geáta dryhten (*I know with respect to, as to, of, H.*), 1831; so, 2651; þǣt heó on ænigne eorl ge-lýfde fyrena frôfre (*that she should rely on any earl for help out of trouble*), 628; þâ hîe ge-trûwedon on twâ healfa (*on both sides, mutually*), 1096; so, 2064; þǣt þu him ondrǣdan ne þearft ... on þâ healfe (*from, on this side*), 1676. — g) after superlatives or virtual superlatives = *among:* nǣs ... sinc-mâððum sêlra (= þǣt wǣs sinc-mâðma sêlest) on sweordes hâd (*there was no better jewel in sword's shape*, i.e. among all swords there was none better), 2194; se wǣs Hrôðgâre hǣleða leófost on ge-stôes hâd (*dearest of men as, in the character of, follower,* etc.), 1298.

II. Of time: a) w. dat., *in, inside of, during, at:* on fyrste (*in time, within the time appointed*), 76; on uhtan (*at dawn*), 126; on mergenne (*at morn, on the morrow*), 565, 2940; on niht, 575; on wanre niht, 703; on tyn dagum, 3161; so, 197, 719, 791, 1063, etc.; on geogoðe (*in youth*), 409, 466; on geogoð-feore, 537; so, 1844; on orlege (*in, during, battle*), 1327; hû lomp eów on lâde (*on the way*), 1988; on gange (*in going, en route*), 1885; on sweofote (*in sleep*), 1582. — b) w. acc., *towards, about:* on undern-mǣl (*in the morning, about midday*), 1429; on morgen-tîd, 484, 518; on morgen, 838; on ende-stǣf (*toward the end, at last*), 1754; oftor micle þonne on ǣnne sîð (*far oftener than once*), 1580.

III. With particles: him on efn (*beside, alongside of, him*), 2904; on innan (*inside, within*), 71, 1741, 1969, 2453, 2716; þǣr on innan (*in there*), 2090, 2215, 2245. With the relative þe often separated from its case: þe ic her on starie (*that I here look on, at*), 2797; þe ge þǣr on standað (*that ye there stand in*), 2867.

on-cýð (cf. Dietrich in Haupt's Zeits. XI., 412), st. f., *pain, suffering:* nom. sg., 1421; acc. sg. or pl. on-cýððe, 831.

on-drysne, adj., *frightful, terrible:* acc. sg. firen on-drysne, 1933.

onettan (for anettan, from root an-, Goth. inf. anan, *to breathe, pant*), w. v., *to hasten:* pret. pl. onetton, 306, 1804.

on-lîcnes, st. f., *likeness, form, figure:* nom. sg., 1352.

on-mêdla, w. m., *pride, arrogance:*

GLOSSARY. 249

dat. sg. for on-mêdlan, 2927. Cf. Bugge in Zacher's Zeits. 4, 218 seqq.

on-sǣge, adj., *tending to fall, fatal:* nom. sg. þå wǣs Hondscio (dat.) hild on-sǣge, 2077; Hæðcynne wearð... gúð on-sǣge, 2484.

on-weald, st. m., *power, authority:* acc. sg. (him) bega ge-hwǣðres... onweald ge-teáh (*gave him power over, possession of, both*), 1044.

open, adj., *open:* acc. sg. hord-wynne fond... opene standan, 2272.

openian, w. v., *to open*, w. acc.: inf. openian, 3057.

orc (O.S. orc, Goth. aúrkei-s), st. m., *crock, vessel, can:* nom. pl. orcas, 3048; acc. pl. orcas, 2761.

orcnê, st. m., *sea-monster:* nom. pl. orcnêas, 112.

ord, st. n. *point:* nom. sg. ðð þǣt wordes ord breóst-hord þurh-bräc (*till the word-point broke through his breast-hoard, came to utterance*), 2792; acc. sg. ord (*sword-point*), 1550; dat. instr. orde (id.), 556; on orde (*at the head of, in front* [of a troop]), 2499, 3126.

ord-fruma, w. m., *head lord, high prince:* nom. sg., 263.

oret-mecg, st. m., *champion, warrior, military retainer:* nom. pl. oret-mecgas, 363, 481; acc. pl. oret-mecgas, 332.

oretta, w. m., *champion, fighter. hero:* nom. sg., 1533, 2539.

or-leg, st. n., *war, battle:* dat. sg. on orlege, 1327; gen. sg. or-leges, 2408.

or-leg-hwîl, st. f., *time of battle, war-time:* nom. sg. [or-leg]-hwîl, 2003; gen. sg. orleg-hwîle, 2912; gen. pl. orleg-hwîla, 2428.

or-leahtre, adj., *blameless:* nom. sg. 1887.

or-þanc (cf. Gloss. Aldhelm. mid or-þance = argumento in Haupt XI., 436; orþancum = machinamentis, *ibid.* 477; or-þanc-scipe = mechanica, 479), st. m., *mechanical art, skill:* instr. pl. or-þoncum, 2088; smiðes or-þancum, 406.

or-wêna, adj. (weak form), *hopeless, despairing,* w. gen.: aldres or-wêna (*hopeless of life*), 1003, 1566.

or-wearde, adj., *unguarded, without watch or guard:* nom. sg., 3128.

oruð, st. n., *breath, snorting:* nom. sg., 2558; dat. oreðe, 2840.

Ô

ôð (Goth. und, O.H.G. unt, unz): 1) prep. w. acc., *to, till, up to,* only temporal: ôð þone ânne däg, 2400; ôð dômes däg, 3070; ôð woruld-ende, 3084. — 2) ôð þǣt, conj. w. depend. indicative clause, *till, until,* 9, 56, 66, 100, 145, 219, 296, 307, etc.

ôðer (Goth. anþar), num.: 1) *one or other of two, a second,* = alter : nom. sg. subs.: se ôðer, 2062; ôðer (*one,* i.e. of my blood-relations, Hæðcyn and Hygelâc), 2482; ôðer... ôðer (*the one ... the other*), 1350–1352. Adj.: ôðer... mihtig mân-sceaða (*the second mighty, fell foe,* referring to 1350), 1339; se ôðer... häle, 1816; fem. niht ôðer, 2118; neut. ôðer geâr (*the next, second, year*), 1134; acc. sg. m. ôðerne, 653, 1861, 2441, 2485; þenden reáfode rinc ôðerne (*whilst one warrior robbed the other,* i.e. Eofor robbed Ongenþeów), 2986; neut. ôðer swylc (*another such, an equal* *number*), 1584; instr. sg. ôðre síðe (*for the second time, again*), 2671, 3102; dat. sg. ôðrum, 815, 1030, 1166, 1229, 1472, 2168, 2172, etc.; gen. sg. m. ôðres dôgores, 219, 606; neut. ôðres, 1875.— 2) *another, a different one,* = alius: nom. sg., subs. ôðer, 1756; ôðer nænig (*no other*), 860. Adj.: ænig ôðer man, 503, 534; so, 1561; ôðer in (*a different house or room*), 1301; acc. sg. ôðer flet, 1087; gen. sg. ôðres ... yrfe-weardes, 2452; acc. pl. ealo drincende ôðer sædan (*ale drinkers said other things*), 1946; acc. pl. neut. word ôðer, 871.

Ôfer, st. m., *shore:* dat. sg. on ôfre, 1372.

Ôfost, st. f., *haste:* nom. sg. ôfost is sêlest tô gecýðanne (*haste is best to make known, best to say at once*), 256; so, 3008; dat. sg. beô þu on ôfeste (ôfoste) (*be in haste, hasten*), 386, 2748; on ôfste, 1293; on ôfoste, 2784, 3091.

Ôfost-lîce, adv., *in haste, speedily,* 3131.

Ô-hwær, adv., *anywhere,* 1738, 2871.

Ômig, adj., *rusty:* nom. sg., 2764; nom. pl. ômige, 3050.

Ôr, st. n., *beginning, origin; front:* nom. sg., 1689; acc. sg., 2408; dat. sg. on ôre, 1042.

Ô-wiht, *anything, aught:* instr. sg. ô-wihte (*in any way*), 1823, 2433.

P

pâd, st. f., *dress;* in comp. here-pâd.

pæð, st. m., *path, road, way;* in comp. ân-pæð.

plega, w. m., *play, emulous contest;* lind-plega, 1074.

R

raðe, adv., *quickly, immediately,* 725. Cf. hraðe.

rand, rond, st. m., *shield:* acc. sg. rand, 683; rond, 657, 2567, 2610; dat. ronde (rond, MS.), 2674; under rande, 1210; bî ronde, 2539; acc. pl. randas, 231; rondas, 326, 2654. — Comp.: bord-, hilde-, sîd-rand.

rand-häbbend, pres. part., *shield-bearer,* i.e. *man at arms, warrior:* gen. pl. rond-häbbendra, 862.

rand-wîga, w. m., *shield-warrior, shield-bearing warrior:* nom. sg., 1299; acc. sg. rand-wîgan, 1794.

râd, st. f., *road, street;* in comp. hran-, segl-, swan-râd.

ge-rǣd, adj., *clever, skilful, ready:* acc. pl. neut. ge-râde, 874.

râp, st. m., *rope, bond, fetter:* in comp. wâl-râp.

râsian, w. v., *to find, discover:* pret. part. þâ wäs hord râsod, 2284.

rûst. See rest.

rǣcan, w. v., *to reach, reach after:* pret. sg. rǣhte ongeán feónd mid folme (*reached out his hand toward the foe*), 748.

ge-rǣcan, *to attain, strike, attack:* pret. sg. hyne ... wǣpne ge-rǣhte (*struck him with his sword*), 2966; so, 556.

rǣd, st. m.: 1) *advice, counsel, resolution; good counsel, help:* nom. sg. nu is rǣd gelong eft ät þe ânum (*now is help to be found with thee alone*), 1377; acc. sg. rǣd, 172, 278, 3081. — 2) *advantage, gain, use:* acc. sg. þät rǣd talað (*counts that a gain*), 2028; êcne rǣd (*the eternal gain, everlasting life*), 1202; acc. pl. êce rǣdas, 1761. — Comp.: folc-rǣd, and adj., ân-, fæst-rǣd.

ræd:in, st. v., *to rule; reign; to possess:* pres. part. rodera rædend (*the ruler of the heavens*), 1556; inf. þone þe þu mid rihte rædan sceoldest (*that thou shouldst possess by rights*), 2057; wolde dôm godes dædum rædan gumena gehwylcum (*God's doom would rule over, dispose of, every man in deeds*), 2859. See sele-rædend.

ræd-bora, w. m. *counsellor, adviser:* nom. sg., 1326.

ræden, st. f., *order, arrangement, law:* acc. sg. rædenne(?), 51; comp. worold-ræden.

â-ræran, w. v.: 1) *to raise, lift up:* pret. pl. þâ wæron monige þe his mæg ... ricone â-rærdon (*there were many that lifted up his brother quickly*), 2984. — 2) figuratively, *to spread, disseminate:* pret. part. blæd is â-ræred (*thy renown is far-spread*), 1704.

ræs, st. m., *on-rush, attack, storm:* acc. sg. gûðe ræs (*the storm of battle, attack*), 2627; instr. pl. gûðe ræsum, 2357. — Comp.: gûð-, hand-, heaðo-, mägen-, wäl-ræs.

ræsan, w. v., *to rush (upon)*: pret. sg. ræsde on þone rôfan, 2691.

ræswa, w. m., *prince, ruler:* dat. sg. weoroda ræswan, 60.

reccan, w. v., *to explicate, recount, narrate:* inf. frum-sceaft fira feorran reccan (*recount the origin of man from ancient times*), 91; gerund. tô lang is tô reccenne, hu ic ... (*too long to tell how I ...*), 2094; pret. sg. syllic spell rehte (*told a wondrous tale*), 2111; so intrans. feorran rehte (*told of olden times*), 2107.

reced, st. n., *building, house; hall (complete in itself)*: nom. sg., 412, 771, 1800; acc. sg., 1238; dat. sg. recede, 721, 729, 1573; gen. sg. recedes, 326, 725, 3089; gen. pl. receda, 310. — Comp.: eorð-, heal-, horn-, win-reced.

regn-heard, adj., *immensely strong, firm:* acc. pl. rondas regn-hearde, 326.

regnian, rênian, w. v., *to prepare, bring on* or *about:* inf. deáð rên[ian] hond-gesteallan (*prepare death for his comrade*), 2169.

ge-regnian, *to prepare, deck out, adorn:* pret. part. medu-benc monig ... golde ge-regnad, 778.

regn-, rên-weard, st. m., *mighty guardian:* nom. pl. rên-weardas (of Beówulf and Grendel contending for the possession of the hall), 771.

rest, räst, st. f.: 1) *bed, resting-place:* acc. sg. räste, 139; dat. sg. on räste (genam) (*from his resting-place*), 1299, 1586; tô räste (*to bed*), 1238. Comp.: flet-räst, sele-rest, wäl-rest. — 2) *repose, rest;* in comp. æfen-räst.

ge-reste (M.H.G. reste), f., *resting-place:* in comp. wind-gereste.

restan, w. v.: 1) *to rest:* inf. restan, 1794; pret. sg. reflex. reste hine þâ rûm-heort, 1800. — 2) *to rest, cease:* inf., 1858.

rêc (O.H.G. rouh), st. m., *reek, smoke:* instr. sg. rêce, 3157. — Comp.: wäl-, wudu-rêc.

rêcan (O.H.G. ruohjan), w. v. w. gen., *to reck, care about something, be anxious:* pres. sg. III. wæpna ne rêceð (*recketh not for weapons, weapons cannot hurt him*), 434.

rêðe, adj., *wroth, furious:* nom. sg., 122, 1586; nom. pl. rêðe, 771. Also, of things, *wild, rough, fierce:* gen. sg. rêðes and-hâttres (*fierce, penetrating heat*), 2524.

reáf, st. n., *booty, plunder in war; clothing, garments* (as taken by the victor from the vanquished): in comp. heaðo-, wǽl-reáf.

reáfian, w. v., *to plunder, rob,* w. acc.: inf. hord reáfian, 2774; pret. sg. þenden reáfode rinc ôðerne, 2986; wǽl reáfode, 3028; pret. pl. wǽl reáfedon, 1213.

be-reáfian, w. instr., *to bereave, rob of:* pret. part. since be-reáfod, 2747; golde be-reáfod, 3019.

reord, st. f., *speech, language; tone of voice:* acc. sg. on-cniów mannes reorde (*knew, heard, a human voice*), 2556.

reordian, w. v., *to speak, talk:* inf. fela reordian (*speak much*), 3026.

ge-reordian, *to entertain, to prepare for:* pret. part. þá wǽs eft swá ǽr ... flet-sittendum fǽgere ge-reorded (*again, as before, the guests were hospitably entertained*), 1789.

reot, st. m.?, f.?, *noise, tumult? (grave?):* instr. sg. reote, 2458. Bugge, in Zacher's Zeits. 4, 215, takes reôte as dat. from reôt (*rest, repose*).

reóc, adj., *savage, furious:* nom. sg., 122.

be-reófan, st. v., *to rob of, bereave:* pret. part. w. instr. acc. sg. fem. golde berofene, 2932; acc. pl. n. reote berofene, 2458.

reón. See rówan.

reótan, st. v., *to weep:* pres. pl. ôð þæt ... roderas reótað, 1377.

reów, adj., *excited, fierce, wild:* in comp. blôd-, gûð-, wǽl-reów. See hreów.

ricone, *hastily, quickly, immediately,* 2984.

riht, st. n., *right* or *privilege; the* (abstract) *right:* acc. sg. on ryht (*according to right*), 1556; sôð and riht (*truth and right*), 1701; dat. sg. wið rihte, 144; ǽfter rihte (*in accordance with right*), 1050; syllíc spell rehte ǽfter rihte (*told a wondrous tale truthfully*), 2111; mid rihte, 2057; acc. pl. ealde riht (*the ten commandments*), 2331; — Comp. in êðel-, folc-, land-, un-, word-riht.

riht, adj., *straight, right:* in comp. up-riht.

rihte, adv., *rightly, correctly,* 1696. See ǽt-rihte.

rinc, st. m., *man, warrior, hero:* nom. sg., 399, 2986; also of Grendel, 721; acc. sg. rinc, 742, 748; dat. sg. rince, 953; of Hrôðgâr, 1678; gen. pl. rinca, 412, 729.— Comp. in beado-, gûð-, here-, heaðo-, hilde-, mago-, sǽ-rinc.

ge-risne, ge-rysne, adj., *appropriate, proper:* nom. sg. n. ge-rysne, 2654.

ríce, st. n.: 1) *realm, land ruled over:* nom. sg., 2200, 2208; acc. sg. ríce, 913, 1734, 1854, 3005; gen. sg. ríces, 862, 1391, 1860, 2028, 3081. Comp. Swió-ríce.— 2) *council of chiefs, the king with his chosen advisers*(?): nom. sg. oft gesǽt ríce tô rûne, 172.

ríce, adj., *mighty, powerful:* nom. sg. (of Hrôðgâr), 1238; (of Hygelâc), 1210; (of Ásc-here), 1299; weak form, se ríca (Hrôðgâr), 310; (Beówulf), 399; (Hygelâc), 1976.— Comp. gimme-ríce.

rícsian, ríxian, w. v. intrans., *to rule, reign:* inf. rícsian, 2212; pret. sg. ríxode, 144.

rídan, st. v., *to ride:* subj. pres. þæt his byre ríde giong on gealgan, 2446; pres. part. nom. pl. rídend, 2458; inf. wicge rídan, 234; mearum rîdan, 856; pret. sg. sæ-genga ... se þe on ancre râd, 1884; him tô-geánes râd (*rode to meet them*), 1894; pret. pl. ymbe hlæw riodan (*rode round the grave-mound*), 3171.

ge-rîdan, w. acc., *to ride over:* pret. sg. se þe næs ge-râd (*who rode over the promontory*), 2899.

rîm, st. n., *series, number:* in comp. däg-, un-rîm.

ge-rîm, st. n., *series, number:* in comp. dôgor-ge-rîm.

ge-rîman, w. v., *to count together, enumerate in all:* pret. part. in comp. forð-gerîmed.

â-rîsan, st. v., *to arise, rise:* imper. sg. â-rîs, 1391; pret. sg. â-râs þâ se rîca, 399; so, 652, 1791, 3031; â-râs þâ bî ronde (*arose by his shield*), 2539; hwanan sió fæhð â-râs (*whence the feud arose*), 2404.

rodor, st. m., *ether, firmament, sky* (from *radius?*, Bugge): gen. sg. rodores candel, 1573; nom. pl. roderas, 1377; dat. pl. under roderum, 310; gen. pl. rodera, 1556.

rôf, adj., *fierce, of fierce, heroic, strength, strong:* nom. sg., 2539; also with gen. mägenes rôf (*strong in might*), 2085; so, þeáh þe he rôf sîe nîð-geweorca, 683; acc. sg. rôfne, 1794; on þone rôfan, 2691. — Comp.: beadu-, brego-, ellen-, heaðo-, hyge-, sige-rôf.

rôt, adj, *glad, joyous;* in comp. un-rôt.

rôwan, st. v., *to row* (with the arms), *swim:* pret. pl. reón (for reówon), 512, 539.

rûm, st. m., *space, room:* nom. sg., 2691.

rûm, adj.: 1) *roomy, spacious:* nom. sg. þûhte him eall tô rûm, wongas and wîc-stede (*fields and dwelling seemed to him all too broad*, i.e. could not hide his shame at the unavenged death of his murdered son), 2462. — 2) in moral sense, *great, magnanimous, noble-hearted:* acc. sg. þurh rûmne sefan, 278.

rûm-heort, adj., *big-hearted, noble-spirited:* nom. sg., 1800, 2111.

ge-rûm-lîce, adv., *commodiously, comfortably:* compar. ge-rûm-lîcor, 139.

rûn, st. f., *secrecy, secret discussion, deliberation* or *council:* dat. sg. ge-sät rîce tô rûne, 172. — Comp. beado-rûn.

rûn-stäf, st. m., *rune-stave, runic letter:* acc. pl. þurh rûn-stafas, 1696.

rûn-wita, w. m., *rune-wit, privy councillor, trusted adviser:* nom. sg., 1326.

ge-rysne. See ge-risne.

ge-rŷman, w. v.: 1) *to make room for, prepare, provide room:* pret. pl. þät hie him ôðer flet eal ge-rŷmdon, 1087; pret. part. þâ wäs Geát-mäcgum ... benc gerŷmed, 492; so, 1976. — 2) *to allow, grant, admit:* pret. part. þâ me ge-rŷmed wäs (sîð) (*as access was permitted me*), 3089; þâ him gerŷmed wearð, þät hie wäl-stôwe wealdan môston, 2984.

S

ge-saca, w. m., *opponent, antagonist, foe:* acc. sg. ge-sacan, 1774.

sacan, st. v., *to strive, contend:* inf. ymb feorh sacan, 439.

ge-sacan, *to attain, gain by contending* (Grein): inf. gesacan sceal sâwl-berendra ... gearwe stôwe (*gain the place prepared*, i.e. the death-bed), 1005.

on-sacan: 1) (originally in a lawsuit), *to withdraw, take away, deprive of:* pres. subj. þætte freoðuwebbe feores on-sāce ... leófne mannan, 1943. — 2) *to contest, dispute, withstand:* inf. þāt he sǽmannum on-sacan mihte (i.e. hord, bearn, and brýde), 2955.

sacu, st. f., *strife, hostility, feud:* nom. sg., 1858, 2473; acc. sg. sǽce, 154; sǽcce, 1978, 1990, 2348, 2500, 2563; dat. sg. ǽt (tō) sǽcce, 954, 1619, 1666, 2613, 2660, 2682, 2687; gen. sg. secce, 601; gen. pl. sǽcca, 2030.

ge-sacu, st. f., *strife, enmity:* nom. sg., 1738.

sadol, st. m., *saddle:* nom. sg., 1039.

sadol-beorht, adj., *with bright saddles* (?): acc. pl. sadol-beorht, 2176.

ge-saga. See secgan.

samne, somne, adv., *together, united;* in ǽt-somne, *together, united,* 307, 402, 491, 544, 2848.

tō-somne (*together*), 3123; þā se wyrm ge-beáh snūde tō-somne (*when the dragon quickly coiled together*), 2569.

samod, somoð: I. adv., *simultaneously, at the same time:* somod, 1212, 1615, 2175, 2988; samod, 2197; samod ǽt-gǽdere, 387, 730, 1064. — II. prep. w. dat., *with, at the same time with:* samod ǽr-dǽge (*with the break of day*), 1312; somod ǽr-dǽge, 2943.

sand, st. n., *sand, sandy shore:* dat. sg. on sande, 295, 1897, 3043 (?); ǽfter sande (*along the shore*), 1965; wið sande, 213.

sang, st. m., *song, cry, noise:* nom. sg. sang, 1064; swutol sang scōpes, 90; acc. sg. sige-leasne sang (*Grendel's cry of woe*), 788; sā-

rigne sang (Hrēðel's dirge for Herebeald), 2448.

sāl, st. m., *rope:* dat. sg. sāle, 1907; on sāle (sole, MS.), 302.

sāl. See sǽl.

sār, st. n., *wound, pain* (physical or spiritual): nom. sg. sār, 976; sió sār, 2469; acc. sg. sār, 788; sāre, 2296; dat. (instr.) sg. sāre, 1252, 2312, 2747. — Comp. līc-sār.

sār, adj., *sore, painful:* instr. pl. sārum wordum, 2059.

sāre, adv., *sorely, heavily, ill,* graviter: se þe him [sā]re gesceōd (*who injured him sorely*), 2224.

sārig, adj., *painful, woeful:* acc. sg. sārigne sang, 2448.

sārig-ferð, adj., *sore-hearted, grieved:* nom. sg. sārig-ferð (Wīglāf), 2864.

sārig-mōd, adj., *sorrowful-minded, saddened:* dat. pl. sārig-mōdum, 2943.

sār-līc, adj., *painful:* nom. sg., 843; acc. sg. neut., 2110.

sāwol, sāwl, st. f., *soul* (the immortal principle as contrasted with līf, the physical life): nom. sg. sāwol, 2821; acc. sg. sāwle, 184, 802; hǽðene sāwle, 853; gen. sg. sāwele, 1743; sāwle, 1743.

sāwl-berend, pres. part., *endowed with a soul, human being:* gen. pl. sāwl-berendra, 1005.

sāwul-dreór, st. n., (blood gushing from the seat of the soul), *soulgore, heart's blood, life's blood:* instr. sg. sāwul-driōre, 2694.

sāwul-leús, adj., *soulless, lifeless:* acc. sg. sāwol-leásne, 1407; sāwul-leásne, 3034.

sǽce, sǽcce. See sacu.

sǽd, adj., *satiated, wearied:* in comp. hilde-sǽd.

sǽl, st. n., *habitable space, house,*

hall: dat. sg. sel, 167; sāl, 307, 2076, 2265.

sǽld, st. n., *hall, king's hall* or *palace:* acc. sg. geond þāt sǽld (Heorot), 1281.

sǽ, st. m. and f., *sea, ocean:* nom. sg., 579, 1224; acc. sg. on sídne sǽ, 507; ofer sǽ, 2381; ofer sǽ síde, 2395; dat. sg. tô sǽ, 318; on sǽ, 544; dat. pl. be sǽm tweonum, 859, 1298, 1686, 1957.

sǽ-bât, st. m., *sea-boat:* acc. sg., 634, 896.

sǽ-cyning, st. m., *sea-king, king ruling the sea:* gen. pl. sǽ-cyninga, 2383.

sǽ-deór, st. n., *sea-beast, sea-monster:* nom. sg., 1511.

sǽ-draca, w. m., *sea-dragon:* acc. pl. sǽ-dracan, 1427.

ge-sǽgan, w. v., *to fell, slay:* pret. part. häfdon eal-fela eotena cynnes sweordum ge-sǽged (*felled with the sword*), 885.

sǽge. See on-sǽge.

sǽ-genga, w. m., *sea-goer,* i.e. sea-going ship: nom. sg., 1883, 1909.

sǽ-geáp, adj., *spacious* (broad enough for the sea): nom. sg. sǽ-geáp naca, 1897.

sǽ-grund, st. m., *sea-bottom, ocean-bottom:* dat. sg. sǽ-grunde, 564.

sǽl, sûl, sêl, st. f.: 1) *favorable opportunity, good* or *fit time:* nom. sg. sǽl, 623, 1666, 2059; sǽl and mǽl, 1009; acc. sg. sêle, 1136; gen. pl. sǽla and mǽla, 1612.— 2) *Fate*(?): gen. sg. sêle rǽdenne, 51.— 3) *happiness, joy:* dat. pl. on sâlum, 608; sǽlum, 644, 1171, 1323. See sêl, adj.

ge-sǽlan, w. v., *to turn out favorably, succeed:* pret. sg. him ge-sǽlde þät ... (*he was fortunate enough to*, etc.), 891; so, 574;

efne swylce mǽla, swylce hira man-dryhtne þearf ge-sǽlde (*at such times as need disposed it for their lord*), 1251.

sǽlan (see sâl), w. v., *to tie, bind:* pret. sg. sǽlde ... stǐð-fäðme scip, 1918; pl. sǽ-wudu sǽldon, 226.

ge-sǽlan, *to bind together, weave, interweave:* pret. part. earm-beága fela searwum ge-sǽled (*many curiously interwoven armlets,* i.e. made of metal wire: see Guide to Scandinavian Antiquities, p. 48), 2765.

on-sǽlan, with acc., *to unbind, unloose, open:* on-sǽl meoto, sige-hrêð secgum (*disclose thy views to the men, thy victor's courage;* or, *thy presage of victory?*), 489.

sǽ-lâc, st. n., *sea-gift, sea-booty:* instr. sg. sǽ-lâce, 1625; acc. pl. þâs sǽ-lâc, 1653.

sǽ-lâd, st. f., *sea-way, sea-journey:* dat. sg. sǽ-lâde, 1140, 1158.

sǽ-lîðend, pres. part., *seafarer:* nom. pl. sǽ-lîðend, 411, 1819, 2807; sǽ-lîðende, 377.

sǽ-man, m., *sea-man, sea-warrior:* dat. pl. sǽ-mannum, 2955; gen. pl. sǽ-manna, 329 (both times said of the Geátas).

sǽmra, weak adj. compar., *the worse, the weaker:* nom. sg. sǽmra, 2881; dat. sg. sǽmran, 954.

sǽ-mêðe, adj., *sea-weary, exhausted by sea-travel:* nom. pl. sǽ-mêðe, 325.

sǽ-näs, st. m., *sea-promontory, cape, naze:* acc. pl. sǽ-nässas, 223, 571.

sǽne, adj., *careless, slow:* compar. sg. nom. he on holme wäs sundes þê sǽnra, þe hyne swylt fornam (*was the slower in swimming in the sea, whom death took away*), 1437.

sǽ-rinc, st. m., *sea-warrior* or *hero*: nom. sg., 691.

sǽ-sîð, st. m., *sea-way, path, journey*: dat. sg. æfter sǽ-sîðe, 1150.

sǽ-wang, st. m., *sea-shore* or *beach*: acc. sg. sǽ-wong, 1965.

sǽ-weal, st. m., *(sea-wall), sea-shore*: dat. sg. sǽ-wealle, 1925.

sǽ-wudu, st. m., *(sea-wood), vessel, ship*: acc. sg. sǽ-wudu, 226.

sǽ-wylm, st. m., *sea-surf, billow*: acc. pl. ofer sǽ-wylmas, 393.

scacan, sceacan, st. v., properly, *to shake one's self*; hence, *to go, glide, pass along* or *away*: pres. sg. þonne min sceaceð lîf *of life*, 2743; inf. þâ com beorht [sunne] scacan [ofer grundas], (*the bright sun came gliding over the fields*), 1804; pret. sg. duguð ellor scôc (*the chiefs are gone elsewhither*, i.e. have died), 2255; þonne strǽla storm ... scôc ofer scild-weall (*when the storm of arrows leapt over the wall of shields*), 3119; pret. part. wæs hira blǽd scacen (*their strength (breath?) had passed away*), 1125; þâ wæs winter scacen (*the winter was past*), 1137; so, sceacen, 2307, 2728.

scadu, sceadu, st. m., *shadow, concealing veil of night*: acc. sg. under sceadu bregdan (i.e. kill), 708.

scadu-genga, w. m., *shadow-goer, twilight-stalker* (of Grendel): nom. sg. sceadu-genga, 704.

scadu-helm, st. m., *shadow-helm, veil of darkness*: gen. pl. scadu-helma ge-sceapu (*shapes of the shadow, evil spirits wandering by night*), 651.

scalu, st. f., *retinue, band* (part of an armed force); in comp. hand-scalu: mid his hand-scale (hond-scole), 1318, 1964.

scamian, w. v., *to be ashamed*: pres. part. nom. pl. scamiende, 2851; nô he þǽre feoh-gyfte ... scamigan þorfte (*needed not be ashamed of his treasure-giving*), 1027.

scawa (see sceáwian), w. m., *observer, visitor*: nom. pl. scawan, 1896.

ge-scâd, st. n., *difference, distinction*: acc. sg. ǽg-hwǽðres gescâd, worda and worca (*difference between, of, both words and deeds*), 288.

ge-scâdan, st. v., *to decide, adjudge*: pret. sg. rodera rǽdend hit on ryht gescêd (*decided it in accordance with right*), 1556.

scânan, redupl. verb?, *to shine*: pret. pl. sciónon, 303. Cf. O.S. pret. an-skian, from an-skênan (Heliand, 5800).

ge-scǽp-hwîle, st. f., *fated hour, hour of death* (*appointed rest?*): dat. sg. tô gescǽp-hwîle (*at the fated hour*), 26.

sceððan, w. v., *to scathe, injure*: inf. w. dat. pers., 1034; aldre sceð-ðan (*hurt her life*), 1525; þæt on land Dena lâðra nǽnig mid scip-herge sceððan ne meahte (*injure through robber incursions*), 243; pret. sg. þǽr him nǽnig wæter wihte ne sceðede, 1515.

ge-sceððan, the same: inf. þæt him ... ne mihte eorres inwit-feng aldre gesceððan, 1448.

scenc, st. m., *vessel, can*: in comp. medu-scenc.

scencan, w. v., *to hand drink, pour out*: pret. sg. scencte scîr wered, 496 (cf. skinker = cup-bearer).

scennе, w. f.?, *sword-guard?*: dat. pl. on þǽm scennum scîran goldes, 1695.

sceran, st. v., *to shear off, cleave, hew to pieces*: pres. sg. þonne heoru bunden ... swîn ofer helme and-

weard scireð (*hews off the boarhead on the helm*), 1288.
ge-sceran, *to divide, hew in two:* pret. sg. helm oft ge-scär (*often clove the helm in two*), 1527; so, gescer, 2974.
scerwen, st. f.?, in comp. ealu-scerwen (*ale-scare* or *panic?*), 770.
scêt. See sceótan.
sceadu. See scadu.
sceaða, w. m.: 1) *scather, foe*: gen. pl. sceaðena, 4. — 2) *fighter, warrior:* nom. pl. scaðan, 1804. — Comp.: âttor-, dol-, feónd-, gûð-, hearm-, leód-, mân-, sin-, þeód-, uht-sceaða.
sceaðan, st. v. w. dat., *to scathe, injure, crush:* pret. sg. se þe oft manegum scôd (*which has oft oppressed many*), 1888.
ge-sceaðan, w. dat., the same: pret. sg. swâ him ær gescôd hild ät Heorote, 1588; se þe him sâre ge-sceôd (*who injured him sorely*), 2224; nô þý ær in gescôd hâlan lîce, 1503; bill ær gescôd ealdhlâfordes þam þâra mâðma mundbora wäs (*the weapon of the ancient chieftain had before laid low the dragon, the guardian of the treasure*), 2778 (or, *sheathed in brass?*, if ær and gescôd form compound).
sceaðen-mæl, st. n., *deadly weapon, hostile sword:* nom. sg., 1940.
sceaft, st. m., *shaft, spear, missile:* nom. sg. sceft, 3119. — Comp.: here-, wäl-sceaft.
ge-sceaft, st. f.: 1) *creation, earth, earthly existence:* acc. sg. þâs lænan ge-sceaft, 1623. — 2) *fate, destiny:* in comp. forð-, lîf-, mælgesceaft.
scealc, st. m., *servant, military retainer:* nom. sg., 919; (of Beówulf), 940. — Comp. beór-scealc.

ge-sceap, st. n.: 1) *shape, creature:* nom. pl. scadu-helma ge-sceapu, 651. — 2) *fate, providence:* acc. sg. heáh ge-sceap (*heavy fate*), 3085.
sceapan, sceppan, scyppan, st. v., *to shape, create, order, arrange, establish:* pres. part. scyppend (*the Creator*), 106; pret. sg. scôp him Heort naman (*shaped, gave, it the name Heorot*), 78; pres. part. wäs sió wrôht scepen heard wið Hugas, syððan Hygelâc cwom (*the contest with the Hugas became sharp after H. had come*), 2915.
ge-sceapan, *to shape, create:* pret. sg. lîf ge-sceôp cynna gehwylcum, 97.
scear, st. m., *massacre:* in comp. gûð-, inwit-scear, 2429, etc.
scearp, adj., *sharp, able, brave:* nom. sg. scearp scyld-wîga, 288. — Comp.: beadu-, heaðo-scearp.
scearu, st. f., *division, body, troop:* in comp. folc-scearu; *that is decided* or *determined*, in gûð-scearu (*overthrow?*), 1214.
sceat, st. m., *money;* also *unit of value in appraising* (cf. Rieger in Zacher's Zeits. 3, 415): acc. pl. sceattas, 1687. When numbers are given, sceat appears to be left out, cf. 2196, 2995 (see þûsend). — Comp. gif-sceat.
sceát, st. m., *region, field:* acc. pl. gefrätwade foldan sceátas leomum and leáfum, 96; — *top, surface, part:* gen. pl. eorðan sceáta, 753.
sceáwere, st. m., *observer, spy:* nom. pl. sceáweras, 253.
sceáwian, w. v. w. acc., *to see, look at, observe:* inf. sceáwian, 841, 1414, 2403, 2745, 3009, 3033; sceáwigan, 1392; pres. sg. II. þät ge genôge neán sceáwiað beágas

and brâd gold, 3105; subj. pres. þæt ic ... sceáwige swegle searo-gimmas, 2749; pret. sg. sceá-wode, 1688, 2286, 2794; sg. for pl., 844; pret. pl. sceáwedon, 132, 204, 984, 1441.

ge-sceáwian, *to see, behold, observe:* pret. part. ge-sceáwod, 3076, 3085.

sceorp, st. n., *garment:* in comp. hilde-sceorp.

sceótan, st. v., *to shoot, hurl missiles:* pres. sg. se þe of flân-bogan fyre-num sceóteð, 1745; pres. part. nom. pl. sceótend (*the warriors, bowmen*), 704, 1155; dat. pl. for sceótendum (MS. scotenum), 1027.

ge-sceótan, w. acc., *to shoot off, hurry:* pret. sg. hord eft gesceát (*the dragon darted again back to the treasure*), 2320.

of-sceótan, *to kill by shooting:* pret. sg. his mæg of-scét ... blôdigan gâre (*killed his brother with bloody dart*), 2440.

scild, scyld, st. m., *shield:* nom. sg. scyld, 2571; acc. sg. scyld, 437, 2676; acc. pl. scyldas, 325, 333, 2851.

scildan, scyldan, w. v., *to shield, protect:* pret. subj. nymðe mec god scylde (*if God had not shielded me*), 1659.

scild-freca, w. m., *shield-warrior* (warrior armed with a shield): nom. sg. scyld-freca, 1034.

scild-weall, st. m., *wall of shields:* acc. sg. scild-weall, 3119.

scild-wîga, w. m., *shield-warrior:* nom. sg. scyld-wîga, 288.

scinna, w. m., *apparition, evil spirit:* dat. pl. scynnum, 940.

scip, st. n., *vessel, ship:* nom. sg., 302; acc. sg., 1918; dat. sg. tô scipe, 1896; gen. sg. scipes, 35, 897; dat. pl. tô scypum (scypon, MS.), 1155.

scip-here, st. m., (exercitus navalis), *armada, fleet:* dat. sg. mid scip-herge, 243.

ge-scife (for ge-scýfe), adj., *advancing* (of the dragon's movement), 2571.

scînan, st. v., *to shine, flash:* pres. sg. sunne ... sûðan scîneþ, 607; so, 1572; inf. geseah blâcne leó-man beorhte scînan, 1518; pret. sg. (gûð-byrne, woruld-candel) scân, 321, 1966; on him byrne scân, 405; pret. pl. gold-fâg scînon web æfter wagum, 995; scionon, 303; cf. scânan.

scîr, adj., *sheer, pure, shining:* nom. sg. hring-îren scîr, 322; scîr me-tod, 980; acc. sg. n. scîr wered, 496; gen. sg. scîran goldes, 1695.

scîr-ham, adj., *bright-armored, clad in bright mail:* nom. pl. scîr-hame, 1896.

scoten. See sceóten.

ge-scôd, pret. part., *shod* (calceatus), *covered:* in comp. ær-ge-scôd (?). See ge-sceaðan.

scôp, st. m., *singer, shaper, poet:* nom. sg., 496, 1067; gen. sg. scô-pes, 90.

scræf, st. n., *hole in the earth, cavern:* in comp. eorð-scræf.

scrîðan, st. v., *to stride, go:* pres. pl. scrîðað, 163; inf. scrîðan, 651, 704; scrîðan tô, 2570.

scrîfan, st. v., *to prescribe, impose* (punishment): inf. hû him (Grendel) scîr metod scrîfan wille, 980.

for-scrîfan, w. dat. pers., *to proscribe, condemn:* pret. part. sið-ðan him scyppend for-scrifen hæf-de, 106.

ge-scrîfan, *to permit, prescribe:* pret. sg. swâ him Wyrd ne ge-scrâf (*as Weird did not permit him*), 2575.

GLOSSARY. 259

scrûd, st. m., *clothing, covering; ornament:* in comp. beadu-, byrduscrûd.

scucca, w. m., *shadowy sprite, demon:* dat. pl. scuccum, 940.

sculan, aux. v. w. inf.: 1) *shall, must* (obligation) : pres. sg. I., III. sceal, 20, 24, 183, 251, 271, 287, 440, 978, 1005, 1173, 1387, 1535, etc.; scel, 455, 2805, 3011; II. scealt, 589, 2667; subj. pres. scyle, 2658; scile, 3178; pret. ind. sg. I., III. scolde, 10, 806, 820, 966, 1071, 1444, 1450, etc.; sceolde, 2342, 2409, 2443, 2590, 2964; II. sceoldest, 2057; pl. scoldon, 41, 833, 1306, 1638; subj. pret. scolde, 1329, 1478; sceolde, 2709. — 2) w. inf. following it expresses futurity, = *shall, will:* pres. sg. I., III. sceal beódan (*shall offer*), 384; so, 424, 438, 602, 637, 1061, 1707, 1856, 1863, 2070; sceall, 2499, 2509, etc.; II. scealt, 1708; pl. wit sculon, 684; subj. pret. scolde, 280, 692, 911; sceolde, 3069. — 3) sculan sometimes forms a periphrastic phrase or circumlocution for a simple tense, usually with a slight feeling of obligation or necessity: pres. sg. he ge-wunian sceall (*he inhabits; is said to inhabit?*), 2276; pret. sg. se þe wäteregesan wunian scolde, 1261; wäcnan scolde (*was to awake*), 85; se þone gomelan grêtan sceolde (*was to, should, approach*), 2422; þät se byrn-wîga bûgan sceolde (*the corseleted warrior had to bow, fell*), 2919; pl. þâ þe beado-grîman býwan sceoldon (*they that had to polish or deck the battle-masks*), 2258; so, 230, 705, 1068. — 4) w. omitted inf., such as wesan, gangan: unc sceal worn fela mâðma ge-mænra (i.e. wesan), 1784; so, 2660; sceal se hearda helm ... fâtum befeallen (i.e. wesan), 2256; ic him äfter sceal (i.e. gangan), 2817; subj. þonne þu forð scyle (i.e. gangan), 1180. A verb or inf. expressed in an antecedent clause is not again expressed with a subsequent sceal: gæð â Wyrd swâ hió scel (*Weird goeth ever as it shall* [go]), 455; gûðbill ge-swâc swâ hit nô sceolde (i.e. ge-swîcan), 2586.

scûa, w. m., *shadowy demon:* in comp. deáð-scûa.

scûfan, st. v.: 1) intrans., *to move forward, hasten:* pret. part. þâ wäs morgen-leóht scofen and scynded, 919. — 2) w. acc., *to shove, push:* pret. pl. guman ût scufon ... wudu bundenne (*pushed the vessel from the land*), 215; dracan scufun ... ofer weall-clif (*pushed the dragon over the wall-like cliff*), 3132. See **wîd-scofen**.

be-scûfan, w. acc., *to push, thrust down, in :* inf. wâ bið þâm þe sceal ... sâwle be-scûfan in fýres fäðm (*woe to him that shall thrust his soul into fire's embrace*), 184.

scûr, st. m., *shower, battle-shower:* in comp. îsern-scûr.

scûr-heard, adj., *fight-hardened?* (*file-hardened?*): nom. pl. scûr-heard, 1034.

scyld, scyldan. See **scild, scildan.**

scyldig, adj., *under obligations or bound for; guilty of,* w. gen. and instr.: ealdres (morðres) scyldig, 1339, 1684, 2062; synnum scyldig (*guilty of evil deeds*), 3072.

scyndan, w. v., *to hasten:* inf. scyndan, 2571; pret. part. scynded, 919

scynna. See **scinna.**

scyppend. See **sceapan.**

scyran, w. v., *to arrange, decide:* inf. þæt hit sceaðen-mæl scyran môste (*that the sword must decide it*), 1940. O.N. skora, *to score, decide.*

scŷne, adj., *sheen, well-formed, beautiful:* nom. sg. mägð scŷne, 3017.

se, pron. dem. and article, *the:* m. nom., 79, 84, 86, 87, 90, 92, 102, etc.; fem. seó, 66, 146, etc.; neut. þæt; — relative: se (*who*), 1611, 2866; se þe (*he who*), 2293; seó þe (*she who*), 1446; se þe (for seó þe), 1345, 1888, 2686; cf. 1261, 1498; (Grendel's mother, as a wild, demonic creature, is conceived now as man, now as woman: woman, as having borne a son; man, as the incarnation of savage cunning and power); se for seó, 2422; dat. sg. þam (for þam þe), 2780.

secce. See sacu.

secg, st. m., *man, warrior, hero, spokesman* (secgan?): nom. sg., 208, 872, 2228, 2407, etc.; (Beówulf), 249, 948, 1312, 1570, 1760, etc.; (Wulfgâr), 402; (Hûnferð), 981; (Wîglâf), 2864; acc. sg. synnigne secg (Grendel's mother, cf. se), 1380; dat. sg. secge, 2020; nom. pl. secgas, 213, 2531, 3129; dat. pl. secgum, 490; gen. pl. secga, 634, 843, 997, 1673.

secg, st. f., *sword* (sedge?): acc. sg. secge, 685.

secgan, w. v., *to say, speak:* 1) w. acc.: pres. sg. gode ic þanc secge, 1998; so, 2796; pres. part. swâ se secg hwata secgende wæs læðra spella (partitive gen.), 3029; inf. secgan, 582, 876, 881, 1050; pret. sg. sægde him þæs leánes þanc, 1810; pret. sg. II. hwæt þu worn fela ... sægdest from his sîðe, 532.

— 2) without acc.: inf. swâ we sôðlîce secgan hŷrdon, 273; pret. sg. sægde, 2633, 2900. — 3) w. depend. clause: pres. sg. ic secge, 591; pl. III. secgað, 411; inf. secgan, 51, 391, 943, 1347, 1701, 1819, 2865, 3027; gerund. tô secganne, 473, 1725; pret. sg. sægde, 90, 1176; pl. sægdon, 377, 2188; sædan, 1946.

â-secgan (edicere), *to say out, deliver:* inf. wille ic â-secgan suna Healfdenes ... mîn ærende, 344.

ge-secgan, *to say, relate:* imper. sg. II. ge-saga, 388; þæt ic his [ôr] ærest þe eft ge-sægde (*that I should first tell thee its origin*), 2158; pret. part. gesægd, 141; ge-sæd, 1697.

sefa, w. m., *heart, mind, soul, spirit:* nom. sg., 49, 490, 595, 2044, 2181, 2420, 2601, 2633; acc. sg. sefan, 278, 1727, 1843; dat. sg. sefan, 473, 1343, 1738. — Comp. môd-sefa.

ge-segen, st. f., *legend, tale:* in comp. eald-ge-segen.

segl, st. n., *sail:* nom. sg., 1907.

segl-râd, st. f., *sail-road*, i.e. sea: dat. sg. on segl-râde, 1430.

segn, st. n., *banner*, vexillum: nom. sg., 2768, 2959; acc. sg. segen, 47, 1022; segn, 2777, 2959; dat. sg. under segne, 1205. — Comp. heáfod-segn.

sel, st. n., *hall, palace.* See sâl.

seld, st. n., *dwelling, house:* in comp. medu-seld.

ge-selda, w. m., contubernalis, *companion:* acc. sg. geseldan, 1985.

seldan, adv., *seldom:* oft [nô] seldan, 2030.

seld-guma, w. m., *house-man, home-stayer*(?); *common man*?, *house-carl*?: nom. sg., 249.

sele, st. m. and n., *building consist-*

GLOSSARY. 261

ing of one apartment; apartment, room: nom. sg., 81, 411; acc. sg. sele, 827, 2353; dat. sg. tô sele, 323, 1641; in (on, tô) sele þam heán, 714, 920, 1017, 1985; on sele (*in the den of the dragon*), 3129.—Comp.: beáh-, beór-, dryht-, eorð-, gest-, gold-, grund-, gûð-, heáh-, hring-, hróf-, nið-, win-sele.

sele-dreám, st. m., *hall-glee, joy in the hall:* acc. sg. þára þe þis líf ofgeaf, gesáwon sele-dreám (referring to the joy of heaven?), 2253.

sele-ful, st. n., *hall-goblet:* acc. sg., 620.

sele-gyst, st. m., *hall-guest, stranger in hall or house:* acc. sg. þone selegyst, 1546.

sele-rædend, pres. part., *hall-ruler, guardian* or *possessor of the hall:* acc. leóde míne sele-rædende, 1347.

sele-rest, st. f., *bed in the hall:* acc. sg. sele-reste, 691.

sele-þegn, st. m., *retainer, hall-thane, chamberlain:* nom. sg., 1795.

sele-weard, st. m., *hall-ward, guardian of the hall:* acc. sg., 668.

self, sylf, pron., *self:* nom. sg. strong form, self, 1314, 1925 (? selfa); þu self, 595; þu þe self, 954; self cyning (*the king himself, the king too*), 921, 1011; sylf, 1965; in weak form, selfa, 1469; he selfa, 29, 1734; þám þe him selfa deáh (*that can rely upon, trust to, himself*), 1840; seolfa, 3068; he sylfa, 505; god sylfa, 3055; acc. sg. m. selfne, 1606; hine selfne (*himself*), 962; hyne selfne (*himself,* reflex.), 2876; wið sylfne (*opposite*), 1978; gen. sg. m. selfes, 701, 896; his selfes, 1148; on sínne sylfes dôm (*at his own will*), 2148; sylfes, 2224, 2361, 2640, 2711, 2777, 3014; his sylfes, 2014, 2326; fem. hire selfre, 1116; nom. pl. selfe, 19 (?); Sûð-Dene sylfe, 1997.

ge-sella, w. m., *house-companion, comrade:* in comp. hand-gesella.

sellan, syllan, w. v.: 1) w. acc. of thing, dat. of pers., *to give, deliver; permit, grant, present:* pres. sg. III. seleð him on êðle eorðan wynne, 1731; inf. syllan, 2161, 2730; pret. sg. sealde, 72, 673, 1272, 1694, 1752, 2025, 2156, 2183, 2491, 2995; nefne god sylfa sealde þam þe he wolde hord openian (*unless God himself gave to whom he would to open the hoard*), 3056; pret. sg. II. sealdest, 1483. — 2) *to give, give up* (only w. acc. of thing): ǽr he feorh seleð (*he prefers to give up his life*), 1371; nallas on gylp seleð fætte beágas (*giveth out gold-wrought rings,* etc.), 1750; pret. sg. sinc-fato sealde, 623; pl. byrelas sealdon wín of wunderfatum, 1162.

ge-sellan, w. acc. and dat. of pers., *to give, deliver; grant, present:* inf. ge-sellan, 1030; pret. sg. gesealde, 616, 1053, 1867, 1902, 2143, etc.

sel-líc, syl-líc (from seld-líc), adj., *strange, wondrous:* nom. sg. glóf ... syllíc, 2087; acc. sg. n. syllíc spell, 2110; acc. pl. sellíce sæ-dracan, 1427. Compar. acc. sg. syllícran wiht (the dragon), 3039.

semnínga, adv., *straightway, at once,* 645, 1641, 1768.

sendan, w. v. w. acc. of thing and dat. of pers., *to send:* pret. sg. þone god sende folce tô frôfre (*whom God sent as a comfort to the people*), 13; so, 471, 1843.

for-sendan, *to send away, drive off:* pret. part. he wearð on feónda geweald ... snúde for-sended, 905.

on-sendan, *to send forth, away,* w. acc. of thing and dat. of pers.: imper. sg. on-send, 452, 1484; pret. sg. on-sende, 382; pl. þe hine ... forð on-sendon ænne ofer ýðe (*who sent him forth alone over the sea*), 45; pret. part. bealo-cwealm hafað fela feorh-cynna feorr on-sended, 2267.

sendan (cf. Gl. Aldhelm, sanda = ferculorum, epularum, in Haupt IX. 444), w. v., *to feast, banquet:* pres. sg. III. sendeð, 601. — Leo.

serce, syrce, w. f., *sark, shirt of mail:* nom. sg. syrce, 1112; nom. pl. syrcan, 226; acc. pl. græge syrcan, 334. — Comp.: beadu-, heoroserce; here-, leoðo-, lîc-syrce.

sess, st. m., *seat, place for sitting:* dat. sg. sesse, 2718; þá he bî sesse geóng (*by the seat,* i.e. before the dragon's lair), 2757.

setl, st. n., *seat, settle:* acc. sg., 2014; dat. sg. setle, 1233, 1783, 2020; gen. sg. setles, 1787; dat. pl. setlum, 1290. — Comp.: heáh-, hilde-, meodu-setl.

settan, w. v., *to set:* pret. sg. setton sæ-méðe sîde scyldas ... wið þæs recedes weall (*the sea-wearied ones set their broad shields against the wall of the hall*), 325; so, 1243.

â-settan, *to set, place, appoint:* pret. pl. hie him â-setton segen [gyl]-denne heáh ofer heáfod, 47; pret. part. hâfde kyninga wuldor Grendle tô-geánes ... sele-weardâ-seted, 668.

be-settan, *to set with, surround:* pret. sg. (helm) besette swîn-lîcum (*set the helm with swine-bodies*), 1454.

ge-settan: 1) *to set, set down:* pret. part. swâ wæs ... þurh rûn-stafas rihte ge-mearcod, ge-seted and ge-sæd (*thus was ... in rune-staves rightly marked, set down and said*), 1697. — 2) *to set, ordain, create:* pret. sg. ge-sette ... sunnan and mônan leóman tô leóhte land-bûendum, 94. — 3) = componere, *to lay aside, smooth over, appease:* pret. sg. þæt he mid þý wîfe wæl-fæhða ... dæl ... ge-sette, 2030.

sêcan, w. v., *to follow after,* hence: 1) *to seek, strive for,* w. acc.: pret. sg. sinc-fæt sôhte (*sought the costly cup*), 2301; ne sôhte searo-nîðas, 2739; so, 3068. Without acc.: þonne his myne sôhte (*than his wish demanded*), 2573; hord-weard sôhte georne æfter grunde (*the hoard-warden sought eagerly along the ground*), 2294. — 2) *to look for, come* or *go some whither, attain something,* w. acc.: pres. sg. III. se þe ... biorgas sêceð, 2273; subj. þeáh þe hæð-stapa holt-wudu sêce, 1370; imper. sêc gif þu dyrre (*look for her,* i.e. Grendel's mother, *if thou dare*), 1380; inf. sêcean, 200, 268, 646, 1598, 1870, 1990, 2514(?), 3103, etc.; sêcan, 665, 1451; drihten sêcean (*seek, go to, the Lord*), 187; sêcean wyn-leás wîc (*Grendel was to seek a joyless place,* i.e. Hell), 822; so, sêcan deôfla gedræg, 757; sâwle sêcan (*seek the life, kill*), 802; so, sêcean sâwle hord, 2423; gerund. sæcce tô sêceanne, 2563; pret. sg. I., III. sôhte, 139, 208, 376, 417, 2224; II. sôhtest, 458; pl. sôhton, 339. — 3) *to seek, attack:* þe ûs sêceað tô Sweóna leóde, 3002; pret. pl. hine wræc-mæcgas ofer sæ sôhtan, 2381.

ge-sêcan: 1) *to seek,* w. acc.: inf. gif he gesêcean dear wîg ofer wæpen, 685. — 2) *to look for, come* or *go to* *attain*, w. acc.: inf. ge-sēcean, 693; gerund. tô ge-sēcanne, 1923; pret. sg. ge-sôhte, 463, 520, 718, 1952; pret. part. acc. pl. feor-cyððe beóð sêlran ge-sôhte þam þe hine selfa deáh, 1840. — 3) *to seek with hostile intent, to attack:* pres. sg. ge-sēceð 2516; pret. sg. ge-sôhte, 2347; pl. ge-sôhton, 2927; ge-sôhtan, 2205.

ofer-sēcan, w. acc., *to surpass, outdo* (in an attack): pres. sg. wǣs sió hond tô strong, se þe mêca gehwane ... swenge ofer-sôhte, þonne he tô sǣcce bǣr wǣpen wundrum heard (*too strong was the hand, that surpassed every sword in stroke, when he* [Beówulf] *bore the wondrous weapon to battle,* i.e. the hand was too strong for any sword; its strength made it useless in battle), 2687.

sêl, st. f. See sǣl.

sêl, sǣl, adj., *good, excellent, fit,* only in compar.: nom. sg. m. sêlra, 861, 2194; þǣm þǣr sêlra wǣs (*to the one that was the better,* i.e. Hygelâc), 2200; deáð bið sêlla þonne edwît-lîf, 2891; neut. sêlre, 1385; acc. sg. m. sêlran þe (*a better than thee*), 1851; sêlran, 1198; neut. þæt sêlre, 1760; dat. sg. m. sêlran sweord-frecan, 1469; nom. pl. fem. sêlran, 1840. Superl., strong form: nom. sg. neut. sêlest, 173, 1060; hûsa sêlest, 146, 285, 936; ôfost is sêlest, 256; bolda sêlest, 2327; acc. sg. neut. hrǣgla sêlest, 454; hûsa sêlest, 659; billa sêlest, 1145; — weak form: nom. sg. m. reced sê-lesta, 412; acc. sg. m. þone sêlestan, 1407, 2383; (þǣs, MS.), 1957; dat. sg. m. þǣm sêlestan, 1686; nom. pl. sêlestan, 416; acc. pl. þá sêlestan, 3123.

sêl, compar. adv., *better, fitter, more excellent,* 1013, 2531; ne byð him wihte þê sêl (*he shall be nought the better for it*), 2278; so, 2688.

scalma (Frisian selma, in bed-selma), w. m., *bed-chamber, sleeping-place:* acc. sg. on sealman, 2461.

sealt, adj., *salty:* acc. sg. neut. ofer sealt wäter (*the sea*), 1990.

searo (G. sarwa, pl.), st. n.: 1) *armor, accoutrements, war-gear:* nom. pl. sǣ-manna searo, 329; dat. pl. secg on searwum (*a man, warrior, in panoply*), 249, 2701; in (on) searwum, 323, 1558; 2531, 2569; instr. pl. searwum, 1814. — 2) *insidiae, ambuscade, waylaying, deception, battle* ¶ þā ic of searwum cwom, fâh from feóndum, 419. — 3) *cunning, art, skill:* instr. pl. sadol searwum fâh (*saddle cunningly ornamented*), 1039; earm-beága fela, searwum ge-sǣled (*many cunningly-linked armlets*), 2765. — Comp. fyrd-, gûð-, inwit-searo.

searo-bend, st. f., *band, bond, of curious workmanship:* instr. pl. searo-bendum fäst, 2087.

searo-fâh, adj., *cunningly inlaid, ornamented, with gold:* nom. sg. here-byrne hondum ge-broden, sîd and searo-fâh, 1445.

searo-ge-þrāc, st. n., *heap of treasure-objects:* acc. sg., 3103.

searo-gim, st. m., *cunningly set gem, rich jewel:* acc. pl. searo-gimmas, 2750; gen. pl. searo-gimma, 1158.

searo-grim, adj., *cunning and fierce:* nom. sg., 595.

searo-hǣbbend, pres. part. as subst., *arms-bearing, warrior with his trappings:* gen. pl. searo-hǣbbendra, 237.

searo-net, st. n., *armor-net, shirt of mail, corselet:* nom. sg., 406.

searo-nîð, st. m.: 1) *cunning hostility, plot, wiles:* acc. pl. searo-nîðas, 1201, 2739.— 2) also, only *hostility, feud, contest:* acc. pl. searo-nîðas, 3068; gen. pl. searo-nîða, 582.

searo-þanc, st. m., *ingenuity:* instr. pl. searo-þoncum, 776.

searo-wundor, st. n., *rare wonder:* acc. sg., 921.

seax, st. n., *shortsword, hip-knife; dagger:* instr. sg. seaxe, 1546.— Comp. wäl-seax.

seax-ben, st. f., *dagger-wound:* instr. pl. siex-bennum, 2905.

seofon, num., *seven,* 517; seofan, 2196; decl. acc. syfone, 3123.

seomian, w. v.: 1) intrans., *to be tied; lie at rest:* inf. siomian, 2768; pret. sg. seomode, 302.— 2) w. acc., *to put in bonds, entrap, catch:* pret. sg. duguðe and geogoðe seomade (cf. 2086-2092), 161.

seonu, st. f., *sinew:* nom. pl. seonowe, 818.

seóc, adj., *feeble, weak; fatally ill:* nom. sg. feorh-bennum seóc (of Beówulf, *sick unto death*), 2741; siex-bennum seóc (of the dead dragon), 2905; nom. pl. môdes seóce (*sick of soul*), 1604.—Comp.: ellen-, feorh-, heaðo-seóc.

seóðan, st. v. w. acc., *to seethe, boil;* figuratively, *be excited over, brood:* pret. sg. ic þäs môd-ceare sorh-wylmum seáð (*I pined in heart-grief for that*), 1994; so, 190.

seóloð, st. m.?, *bight, bay* (cf. Dietrich in Haupt XI. 416): gen. pl. sióleða bi-gong (*the realm of bights* = the [surface of the] sea?), 2368.

seón, sýn, st. f., *aspect, sight:* in comp. wlite-, wundor-seón, an-sýn.

seón, st. v., *to see:* a) w. acc.: inf. searo-wunder seón, 921; so, 387, 1181, 1276, 3103; þær mäg nihta ge-hwæm nîð-wundor seón (*there may every night be seen a repulsive marvel*), 1366; pret. sg. ne seah ic ... heal-sittendra medu-dreám mâran, 2015.— b) w. acc. and predicate adj.: ne seah ic el-þeódige þus manige men môdig-lîcran, 336. — c) w. prep. or adv.: pret. sg. seah on enta ge-weorc, 2718; seah on un-leófe, 2864; pl. folc tô sægon (*looked on*), 1423.

ge-seón, *to see, behold:* a) w. acc.: pres. sg. III. se þe beáh ge-syhð, 2042; inf. ge-seón, 396, 571, 649, 962, 1079, etc.; pret. sg. geseah, 247, 927, 1558, 1614; pl. ge-sâwon, 1606, 2253.—b) w. acc. and predicate adj., pres. sg. III. ge-syhð ... on his suna bûre win-sele wêstne (*sees in his son's house the wine-hall empty;* or, *hall of friends?*), 2456. — c) w. inf.: pret. sg. ge-seah ... beran ofer bolcan beorhte randas (*saw shining shields borne over the gang-plank*), 229; pret. pl. mære mâððum-sweord monige ge-sâwon beforan beorn beran, 1024. — d) w. acc. and inf.: pret. sg. ge-seah, 729, 1517, 1586, 1663, 2543, 2605, etc.; pl. ge-sâwon, 221, 1348, 1426; ge-sêgan, 3039; ge-sêgon, 3129.— e) w. depend. clause: inf. mäg þonne ... geseón sunu Hrêðles, þät ic (*may the son of H. see that I* ...), 1486; pret. pl. ge-sâwon, 1592.

geond-seón, *to see, look through, over,* w. acc.: pret. sg. (ic) þät eall geond-seh, 3088.

ofer-seón, *to see clearly, plainly.* pret. pl. ofer-sâwon, 419.

on-seón, *to look on, at,* w. acc.: pret. pl. on-sâwon, 1651.

seówian, w. v., *to sew, put together, link:* pret. part. searo-net seówed smiðes or-þancum (*the corselet woven by the smith's craft*), 406.

sib, st. f., *peace, friendship, relationship:* nom. sg., 1165, 1858; sibb, 2601; acc. sibbe, 950, 2432, 2923; instr. sg. sibbe (*in peace?*), 154. — Comp.: dryht-, friðo-sib.

sib-æðeling, st. m., *nobilis consanguineus, kindred prince* or *nobleman:* nom. pl. -æðelingas, 2709.

sibbe-gedryht, st. f., *body of allied* or *related warriors:* acc. sg. sibbe-gedriht (the Danes), 387; (the Geátas), 730.

siððan, syððan: 1) adv.: a) *since, after, from now on, further,* 142, 149, 283, 567, 1903, 2052, 2065, 2176, 2703, 2807, 2921; seoððan, 1876. — b) *then, thereupon, after,* 470, 686, 1454, 1557, 1690, 2208; seoððan, 1938; ær ne siððan (*neither before nor after*), 719.

2) Conj.: a) w. ind. pres., *as soon as, when,* 413, 605, 1785, 2889, 2912. — b) w. ind. pret., *when, whilst,* 835, 851, 1205, 1207, 1421, 1590, 2357, 2961, 2971, 3128; seoððan, 1776; — *since,* 649, 657, 983, 1199, 1254, 1309, 2202; — *after,* either with pluperf.: siððan him scyppend forscrifen häfde (*after the Creator had proscribed him*), 106; so, 1473; or with pret. = pluperf.: syððan niht becom (*after night had come on*), 115; so, 6, 132, 723, 887, 902, 1078, 1149, 1236, 1262, 1282, 1979, 2013, 2125; or pret. and pluperf. together, 2104-2105.

siex. See seax.

sige-dryhten, st. m., *lord of victory, victorious lord:* nom. sg. sige-drihten, 391.

sige-eádig, adj., *blest with victory, victorious:* acc. sg. neut. sige-eádig bil, 1558.

sige-folc, st. n., *victorious people, troop:* gen. pl. sige-folca, 645.

sige-hreð, st. f., *confidence of victory(?):* acc. sg., 490.

sige-hreðig, adj., *victorious:* nom. sg., 94, 1598, 2757.

sige-hwil, st. f., *hour* or *day of victory:* gen. sg. sige-hwîle, 2711.

sige-leás, adj., *devoid of victory, defeated:* acc.sg. sige-leásnesang, 788.

sige-róf, adj., *victorious:* nom. sg., 620.

sige-þeód, st. f., *victorious warrior troop:* dat. sg. on sige-þeóde, 2205.

sige-wæpen, st. n., *victor-weapon, sword:* dat. pl. sige-wæpnum, 805.

sigl, st. n.: 1) *sun:* nom. sg. sigel, 1967. — 2) *sun-shaped ornament:* acc. pl. siglu, 3165; sigle (bracteates of a necklace), 1201; gen. pl. sigla, 1158. — Comp. máððum-sigl.

sigor, st. m., *victory:* gen. sg. sigores, 1022; gen. pl. sigora, 2876, 3056. — Comp.: hreð-, wîg-sigor.

sigor-eádig, adj., *victorious:* nom. sg. sigor-eádig secg (of Beówulf), 1312, 2353.

sin. See syn.

sinc, st. n., *treasure, jewel, property:* nom. sg., 2765; acc. sg. sinc, 81, 1205, 1486, 2384, 2432; instr. sg. since, 1039, 1451, 1616, 1883, 2218, 2747; gen. sg. sinces, 608, 1171, 1923, 2072; gen. pl. sinca, 2429.

sinc-fáh, adj., *treasure-decked:* acc. sg. neut. weak form, sinc-fâge sel, 167.

sinc-fät, st. n., *costly vessel:* acc. sg., 2232, 2301; — *a costly object:* acc.

sg., 1201 (i.e. mene); acc. pl. sinc-fato, 623.

sinc-ge-streón, st. n., *precious treasure, jewel of value:* instr. pl. -gestreónum, 1093; gen. pl. -gestreóna, 1227.

sinc-gifu, w. m., *jewel-giver, treasure-giver = prince, ruler:* acc. sg. sinc-gyfan, 1013; dat. sg. sincgifan (of Beówulf), 2312; (of Áschere), 1343.

sinc-máððum, st. m., *treasure:* nom. sg., 2194.

sinc-þego, f., *acceptance, taking, of jewels:* nom. sg., 2885.

sin-dolh, st. n., *perpetual,* i.e. incurable, *wound:* nom. sg. syn-dolh, 818.

sin-freá, w. m., *wedded lord, husband:* nom. sg., 1935.

sin-gal, adj., *continual, lasting:* acc. sg. fem. sin-gale sáce, 154.

sin-gales, adv. gen. sg., *continually, ever,* 1778; syngales, 1136.

singala, adv. gen. pl., the same, 190.

singan, st. v., *to sound, ring, sing:* pret. sg. hring-íren scír song in searwum (*the ringed iron rang in the armor*), 323; horn stundum song fús-líc f[yrd]-leóð (*at times the horn rang forth a ready battle-song*), 1424; scóp hwílum sang (*the singer sang at whiles*), 496.

á-singan, *to sing out, sing to an end:* pret. part. leóð wäs á-sungen, 1160.

sin-here, st. m., (*army without end?*), *strong army, host:* instr. sg. sin-herge, 2937.

sin-niht, st. f., *perpetual night, night after night:* acc. pl. sin-nihte (*night after night*), 161.

sin-sceaða, w. m., *irreconcilable foe:* nom. sg. syn-scaða, 708; acc. sg. syn-scaðan, 802.

sin-snæd, st. f., (*continuous biting*), *bite after bite:* dat. pl. syn-snædum swealh (*swallowed bite after bite, in great bites*), 744.

sittan, st. v.: 1) *to sit:* pres. sg. Wígláf siteð ofer Biówulfe, 2907; imper. sg. site nu tó symle, 489; inf. þær swíð-ferhðe sittan eodon (*whither the strong-minded went and sat*), 493; eode... tó hire freán sittan (*went to sit by her lord*), 642; pret. sg. on wicge sät (*sat on the horse*), 286; ät fótum sät (*sat at the feet*), 500, 1167; þær Hróðgár sät (*where H. sat*), 356; so, 1191, 2895; he gewérgad sät... freán eaxlum neáh, 2854; pret. pl. sæton, 1165; gistas sétan (MS. sécan)... and on mere staredon (*the strangers sat and stared on the sea*), 1603.—2) *to be in a certain state* or *condition* (*quasi copula*): pret. sg. mære þeóden... unblíðe sät, 130.—Comp.: flet-, heal-sittend.

be-sittan, *obsidere, to surround, besiege,* w. acc.: besät þá sin-herge sweorda láfe wundum wérge (*then besieged he with a host the leavings of the sword, wound-weary*), 2937.

for-sittan, *obstrui, to pass away, fail:* pres. sg. eágena bearhtm forsiteð (*the light of the eyes passeth away*), 1768.

ge-sittan: 1) *to sit, sit together:* pret. sg. monig-oft ge-sät ríce tó rúne (*very often sat the king deliberating with his council* (see ríce)), 171; wið earm ge-sät (*supported himself upon his arm, sat on his arm?*), 750; féða eal ge-sät (*the whole troop sat down*), 1425; ge-sät þá wið sylfne (*sat there beside, opposite?, him,* i.e. Hygelác), 1978;

ge-sāt ȝá on násse, 2418; so, 2718; pret. part. (syððan) ... we tô symble ge-seten häfdon, 2105.— 2) w. acc., *to seat one's self upon* or *in something, to board:* pret. sg. þá ic ... sǽ-bât ge-sät, 634.

of-sittan, w. acc., *to sit over* or *upon:* pret. sg. of-sät þá þone sele-gyst, 1546.

ofer-sittan, w. acc., *to dispense with, refrain from* (cf. **ofer,** 2 [c]): pres. sg. I. þät ic wið þone gúð-flogan gylp ofer-sitte, 2529; inf. secge ofer-sittan, 685.

on-sittan (O.H.G. int-sizzan, *to start from one's seat, to be startled*), w. acc., *to fear:* inf. þá fǽhðe, eatole ecg-þräce eówer leóde swiðe onsittan (*to dread the hostility, the fierce contest, of your people*), 598.

ymb-sittan, *to sit around,* w. acc.: pret. pl. (þät hie) ... symbel ymb-sǽton (*sat round the feast*), 564. See **ymb-sittend.**

sîd, adj.: 1) *wide, broad, spacious, large:* nom. sg. (here-byrne, glôf) sîd, 1445, 2087; acc. sg. m. sidne scyld, 437; on sidne sǽ, 507; fem. byrnan side (of a corselet extending over the legs), 1292; ofer sǽ side, 2395; neut. side ríce, 1734, 2200; instr. sg. sîdan herge, 2348; acc. pl. sîde sǽ-nässas, 223; sîde scyldas, 325; gen. pl. sîdra sorga (*of great sorrows*), 149.—2) in moral sense, *great, noble:* acc. sg. þurh sîdne sefan, 1727.

sîde, adv., *far and wide, afar,* 1224.

sîd-fäðme, adj., *broad-bosomed:* acc. sg. sîd-fäðme scif, 1918.

sîd-fäðmed, quasi pret. part., the same: nom. sg. sîd-fäðmed scip, 302.

sîd-rand, st. m., *broad shield:* nom. sg., 1290.

sîð (G. seiþu-s), adj., *late:* superl. nom. sg. sîðast sige-hwîle (*the last hour, day, of victory*), 2711; dat. sg. ät sîðestan (*in the end, at last*), 3014.

sîð, adv. compar., *later:* ǽr and sîð (*sooner and later, early and late*), 2501.

sîð (G. sinþ-s), st. m.: 1) *road, way, journey, expedition;* esp., *road to battle:* nom. sg., 501, 3059, 3090; näs þät êðe sîð (*that was no easy road, task*), 2587; so, þät wäs geócor sîð, 766; acc. sg. sîð, 353, 512, 909, 1279, 1430, 1967; instr. dat. sîðe, 532, 1952, 1994; gen. sg. sîðes, 579, 1476, 1795, 1909. Also, *return:* nom. sg., 1972.—2) *undertaking, enterprise;* esp., *battle-work:* nom. sg. nis þät eówer sîð, 2533; ne bið swylc earges sîð (*such is no coward's enterprise*), 2542; acc. sg. sîð, 873. In pl. = *adventures:* nom. sîðas, 1987; acc. sîðas, 878; gen. sîða, 318.—3) time (as iterative): nom. sg. näs þät forma sîð (*that was not the first time*), 717, 1464; so, 1528, 2626; acc. sg. oftor micle þonne on ǽnne sîð, 1580; instr. sg. (forman, ôðre, þriddan) sîðe, 741, 1204, 2050, 2287, 2512, 2518, 2671, 2689, 3102. —Comp.: cear-, eft-, ellor-, gryre-, sǽ-, wil-, wrǽc-sîð.

ge-sîð, st. m., *comrade, follower:* gen. sg. ge-sîðes, 1298; nom. pl. ge-sîðas, 29; acc. pl. ge-sîðas, 2041, 2519; dat. pl. ge-sîðum, 1314, 1925, 2633; gen. pl. ge-sîða, 1935.—Comp.: eald-, wil-gesîð.

sîð-fät, st. m., *way, journey:* acc. sg. þone sîð-fät, 202; dat. sg. sîð-fate, 2640.

sîð-fram, -from, adj., *ready for the journey:* nom. pl. sîð-frome, 1814.

síðian, w. v., *to journey, march:* inf., 721, 809; pret. sg. síðode, 2120.

for-síðian, *iter fatale inire* (Grein): pret. sg. häfde þâ for-síðod sunu Ecg-þeówes under gynne grund (*would have found his death*, etc.), 1551.

sîc, sŷ. See **wesan**.

sîgan, st. v., *to descend, sink, incline:* pret. pl. sigon ät-somne (*descended together*), 307; sigon þâ tô slæpe (*they sank to sleep*), 1252.

ge-sîgan, *to sink, fall:* inf. ge-sîgan ätsäcce (*fall in battle*), 2660.

sîn, poss. pron., *his:* acc. sg. m. sînne, 1961, 1985, 2284, 2790; dat. sg. sînum, 1508.

slæp, st. m., *sleep:* nom. sg., 1743; dat. sg. tô slæp:, 1252.

slæpan, st. v., *to sleep:* pres. part. nom. sg. slæpende, 2220; acc. sg. he gefêng...slæpendne rinc (*seized a sleeping warrior*), 742; acc. pl. slæpende frät folces Denigea fîftyne men (*devoured, sleeping, fifteen of the people of the Danes*), 1582.

sleac, adj., *slack, lazy:* nom. sg., 2188.

sleahan, sleán: 1) *to strike, strike at:* a) intrans.: pres. subj. sg. þät he me ongeán sleá (*that he should strike at me*), 682; pret. sg. yrringa slôh (*struck angrily*), 1566; so, slôh hilde-bille, 2680. b) trans.: pret. sg. þät he þone nîð-gäst nioðor hwêne slôh (*that he struck the dragon somewhat lower*, etc.), 2700.— 2) w. acc.: *to slay, kill:* pret. sg. þäs þe he Abel slôg (*because he slew A.*), 108; so, slôg, 421, 2180; slôh, 1582, 2356; pl. slôgon, 2051; pret. part. þâ wäs Fîn slägen, 1153.

ge-sleán, w. acc.: 1) *to fight a battle:* pret. sg. ge-slôh þîn fäder fæhðe mæste, 459. — 2) *to gain by fighting:* syððan hie þâ mærða ge-slôgan, 2997.

of-sleán, *to ofslay, kill*, w. acc.: pret. sg. of-slôh, 574, 1666, 3061.

slîðe (G. sleiþ-s), adj., *savage, fierce, dangerous:* acc. sg. þurh slîðne nîð, 184; gen. pl. slîðra ge-slyhta, 2399.

slîðen, adj., *furious, savage, deadly:* nom. sg. sweord-bealo slîðen, 1148.

slîtan, st. v., *to slit, tear to pieces*, w. acc.: pret. sg. slât (slæpendne rinc), 742.

slyht, st. m., *blow:* in comp. and-slyht.

ge-slyht, st. n. (collective), *battle, conflict:* gen. pl. slîðra ge-slyhta, 2399.

smið, st. m., *smith, armorer:* nom. sg. wæpna smið, 1453; gen. sg. smiðes, 406. -- Comp. wundor-smið.

be-smiðian, w. v., *to surround with iron-work, bands*, etc.: pret. part. he (the hall Heorot) þäs fäste wäs innan and ûtan îren-bendum searo-þoncum besmiðod (i.e. the beams out of which the hall was built were held together skilfully, within and without, by iron clamps), 776.

snell, adj., *fresh, vigorous, lively; of martial temper:* nom. sg. se snella, 2972.

snellîc, adj., the same: nom. sg., 691.

snotor, snottor, adj., *clever, wise, intelligent:* nom. sg. snotor, 190, 827, 909, 1385; in weak form, (se) snottra, 1314, 1476, 1787; snotra, 2157, 3121; nom. pl. snotere, 202, 416; snottre, 1592.— Comp. fore-snotor.

snotor-lîce, adv., *intelligently, wisely:* compar. snotor-lîcor, 1483.

GLOSSARY. 269

snûde, adv., *hastily, quickly, soon,* 905, 1870, 1972, 2326, 2569, 2753.
be-snyðian, w. v., *to rob, deprive of:* pret. sg. þätte Ongenþió ealdre be-snyðede Hæðcyn, 2925.
snyrian, w. v., *to hasten, hurry:* pret. pl. snyredon ät-somne (*hurried forward together*), 402.
snyttru, f., *intelligence, wisdom:* acc. sg. snyttru, 1727; dat. pl. mid môdes snyttrum, 1707; þe we ealle ær ne meahton snyttrum be-syrwan (*a deed which all of us together could not accomplish before with all our wisdom*), 943. Adv., *wisely,* 873.
somne. See samne.
sorgian, w. v.: 1) *to be grieved, sorrow:* imper. sg. II. ne sorga! 1385. — 2) *to care for, trouble one's self about:* inf. nô þu ymb mînes ne þearft lîces feorme leng sorgian (*thou needst not care longer about my life's* [body's] *sustenance*), 451.
sorh, st. f., *grief, pain, sorrow:* nom. sg., 1323; sorh is me tô secganne (*pains me to say*), 473; acc. sg. sorge, 119, 2464; dat. instr. sg. mid þære sorge, 2469; sorge (*in sorrow, grieved*), 1150; gen. sg. worna fela ... sorge, 2005; dat. pl. sorgum, 2601; gen. pl. sorga, 149. — Comp.: hyge-, inwit-, þegn-sorh.
sorh-cearig, adj., *curis sollicitus, heart-broken:* nom. sg., 2456.
sorh-ful, adj., *sorrowful, troublesome, difficult:* nom. sg., 2120; acc. sg. sorh-fullne (sorh-fulne) sîð, 512, 1279, 1430.
sorh-leás, adj., *free from sorrow or grief:* nom. sg., 1673.
sorh-leóð, st. n., *dirge, song of sorrow:* acc. sg., 2461.

sorh-wylm, st. m., *wave of sorrow:* nom. pl. sorh-wylmas, 905.
sôcn, st. f., *persecution, hostile pursuit* or *attack* (see sêcan): dat. (instr.) þære sôcne (by reason of Grendel's persecution), 1778.
sôð, st. n., *sooth, truth:* acc. sg. sôð, 532, 701, 1050, 1701, 2865; dat. sg. tô sôðe (*in truth*), 51, 591, 2326.
sôð, adj., *true, genuine:* nom. sg. þät is sôð metod, 1612; acc. sg. n. gyd âwräc sôð and sâr-lîc, 2110.
sôðe, adv., *truly, correctly, accurately,* 524; sôðe gebunden (of alliterative verse: *accurately put together*), 872.
sôð-cyning, st. m., *true king:* nom. sg. sigora sôð-cyning (*God*), 3056.
sôð-fäst, adj., *soothfast, established in truth, orthodox* (here used of the Christian martyrs): gen. pl. sôð-fästra dôm (*glory, realm, of the saints*), 2821.
sôð-lîce, adv., *in truth, truly, truthfully,* 141, 273, 2900.
sôfte, adv., *gently, softly:* compar. þý sêft (*the more easily*), 2750. — Comp. un-sôfte.
sôna, adv., *soon, immediately,* 121, 722, 744, 751, 1281, 1498, 1592, 1619, 1763, etc.
on-spannan, st. v., *to un-span, unloose:* pret. sg. his helm on-speón (*loosed his helm*), 2724.
spel, st. n., *narrative, speech:* acc. sg. spell, 2110; acc. pl. spel, 874; gen. pl. spella, 2899, 3030. — Comp. weá-spel.
spêd, st. f.: 1) *luck, success:* in comp. here-, wîg-spêd. — 2) *skill, facility:* acc. sg. on spêd (*skilfully*), 874.
spîwan, st. v., *to spit, spew,* w. instr.: inf. glêdum spîwan (*spit fire*), 2313.

spor, st. n., *spur:* in comp. hand-spor.

spōwan, st. v., *to speed well, help, avail:* pret. sg. him wiLt ne speów (*availed him naught*), 2855; hû him ǽt ǽte speów (*how he sped in the eating*), 3027.

sprǽc, st. f., *speech, language:* instr. sg. frēcnan sprǽce (*through bold, challenging, discourse*), 1105. — Comp.: ǽfen-, gylp-sprǽc.

sprecan, st. v., *to speak:* inf. ic sceal forð sprecan gen ymbe Grendel (*I shall go on speaking about G.*), 2070; w. acc. se þe wyle sôð sprecan (*he who will speak the truth*), 2865; imper. tô Geátum sprec (sprǽc, MS.), 1172; pret. sg. III. sprāc, 1169, 1699, 2511, 2725; word ǽfter sprāc, 341; nô ymbe þā fǽhðe sprāc, 2619; II. hwǽt þu worn fela ... ymb Brecan sprǽce (*how much thou hast spoken of Breca!*), 531; pl. hwǽt wit geó sprǣcon (*what we two spoke of before*), 1477; gomele ymb gôdne on-geador sprǣcon, þǣt hig ... (*the graybeards spoke together about the valiant one, that they* ...), 1596; swâ wit furðum sprǣcon (*as we two spoke, engaged, before*), 1708; pret. part. þā wǣs ... þryð-word sprecen, 644.

ge-sprecan, w. acc., *to speak:* pret. sg. ge-sprāc, 676, 1399, 1467, 3095.

spreót, st. m., *pole; spear, pike:* in comp. eofor-spreót.

springan, st. v., *to jump, leap; flash:* pret. sg. hrā wîde sprong (*the body bounded far*), 1589; swāt ǽdrum sprong forð under fexe (*the blood burst out in streams from under his hair*), 2967; pl. wîde sprungon hilde-leóman (*flashed afar*), 2583. Also figuratively: blǽd wîde sprang (*his repute spread afar*), 18.

āt-springan, *to spring forth:* pret. sg. swā þǣt blôd ge-sprang (*as the blood burst forth*), 1668. Figuratively, *to arise, originate:* pret. sg. Sigemunde gesprong ǽfter deáð-dǣge dôm un-lytel, 885.

on-springan, *to burst in two, spring asunder:* pret. pl. seonowe onsprungon, burston bânlocan 818.

standan, st. v.: 1) absolutely or with prep., *to stand:* pres. III. pl. eóredgeatwe þe ge þǣr on standað (*the warlike accoutrements wherein ye there stand*), 2867; inf. ge-seah ... orcas stondan (*saw vessels standing*), 2761; pret. sg. ǽt hýðe stôd hringed-stefna (*in the harbor stood the curved-prowed?, metal-covered?, ship*), 32; stôd on stapole (*stood near the [middle] column*), 927; so, 1914, 2546; þǣt him on aldre stôd here-strǽl hearda (*that the sharp war-arrow stood in his vitals*), 1435; so, 2680; pl. gāras stôdon ... samod āt-gǣdere (*the spears stood together*), 328; him big stôdan bunan and orcas (*by him stood cans and pots*), 3048. Also of still water: pres. sg. III. nis þǣt feor heonon ... þǣt se mere standeð, 1363. — 2) with predicate adj., *to stand, continue in a certain state:* subj. pres. þǣt þes sele stande ... rinca ge-hwylcum îdel and unnyt (*that this hall stands empty and useless for every warrior*), 411; inf. hord-wynne fand eald uht-sceaða opene standan, 2272; pret. sg. ōð þǣt îdel stôd hûsa sē-lest, 145; so, 936; wǣter under stôd dreórig and ge-drêfed, 1418.

— 3) *to belong* or *attach to; issue:* pret. sg. Norð-Denum stôd atelîc egesa (*great terror clung to, overcame, the North Danes*), 784; þâra ânum stôd sadol searwum fâh (*on one of the steeds lay an ingeniously-inlaid saddle*), 1038; byrne-leóma eldum on andan (*burning light stood forth, a horror to men*), 2314; leóht inne stôd (*a light stood in it,* i.e. the sword), 1571; him of eágum stôd ... leóht unfäger (*an uncanny light issued from his eyes*), 727; so, þät [fram] þam gyste [gryre-] brôga stôd, 2229.

â-standan, *to stand up, arise:* pret. sg. â-stôd, 760, 1557, 2093.

ät-standan, *to stand at, near,* or *in:* pret. sg. þät hit (i.e. þät swurd) on wealle ät-stôd, 892.

for-standan, *to stand against* or *before,* hence: 1) *to hinder, prevent:* pret. sg. (breóst-net) wið ord and wið ecge in-gang for-stôd (*the shirt of mail prevented point or edge from entering*), 1550; subj. nefne him witig god wyrd for-stôde (*if the wise God had not warded off such a fate from them,* i.e. the men threatened by Grendel), 1057. — 2) *defend,* w. dat. of person against whom: inf. þät he ... mihte heáðo-lîðendum hord for-standan, bearn and brŷde (*that he might protect his treasure, his children, and his spouse from the sea-farers*), 2956.

ge-standan, intrans., *to stand:* pret. sg. ge-stôd, 358, 404, 2567; pl. nealles him on heápe hand-ge-steallan ... ymbe gestôdon (*not at all did his boon-companions stand serried around him*), 2597.

stapa, w. m., *stepper, strider:* in comp. hæð-, mearc-stapa.

stapan, st. v., *to step, stride, go forward:* pret. sg. eorl furðor stôp, 762; gum-feða stôp lind-häbbendra (*the troop of shield-warriors strode on*), 1402.

ät-stapan, *to stride up* or *to:* pret. sg. forð neár ät-stôp (*strode up nearer*), 746.

ge-stapan, *to walk, stride:* pret. sg. he tô forð gestôp dyrnan cräfte, dracan heáfde neáh (*he,* i.e. the man that robbed the dragon of the vessel, *had through hidden craft come too near the dragon's head*), 2290.

stapol, st. m., (= βάσις), *trunk of a tree;* hence, *support, pillar, column:* dat. sg. stôd on stapole (*stood by* or *near the wooden middle column of Heorot*), 927; instr. pl. þâ stân-bogan stapulum fäste (*the arches of stone upheld by pillars*), 2719.

starian, w. v., *to stare, look intently at:* pres. sg. I. þät ic on þone hafelan ... eágum starige (*that I see the head with my eyes*), 1782; þâra frätwa ... þe ic her on starie (*for the treasures ... that I here look upon*), 2797; III. þonne he on þät sinc staráð, 1486; sg. for pl. þâra þe on swylc staráð, 997; pret. sg. þät (sin-freá) hire an däges eágum starede, 1936; pl. on mere staredon, 1604.

stân, st. m.: 1) *stone:* in comp. eorclan-stân. — 2) *rock:* acc. sg. under (ofer) hârne stân, 888, 1416, 2554, 2745; dat. sg. stâne, 2289, 2558.

stân-beorh, st. m., *rocky elevation, stony mountain:* acc. sg. stân-beorh steápne, 2214.

stân-boga, w. m., *stone arch, arch hewn out of the rock:* dat. sg. stân-bogan, 2546; nom. pl. stân-bogan, 2719.

stân-clif, st. n., *rocky cliff:* acc. pl. stân-cleofu, 2541.

stân-fâh, adj., *stone-laid, paved with stones of different colors;* nom. sg. strǽt wǽs stân-fâh (*the street was of different colored stones*), 320.

stân-hliðo, st. n., *rocky slope:* acc. pl. stân-hliðo, 1410.

stæf, st. m.: 1) *staff:* in comp. rûn-stæf. — 2) *elementum:* in comp. âr-, ende-, fâcen-stæf.

stæl, st. m., *place, stead:* dat. sg. þæt þu me â wǽre forð-gewitenum on fäder stǽle (*that thou, if I died, wouldst represent a father's place to me*), 1480.

stǽlan, w. v., *to place; allure* or *instigate:* inf. þâ ic on morgne ge-frägn mæg ôðerne billes ecgum on bonan stǽlan (*then I learned that on the morrow one brother instigated the other to murder with the sword's edge;* or, *one avenged the other on the murderer?*, cf. 2962 seqq.), 2486.

ge-stǽlan, *to place, impose, institute:* pret. part. ge feor hafað fæhðe ge-stǽled (*Grendel's mother has further begun hostilities against us*), 1341.

stede, st. m., *place, -stead:* in comp. bæl-, burh-, folc-, heáh-, meðel-, wang-, wîc-stede.

stefn, st. f., *voice:* nom. sg., 2553; instr. sg. niwan (niówan) stefne (properly novâ voce) = denuo, *anew, again*, 2595, 1790.

stefn, st. m., *prow of a ship:* acc. sg., 213; see bunden-, hringed-, wunden-stefna.

on-stellan, w. v., *constituere, to cause, bring about:* pret. sg. se þǽs or-leges ôr on-stealde, 2408.

steng, st. m., *pole, pike:* in comp. wǽl-steng.

ge-steppan, w. v., *to stride, go:* pret. sg. folce ge-stepte ofer sǽ sîde sunu Ohtheres (*O.'s son*, i.e. Eádgils, *went with warriors over the broad sea*), 2394.

stêde (O.H.G. stâti, M.H.G. stæte), adj., *firm, steady:* nom. sg. wǽs stêde nägla ge-hwylc stŷle ge-lîcost (*each nail-place was firm as steel*), 986.

stêpan, w. v. w. acc., *to exalt, honor:* pret. sg. þeáh þe hine mihtig god ... eafeðum stêpte, 1718.

ge-steald, st. n., *possessions, property:* in comp. in-gesteald, 1156.

ge-stealla, w. m., (contubernalis), *companion, comrade:* in comp. eaxl-, fyrd-, hand-, lind-, nŷd-ge-stealla.

stearc-heort, adj., (fortis animo), *stout-hearted, courageous:* nom. sg. (of the dragon), 2289; (of Beówulf), 2553.

steáp, adj., *steep, projecting, towering:* acc. sg. steápne hrôf, 927; stân-beorh steápne, 2214; wið steápne rond, 2567; acc. pl. m. beorgas steápe, 222; neut. steáp stân-hliðo, 1410. — Comp. heaðo-steáp.

stille, adj., *still, quiet:* nom. sg. wîd-floga wundum stille, 2831.

stille, adv., *quietly*, 301.

stincan, st. v., *to smell; snuff:* pret. sg. stonc þâ äfter stâne (*snuffed along the stone*), 2289.

stið, adj., *hard, stiff:* nom. sg. wunden-mǽl (swurd) ... stîð and stŷl-ecg, 1534.

stîð-môd, adj., *stout-hearted, unflinching:* nom. sg., 2567.

stîg, st. m., *way, path:* nom. sg., 320, 2214; acc. pl. stîge nearwe, 1410. — Comp. medu-stîg.

GLOSSARY. 273

stîgan, st. v., *to go up, ascend:* pret. sg. þâ he tô holme [st]âg (*when he plunged forward into the sea*), 2363; pl. beornas ... on stefn stigon, 212; Wedera leóde on wang stigon, 225; subj. pret. ær he on bed stige, 677.

â-stîgan, *to ascend:* pres. sg. þonon ýð-geblond up â-stîgeð won tô wolcnum, 1374; gûð-rinc â-stâh (*the fierce hero ascended,* i.e. was laid on the pyre? or, *the fierce smoke* [rêc] *ascended?*), 1119; gamen eft â-stâh (*joy again went up, resounded*), 1161; wudu-rêc â-stâh sweart of swioðole, 3145; swêg up â-stâg, 783.

ge-stîgan, *to ascend, go up:* pret. sg. þâ ic on holme ge-stâh, 633.

storm, st. m., *storm:* nom. sg. stræla storm (*storm of missiles*), 3118; instr. sg. holm storme weól (*the sea billowed stormily*), 1132.

stôl, st. m., *chair, throne, seat:* in comp. brego-, êðel-, gif-, gum-stôl.

stôw, st. f., *place, -stow:* nom. sg. nis þæt heóru stôw (*a haunted spot*), 1373; acc. sg. frêcne stôwe, 1379; grund-bûendra gearwe stôwe (*the place prepared for men,* i.e. death-bed; see **gesacan** and **ge-nýdan**), 1007: comp. wäl-stow.

strang, strong, adj., *strong; valiant; mighty:* nom. sg. wäs þæt ge-win tô strang (*that sorrow was too great*), 133; þu eart mägenes strang (*strong of body*), 1845; wäs sió hond tô strong (*the hand was too powerful*), 2685; superl. wigena strengest (*strongest of warriors*), 1544; mägenes strengest (*strongest in might*), 196; mägene strengest, 790.

strâdan (cf. **stræde** = passus, gressus), *to tread,* (be)*-stride, stride over* (Grein): subj. pres. se þone wong strâde, 3074.

stræl, st. m., *arrow, missile:* instr. sg. biteran stræle, 1747; gen. pl. stræla storm, 3118.

stræt, st. f., *street, highway:* nom. sg., 320; acc. sg. stræte, 1635; fealwe stræte, 917. — Comp.: lagu-, mere-stræt.

strengel, st. m., (*endowed with strength*), *ruler, chief:* acc. sg. wigena strengel, 3116.

strengo, st. f., *strength, power, violence:* acc. sg. mägenes strenge, 1271; dat. sg. strenge, 1534; strengo, 2541; — dat. pl. strengum = *violently, powerfully* [*loosed from the strings?*], 3118: in comp. hilde-, mägen-, mere-strengo.

strêgan (O. S. strôwian), w. v., *to strew, spread:* pret. part. wäs þäm yldestan ... morðorbed strêd (*the death-bed was spread for the eldest one*), 2437.

streám, st. m., *stream, flood, sea:* acc. sg. streám, 2546; nom. pl. streámas, 212; acc. pl. streámas, 1262: comp. brim-, eágor-, firgen-, lagu-streám.

ge-streón (cf. **streón** = robur, vis), st. n., *property, possessions;* hence, *valuables, treasure, jewels:* nom. pl. Heaðo-beardna ge-streón (*the costly treasure of the Heathobeardas,* i.e. the accoutrements belonging to the slain H.), 2038; acc. pl. äðelinga, eorla ge-streón, 1921, 3168. — Comp.: ær-, eald-, eorl-, heáh-, hord-, long-, mâðm-, sinc-, þeód-ge-streón.

strûdan, st. v., *to plunder, carry off:* subj. pres. näs þâ on hlytme hwâ þät hord strude, 3127.

ge-strýnan, w. v. w. acc., *to acquire, gain:* inf. þäs þe (*because*) ic môste mínum leódum ... swylc ge-strýnan, 2799.

stund, st. f., *time, space of time, while:* adv. dat. pl. stundum (*at times*), 1424.

styrian, w. v. w. acc.: 1) *to arrange, put in order, tell:* inf. secg eft on-gan síð Beówulfes snyttrum styrian (*the poet then began to tell B.'s feat skilfully*, i.e. put in poetic form), 873. — 2) *to rouse, stir up:* pres. sg. III. þonne wind styreð láð ge-wiðru (*when the wind stirreth up the loathly weather*), 1375. — 3) *to move against, attack, disturb:* subj. pres. þät he ... hring-sele hondum styrede (*that he should attack the ring-hall with his hands*), 2841.

styrman, w. v., *to rage, cry out:* pret. sg. styrmde, 2553.

stýle, st. n., *steel:* dat. sg. stýle, 986.

stýl-ecg, adj., *steel-edged:* nom. sg., 1534.

be-stýman, w. v., *to inundate, wet, flood:* pret. part. (wæron) eal benc-þelu blôde be-stýmed, 486.

suhtor-ge-fäderan (collective), w. m. pl., *uncle and nephew, father's brother and brother's son:* nom. pl., 1165.

sum, pron.: 1) indef., *one, a, any, a certain;* neut. *something:* a) without part. gen.: nom. sg. sum, 1252; hilde-rinc sum, 3125; neut. ne sceal þær dyrne sum wesan (*naught there shall be hidden*), 271; acc. sg. m. sumne, 1433; instr. sg. sume worde (*by a word, expressly*), 2157; nom. pl. sume, 400, 1114; acc. pl. sume, 2941. b) with part. gen.: nom. sg. gumena sum (*one of men, a man*), 1500, 2302; mere-hrägla sum, 1906; þät wäs wundra sum, 1608; acc. sg. gylp-worda sum, 676. c) with gen. of cardinals or notions of multitude: nom. sg. fíftena sum (*one of fifteen, with fourteen companions*), 207; so, eahta sum, 3124; feára sum (*one of few, with a few*), 1413; acc. sg. manigra sumne (*one of many, with many*), 2092; manna cynnes sumne (*one of the men*, i.e. one of the watchmen in Heorot), 714; feára sumne (*some few, one of few;* or, *one of the foes?*), 3062. — 2) with part. gen. sum sometimes = *this, that, the afore-mentioned:* nom. sg. eówer sum (*a certain one, that one, of you*, i.e. Beówulf), 248; gûð-beorna sum (*the afore-mentioned warrior*, i.e. who had shown the way to Hrôðgâr's palace), 314; eorla sum (*the said knight*, i.e. Beówulf), 1313; acc. sg. hord-ärna sum (*a certain hoard-hall*), 2280.

sund, st. m.: 1) *swimming:* acc sg. ymb sund, 507; dat. sg. ät sunde (*in swimming*), 517; on sunde (*a-swimming*), 1619; gen. sg. sundes, 1437. — 2) *sea, ocean, sound:* nom. sg., 223; acc. sg. sund, 213, 512, 539, 1427, 1445.

ge-sund, adj., *sound, healthy, unimpaired:* acc. sg. m. ge-sundne, 1629, 1999; nom. pl. ge-sunde, 2076; acc. pl. w. gen. fäder al-walda ... eówic ge-healde síða ge-sunde (*the almighty Father keep you safe and sound on your journey!*), 318. — Comp. an-sund.

sund-ge-bland, st. n., (*the commingled sea*), *sea-surge, sea-wave:* acc. sg., 1451.

sund-nyt, st. f., *swimming-power or employment, swimming:* acc. sg. sund-nytte dreáh (*swam through the sea*), 2361.

sundur, sundor, adv., *asunder, in*

GLOSSARY. 275

twain : sundur gedǽlan (*to separate, sunder*), 2423.
sundor-nyt, st. f., *special service* (service in a special case) : acc. sg. sundor-nytte, 668.
sund-wudu, st. m., (*sea-wood*), *ship :* nom. acc. sg. sund-wudu, 208, 1907.
sunne, w. f., *sun :* nom. sg., 607; gen. sg. sunnan, 94, 649.
sunu, st. m., *son :* nom. sg., 524, 591, 646, 981, 1090, 1486, etc.; acc. sg. sunu, 268, 948, 1116, 1176, 1809, 2014, 2120; dat. sg. suna, 344, 1227, 2026, 2161, 2730; gen. sg. suna, 2456, 2613, (1279) ; nom. pl. suna, 2381.
sûð, adv., *south, southward*, 859.
sûðan, adv., *from the south*, 607; sigel sûðan fûs (*the sun inclined from the south*), 1967.
swaðrian, w. v., *to sink to rest, grow calm :* brimu swaðredon (*the waves became calm*), 570. See **sweðrian**.
swaðu, st. f., *trace, track, pathway :* acc. sg. swaðe, 2099. — Comp. : swât-, wald-swaðu.
swaðul, st. m.? n.?, *smoke, mist* (Dietrich in Haupt V. 215) : dat. sg. on swaðule, 783. See **sweoðol**.
swancor, adj., *slender, trim :* acc. pl. þrió wicg swancor, 2176.
swan-râd, st. f., *swan-road, sea :* acc. sg. ofer swan-râde, 200.
and-swarian, w. v., *to answer :* pret. sg. him se yldesta and-swarode, 258; so, 340.
swâ : 1) demons. adv., *so, in such a manner, thus :* swâ sceal man dôn, 1173, 1535; swâ þâ driht-guman dreámum lifdon, 99; þät ge-âfndon swâ (*that we thus accomplished*), 538; þær hie meahton (i.e. feorh ealgian), 798; so, 20, 144, 189, 559, 763, 1104, 1472, 1770, 2058, 2145, 2178, 2991; swâ manlîce (*so like a man*), 1047; swâ fela (*so many*), 164, 592; swâ deórlîce dǽd (*so valiant a deed*), 585; hine swâ gôdne (*him so good*), 347; on swâ geongum feore (*in so youthful age*), 1844; ge-dêð him swâ ge-wealdene worolde dǽlas þät ... (*makes parts of the world so subject to him that* ...), 1733. In comparisons = *ever, the* (adv.) : me þîn môd-sefa lîcað leng swâ wel (*thy mind pleases me ever so well, the longer the better*), 1855. As an asseverative = *so :* swâ me Higelâc sîe ... môdes blîðe (*so be Higelac gracious-minded to me!*), 435; swâ þeáh (*nevertheless, however*), 973, 1930, 2879; swâ þêh, 2968; hwäðre swâ þeáh (*yet however*), 2443.—2) : a) conj., *as, so as :* ðð þät his byre mihte eorlscipe efnan swâ his ærfäder (*until his son might do noble deeds, as his old father did*), 2623; eft swâ ǽr (*again as before*), 643; — with indic. : swâ he selfa bäd (*as he himself requested*), 29; swâ he oft dyde (*as he often did*), 444; gǽð â Wyrd swâ hió sceal, 455; swâ guman gefrungon, 667 ; so, 273, 352, 401, 561, 1049, 1056, 1059, 1135, 1232, 1235, 1239, 1253, 1382, etc.; —with subj. : swâ þîn sefa hwette (*as pleases thy mind,* i.e. any way thou pleasest), 490. b) *as, as then, how,* 1143; swâ hie â wǽron ... nýd-gesteallan (*as they were ever comrades in need*), 882; swâ hit diópe ... be-nemdon þeódnas mǽre (*as,* [*how?*] *the mighty princes had deeply cursed it*), 3070; swâ he manna wäs wî-

gend weorðfullost (*as he of men the worthiest warrior was*), 3099. c) *just as, the moment when:* swâ þât blôd gesprang, 1668. d) *so that:* swâ he ne mihte nô (*so that he might not* ...), 1509; so, 2185, 2007. — 3) = qui, quae, quod, German so: worhte wlite-beorhtne wang swâ wäter bebûgeð (*wrought the beauteous plain which* (acc.) *water surrounds*), 93. — 4) swâ ... swâ = *so ... as*, 595, 687-8, 3170; efne swâ ... swâ (*even so ... as*), 1093-4, 1224, 1284; efne swâ hwylc mägða swâ (*such a woman as, whatsoever woman*), 944; efne swâ hwylcum manna swâ (*even so to each man as*), 3058.

for-swâfan, st. v., *to carry away, sweep off:* pret. sg. ealle Wyrd forsweóf mîne mâgas tô metod-sceafte, 2815.

for-swâpan, st. v., *to sweep off, force:* pret. sg. hie Wyrd forsweóp on Grendles gryre, 477.

swât, st. m., (*sweat*), *wound-blood:* nom. sg., 2694, 2967; instr. sg. swâte, 1287. — Comp. heaðo-, hilde-swât.

swât-fâh, adj., *blood-stained:* nom. sg., 1112.

swâtig, adj., *gory:* nom. sg., 1570.

swât-swaðu, st. f., *blood-trace:* nom. sg., 2947.

be-swælan, w. v., *to scorch:* pret. part. wäs se lêg-draca ... glêdum beswæled, 3042.

swæs, adj., *intimate, special, dear:* acc. sg. swæsne êðel, 520; nom. pl. swæse ge-sîðas, 29; acc. pl. leóde swæse, 1869; swæse ge-sîðas, 2041, 2519; gen. pl. swæsra ge-sîða, 1935.

swæs-lîce, adv., *pleasantly, in a friendly manner*, 3090.

swebban, w. v., (*to put to sleep*), *to kill:* inf. ic hine sweorde swebban nelle, 680; pres. sg. III. (absolutely) swefeð, 601.

â-swebban, *to kill, slay:* pret. part. nom. pl. sweordum â-swefede, 567.

sweðrian, w. v., *to lessen, diminish:* inf. þât þât fyr ongan sweðrian, 2703; pret. siððan Heremôdes hild sweðrode, 902.

swefan, st. v.: 1) *to sleep:* pres. sg. III. swefeð, 1742; inf. swefan, 119, 730, 1673; pret. sg. swäf, 1801; pl. swæfon, 704; swæfun, 1281. — 2) *to sleep the death-sleep, die:* pres. sg. III. swefeð, 1009, 2061, 2747; pl. swefað, 2257, 2458.

swegel, st. n., *ether, clear sky:* dat. sg. under swegle, 1079, 1198; gen. sg. under swegles begong, 861, 1774.

swegle, adj., *bright, etherlike, clear:* acc. pl. swegle searo-gimmas, 2750.

swegel-wered, *quasi* pret. part., *ether-clad:* nom. sg. sunne sweglwered, 607.

swelgan, st. v., *to swallow:* pret. sg. w. instr. syn-snædum swealh (*swallowed in great bites*), 744; object omitted, subj. pres. nymðe lîges fäðm swulge on swaðule, 783.

for-swelgan, w. acc., *to swallow, consume:* pret. sg. for-swealg, 1123, 2081.

swellan, st. v., *to swell:* inf. þâ sió wund on-gan ... swêlan and swellan, 2714.

sweltan, st. v., *to die, perish:* pret. sg. swealt, 1618, 2475; draca morðre swealt (*died a violent death*), 893, 2783; wundor-deàðe swealt, 3038; hioro-dryncum swealt, 2359.

swencan, w. v., *to swink, oppress, strike:* pret. sg. hine wundra þäs

GLOSSARY. 277

fela swencte (MS. swecte) on sunde, 1511.
ge-swencan, *to oppress, strike, injure:* pret. sg. syððan hine Hæðcyn ... flâne geswencte, 2439; pret.part.synnum ge-swenced, 976; bæðstapa hundum · ge-swenced, 1369. — Comp. lyft-ge-swenced.
sweng, st. m., *blow, stroke:* dat. sg. swenge, 1521, 2967; swenge (*with its stroke*), 2687; instr. pl. sweordes swengum, 2387.—Comp.: feorh-, hete-, heaðu-, heoro-sweng.
swerian, st. v., *to swear:* pret. w. acc. I. ne me swôr fela âða on unriht (*swore no false oaths*), 2739; he me âðas swôr, 472.
for-swerian, w. instr., *to forswear, renounce (protect with magic formulæ?)*: pret. part. he sige-wæpnum for-sworen häfde, 805.
swêg, st. m., *sound, noise, uproar:* nom. sg. swêg, 783; hearpan swêg, 89, 2459, 3024; sige-folca swêg, 645; sang and swêg, 1064; dat. sg. swêge, 1215. — Comp.: benc-, morgen-swêg.
swêlan, w. v., *to burn* (here of wounds): inf. swêlan, 2714. See swælan.
sweart, adj., *swart, black, dark:* nom. sg. wudu-rêc sweart, 3146; dat. pl. sweartum nihtum, 167.
sweoðol (cf. O.H.G. suedan, suethan = cremare; M.H.G. swadem = vapor; and Dietrich in Haupt V., 215), st. m.? n.?, *vapor, smoke, smoking flame:* dat. sg. ofer swioðole (MS. swic ðole), 3146. See swaðul.
sweofot, st. m., *sleep:* dat. sg. on sweofote, 1582, 2296.
sweoloð, st. m., *heat, fire, flame:* dat. sg. sweoloðe, 1116. Cf. O.H.G. suilizo, suilizunga = ardor, cauma.

sweorcan, st. v., *to trouble, darken:* pres. sg. III. ne him inwit-sorh on sefan sweorceð (*darkens his soul*), 1738.
for-sweorcan, *to grow dark* or *dim:* pres. sg. III. eágena bearhtm for-siteð and for-sworceð, 1768.
ge-sweorcan (intrans.), *to darken:* pret. sg. niht-helm ge-swearc, 1790.
sweord, swurd, swyrd, st. n., *sword:* nom. sg. sweord, 1287, 1290, 1570, 1606, 1616, 1697; swurd, 891; acc. sg. sweord, 437, 673, 1559, 1664, 1809, 2253, 2500, etc.; swurd, 539, 1902; swyrd, 2611, 2988; instr. sg. sweorde, 561, 574, 680, 2493, 2881; gen. sg. sweordes, 1107, 2194, 2387; acc. pl. sweord, 2639; swyrd, 3049; instr. pl. sweordum, 567, 586, 885; gen. pl. sweorda, 1041, 2937, 2962.— Comp.: gúð-, maððum-, wægsweord.
sweord, st. f., *oath:* in comp. âð-sweord (*sword-oath?*), 2065.
sweord-bealo, st. n., *sword-bale, death by the sword:* nom. sg., 1148.
sweord-freca, w. m., *sword-warrior:* dat. sg. sweord-frecan, 1469.
sweord-gifu, st. f., *sword-gift, giving of swords:* nom. sg. swyrd-gifu, 2885.
sweotol, swutol, adj.: 1) *clear, bright:* nom. sg. swutol sang scôpes, 90. — 2) *plain, manifest:* nom. sg. syndolh sweotol, 818; tâcen sweotol, 834; instr. sg. sweotolan tâcne, 141.
sweóf, sweóp. See swâfan, swâpan.
swið, st. n.? (O.N. swiði), *burning pain:* in comp. bryð-swið(?).
swift, adj., *swift:* nom. sg. se swifta mearh, 2265.

swimman, swymman, st. v., *to swim:* inf. swymman, 1625.

ofer-swimman, w. acc., *to swim over* or *through:* pret. sg. oferswam sioleða bigong (*swam over the sea*), 2368.

swincan, st. v., *to struggle, labor, contend:* pret. pl. git on wāteres æht seofon niht swuncon, 517.

ge-swing, st. n., *surge, eddy:* nom. sg. atol ýða geswing, 849.

swingan, st. v., *to swing one's self, fly:* pres. sg. III. ne gôd hafoc geond sǣl swingeð, 2265.

swîcan, st. v.: 1) *to deceive, leave in the lurch, abandon:* pret. sg. nǣfre hit (*the sword*) ǣt hilde ne swâc manna ǣngum, 1461. — 2) *to escape:* subj. pres. bûtan his lîc swîce, 967.

ge-swîcan, *to deceive, leave in the lurch:* pret. sg. gûð-bill ge-swâc nacod ǣt nîðe, 2585, 2682; w. dat. seó ecg ge-swâc þeodne ǣt þearfe (*the sword failed the prince in need*), 1525.

swîð, swýð (Goth. swinþ-s), adj., *strong, mighty:* nom. sg. wǣs þǣt ge-win tô swýð, 191. — Comp. nom. sg. sió swîðre hand (*the right hand*), 2099.

swîðe, adv., *strongly, very, much,* 598, 998, 1093, 1744, 1927; swýðe, 2171, 2188. Compar. swîðor, *more, rather, more strongly,* 961, 1140, 1875, 2199. — Comp. un-swîðe.

ofer-swîðian, w. v., *to overcome, vanquish,* w. acc. of person: pres. sg. III. oferswýðeð, 279, 1769.

swîð-ferhð, adj., (*fortis animo*), *strong-minded, bold, brave:* nom. sg. swýð-ferhð, 827; gen. sg. swîð-ferhðes, 909; nom. pl. swîð-ferhðe, 493; dat. pl. swîð-ferhðum, 173.

swîð-hycgend, pres. part. (*strenue cogitans*), *bold-minded, brave in spirit:* nom. sg. swîð-hycgende, 920; nom. pl. swîð-hycgende, 1017.

swîð-môd, adj., *strong-minded:* nom. sg., 1625.

on-swîfan, st. v. w. acc., *to swing, turn, at* or *against, elevate:* pret. sg. biorn (Beówulf) bord-rand on-swâf wið þam gryre-gieste, 2560.

swîgian, w. v., *to be silent, keep silent:* pret. sg. lyt swîgode niwra spella (*kept little of the new tidings silent*), 2898; pl. swîgedon ealle, 1700.

swîgor, adj., *silent, taciturn:* nom. sg. weak, þâ wǣs swîgra secg ... on gylp-sprǣce gûð-ge-weorca, 981.

swîn, swŷn, st. n., *swine, boar* (image on the helm): nom. sg. swŷn, 1112; acc. sg. swîn, 1287.

swîn-lîc, st. n., *swine-image* or *body:* instr. pl. swîn-lîcum, 1454.

swôgan, st. v., *to whistle, roar:* pres. part. swôgende lêg, 1346.

swutol. See **sweotol.**

swylc, swilc (Goth. swa-leik-s), demons. adj. = *talis, such, such a;* relative = *qualis, as, which:* nom. sg. swylc, 178, 1941, 2542, 2709; swylc ... swylc = talis ... qualis, 1329; acc. sg. swylc, 2799; eall ... swylc (*all ... which, as*), 72; ôðer swylc (*such another,* i.e. hand), 1584; on swylc (*on such things*), 997; dat. sg. gûð-fremmendra swylcum (*to such a battle-worker,* i.e. Beówulf), 299; gen. sg. swylces hwǣt (*some such*), 881; acc. pl. swylce, 2870; eall swylce ... swylce, 3166; swylce twegen (*two such*), 1348; ealle þearfe swylce (*all needs that*), 1798; swylce hie ... findan meahton sigla searo-gimma (*such as they*

GLOSSARY. 279

might find of jewels and cunning gems), 1157; efne swylce mæla swylce (*at just such times as*), 1250; gen. pl. swylcra searo-nîða, 582; swylcra fela ... ær-gestreóna, 2232.

swylce, adv., *as, as also, likewise, similarly*, 113, 293, 758, 831, 855, 908, 921, 1147, 1166, 1428, 1483, 2460, 2825; ge swylce (*and likewise*), 2259; swilce, 1153.

swylt, st. m., *death:* nom. sg., 1256, 1437.

swylt-dǽg, st. m., *death-day:* dat. sg. ær swylt-däge, 2799.

swynsian, w. v., *to sound:* pret. sg. hlyn swynsode, 612.

swyrd. See sweord.

swȳð. See swîð.

swȳn. See swîn.

syððan (seðian, Gen. 1525), w. v., *to punish, avenge*, w. acc.: inf. þonne hit sweordes ecg syððan scolde (*then the edge of the sword should avenge it*), 1107.

syððan. See sîððan.

syfan-wintre, adj., *seven-winters-old:* nom. sg., 2429.

syhð. See seón.

syl (O.H.G. swella), st. f., *sill, bench-support:* dat. sg. fram sylle, 776.

sylfa. See selfa.

syllan. See sellan.

syllîc. See sellîc.

symbel, syml, st. n., *banquet, entertainment:* acc. sg. symbel, 620, 1011; geaf me sinc and symbl (*gave me treasure and feasting*, i.e. made me his friend and table-companion), 2432; þät hie ... symbel ymbsæton (*that they might sit round their banquet*), 564; dat. sg. symle, 81, 489, 1009; symble, 119, 2105; gen. pl. symbla, 1233.

symble, symle, adv., *continually, ever:* symble, 2451; symle, 2498; symle wäs þȳ sǽmra (*he was ever the worse, the weaker*, i.e. the dragon), 2881.

symbel-wyn, st. f., *banqueting-pleasure, joy at feasting:* acc. sg. symbel-wynne dreóh, 1783.

syn, st. f., *sin, crime:* nom. synn and sacu, 2473; dat. instr. pl. synnum, 976, 1256, 3072.

syn. See sin.

syn-bysig, adj., (culpa laborans), *persecuted on account of guilt?* (Rieger), *guilt-haunted?*: nom. sg. secg syn-[by]sig, 2228.

ge-syngian, w. v., *to sin, commit a crime:* pret. part. þät wäs feohleás ge-feoht, fyrenum ge-syngad, 2442.

synnig, adj., *sin-laden, sinful:* acc. sg. m. sinnigne secg, 1380. — Comp.: fela-, un-synnig.

ge-synto, f., *health:* dat. pl. on gesyntum, 1870.

syrce. See serce.

syrwan, w. v. w. acc., *to entrap, catch unawares:* pret. sg. duguðe and geogoðe seomade and syrede, 161.

be-syrwan: 1) *to compass* or *accomplish by finesse; effect:* inf. dǽd þe we ealle ær ne meahton snyttrum be-syrwan (*a deed that all of us could not accomplish before with all our wisdom*), 943. — 2) *to entrap by guile and destroy:* inf. mynte se mânscaða manna cynnes sumne be-syrwan (*the fell foe thought to entrap some one (all?, see* sum) *of the men*), 714.

sȳn, f., *seeing, sight, scene:* comp. an-sȳn.

ge-sȳne, adj., *visible, to be seen:* nom. sg. 1256, 1404, 2948, 3059, 3160. — Comp.: êð-ge-sȳne, ȳð-ge-sêne.

T

talīgean, w. v.: 1) *to count, reckon, number; esteem, think:* pres. sg. I. nô ic me ... hnâgran gûð-geweorca þonne Grendel hine (*count myself no worse than G. in battleworks*), 678; wên ic talige ... þât (*I count on the hope ... that*), 1846; telge, 2068; sg. III. þât ræd talað þât (*counts it gain that*), 2028. — 2) *to tell, relate:* sôð ic talige (*I tell facts*), 532; swâ þu self talast (*as thou thyself sayst*), 595.

tâcen, st. n., *token, sign, evidence:* nom. sg. tâcen sweotol, 834; dat. instr. sg. sweotolan tâcne, 141; tîres tô tâcne, 1655. — Comp. luftâcen.

tân, st. m., *twig:* in comp. âter-tân.

ge-tæcan, w. v., *to show, point out:* pret. sg. him þâ hilde-deór hof môdigra torht ge-tæhte (*the warrior pointed out to them the bright dwelling of the bold ones*, i.e. Danes), 313. Hence, *to indicate, assign:* pret. sôna me se mæra mago Healfdenes ... wið his sylfes sunu setl getæhte (*assigned me a seat by his own son*), 2014.

tæle, adj., *blameworthy:* in comp. un-tæle.

ge-tæse, adj., *quiet, still:* nom. sg. gif him wære ... niht ge-tæse (*whether he had a pleasant, quiet, night*), 1321.

tela, adv., *fittingly, well*, 949, 1219, 1226, 1821, 2209, 2738.

telge. See **talian**.

tellan, w. v., *to tell, consider, deem:* pret. sg. ne his lîf-dagas gumena ænigum nytte tealde (*nor did he count his life useful to any man*), 795; þât ic me ænigne under swegles begong ge-sacan ne tealde (*I believed not that I had any foe under heaven*), 1774; cwæð he þone gûð-wine gôdne tealde (*said he counted the war-friend good*), 1811; he ûsic gâr-wîgend gôde tealde (*deemed us good spear-warriors*), 2642; pl. swâ (*so that*) hine Geáta bearn gôdne ne tealdon, 2185. — 2) *to ascribe, count against, impose:* pret. sg. (Þryðo) him wælbende weotode tealde handgewriðene, 1937.

ge-tenge, adj., *attached to, lying on:* w. dat. gold ... grunde getenge, 2759.

teár, st. m., *tear:* nom. pl. teáras, 1873.

teoh, st. f., *troop, band:* dat. sg. earmre teohhe, 2939.

(ge?)-teohhian, w. v., *to fix, determine, assign:* pret. sg. ic for lǽssan leán teohhode ... hnâhran rince, 952; pres. part. wæs ôðer in ær geteohhod (*assigned*) ... mærum Geáte, 1301.

teón, st. v., *to draw, lead:* inf. hêht ... eahta mearas ... on flet teón (*bade eight horses be led into the hall*), 1037; pret. sg. me tô grunde teáh fâh feónd-sceaða (*the manyhued fiend-foe drew me to the bottom*), 553; eft-sîðas teáh (*withdrew, returned*), 1333; sg. for pl. ǽg-hwylcum ... þâra þe mid Beówulfe brim-lâde teáh (*to each of those that crossed the sea with B.*), 1052; pret. part. þâ wæs ... heardecg togen (*then was the hard edge drawn*), 1289; wearð ... on næs togen (*was drawn to the promontory*), 1440.

â-teón, *to wander, go*, intrans.: pret. sg. tô Heorute â-teáh (*drew to Heorot*), 767.

GLOSSARY. 281

ge-teón: 1) *to draw:* pret. sg. gomel swyrd ge-teáh, 2611; w. instr. and acc. hire seaxe ge-teáh, bråd brůn-ecg, 1546. — 2) *to grant, give, lend:* imp. nð þu him wearne geteóh þinra gegn-cwida glädnian (*refuse not to gladden them with thy answer*), 366; pret. sg. and þá Beówulfe bega gehwäðres eodor Ingwina onweald ge-teáh (*and the prince of the Ingwins gave B. power over both*), 1045; so, he him êst geteáh (*gave possession of*), 2166.

of-teón, *to deprive, withdraw,* w. gen. of thing and dat. pers.: pret. sg. Scyld Scêfing ... monegum mægðum meodo-setla of-teáh, 5; w. acc. of thing, hond ... feorh-sweng ne of-teáh, 2490; w. dat. hond (hord, MS.) swenge ne of-teáh, 1521.

þurh-teón, *to effect:* inf. gif he torn-gemôt þurh-teón mihte, 1141.

teón (cf. teóh, *materia,* O.H.G. ziuc), w. v. w. acc., *to make, work:* pret. sg. teóde, 1453; — *to furnish out, deck:* pret. pl. naläs hi hine lässan lácum teodan (*provided him with no less gifts*), 43.

ge-teón, *to provide, do, bring on:* pres. sg. unc sceal weorðan ... swá unc Wyrd ge-teóð, 2527; pret. sg. þe him ... sâre ge-teóde (*who had done him this harm*), 2296.

ge-teóna, w. m., *injurer, harmer:* in comp. láð-ge-teóna.

til, adj., *good, apt, fit:* nom. sg. m. Hâlga til, 61; þegn ungemete till (of Wíglâf), 2722; fem. wäs seó þeód tilu, 1251; neut. ne wäs þät ge-wrixle til, 1305.

tilian, w. v. w. gen., *to gain, win:* inf. gif ic ... ðwihte mäg þínre môd-lufan mâran tilian (*if I ... gain*), 1824.

timbrian, w. v., *to build:* pres. part. acc. sg. säl timbred (*the well-built hall*), 307.

be-timbrian, (construere), *to finish building, complete:* pret. pl. betimbredon on tyn dagum beadu-rôfes bêcn, 3161.

tîd, st. f., -*tide, time:* acc. sg. twelf wintra tîd, 147; lange tîd, 1916; in þá tîde, 2228. — Comp.: ân-, morgen-tîd.

ge-tîðian (from tigðian), w. v., *to grant:* pret. part. impers. wäs ... bêne (gen.) ge-tîðad feásceaftum men, 2285.

tîr, st. m., *glory, repute in war:* gen. sg. tîres, 1655.

tîr-eádig, adj., *glorious, famous:* dat. sg. tîr-eádigum menn (of Beówulf), 2190.

tîr-fäst, adj., *famous, rich in glory:* nom. sg. (of Hrôðgâr), 923.

tîr-leás, adj., *without glory, infamous:* gen. sg. (of Grendel), 844.

toga, w. m., *leader:* in comp. folc-toga.

torht, adj., *bright, brilliant:* acc. sg. neut. hof ... torht, 313. — Comp.: wuldor-torht, heaðo-torht (*loud in battle*).

torn, st. n.: 1) *wrath, insult, distress:* acc. sg. torn, 147, 834; gen. pl. torna, 2190. — 2) *anger:* instr. sg. torne ge-bolgen, 2402. — Comp. lîge-torn.

torn, adj., *bitter, cruel:* nom. sg. hreówa tornost, 2130.

torn-ge-môt, st. n., (*wrathful meeting*), *angry engagement, battle:* acc. sg., 1141.

tô, I. prep. w. dat. indicating direction or tending to, hence: 1) local = whither after verbs of motion, *to, up to, at:* com tô recede (*to the hall*), 721; eode tô sele, 920; eode tô hire freán sittan, 642; gæð eft ... tô medo (*goeth again to mead*), 605; wand tô wolcnum (*wound to the welkin*), 1120; sigor tô slǽpe (*sank to sleep*), 1252; 28, 158, 234, 438, 553, 926, 1010, 1014, 1155, 1159, 1233, etc.; líð-wǽge bär hálum tô handa (*bore the ale-cup to the hands of the men? at hand?*), 1984; ôð þāt niht becom ôðer tô yldum, 2118; him tô bearme cwom máððum-fāt mǽre (*came to his hands, into his possession*), 2405; sǽlde tô sande síd-fæðme scip (*fastened the broad-bosomed ship to the shore*), 1918; þāt se harm-scaða tô Heorute â-teáh (*went forth to Heorot*), 767. After verb sittan: sitte nu tô symble (*sit now to the meal*), 489; siððan ... we tô symble geseten hǽfdon, 2105; tô hâm (*home, at home*), 124, 374, 2993. With verbs of speaking: maðelode tô his wine-drihtne (*spake to his friendly lord*), 360; tô Geátum sprec, 1172; so, hêht þāt heaðo-weorc tô hagan biódan (*bade the battle-work be told at the hedge*), 2893. — 2) with verbs of bringing and taking (cf. under on, I., d): hraðe wās tô bûre Beówulf fetod (*B. was hastily brought to the hall*), 1311; siððan Hâma āt-wǣg tô þǣre byrhtan byrig Brôsinga mene (*since H. carried the Brosing-necklace off to(?) the bright city*), 1200; weán âhsode. fæhðo tô Frysum (*suffered woe, feud as to, from, the Frisians*), 1208. — 3) = end of motion, hence: a) *to, for, as, in:* þone god sende folce tô frôfre (*for, as, a help to the folk*), 14; gesette ... sunnan and mônan leóman tô leóhte (*as a light*), 95; ge-sāt ... tô rûne (*sat in counsel*), 172; wearð he Heaðo-lâfe tô hand-bonan, 460; bringe ... tô helpe (*bring to, for, help*), 1831; Eofore forgeaf ângan dôhtor ... hyldo tô wedde (*as a pledge of his favor*), 2999; so, 508(?), 666, 907, 972, 1022, 1187, 1263, 1331, 1708, 1712, 2080, etc.; secgan tô sôðe (*to say in sooth*), 51; so, 591, 2326. b) with verbs of thinking, hoping, etc., *on, for, at, against:* he tô gyrn-wrǣce swíðor þôhte þonne tô sǣ-láde (*thought more on vengeance than on the sea-voyage*), 1139; sācce ne wêneð tô Gâr-Denum (*nor weeneth of conflict with the Spear-Danes*), 602; þonne wêne ic tô þe wyrsan ge-þinges (*then I expect for thee a worse result*), 525; ne ic tô Sweó-þeóde sibbe oððe treówe wihte ne wêne (*nor expect at all of, from, the Swedes ...*), 2923; wiste þām ahlǣcan tô þām heáh-sele hilde ge-þinged (*battle prepared for the monster in the high hall*), 648; wel bið þām þe môt tô fāder faðmum freoðo wilnian (*well for him that can find peace in the Father's arms*), 188; þâra þe he ge-worhte tô West-Denum (*of those that he wrought against the West-Danes*), 1579. — 4) with the gerund. inf.: tô gefremmanne (*to do*), 174; tô ge-cýðanne (*to make known*), 257; tô secganne (*to say*), 473; tô be-fleónne (*to avoid, escape*), 1004; so, 1420, 1725, 1732, 1806, 1852, 1923, 1942, etc. With inf.: tô fêran, 316; tô friclan, 2557. — 5) temporal: gewât him tô ge-scǣp-hwîle (*went at(?) the hour of fate; or, to his fated rest?*), 26;

GLOSSARY. 283

tô wîdan feore (*ever, in their lives*), 934; âwa tô aldre (*for life, forever*), 956; so, tô aldre, 2006, 2499; tô lîfe (*during life, ever*), 2433.— 6) with particles: wôd under wolcnum tô þäs þe ... (*went under the welkin to the point where...*), 715; so, elne ge-eodon tô þäs þe, 1968; so, 2411; he him þäs leán for-geald ... tô þäs þe he on reste geseah Grendel licgan (*he paid him for that to the point that he saw G. lying dead*), 1586; wäs þät blôd tô þäs hât (*the blood was hot to that degree*), 1617; näs þâ long tô þon þät ('*twas not long till*), 2592, 2846; wäs him se man tô þon leóf þät (*the man was dear to him to that degree*), 1877; tô hwan siððan wearð hond-ræs häleða (*up to what point, how, the hand-contest turned out*), 2072; tô middes (*in the midst*), 3142.

II. Adverbial modifier, *quasi* preposition [better explained in many cases as prep. postponed]: 1) *to, towards, up to, at*: geóng sôna tô, 1786; so, 2649; fêhð ôðer tô, 1756; sæ-lâc ... þe þu her tô lôcast (*upon which thou here lookest*), 1655; folc tô sægon (*the folk looked on*), 1423; þät hî him tô mihton gegnum gangan (*might proceed thereto*), 313; se þe him bealwa tô bôte gelýfde (*who believed in help out of evils from him*, i.e. Beówulf), 910; him tô anwaldan âre ge-lyfde (*trusted for himself to the Almighty's help*), 1273; þe ûs sêceað tô Sweóna leóde (*that the Swedes will come against us*), 3002.— 2) before adj. and adv., *too*: tô strang (*too mighty*), 133; tô fäst, 137; tô swýð, 191; so, 789, 970, 1337, 1743, 1749, etc.;

tô fela micles (*far too much*), 695; he tô forð ge-stôp (*he had gone too far*), 2290.

tôð (G. tunþu-s), st. m., *tooth*: in comp. blôdig-tôð (adj.).

tredan, st. v. w. acc., *to tread*: inf. sæ-wong tredan, 1965; el-land tredan, 3020; pret. sg. wräc-lâstas träd, 1353; medo-wongas träd, 1644; gräs-moldan träd, 1882.

treddian, tryddian (see trod), w. v., *to stride, tread, go*: pret. sg. treddode, 726; tryddode getrume micle (*strode about with a strong troop*), 923.

trem, st. n., *piece, part*: acc. sg. ne ... fôtes trem (*not a foot's breadth*), 2526.

treów, st. f., *fidelity, good faith*: acc. sg. treówe, 1073; sibbe ôððe treówe, 2923.

treów, st. n., *tree*: in comp. galg-treów.

treówian. See trûwian.

treów-loga, w. m., *troth-breaker, pledge-breaker*: nom. pl. treów-logan, 2848.

trodu, st. f., *track, step*: acc. sg. or pl. trode, 844.

ge-trum, st. n., *troop, band*: instr. sg. ge-trume micle, 923.

trum, adj., *strong, endowed with*: nom. sg. heorot hornum trum, 1370.

ge-trûwan, w. v. w. acc., *to confirm, pledge solemnly*: pret. sg. þâ hie getrûwedon on twâ healfe fäste frioðu-wäre, 1096.

trûwian, treówan, w. v., *to trust in, rely on, believe in*: 1) w. dat.: pret. sg. sîðe ne trûwode leófes mannes (*I trusted not in the dear man's enterprise*), 1994; bearne ne trûwode þät he ... (*she trusted not the child that...*), 2371; ge-hwylc hiora his ferhðe treówde

GLOSSARY.

þāt he ... (*each trusted his heart that ...*), 1167.— 2) w. gen.: pret. sg. Geáta leód georne trûwode môdgan mægnes, 670; wiðres ne trûwode, 2954.

ge-trûwian, *to rely on, trust in,* w. dat.: pret. sg. strenge ge-trûwode, mund-gripe mägenes, 1534; — w. gen. pret. sg. beorges getrûwode, wîges and wealles, 2323; strenge ge-trûwode ânes mannes, 2541.

tryddian. See treddian.

trýwe, adj., *true, faithful:* nom. sg. þā gyt wās ... æghwylc ôðrum trýwe, 1166.

ge-trýwe, adj., *faithful:* nom. sg. her is æghwylc eorl ôðrum getrýwe, 1229.

turf, st. f., *sod, soil, seat:* in comp. êðel-turf.

tux, st. m., *tooth, tusk:* in comp. hilde-tux.

ge-twǽfan, w. v. w. acc. of person and gen. thing, *to separate, divide, deprive of, hinder:* pres. sg. III. þāt þec ādl ôððe ecg eafoðes getwǽfeð (*robs of strength*), 1764; inf. god eáðe mæg þone dol-scaðan dǽda ge-twǽfan (*God may easily restrain the fierce foe from his deeds*), 479; pret. sg. sumne Geáta leód ... feores getwǽfde (*cut him off from life*), 1434; nô þǣr wǽg-flotan wind ofer ýðum sîðes ge-twǽfde (*the wind hindered not the wave-floater in her course over the water*), 1909; pret. part. ǽt-rihte wǽs gûð ge-twǽfed (*almost had the struggle been ended*), 1659.

ge-twǽman, w. v. acc. pers. and gen. thing, *to hinder, render incapable of, restrain:* inf. ic hine ne mihte ... ganges getwǽman, 969.

twegen, f. neut. twā, num., *twain, two:* nom. m. twegen, 1164; acc. m. twegen, 1348; dat. twǣm, 1192; gen. twega, 2533; acc. f. twā, 1096, 1195.

twelf, num., *twelve:* gen. twelfa, 3172.

tweone (Frisian twine), num. = bini, *two:* dat. pl. be sǣm tweonum, 859, 1298; 1686.

twidig, adj., in comp. lang-twidig (*long-assured*), 1709.

tyder, st. m., *race, descendant:* in comp. un-tyder, 111.

tydre (Frisian teddre), adj., *weak, unwarlike, cowardly:* nom. pl. tydre, 2848.

tyn, num., *ten:* uninflect. dat. on tyn dagum, 3161; inflect. nom. tyne, 2848.

tyrwian, w. v., *to tar:* pret. part. tyrwed in comp.: niw-tyrwed.

on-tyhtan, w. v., *to urge on, incite, entice:* pret. sg. on-tyhte, 3087.

þ

þafian, w. v. w. acc., *to submit to, endure:* inf. þāt se þeód-cyning þafian sceolde Eofores ânne dôm, 2964.

þanc, st. m.: 1) *thought:* in comp. fore-, hete-, or-, searo-þanc; inwit-þanc (adj.).— 2) *thanks* (w. gen. of thing): nom. sg., 929, 1779; acc. sg. þanc, 1998, 2795.— 3) *content, favor, pleasure:* dat. sg. þā þe gif-sceattas Geáta fyredon þyder tô þance (*those that tribute for the Geátas carried thither for favor*), 379.

ge-þanc, st. m., *thought:* instr. pl. þeóstrum ge-þoncum, 2333. — Comp. môd-ge-þanc.

þanc-hycgende, pres. part., *thoughtful,* 2236.

þancian, w. v., *to thank:* pret. sg. gode þancode ... þäs þe hire se willa ge-lamp (*thanked God that her wish was granted*), 626; so, 1398; pl. þancedon, 627(?).

þanon, þonon, þonan, adv., *thence:* 1) local: þanon eſt gewât (*he went thence back*), 123; þanon up ... stigon (*went up thence*), 224; so, þanon, 463, 692, 764, 845, 854, 1293; þanan, 1881; þonon, 520, 1374, 2409; þonan, 820, 2360, 2957.— 2) personal: þanon untydras ealle on-wôcon (*from him*, i.e. Cain, etc.), 111; so, þanan, 1266; þonon, 1961; unsôfte þonon feorh ôð-ferede (i.e. from Greudel's mother), 2141.

þâ, adv.: 1) *there, then,* 3, 26, 28, 34, 47, 53, etc. With þær: þâ þær, 331. With nu: nu þâ (*now then*), 658.— 2) conjunction, *when, as, since,* w. indic., 461, 539, 633, etc.; —*because, whilst, during, since,* 402, 465, 724, 2551, etc.

þät, I. demons. pron. acc. neut. of se: demons. nom. þät (*that*), 735, 766, etc.; instr. sg. þȳ, 1798, 2029; þät ic þȳ wæpne ge-bräd (*that I brandished as(?) a weapon; that I brandished the weapon?*), 1665; þȳ weorðra (*the more honored*), 1903; þȳ sêft (*the more easily*), 2750; þȳ läs hym ȳðe þrym wudu wynsuman for-wrecan meahte (*lest the force of the waves the winsome boat might carry away*), 1919; nô þȳ ær (*not sooner*), 755, 1503, 2082, 2374, 2467; nô þȳ leng (*no longer, none the longer*), 975. þȳ =adv.,*therefore, hence,*1274, 2068; þê ... þê = *on this account; for this reason* ... *that, because,* 2639-2642; wiste þê geornor (*knew but too well*), 822; he ... wäs sundes þê sænra þe hine swylt fornam (*he was the slower in swimming as [whom?] death carried him off*), 1437; näs him wihte þê sêl (*it was none the better for him*), 2688; so, 2278. Gen. sg. þäs = adv., *for this reason, therefore,* 7, 16, 114, 350, 589, 901, 1993, 2027, 2033, etc. þäs þe, especially after verbs of thanking, = *because,* 108, 228, 627, 1780, 2798; —also = secundum quod: þäs þe hie gewislîcost ge-witan meahton, 1351; —*therefore, accordingly,* 1342, 3001; tô þäs (*to that point; to that degree*), 715, 1586, 1617, 1968, 2411; þäs georne (*so firmly*), 969; ac he þäs fäste wäs ... besmiðod (*it was too firmly set*), 774; nô þäs frôd leofað gumena bearna þät þone grund wite (*none liveth among men so wise that he should know its bottom*), 1368; he þäs (þäm, MS.) môdig wäs (*had the courage for it*), 1509.

II. conj. (relative), *that, so that,* 15, 62, 84, 221, 347, 358, 392, 571, etc.; ôð þät (*up to that, until*); see ôð.

þätte (from þät þe, see þe), *that,* 151, 859, 1257, 2925, etc.; þät þe (*that*), 1847.

þær: 1) demons. adv., *there* (*where*), 32, 36, 89, 400, 757, etc.; morðorbealo mâga, þær heó ær mæste heóld worolde wynne (*the deathbale of kinsmen where before she had most worldly joy*), 1080. With þâ: þâ þær, 331; þær on innan (*therein*), 71. Almost like Eng. expletive *there,* 271, 550, 978, etc.; —*then, at that time,* 440; —*thither:* þær swîð-ferhðe sittan eodon (*thither went the bold ones to sit,* i.e. to the bench), 493, etc.

— 2) relative, *where*, 356, 420, 508, 513, 522, 694, 867, etc.; eode ... þær se snotera bád (*went where the wise one tarried*), 1314; so, 1816; — *if*, 763, 798, 1008, 1836, 2731, etc.; — *whither :* gá þær he wille, 1395.

þe, I. relative particle, indecl., partly standing alone, partly associated with se, seó, þät : Hunferð maðelode, þe ät fótum sät (*H., who sat at his feet, spake*), 500; so, 138, etc.; wäs þät gewin tó swýð þe on þá leóde be-com (*the misery that had come on the people was too great*), 192, etc.; ic wille ... þe þá and-sware ädre ge-cýðan þe me se góda á-gifan þenceð (*I will straightway tell thee the answer that the good one shall give*), 355; ðð þone ánne däg þe he ... (*till that very day that he ...*), 2401; heó þá fæhðe wræc þe þu ... Grendel cwealdest (*the fight in which thou slewest G.*), 1335; mid þære sorge þe bim sió sár belamp (*with the sorrow wherewith the pain had visited him*), 2469; pl. þonne þá dydon þe ... (*than they did that ...*), 45; so, 378, 1136; þá máðmas þe he me sealde (*the treasures that he gave me*), 2491; so, gimfästan gife þe him god sealde (*the great gifts that God had given him*), 2183. After þára þe (*of those that*), the depend. verb often takes sg. instead of pl. (Dietrich, Haupt XI., 444 seqq.): wundor-sióna fela secga ge-hwylcum þára þe on swylc staráð (*to each of those that look on such*), 997; so, 844, 1462, 2384, 2736. Strengthened by se, seó, þät : sägde se þe cúðe (*said he that knew*), 90; wäs se grimma gäst Grendel háten, se þe móras heóld (*the grim stranger hight Grendel, he that held the moors*), 103; here-byrne ... seó þe báncofan beorgan cúðe (*the corselet that could protect the body*), 1446, etc.; þær ge-lýfan sceal dryhtnes dóme se þe hine deáð nimeð (*he shall believe in God's judgment whom death carrieth off*), 441; so, 1437, 1292 (cf. Heliand I., 1308).

þäs þe. See þät.

þeáh þe. See þeáh.

for þam þe. See for-þam.

þý, þê, *the, by that,* instr. of se : áhte ic holdra þý læs ... þe deáð fornam (*I had the less friends whom death snatched away*), 488; so, 1437.

þeccan, w. v., *to cover* (thatch), *cover over :* inf. þá sceal brond fretan, äled þeccean (*fire shall eat, flame shall cover, the treasures*), 3016; pret. pl. þær git eágor-streám earmum þehton (*in swimming*), 513.

þegn, st. m., *thane, liegeman, king's higher vassal; knight :* nom. sg., 235, 494, 868, 2060, 2710; (Beówulf), 194; (Wíglaf), 2722; acc. sg. þegen (Beówulf, MS. þegn), 1872; dat. sg. þegne, 1342, 1420; (Hengest), 1086; (Wíglaf), 2811; gen. sg. þegnes, 1798; nom. pl. þegnas, 1231; acc. pl. þegnas, 1082, 3122; dat. pl. þegnum, 2870; gen. pl. þegna, 123, 400, 1628, 1674, 1830, 2034, etc.— Comp. : ambiht-, ealdor-, heal-, magu-, sele-þegn.

þegnian, þênian, w. v., *to serve, do liege service :* pret. sg. ic him þênode deóran sweorde (*I served them with my good sword,* i.e. slew them with it), 560.

þegn-sorh, st. f., *thane-sorrow, grief for a liegeman:* acc. sg. þegn-sorge, 131.

þegu, st. f., *taking:* in comp.: beáh-, beór-, sinc-þegu.

þel, st. n., *deal-board, board for benches:* in comp. benc-þel, 486, 1240.

þencan, w. v.: 1) *to think:* absolutely: pres. sg. III. se þe wel þenceð, 289; so, 2602. With depend. clause: pres. sg. nænig heora þôhte þät he ... (*none of them thought that he*), 692.—2) w. inf., *to intend:* pres. sg. III. þá and-sware ... þe me se góda â-gifan þenceð (*the answer that the good one intendeth to give me*), 355; (blôdig wäl) byrgean þenceð, 448; þonne he ... gegân þenceð longsumne lof (*if he will win eternal fame*), 1536; pret. sg. ne þät aglæca yldan þôhte (*the monster did not mean to delay that*), 740; pret. pl. wit unc wið hronfixas werian þôhton, 541; (hine) on healfa ge-hwone heáwan þôhton, 801.

â-þencan, *to intend, think out:* pret. sg. (he) þis ellen-weorc âna â-þôhte tô ge-fremmanne, 2644.

ge-þencan, w. acc.: 1) *to think of:* þät he his selfa ne mäg ... ende ge-þencean (*so that he himself may not think of, know, its limit*), 1735.—2) *to be mindful:* imper. sg. ge-þenc nu ... hwät wit geó spræcon, 1475.

þenden: 1) adv., *at this time, then, whilst:* nalles fâcen-stafas þeód-Scyldingas þenden fremedon (*not at all at this time had the Scyldings done foul deeds*), 1020 (referring to 1165; cf. Wîdsîð, 45 seqq.); þenden reáfode rinc ôðerne (*whilst one warrior robbed another*, i.e. Eofor robbed Ongen-þeów), 2986.—2) conj., *so long as, whilst,* 30, 57, 284, 1860, 2039, 2500, 3028; —*whilst,* 2419. With subj., *whilst, as long as:* þenden þu môte, 1178; þenden þu lifige, 1255; þenden hit sý (*whilst the heat lasts*), 2650.

þengel, st. m., *prince, lord, ruler:* acc. sg. hringa þengel (Beówulf), 1508.

þes (m.), **þeós** (f.), **þis** (n.), demons. pron., *this:* nom. sg. 411, 432, 1703; f., 484; nom. acc. neut., 2156, 2252, 2644; þys, 1396; acc. sg. m. þisne, 75; f. þâs, 1682; dat. sg. neut. þissum, 1170; þyssum, 2640; f. þisse, 639; gen. m. þisses, 1217; f. þisse, 929; neut. þysses, 791, 807; nom. pl. and acc. þâs, 1623, 1653, 2636, 2641; dat. þyssum, 1063, 1220.

þê. See **þät**.

þêh. See **þeáh**.

þearf, st. f., *need:* nom. sg. þearf, 1251, 2494, 2638; þâ him wäs manna þearf (*as he was in need of men*), 201; acc. sg. þearfe, 1457, 2580, 2850; fremmað ge nu leóda þearfe (*do ye now what is needful for the folk*), 2801; dat. sg. ät þearfe, 1478, 1526, 2695, 2710; acc. pl. se for andrysnum ealle beweotede þegnes þearfe (*who would supply in courtesy all the thane's needs*), 1798 (cf. sele-þegn, 1795). —Comp.: firen-, nearo-, ofer-þearf.

þearf. See **þurfan**.

ge-þearfian, w. v., = *necessitatem imponere:* pret. part. þâ him swâ ge-þearfod wäs (*since so they found it necessary*), 1104.

þearle, adv., *very, exceedingly,* 560.

þeáh, þêh, conj., *though, even though or if:* 1) with subj. þeáh, 203,

526, 588, 590, 1168, 1661, 2032, 2162. Strengthened by þe: þeáh þe, 683, 1369, 1832, 1928, 1942, 2345, 2620; þeáh... eal (*although*), 681. — 2) with indic.: þeáh, 1103; þêh, 1614. — 3) doubtful: þeáh he ûðe wel, 2856; swâ þeáh (*nevertheless*), 2879; nô ... swâ þeáh (*not then however*), 973; nâs þe forht swâ þêh (*he was not, though, afraid*), 2968; hwäðre swâ þeáh (*yet however*), 2443.

þeáw, st. m., *custom, usage:* nom. sg., 178, 1247; acc. sg. þeáw, 359; instr. pl. þeáwum (*in accordance with custom*), 2145.

þeód, st. f.: 1) *war-troop, retainers:* nom. sg., 644, 1231, 1251. — 2) *nation, folk:* nom. sg., 1692; gen. pl. þeóda, 1706. — Comp.: sige-, wer-þeód.

þeód-cyning, st. m., (= folc-cyning), *warrior-king, king of the people:* nom. sg. (Hróðgâr), 2145; (Ongenþeów), 2964, 2971; þiódcyning (Beówulf), 2580; acc. sg. þeód-cyning (Beówulf), 3009; gen. sg. þeód-cyninges (Beówulf), 2695; gen. pl. þeód-cyninga, 2.

þeóden, st. m., *lord of a troop, war-chief, king; ruler:* nom. sg., 129, 365, 417, 1047, 1210, 1676, etc.; þióden, 2337, 2811; acc. sg. þeóden, 34, 201, 353, 1599, 2385, 2722, 2884, 3080; þióden, 2789; dat. sg. þeódne, 345, 1526, 1993, 2573, 2710, etc.; þeóden, 2033; gen. sg. þeódnes, 798, 911, 1086, 1628, 1838, 2175; þiódnes, 2657; nom. pl. þeódnas, 3071.

þeóden-leás, adj., *without chief or king:* nom. pl. þeóden-leáse, 1104.

þeód-gestreón, st. n., *people's-jewel, precious treasure:* instr. pl. þeód-ge-streónum, 44; gen. pl. þeód-ge-streóna, 1219.

þeódig, adj., *appertaining to a þeód:* in comp. el-þeódig.

þeód-sceaða, w. m., *foe of the people, general foe:* nom. sg. þeód-sceaða (*the dragon*), 2279, 2689.

þeód-þreá, st. f., *popular misery, general distress;* dat. pl. wið þeód-þreáum, 178.

þeóf, st. m., *thief:* gen. sg. þeófes cræfte, 2221.

þeón, st. v.: 1) *to grow, ripen, thrive:* pret. sg. weorðmyndum þâh (*grew in glory*), 8. — 2) *to thrive in, succeed:* pret. sg. hûru þät on lande lyt manna þâh (*that throve to few*), 2837.

ge-þeón, *to grow, thrive; increase in power and influence:* imper. ge-þeóh tela, 1219; inf. lof-dædum sceal ... man geþeón, 25; þät þät þeódnes bearn ge-þeón scolde, 911.

on-þeón, *to begin, undertake,* w. gen.: pret. he þäs ær onþâh, 901 (O.H.G. inthîhan, w. gen., Otfrid I, I, 31).

þeón (for þeówan), w. v., *to oppress, restrain:* inf. näs se folc-cyning ymb-sittendra ænig þâra þe mec ... dorste egesan þeón (*that durst oppress me with terror*), 2737.

þeóstor, adj., *dark, gloomy:* instr. pl. þeóstrum ge-þoncum, 2333.

þicgan, st. v. w. acc., *to seize, attain, eat, appropriate:* inf. þät he (Grendel) mâ môste manna cynnes þicgean ofer þâ niht, 737; symbel þicgan (*take the meal, enjoy the feast*), 1011; pret. pl. þät hie me þêgon, 563; þær we medu þêgun, 2634.

ge-þicgan, w. acc., *to grasp, take:* pret. sg. (symbel and sele-ful, ful) ge-þeah, 619, 629; Beówulf ge-

GLOSSARY. 289

þah ful on flette, 1025; pret. pl. (medo-ful manig) ge-þægon, 1015.
þider, þyder, adv., *thither:* þyder, 3087, 379, 2971.
þihtig, þyhtig, adj., *doughty, vigorous, firm:* acc. sg. neut. sweord ... ecgum þyhtig, 1559. — Comp. hyge-þihtig.
þincan. See **þyncan.**
þing, st. n.: 1) *thing:* gen. pl. ænige þinga (*ullo modo*), 792, 2375, 2906. — 2) *affair, contest, controversy:* nom. sg. me wearð Grendles þing ... undyrne cûð (*Grendel's doings became known to me*), 409. — 3) *judgment, issue, judicial assembly*(?): acc. sg. sceal ... âna gehegan þing wið þyrse (*shall bring the matter alone to an issue against the giant:* see **hegan**), 426.
ge-þing, st. n.: 1) *terms, covenant:* acc. pl. ge-þingo, 1086. — 2) *fate, providence, issue:* gen. sg. ge-þinges, 398, 710; (ge-þingea, MS.), 525.
ge-þingan, st. v., *to grow, mature, thrive* (Dietrich, Haupt IX., 430): pret. part. cwên môde ge-þungen (*mature - minded, high - spirited, queen*), 625. See **wel-þungen.**
ge-þingan (see **ge-þing**), w. v.: 1) *to conclude a treaty:* w. refl. dat., *enter into a treaty:* pres. sg. III. gif him þonne Hrêðric tô hofum Geáta ge-þingeð (*if H. enters into a treaty* (seeks aid at?) *with the court of the Gedtas*, referring to the old German custom of princes entering the service or suite of a foreign king), 1838. Leo. — 2) *to prepare, appoint:* pret. part. wiste [ät] þäm ahlæcan ... hilde ge-þinged, 648; hraðe wäs ... mêce ge-þinged, 1939.
þingian, w. v.: 1) *to speak in an assembly, make an address:* inf. ne hŷrde ic snotor-lícor on swâ geongum feore guman þingian (*I never heard a man so young speak so wisely*), 1844. — 2) *to compound, settle, lay aside:* inf. ne wolde feorh-bealo ... feó þingian (*would not compound the life-bale for money*), 156; so, pret. sg. þâ fæhðe feó þingode, 470.
þîhan. See **þeón.**
þîn, possess. pron., *thy, thine,* 267, 346, 353, 367, 459, etc.
ge-þôht, st. m., *thought, plan:* acc. sg. ân-fealdne ge-þôht, 256; fäst-rædne ge-þôht, 611.
þolian, w. v. w. acc.: 1) *to endure, bear:* inf. (inwid-sorge) þolian, 833; pres. sg. III. þreá-nŷd þolað, 284; pret. sg. þolode þrýðswyð, 131. — 2) *to hold out, stand, survive:* pres. sg. (intrans.) þenden þis sweord þolað (*as long as this sword holds out*), 2500; pret. sg. (seó ecg) þolode ær fela hand-ge-môta, 1526.
ge-þolian: 1) *to suffer, bear, endure:* gerund. tô ge-þolianne, 1420; pret. sg. earfoð-líce þrage ge-þolode ..., þät he ... dreám gehŷrde (*bore ill that he heard the sound of joy*), 87; torn ge-þolode (*bore the misery*), 147. — 2) *to have patience, wait:* inf. þær he longe sceal on þäs waldendes wære ge-þolian, 3110.
þon (Goth. þan) = *tum, then, now,* 504; äfter þon (*after that*), 725; ær þon däg cwôme (*ere day came*), 732; nô þon lange (*it was not long till then*), 2424; näs þâ long tô þon (*it was not long till then*), 2592, 2846; wäs him se man tô þon leóf þät ... (*the man was to that degree dear to him that ...*), 1877.

þonne: 1) adv., *there, then, now,* 377, 435, 525, 1105, 1456, 1485, 1672, 1823, 3052, 3098(?). — 2) conj., *if, when, while:* a) w. indic., 573, 881, 935, 1034, 1041, 1043, 1144, 1286, 1327, 1328, 1375, etc.; þät ic gum-cystum gôdne funde beága bryttan, breác þonne môste (*that I found a good ring-giver and enjoyed him whilst I could*), 1488. b) w. subj., 23, 1180, 3065; þonne ... þonne (*then ... when*), 484-85, 2447-48; gif þonne ... þonne (*if then ... then*), 1105-1107. c) *than* after comparatives, 44, 248, 469, 505, 534, 679, 1140, 1183, etc.; a comparative must be supplied, l. 70, before þone : þät he ... hâtan wolde medo-ärn micel men ge-wyrcean þone yldo bearn æfre ge-frunon (*a great meadhouse* (greater) *than men had ever known*).

þracu, st. f., *strength, boldness:* in comp. môd-þracu; = impetus in ecg-þracu.

þrāg, st. f., *period of time, time:* nom. sg. þá hine sió þrag be-cwom (*when the* [battle]-*hour befell him*), 2884; acc. sg. þrage (*for a time*), 87; longe (lange) þrage, 54, 114. — Comp. earfoð-þrag.

ge-þrãc, st. n., *multitude, crowd:* in comp. searo-ge-þrãc.

þrec-wudu, st. m., (*might-wood*), *spear* (cf. mägen-wudu): acc. sg., 1247.

þreá, st. f., *misery, distress:* in comp. þeód-þreá, þreá-nêdla, -nýd.

þreá-nêdla, w. m., *crushing distress, misery:* dat. sg. for þreá-nêdlan, 2225.

þreá-nýd, st. f., *oppression, distress:* acc. sg. þreá-nýd, 284; dat. pl. þreá-nýdum, 833.

þreát, st. m., *troop, band:* dat. sg. on þam þreáte, 2407; dat. pl. sceaðena þreátum, 4.— Comp. Iren-þreát.

þreátian, w. v. w. acc., *to press, oppress:* pret. pl. mec ... þreátedon, 560.

þreot-teoða, num. adj. w. m., *thirteenth:* nom. sg. þreot-teoða secg, 2407.

þreó, num. (neut.), *three:* acc. þrió wicg, 2175; þreó hund wintra, 2279.

þridda, num. adj. w. m., *third:* instr. þriddan stðe, 2689.

ge-þring, st. n., *eddy, whirlpool, crush:* acc. on holm a ge-þring, 2133.

þringan, st. v., *to press:* pret. sg. wergendra tô lyt þrong ymbe þeóden (*too few defenders pressed round the prince*), 2884; pret. pl. syððan Hreðlingas tô hagan þrungon (*after the Hrethlingas had pressed into the hedge*), 2961.

for-þringan, *to press out; rescue, protect:* inf. þät he ne mehte ... þá weá-lâfe wîge for-þringan þeódnes þegne (*that he could not rescue the wretched remnant from the king's thane by war*), 1085.

ge-þringan, *to press:* pret. sg. ceól up geþrang (*the ship shot up,* i.e. on the shore in landing), 1913.

þritig, num., *thirty* (neut. subst.): acc. sg. w. partitive gen. : þritig þegna, 123; gen. þrittiges (XXXtiges, MS.) manna, 379.

þrist-hydig, adj., *bold-minded, valorous:* nom. sg. þióden þrist-hydig (Beówulf), 2811.

þrowian, w. v. w. acc., *to suffer, endure:* inf. (hât, gnorn) þrowian, 2606, 2659; pret. sg. þrowade, 1590, 1722; þrowode, 2595.

þrýðu, st. f., *abundance, multitude,*

GLOSSARY. 291

excellence, power : instr. pl. þrýðum (*excellently, extremely; excellent in strength?*), 494.

þrýð-ärn, st. n., *excellent house, royal hall:* acc. sg. (of Heorot), 658.

þrýðlíc, adj., *excellent, chosen:* nom. sg. þrýð-líc þegna heáp, 400, 1628; superl. acc. pl. þrýð-lícost, 2870.

þrýð-swýð, st. n.?, *great pain*(?): acc., 131, 737 [? adj., *very powerful, exceeding strong*].

þrýð-word, st. n., *bold speech, choice discourse:* nom. sg., 644. (Great store was set by good table-talk: cf. Lachmann's Nibelunge, 1612; Rígsmál, 29, 7, in Möbius, p. 79 b, 22.)

þrym, st. m.: 1) *power, might, force:* nom. sg. ýða þrym, 1919; instr. pl. = adv. þrymmum (*powerfully*), 235. — 2) *glory, renown:* acc. sg. þrym, 2. — Comp. hyge-þrym.

þrym-líc, adj., *powerful, mighty:* nom. sg. þrec-wudu þrym-líc (*the mighty spear*), 1247.

þu, pron., *thou,* 366, 407, 445, etc.; acc. sg. þec (poetic), 948, 2152, etc.; þe, 417, 426, 517, etc.; after compar. sælran þe (*a better one than thee*), 1851. See ge, eów.

þunca, w. m. See äf-þunca.

ge-þungen. See þingan.

þurfan, pret.-pres. v., *to need:* pres. sg. II. nô þu ne þearft ... sorgian (*needest not care*), 450; so, 445, 1675; III. ne þearf ... onsittan (*need not fear*), 596; so, 2007, 2742; pres. subj. þät he ... sêcean þurfe, 2496; pret. sg. þorfte, 157, 1027, 1072, 2875, 2996; pl. nealles Hetware hrêmge þorfton (i.e. wesan) fêðe-wîges (*needed not boast of their foot-fight*), 2365.

ge-þuren. See þweran.

þurh, prep. w. acc. signifying motion through, hence: I. local, *through, throughout:* wôd þâ þurh þone wäl-rêc (*went then through the battle-reek*), 2662. — II. causal: 1) *on account of, for the sake of, owing to:* þurh slíðne nîð (*through fierce hostility, heathenism*), 184; þurh holdne hige (*from friendliness*), 267; so, þurh rûmne sefan, 278; þurh sîdne sefan, 1727; eó-weð þurh egsan uncûðne nîð (*shows unheard-of hostility by the terror he causes*), 276; so, 1102, 1336, 2046. 2) *by means of, through:* heaðo-ræs for-nam mihtig mere-deór þurh mîne hand, 558; þurh ânes cräft, 700; so, 941, 1694, 1696, 1980, 2406, 3069.

þus, adv., *so, thus,* 238, 337, 430.

þunian, w. v., *to din, sound forth:* pret. sg. sund-wudu þunede, 1907.

þûsend, num., *thousand:* 1) fem. acc. ic þe þûsenda þegna bringe tô helpe, 1830. — 2) neut. with measure of value (sceat) omitted: acc. seófon þûsendo, 2196; gen. hund-þûsenda landes and locenra beága (100,000 *sceattas' worth of land and rings*), 2995. — 3) uninflected: acc. þûsend wintra, 3051.

þwære, adj., *affable, mild:* in comp. man-þwære.

ge-þwære, adj., *gentle, mild:* nom. pl. ge-þwære, 1231.

ge-þwæran, st. v., *to forge, strike:* pret. part. heoru ... hamere ge-þuren (for ge-þworen) (*hammer-forged sword*), 1286.

þyhtig. See þihtig.

ge-þyld (see þolian), st. f.: 1) *patience, endurance:* acc. sg. ge-þyld, 1396. — 2) *steadfastness:* instr. pl. = adv.: ge-þyldum (*steadfastly, patiently*), 1706.

þyle, st. m., *spokesman, leader of the conversation at court:* nom. sg., 1166, 1457.

þyncan, þincean, w. v. w. dat. of pers., *to seem, appear:* pres. sg. III. þinceð him tô lytel (*it seems to him too little*), 1749; ne þynceð me gerysne, þât we (*it seemeth to me not fit that we* ...), 2654; pres. pl. hy ... wyrðe þinceað eorla ge-æhtlan (*they seem worthy contenders with(?) earls;* or, *worthy warriors*), 368; pres. subj. swâ him ge-met þince, 688; inf. þincean, 1342; pret. sg. þûhte, 2462, 3058; nô his líf-gedâl sâr-líc þûhte secga ænigum (*his death seemed painful to none of men*), 843; pret. pl. þær him fold-wegas fægere þûhton, 867.

of-þincan, *to displease, offend:* inf. mâg þâs þonne of-þyncan þeódden (dat.) Heaðo-beardna and þegna gehwam þâra leóda, 2033.

þyrs, st. m., *giant:* dat. sg. wið þyrse (Grendel), 426.

þys-líc, adj., *such, of such a nature:* nom. sg. fem. þys-lícu þearf, 2638.

þý. See þât.

þýwan (M.H.G. diuhen, O.H.G. dûhan), w. v., *to crush, oppress:* inf. gif þec ymb-sittend egesan þýwað (*if thy neighbors oppress thee with dread*), 1828.

þýstru, st. f., *darkness:* dat. pl. in þýstrum, 87.

ge-þýwe, adj., *customary, usual:* nom. sg. swâ him ge-þýwe ne wâs (*as was not his custom*), 2333.

U

ufan, adv., *from above*, 1501; *above*, 330.

ufera (prop. *higher*), adj., *later:* dat. pl. uferan dôgrum, 2201.

ufor, adv., *higher*, 2952.

uhte, w. f., *twilight* or *dawn:* dat. or acc. on uhtan, 126.

uht-floga, w. m., *twilight-flier, dawn-flier* (epithet of the dragon) : gen. sg. uht-flogan, 2761.

uht-hlem, st. m., *twilight-cry, dawn-cry:* acc. sg., 2008.

uht-sceaða, w. m., *twilight-* or *dawn-foe:* nom. sg., 2272.

umbor, st. n., *child, infant:* nom. sg., 46, 1188.

un-blíðe, adv.(?), *unblithely, sorrowfully*, 130, 2269; (adj., nom. pl.?), 3032.

un-byrnende, pres. part., *unburning, without burning*, 2549.

unc, dat. and acc. of the dual wit, *us two, to us two*, 1784, 2138, 2527; gen. hwæðer ... uncer twega (*which of us two*), 2533; uncer Grendles (*of us two, G. and me*), 2003.

uncer, poss. pron., *of us two:* nom. sg. [uncer], 2002(?); dat. pl. uncran eaferan, 1186.

un-cûð, adj.: 1) *unknown:* nom. sg. stíg ... eldum uncûð, 2215; acc. sg. neut. uncûð ge-lâd (*unknown ways*), 1411. — 2) *unheard-of, barbarous, evil:* acc. sg. un-cûðne níð, 276; gen. sg. un-cûðes (*of the foe*, Grendel), 961.

under, I. prep. w. dat. and acc.: 1) w. dat., answering question where? = *under* (of rest), contrasted with *over:* þât (wâs) under beorge, 211; þâ cwom Wealhþeó forð gân under gyldnum beáge (*W. walked forth under a golden circlet,* i.e. decked with), 1164; siððan he under segne sinc ealgode (*under his banner*), 1205; he under rande ge-cranc (*sank under his shield*),

1210; under wolcnum, 8, 1632; under heofenum, 52, 505; under roderum, 310; under helme, 342, 404; under here-grîman, 396, 2050, 2606; so, 711, 1198, 1303, 1929, 2204, 2416, 3061, 3104.— 2) w. acc.: a) answering question whither? = *under* (of motion): þâ secg wîsode under Heorotes hrôf, 403; siððan æfen-leóht under heofenes hâdor be-holen weorðeð, 414; under sceadu bregdan, 708; león under fen-hleoðu, 821; hond âlegde... under geápne hrôf, 837; teón in under eoderas, 1038; so, 1361, 1746, 2129, 2541, 2554, 2676, 2745; so, häfde þâ for-stôod sunu Ecg-þeówes under gynne grund, 1552 (for-stôdan requires acc.). b) after verbs of venturing and fighting, with acc. of object had in view: he under hârne stân ... âna ge-nêðde frêcne dæde, 888; ne dorste under ýða ge-win aldre ge-neðan, 1470. c) indicating extent, with acc. after expressions of limit, etc.: under swegles begong (*as far as the sky extends*), 861, 1774; under heofenes hwealf (*as far as heaven's vault reaches*), 2016.
 II. Adv., *beneath, below:* stîg under lâg (*a path lay beneath,* i.e. the rock), 2214.

undern-mæl, st. n., *midday:* acc. sg., 1429.

un-dyrne, un-derne, adj., *without concealment, plain, clear:* nom. sg., 127, 2001; un-derne, 2912.

un-dyrne, adv., *plainly, evidently;* un-dyrne cûð, 150, 410.

un-fäger, adj., *unlovely, hideous:* nom. sg. leóht un-fâger, 728.

un-fæcne, adj., *without malice, sincere:* nom. sg., 2069.

un-fæge, adj., *not death-doomed* or *"fey":* nom. sg., 2292; acc. sg. un-fægne eorl, 573.

un-flitme, adv., *solemnly, incontestably:* Finn Hengeste elne unflitme âðum benemde (*F. swore solemnly to H. with oaths*) [if an adj., elne un-f. = *unconquerable in valor*], 1098.

un-forht, adj., *fearless, bold:* nom. sg., 287; acc. pl. unforhte (adv.?), 444.

un-from, adj., *unfit, unwarlike:* nom. sg., 2189.

un-frôd, adj., *not aged, young:* dat. sg. guman un-frôdum, 2822.

un-gedêfelîce, adv., *unjustly, contrary to right and custom,* 2436.

un-gemete, adv., *immeasurably, exceedingly,* 2421, 2722, 2729.

un-gemetes, adv. gen. sg., the same, 1793.

un-geâra, adv., (*not old*), *recently, lately,* 933; *soon,* 603.

un-gifeðe, adj., *not to be granted; refused:* nom. sg., 2922.

un-gleáw, adj., *regardless, reckless:* acc. sg. sweord ... ecgum un-gleáw (of a sharp-edged sword), 2565.

un-hâr, adj., *very gray:* nom. sg., 357.

un-hælo, st. f., *mischief, destruction:* gen. sg. wiht un-hælo (*the demon of destruction,* Grendel), 120.

un-heóre, un-hýre, adj., *monstrous, horrible:* nom. sg. m., weard un-hióre (the dragon), 2414; neut. wîf un-hýre (Grendel's mother), 2121; nom. pl. neut. hand-speru ... unheóru (of Grendel's claws), 988.

un-hlytme, un-hlitme, adv. (cf. A.S. hlytm = *lot;* O.N. hluti = *part, division*), *undivided, unseparated,* *united*, 1130 [unless = un-flitme, 1098].

un-leóf, adj., *hated:* acc. pl. seah on un-leófe, 2864.

un-lifigende, pres. part., *unliving, lifeless:* nom. sg. un-lifigende, 468; acc. sg. un-lyfigendne, 1309; dat. sg. un-lifgendum, 1390; gen. sg. un-lyfigendes, 745.

un-lytel, adj., *not little, very large:* nom. sg. duguð un-lytel (*a great band of warriors? or great joy?*), 498; dôm un-lytel (*no little glory*), 886; acc. sg. torn un-lytel (*very great shame, misery*), 834.

un-murnlíce, adv., *unpityingly, without sorrowing,* 449, 1757.

unnan, pret.-pres. v., *to grant, give; wish, will:* pret.-pres. sg. I. ic þe an tela sinc-gestreóna, 1226; weak pret. sg. I. ûðe ic swíðor þæt þu hine selfne ge-seón môste, 961; III. he ne ûðe þæt ... (*he granted not that ...*), 503; him god ûðe þæt ... he hyne sylfne ge-wrác (*God granted to him that he avenged himself*), 2875; þeáh he ûðe wel (*though he well would*), 2856.

ge-unnan, *to grant, permit:* inf. gif he ûs ge-unnan wile þæt we hine ... grêtan môton, 346; me ge-ûðe ylda waldend, þæt ic ... ge-seah hangian (*the Ruler of men permitted me to see hanging ...*), 1662.

un-nyt, adj., *useless:* nom. sg., 413, 3170.

un-riht, st. n., *unright, injustice, wrong:* acc. sg. unriht, 1255, 2740; instr. sg. un-rihte (*unjustly, wrongly*), 3060.

un-rîm, st. n., *immense number:* nom. sg., 1239, 3136; acc. sg., 2625.

un-rîme, adj., *countless, measureless:* nom. sg. gold un-rîme, 3013.

un-rôt, adj., *sorrowing:* nom. pl. un-rôte, 3149.

un-snyttru, f., *lack of wisdom:* dat. pl. for his un-snyttrum (*for his unwisdom*), 1735.

un-softe, adv., *unsoftly, with violence (hardly?)*, 2141; *scarcely,* 1656.

un-swýðe, adv., *not strongly or powerfully:* compar. (ecg) bât unswíðor þonne his þióð-cyning þearfe hæfde (*the sword bit less sharply than the prince of the people needed*), 2579; fýr unswíðor weóll, 2882.

un-synnig, adj., *guiltless, sinless:* acc. sg. un-synnigne, 2090.

un-synnum, adv. instr. pl., *guiltlessly,* 1073.

un-tæle, adj., *blameless:* acc. pl. un-tæle, 1866.

un-tyder, st. m., *evil race, monster:* nom. pl. un-tydras, 111. [Cf. Ger. un-mensch.]

un-wáclíc, adj., *that cannot be shaken; firm, strong:* acc. sg. âd ... un-wáclícne, 3139.

un-wearnum, adv. instr. pl., *unawares, suddenly; (unresistingly?)*, 742.

un-wrecen, pret. part., *unavenged,* 2444.

up, adv., *up, upward,* 224, 519, 1374, 1620, 1913, 1921, 2894; (of the voice), þâ wæs ... wôp up âhafen, 128; so, 783.

up-lang, adj., *upright, erect:* nom. sg., 760.

uppe (adj., ûfe, ûffe), adv., *above,* 566.

up-riht, adj., *upright, erect:* nom. sg., 2093.

uton. See **wuton.**

Û

ûð-genge, adj., *transitory, evanescent, ready to depart,* (*fled?*) : þær wäs Äsc-here ... feorh ûð-genge, 2124.

ûs, pers. pron. dat. and acc. of **we** ('see **we**), *us, to us,* 1822, 2636, 2643, 2921, 3002, 3079; acc. (poetic), ûsic, 2639, 2641, 2642; —gen. ûre: ûre æg-hwilc (*each of us*), 1387; ûser, 2075.

ûser, possess. pron.: nom. sg. ûre man-drihten, 2648; dat. sg. ûssum hlâforde, 2635; gen. sg. neut. ûsses cynnes, 2814; dat. pl. ûrum ... bâm (*to us both, two*) (for unc bâm), 2660.

ût, adv., *out,* 215, 537, 664, 1293, 1584, 2082, 2558, 3131.

ûtan, adv., *from without, without,* 775, 1032, 1504, 2335.

ût-fûs, adj., *ready to go:* nom. sg. hringed-stefna îsig and ût-fûs, 33.

ût-weard, adj., *outward, outside, free:* nom. sg. eoten (Grendel) wäs ût-weard, 762.

ûtan-weard, adj., *without, outward, from without:* acc. sg. hlæw ... ealne ûtan-weardne, 2298.

W

wacan, st. v., *to awake, arise, originate:* pret. sg. þanon (from Cain) wôc fela geó-sceaft-gâsta, 1266; so, 1961; pl. þäm feówer bearn ... in worold wôcon, 60.

on-wacan: 1) *to awake* (intrans.): pret. sg. þâ se wyrm on-wôc (*when the drake awoke*), 2288. — 2) *to be born:* pret. sg. him on-wôc heáh Healfdene, 56; pl. on-wôcon, 111.

wacian, w. v., *to watch:* imper. sg. waca wið wrâðum! 661.

wadan, st. v., (cf. wade, waddle), *to traverse; stride, go:* pret. sg. wôd þurh þone wäl-rêc, 2662; wôd under wolcnum (*stalked beneath the clouds*), 715.

ge-wadan, *to attain by moving, come to, reach:* pret. part. ðð þät ... wunden-stefna ge-waden häfde, þät þâ lîðende land ge-sâwon (*till the ship had gone so far that the sailors saw land*), 220.

on-wadan, w. acc., *to invade, befall:* pret. sg. hine fyren on-wôd(?), 916.

þurh-wadan, *to penetrate, pierce:* pret. sg. þät swurd þurh-wôd wrätlîcne wyrm, 891; so, 1568.

wag, st. m., *wall:* dat. sg. on wage, 1663; dat. pl. äfter wagum (*along the walls*), 996.

wala, w. m., *boss:* nom. pl. walan, 1032 (cf. Bouterwek in Haupt XI., 85 seqq.).

walda, w. m., *wielder, ruler:* in comp. an-, eal-walda.

wald-swaðu, st. f., *forest-path:* dat. pl. äfter wald-swaðum (*along the wood-paths*), 1404.

wam, wom, st. m., *spot, blot, sin:* acc. sg. him be-beorgan ne con wom (*cannot protect himself from evil* or *from the evil strange orders, etc.*; wom = wogum? = *crooked?*), 1748; instr. pl. wommum, 3074.

wan, won, adj., *wan, luria dark:* nom. sg, ýð-geblond ... won (*the dark waves*), 1375; se wonna hrefn (*the black raven*), 3025; wonna lêg (*lurid flame*), 3116; dat. sg. f. on wanre niht, 703; nom. pl. neut. scadu-helma ge-sceapu ... wan, 652.

wang, st. m., *mead, field; place:* acc. sg. wang, 93, 225; wong, 1414, 2410, 3074; dat. sg. wange, 2004;

wonge, 2243, 3040; acc. pl. wongas, 2463. — Comp.: freoðo-, grund-, medo-, sæ-wang.

wang-stede, st. m., (locus campestris), *spot, place :* dat. sg. wongstede, 2787.

wan-hýd (for hygd), st. f., *heedlessness, recklessness :* dat. pl. for his won-hýdum, 434.

wanian, w. v.: 1) intrans., *to decrease, wane :* inf. þá þát sweord ongan ... wanian, 1608. — 2) w. acc., *to cause to wane or lessen :* pret. sg. he tó lange leóde míne wanode, 1338.

ge-wanian, *to decrease, diminish :* pret. part. is mín flet-werod ... ge-wanod, 477.

wan-sælig, adj., *unhappy, wretched :* nom. sg. won-sælig wer (Grendel), 105.

wan-sceaft, st. f., *misery, want :* acc. sg. won-sceaft, 120.

warian, w. v. w. acc., *to occupy, guard, possess :* pres. sg. III. þær he hæðen gold waraþ (*where he guards heathen gold*), 2278; pl. III. hie (Grendel and his mother) dýgel land warigeaþ, 1359; pret. sg. (Grendel) goldsele warode, 1254; (Cain) wésten warode, 1266.

waroð, st. m., *shore :* dat. sg. tó waroðe, 234; acc. pl. wíde waroðas, 1966.

waru, st. f., *inhabitants,* (collective) *population :* in comp. landwaru.

wá, interj., *woe !* wá bið þám þe ... (*woe to him that ...*), 183.

wáðu, st. f., *way, journey :* in comp. gamen-wáðu.

wánian, w. v., *to weep, whine, howl,* w. acc.: inf. gehýrdon ... sár wánigean helle háftan (*they heard the hell-fastened one lamenting his pain*), 788; pret. sg. [wánode], 3152(?).

wát. See witan.

wæccan, w. v., *to watch :* pret. part. wæccende, 709, 2842; acc. sg. m. wæccendne wer, 1269. See wacian.

wæcnan, w. v., *to be awake, come forth :* inf., 85.

wæd, st. n., (the moving) *sea, ocean :* acc. wado weallende, 546; wadu weallendu, 581; gen. pl. wada, 508.

wæfre, adj., *wavering* (like flame), *ghostlike, without distinct bodily form :* nom. sg. wǽl-gǽst wæfre (of Grendel's mother), 1332; — *flickering, expiring :* nom. sg. wæfre mód, 1151; him wæs geómor sefa, wæfre and wǽl-fús, 2421.

be-wǽgnan, w. v., *to offer :* pret. part. him wæs ... freónd-laðu wordum be-wægned, 1194.

wǽl, st. n., *battle, slaughter, the slain in battle :* acc. sg. wǽl, 1213, 3028; blódig wǽl, 448; oððe on wǽl crunge (*or in battle, among the slain, fall*), 636; dat. sg. sume on wǽle crungon (*some fell in the slaughter*), 1114; dat. sg. in Fr ... es wǽle (proper name in MS. destroyed), 1071; nom. pl. walu, 1043.

wǽl-bed, st. n., *slaughter-bed, death-bed :* dat. sg. on wǽl-bedde, 965.

wǽl-bend, st. f., *death-bond :* acc. sg. or pl. wǽl-bende ... hand-gewriðene, 1937.

wǽl-bleát, adj., *deadly, deadly-pale*(?): acc. sg. wunde wǽl-bleáte, 2726.

wǽl-deáð, st. m., *death in battle :* nom. sg., 696.

wǽl-dreór, st. m., *battle-gore :* instr. sg. wǽl-dreóre, 1632.

GLOSSARY. 297

wäl-fāh, adj., *slaughter - stained, blood-stained:* acc. sg. wäl-fāgne winter, 1129.

wäl-fæhð, st. f., *deadly feud:* gen. pl. wäl-fæhða, 2029.

wäl-feall, st. m., (*fall of the slain*), *death, destruction:* dat. sg. tō wäl-fealle, 1712.

wäl-fūs, adj., *ready for death, foreboding death:* nom. sg., 2421.

wäl-fyllo, st. f., *fill of slaughter:* dat. sg. mid þære wäl-fulle (i.e. the thirty men nightly slaughtered at Heorot by Grendel), 125; wäl-fylla? 3155.

wäl-fȳr, st. n.: 1) *deadly fire:* instr. sg. wäl-fȳre (of the fire-spewing dragon), 2583. — 2) *corpse-consuming fire, funeral pyre:* gen. pl. wäl-fȳra mæst, 1120.

wäl-gæst, st. m., *deadly sprite* (of Grendel and his mother): nom. sg. wäl-gæst, 1332; acc. sg. þone wäl-gæst, 1996.

wäl-hlem, st. m., *death-stroke:* acc. sg. wäl-hlem þone, 1996.

wälm, st. m., *flood, whelming water:* nom. sg. þære burnan wälm, 2547; gen. sg. þäs wälmes (*of the surf*), 2136. — Comp. cear-wälm.

wäl-nīð, st. m., *deadly hostility:* nom. sg., 3001; dat. sg. äfter wäl-nīðe, 85; nom. pl. wäl-nīðas, 2066.

wäl-rāp, st. m., *flood-fetter*, i.e. *ice:* acc. pl. wäl-rāpas, 1611; (cf. wäll, wel, wyll = *well, flood:* leax sceal on wäle mid sceóte scrīðan, Gnom. Cott. 39).

wäl-ræs, st. m., *deadly onslaught:* nom. sg., 2948; dat. sg. wäl-ræse, 825, 2532.

wäl-rest, st. f., *death-bed:* acc. sg. wäl-reste, 2903.

wäl-rēc, st. m., *deadly reek* or *smoke:* acc. sg. wôd þā þurh þone wäl-rêc, 2662.

wäl-reāf, st. n., *booty of the slain, battle-plunder:* acc. sg., 1206.

wäl-reów, adj., *bold in battle:* nom. sg., 630.

wäl-sceaft, st. m., *deadly shaft, spear:* acc. pl. wäl-sceaftas, 398.

wäl-seax, st. n., *deadly knife, war-knife:* instr. sg. wäll-seaxe, 2704.

wäl-stenge, st. m., *battle-spear:* dat. sg. on þäm wäl-stenge, 1639.

wäl-stōw, st. f., *battle-field:* dat. sg. wäl-stōwe, 2052, 2985.

wästm, st. m., *growth, form, figure:* dat. sg. on weres wästmum (*in man's form*), 1353.

wäter, st. n., *water:* nom. sg., 93, 1417, 1515, 1632; acc. sg. wäter, 1365, 1620; deóp wäter (*the deep*), 509, 1905; ofer wīd wäter (*over the high sea*), 2474; dat. sg. äfter wätere (*along the Grendel-sea*), 1426; under wätere (*at the bottom of the sea*), 1657; instr. wätere, 2723; wätre, 2855; gen. sg. ofer wäteres hrycg (*over the surface of the sea*), 471; on wäteres æht, 516; þurh wäteres wylm (*through the sea-wave*), 1694; gen. = instr. wäteres weorpan (*to sprinkle with water*), 2792.

wäter-egesa, st. m., *water-terror*, i.e. *the fearful sea:* acc. sg., 1261.

wäter-ȳð, st. f., *water-wave, billow:* dat. pl. wäter-ȳðum, 2243.

wæd, st. f., (*weeds*), *garment:* in comp. here-, hilde-wæd.

ge-wæde, st. n., *clothing*, especially *battle-equipments:* acc. pl. ge-wædu, 292. — Comp. eorl-gewæde.

wæg, st. m., *wave:* acc. sg. wæg, 3133.

wæg-bora, w. m., *wave-bearer, swimmer* (bearing or propelling the waves before him): nom. sg. wundorlíc wæg-bora (of a sea-monster), 1441.

wæg-flota, w. m., *sea-sailer, ship:* acc. sg. wêg-flotan, 1908.

wæg-holm, st. m., *the wave-filled sea:* acc. sg. ofer wæg-holm, 217.

wæge, st. n., *cup, can:* acc. sg. fåted wæge, 2254, 2283.—Comp.: ealo-, líð-wæge.

wæg-líðend, pres. part., *sea-farer:* dat. pl. wæg-líðendum (et líðendum, MS.), 3160.

wæg-sweord, st. n., *heavy sword:* acc. sg., 1490.

wæn, st. m., *wain, wagon:* acc. sg. on wæn, 3135.

wæpen, st. n., *weapon; sword:* nom. sg., 1661; acc. sg. wæpen, 686, 1574, 2520, 2688; instr. wæpne, 1665, 2966; gen. wæpnes, 1468; acc. pl. wæpen, 292; dat. pl. wæpnum, 250, 331, 2039, 2396. —Comp.: hilde-, sige-wæpen.

wæpned-man, st. m., *warrior, man:* dat. sg. wæpned-men, 1285.

wær, st. f., *covenant, treaty:* acc. sg. wære, 1101; —*protection, care:* dat. sg. on freán (on þæs waldendes) wære (*into God's protection*), 27, 3110.—Comp.: frioðo-wær.

wæsma, w. m., *fierce strength, war-strength:* in comp. here-wæsma, 678.

we, pers. pron., *we,* 942, 959, 1327, 1653, 1819, 1820, etc.

web, st. n., *woven work, tapestry:* nom. pl. web, 996.

webbe, w. f., *webster, female weaver:* in comp. freoðu-webbe.

weccan, wecccan, w. v. w. acc., *to wake, rouse; recall:* inf. wíg-bealu weccan (*to stir up strife*), 2047; nalles hearpan swêg (sceal) wígend weccean (*the sound of the harp shall not wake up the warriors*), 3025; ongunnon þá ... bæl-fýra mæst wígend weccan (*the warriors then began to start the mightiest of funeral pyres*), 3145; pret. sg. wehte hine wätre (*roused him with water*, i.e. Wígláf recalled Beówulf to consciousness), 2855.

tô-weccan, *to stir up, rouse:* pret. pl. hû þá folc mid him (*with one another*), sæhðe tô-wehton, 2949.

wed, st. n., (cf. wed-ding), *pledge:* dat. sg. hyldo tô wedde (*as a pledge of his favor*), 2999.

weder, st. n., *weather:* nom. pl. wuldor-torhtan weder, 1137; gen. pl. wedera cealdost, 546.

ge-wef, st. n., *woof, weaving:* acc. pl. wíg-spêda ge-wiofu (*the woof of war-speed:* the battle-woof woven for weal or woe by the Walkyries; cf. Njals-saga, 158), 698.

weg, st. m., *way:* acc. sg. on weg (*away, off*), 264, 764, 845, 1431, 2097; gyf þu on weg cymest (*if thou comest off safe,* i.e. from the battle with Grendel's mother), 1383.—Comp.: feor-, fold-, forð-, wíd-weg.

wegan, st. v. w. acc., *to bear, wear, bring, possess:* subj. pres. nåh hwá sweord wege (*I have none that may bear the sword*), 2253; inf. nalles (sceal) eorl wegan máððum tô ge-myndum (*no earl shall wear a memorial jewel*), 3016; pret. ind. he þá frætwe wåg ... ofer ýða ful (*bore the jewels over the goblet of the waves*), 1208; wål-seaxe ... þåt he on byrnan wåg, 2705; heortan sorge wåg (*bore heart's sorrow*); so, 152, 1778, 1932, 2781.

át-wegan = *auferre, to carry off:* syððan Háma át-wåg tô þære byrhtan byrig Brosinga mene

GLOSSARY. 299

(*since H. bore from (to?) the bright city the Brosing-collar*), 1199.

ge-wegan (O.N. wega), *to fight:* inf. þe he wið þam wyrme ge-wegan sceolde, 2401.

wel, adv.: 1) *well:* wel bið þām þe ... (*well for him that* ...!), 186; se þe wel þenceð (*he that well thinketh, judgeth*), 289; so, 640, 1046, 1822, 1834, 1952, 2602; well, 2163, 2813.— 2) *very, very much:* Geát ungemetes wel ... restan lyste (*the Geat longed sorely to rest*), 1793.— 3) *indeed, to be sure*, 2571, 2856.

wela, w. m., *wealth, goods, possessions:* in comp. ær-, burg-, hord-, māððum-wela.

wel-hwylc, indef. pron., = quivis, *any you please, any* (each, all): gen. pl. wel-hwylcra wilna, 1345; w. partitive gen.: nom. sg. witena wel-hwylc, 266; — substantively: acc. neut. wel-hwylc, 875.

wellg, adj., *wealthy, rich:* acc. sg. wîc-stede weligne Wægmundinga, 2608.

wel-þungen, pres. part., *well-thriven*(in mind), *mature, high-minded:* nom. sg. Hygd (wās) swîðe geong, wîs, wel-þungen, 1928.

wenian, w. v., *to accustom, attract, honor:* subj. pret. þæt ... Folcwaldan sunu ... Hengestes heáp hringum wenede (*honored*), 1092.

be-(bi-)wenian, *to entertain, care for, attend:* pret. sg. mǣg þǣs þonne of-þyncan þeóden Heaðo-beardna ... þonne he mid fæmnan on flet gǣð, dryht-bearn Dena duguða bi-wenede (*may well displease the prince of the H.* ... *when he with the woman goes into the hall, that a noble scion of the Danes should entertain, bear wine to, the knights,* cf. 494 seqq.; or, *a noble scion of the Danes should attend on her?*), 2036; pret. part. nom. pl. wǣron her tela willum be-wenede, 1822.

wendan, w. v., *to turn:* pres. sg. III. him eal worold wendeð on willan (*all the world turns at his will*), 1740.

ge-wendan, w. acc.: 1) *to turn, turn round:* pret. sg. wicg ge-wende (*turned his horse*), 315.— 2) *to turn* (intrans.), *change:* inf. wā bið þām þe sceal ... frôfre ne wēnan, wihte ge-wendan (*woe to him that shall have no hope, shall not change at all*), 186.

on-wendan, *to avert, set aside:* 1) w. acc.: inf. ne mihte snotor hǣleð weán on-wendan, 191.— 2) intrans.: sibb ǣfre ne mǣg wiht on-wendan þām þe wel þenceð (*in, to, him that is well thinking friendship can not be set aside*), 2602.

wer, st. m., *man, hero:* nom. sg. (Grendel), 105; acc. sg. wer (Beówulf), 1269, 3174; gen. sg. on weres wāstmum (*in man's form*), 1353; nom. pl. weras, 216, 1223, 1234, 1441, 1651; dat. pl. werum, 1257; gen. pl. wera, 120, 994, 1732, 3001; (MS. weora), 2948.

wered, st. n., (as adj. = *sweet*), *a sort of beer* (probably without hops or such ingredients): acc. sg. scîr wered, 496.

were-feohte, f., *defensive fight, fight in self-defence:* dat. pl. for were-fyhtum (fere fyhtum, MS.), 457.

werhðo, st. f., *curse, outlawry, condemnation:* acc. sg. þu in helle scealt werhðo dreógan, 590.

werian, *to defend, protect:* w. acc., pres. sg. III. beaduscrûd ... þæt mîne breóst wereð, 453; inf. wit unc wið hron-fixas werian þôhton,

541; pres. part. w. gen. pl. wergendra tô lyt (*too few defenders*), 2883; pret. ind. wāl-reáf werede (*guarded the battle-spoil*), 1206; se hwîta helm hafelan werede (*the shining helm protected his head*), 1449; pl. hafelan weredon, 1328; pret. part. nom. pl. ge... hyrnum werede (*ye... corselet-clad*), 238, 2530.

be-werian, *to protect, defend:* pret. pl. þāt hie... leóda land-geweorc láðum be-weredon scuccum and scynnum (*that they the people's land-work from foes, from monsters and demons, might defend*), 939.

werig, adj., *accursed, outlawed:* gen. sg. wergan gâstes (Grendel), 133; (of the devil), 1748.

werod, weorod, st. n., *band of men, warrior-troop:* nom. sg. werod, 652; weorod, 290, 2015, 3031; acc. sg. werod, 319; dat. instr. sg. weorode, 1012, 2347; werede, 1216; gen. sg. werodes, 259; gen. pl. wereda, 2187; weoroda, 60.—Comp.: eorl-, flet-werod.

wer-þeód, st. f., *people, humanity:* dat. sg. ofer wer-þeóde, 900.

wesan, v., *to be:* pres. sg. I. ic eom, 335, 407; II. þu eart, 352, 506; III. is, 256, 272, 316, 343, 375, 473, etc.; nu is þînes māgenes blæd âne hwîle(*the prime [fame?] of thy powers lasteth now for a while*),1762; ys, 2911, 3000, 3085; pl. I. we synt, 260, 342; II. syndon, 237, 393; III. syndon, 257, 361, 1231; synt, 364; sint, 388; subj. pres. sîe, 435, 683, etc.; sý, 1832, etc.; sig, 1779, etc.; imper. sg. II. wes, 269 (cf. wassail, wes hæl), 407, 1171, 1220, 1225, etc.; inf. wesan, 272, 1329, 1860, 2709, etc. The inf. wesan must sometimes be supplied: nalles Hetware hrêmge þorfton (i.e. wesan) fêðe-wîges, 2364;, so, 2498, 2660, 618, 1858; pres. part. wesende, 46; dat. sg. wesendum, 1188; pret. sg. I., III. wäs, 11, 12, 18, 36, 49, 53, etc.; wäs on sunde (*was a-swimming*), 1619; so, 848, 850(?), 970, 981, 1293; progressive, wäs secgende (for sæde), 3029; II. wære, 1479, etc.; pl. wæron, 233, 536, 544, etc.; wæran (w. reflex. him), 2476; pret. subj. wære, 173, 203, 594, 946, etc.; progressive, myndgiend wære (for myndgie), 1106.—Contracted neg. forms: nis = ne + is, 249, 1373, etc.; näs = ne + wäs, 134, 1300, 1922, 2193, etc. (cf. uncontracted: ne wäs, 890, 1472); næron = ne + wæron, 2658; nære = ne + wære, 861, 1168. See cnlht-wesende.

wêg. See wæg.

wên, st. f., *expectation, hope:* nom. sg., 735, 1874, 2324; nu is leódum wên orlêg-hwîle (gen.) (*now the people have weening of a time of strife*), 2911; acc. sg. þäs ic wên hâbbe (*as I hope, expect*), 383; so, þäs þe ic [wên] hafo, 3001; wên ic talige, 1846; dat. pl. bega on wênum (*in expectation of both*, i.e. the death and the return of Beówulf), 2896. See Or-wena.

wênan, w. v., *to ween, expect, hope:* 1) absolutely: pres. sg. I. þäs ic wêne (*as I hope*), 272; swâ ic þe wêne tô (*as I hope thou wilt:* Beówulf hopes Hrôðgâr will now suffer no more pain), 1397.— 2) w. gen. or acc. pres. sg. I. þonne wêne ic tô þe wyrsan ge-þinges, 525; ic þær heaðu-fýres hâtes wêne, 2523; III. sācce ne wêneð tô Gâr-

Denum (*weeneth not of contest with the Gar-Danes*), 601; inf. (beorhtre bôte) wênan (*to expect, count on, a brilliant* [? *a lighter penalty*] *atonement*), 157; pret. pl. þás ne wêndon ær witan Scyldinga, þæt ... (*the wise men of the Scyldings weened not of this before, that* ...), 779; þæt hig þás äðelinges eft ne wêndon þæt he ... sêcean cwôme (*that they looked not for the atheling again that he ... would come to seek* ...), 1597.— 3) w. acc. and inf.: pret. sg. wênde, 934.— 4) w. depend. clause: pres. sg. I. wêne ic þæt ..., 1185; wên' ic þæt ..., 338, 442; pret. sg. wênde, 2330; pl. wêndon, 938, 1605.

wêpan, st. v., *to weep:* pret. sg. [weóp], 3152(?).

wêrig, adj., *weary, exhausted*, w. gen.: nom. sg. síðes wêrig (*weary from the journey, way-weary*), 579; dat. sg. síðes wêrgum, 1795; — w. instr.: acc. pl. wundum wêrge (*wound-weary*), 2938. — Comp.: deáð-, fyl-, gûð-wêrig.

ge-wêrigean, w. v., *to weary, exhaust:* pret. part. ge-wêrgad, 2853.

wêrig-môd, adj., *weary-minded* (*animo defessus*): nom. sg., 845, 1544.

wêste, adj., *waste, uninhabited:* acc. sg. win-sele wêstne, 2457.

wêsten, st. n., *waste, wilderness:* acc. sg. wêsten, 1266.

wêsten, st. f., *waste, wilderness:* dat. sg. on þære wêstenne, 2299.

weal, st. m.: 1) *wall, rampart:* dat. instr. sg. wealle, 786, 892, 3163; gen. sg. wealles, 2308. — 2) *elevated sea-shore:* dat. sg. of wealle, 229; acc. pl. windige weallas, 572, 1225.— 3) *wall of a building:* acc. sg. wið þás recedes weal, 326; dat. sg. be wealle, 1574; hence, the inner and outer rock-walls of the dragon's lair (cf. Heyne's essay: Halle Heorot, p. 59): dat. sg., 2308, 2527, 2717, 2760, 3061, 3104; gen. sg. wealles, 2324. — Comp.: bord-, eorð-, sæ-, scyld-weal.

ge-wealc, st. n., *rolling:* acc. sg. ofer ýða ge-wealc, 464.

ge-weald, st. n., *power, might:* acc. sg. on feónda ge-weald (*into the power of his foes*), 809, 904; so, 1685; geweald âgan, häbban, â-beódan (w. gen. of object = *to present*) = *to have power over*, 79, 655, 765, 951, 1088, 1611, 1728. See on-weald.

wealdan, st. v., *to wield, govern, rule over, prevail:* 1) absolutely or with depend. clause: inf. gif he wealdan môt (*if he may prevail*), 442; þær he ... wealdan môste swâ him Wyrd ne ge-scrâf (*if* [*where?*] *he was to prevail, as Weird had not destined for him*), 2575; pres. part. waldend (*God*), 1694; dat. wealdende, 2330; gen. waldendes, 2293, 2858, 3110.— 2) with instr. or dat.: inf. þâm wæpnum wealdan (*to wield, prevail with, the weapons*), 2039; Geátum wealdan (*to rule the Geátas*), 2391; beáh-hordum wealdan (*to rule over, control, the treasure of rings*), 2828; wäl-stôwe wealdan (*to hold the field of battle*), 2985; pret. sg. weóld, 465, 1058, 2380, 2596; þenden wordum weóld wine Scyldinga (*while the friend of the S. ruled the G.*), 30; pl. weóldon, 2052.— 3) with gen.: pres. sg. I. þenden ic wealde wîdan rîces, 1860; pres. part. wuldres wealdend (waldend), 17, 183, 1753;

ylda waldend, 1662; waldend fíra, 2742; sigora waldend, 2876 (designations of God); pret. sg. weóld, 703, 1771.

ge-wealdan, *to wield, have power over, arrange:* 1) w. acc.: pret. sg. hálig god ge-weóld wíg-sigor, 1555. — 2) w. dat.: pret. cyning ge-weóld his ge-witte (*the king possessed his senses*), 2704. — 3) w. gen.: inf. he ne mihte nð ... wǽpna ge-wealdan, 1510.

ge-wealden, pret. part., *subject, subjected:* acc. pl. gedêð him swâ gewealdene worolde dǽlas, 1733.

weallan, st. v.: 1) *to toss, be agitated* (of the sea): pres. part. nom. pl. wadu weallende (weallendu), 546, 581; nom. sg. brim weallende, 848; pret. ind. weól, 515, 850, 1132; weóll, 2139. — 2) figuratively (of emotions), *to be agitated:* pres. pl. III. syððan Ingelde weallað wäl-níðas (*deadly hate thus agitates Ingeld*), 2066; pres. part. weallende, 2465; pret. sg. hreðer inne weóll (*his heart was moved within him*), 2114; hreðer ǽðme weóll (*his breast [the dragon's] swelled from breathing, snorting*), 2594; breóst innan weóll þeóstrum ge-þoncum, 2332; so, weóll, 2600, 2715, 2883.

weall-clif, st. n., *sea-cliff:* acc. sg. ofer weall-clif, 3133.

weallian, w. v., *to wander, rove about:* pres. part. in comp. heoro-weallende, 2782.

weard, st. m., *warden, guardian; owner:* nom. sg. weard Scyldinga (*the Scyldings' warden of the march*), 229; weard, 286, 2240; se weard, sáwele hyrde, 1742; the *king* is called beáh-horda weard, 922; ríces weard, 1391; folces weard, 2514; the *dragon* is called weard, 3061; weard un-hióre, 2414; beorges weard, 2581; acc. sg. weard, 669; (dragon), 2842; beorges weard (dragon), 2525, 3067. — Comp.: bât-, êðel-, gold-, heáfod-, hord-, hýð-, land-, rên-, sele-, yrfe-weard.

weard, st. m., *possession* (Dietrich in Haupt XI., 415): in comp. eorð-weard, 2335.

weard, st. f., *watch, ward:* acc. sg. wearde healdan, 319; wearde heóld, 305. — Comp. ǽg-weard.

weard, adj., *-ward:* in comp. and-, innan-, ût-weard, 1288, etc.

weardian, w. v. w. acc.: 1) *to watch, guard, keep:* inf. he his folme forlêt tô líf-wraðe, lâst weardian (*Grendel left his hand behind as a life-support, to guard his track* [Kemble]), 972; pret. sg. him sió swíðre swaðe weardade hand on Hiorte (*his right hand kept guard for him in H.*, i.e. showed that he had been there), 2099; sg. for pl. hýrde ic þæt þám frätwum feówer mearas lungre gelíce lâst weardode (*I heard that four horses, quite alike, followed in the traces of the armor*), 2165. — 2) *to hold, possess, inhabit:* pret. sg. fífel-cynnes eard ... weardode (*dwelt in the abode of the sea-fiends*), 105; reced weardode un-rîm eorla (*an immense number of earls held the hall*), 1238; pl. þær we gesunde sǽl weardodon, 2076.

wearh, st. m., *the accursed one; wolf:* in comp. heoro-wearg, 1268.

wearn, st. f.: 1) *resistance, refusal*, 366. — 2) *warning?, resistance?*. See **un-wearnum**, 742.

weaxan, st. v., *to wax, grow:* pres. sg. III. ðð þæt him on innan ofer-hygda dæl weaxeð (*till within him pride waxeth*), 1742; inf. weaxan, 3116; pret. sg. weôx, 8.

ge-weaxan, *to grow up:* pret. sg. ðð þāt seó geogoð ge-weôx, 66.

ge-weaxan to, *to grow to or for something:* pret. sg. ne ge-weôx he him tô willan (*grew not for their benefit*), 1712.

weá, w. m., *woe, evil, misfortune:* nom. sg., 937; acc. sg. weán, 191, 423, 1207, 1992, 2293, 2938; gen. pl. weána, 148, 934, 1151, 1397.

weá-lâf, st. f., *wretched remnant:* acc. pl. þá weá-lâfe (*the wretched remnant*, i.e. Finn's almost annihilated band), 1085, 1099.

weá-spel, st. n., *woe-spell, evil tidings:* dat. sg. weá-spelle, 1316.

ge-weoldum. See ge-wild.

weorc, st. n.: 1) *work, labor, deed:* acc. sg., 74; (*war-deed*), 1657; instr. sg. weorce, 1570; dat. pl. weorcum, 2097; wordum ne (and) worcum, 1101, 1834; gen. pl. worda and worca, 289. — 2) *work, trouble, suffering:* acc. sg. þās ge-winnes weorc (*misery on account of this strife*), 1722; dat. pl. adv. weorcum (*with labor*), 1639.— Comp.: beado-, ellen-, heaðo-, niht-weorc.

ge-weorc, st. n.: 1) *work, deed, labor:* nom. acc. sg., 455, 1563, 1682, 2718, 2775; gen. sg. ge-weorces, 2712. Comp.: ær-, fyrn-, gûð-, hond-, nîð-ge-weorc. — 2) *fortification, rampart:* in comp. land-geweorc, 939.

weorce, adj., *painful, bitter:* nom. sg., 1419.

weorð, st. n., *precious object, valuable:* dat. sg. weorðe, 2497.

weorð, adj., *dear, precious:* nom. sg. weorð Denum âðeling (*the atheling dear to the Danes*, Beówulf), 1815; compar. nom. sg. þāt he syððan wäs ... mâðme þý weorðra (*more honored from the jewel*), 1903; cf. wyrðe.

weorðan, st. v.: 1) *to become:* pres. sg. III. beholen weorðeð (*is concealed*), 414; underne weorðeð (*becomes known*), 2914; so, pl. III. weorðað, 2067; wurðað, 282; inf. weorðan, 3179; wurðan, 808; pret. sg. I., III. wearð, 6, 77, 149, 409, 555, 754, 768, 819, 824, etc.; pl. wurdon, 228; subj. pret. wurde, 2732. — 2) inf. tô frôfre weorðan (*to become a help*), 1708; pret. sg. wearð he Heaðolâfe tô hand-bonan, 460; so, wearð, 906, 1262; ne wearð Heremôd swâ (i.e. tô frôfre) eaforum Ecgwelan, 1710; pl. wurdon, 2204; subj. pret. sg. II. wurde, 588. — 3) pret. sg. þāt he on fylle wearð (*that he came to a fall*), 1545. — 4) *to happen, befall:* inf. unc sceal weorðan ... swâ unc Wyrd ge-teóð (*it shall befall us two as Fate decrees*), 2527; þurh hwāt his worulde gedâl weorðan sceolde, 3069; pret. sg. þá þær sôna wearð ed-hwyrft eorlum (*there was soon a renewal to the earls*, i.e. of the former perils), 1281.

ge-weorðan: 1) *to become:* pret. sg. ge-wearð, 3062; pret. part. cearu wäs geniwod ge-worden (*care was renewed*), 1305; swâ ûs ge-worden is, 3079. — 2) *to finish; complete?*: inf. þāt þu ... lête Sûð-Dene sylfe ge-weorðan gûðe wið Grendel (*that thou wouldst let the S. D. put an end to their war with Grendel*), 1997. — 3) impersonally with acc., *to seem, appear:* pret. sg. þá þās monige ge-wearð þāt ... (*since it seemed to many that . . .*),

1599; pret. part. hafaðþæs geworden wine Scyldinga, rîces hyrde, and þæt ræd talað þæt he... (*therefore hath it so appeared?, happened?, to the friend of the S., the guardian of the realm, and he counts it a gain that* ...), 2027.

weorð-ful, adj., *glorious, full of worth:* nom. sg. weorð-fullost, 3100.

weorðian, w. v., *to honor, adorn:* pret. sg. þær ic...þîne leôde weorðode weorcum (*there honored I thy people by my deeds*), 2097; subj. pret. (þät he) ät feoh-gyftum... Dene weorðode (*that he would honor the Danes at, by, treasure-giving*), 1091.

ge-weorðian, ge-wurðian, *to deck, ornament:* pret. part. hire syððan wäs äfter beáh-þege breóst ge-weorðod, 2177; wæpnum ge-weorðad, 250; since ge-weorðad, 1451; so, ge-wurðad, 331, 1039, 1646; wîde ge-weorðad (*known, honored, afar*), 1960.

weorð-lîce, adv., *worthily, nobly:* superl. weorð-lîcost, 3163.

weorð-mynd, st. f., *dignity, honor, glory:* nom. sg., 65; acc. sg. ge-seah þâ eald sweord..., wîgena weorðmynd (*saw an ancient sword there, the glory of warriors*), 1560; dat. instr. pl. weorð-myndum, 8; tô worð-myndum, 1187; gen. pl. weorð-mynda dæl, 1753.

weorðung, st. f., *ornament:* in comp. breóst-, hâm-, heorð-, hring-, wîg-weorðung.

weorod. See werod.

weorpan, st. v.: 1) *to throw, cast away,* w. acc.: pret. sg. wearp þâ wunden-mæl wrättum gebunden yrre oretta, þät hit on eorðan läg (*the wrathful warrior threw the ornamented sword, that it lay on the earth*), 1532.— 2) *to throw around* or *about,* w. instr.: pret. sg. beorges weard ... wearp wäl-fýre (*threw death-fire around*), 2583. — 3) *to throw upon:* inf. he hine eft ongan wäteres (instr. gen.) weorpan (*began to cast water upon him again*), 2792.

for-weorpan, w. acc., *to cast away, squander:* subj. pret. þät he ge-nunga gûð-gewædu wrâðe for-wurpe (*that he squandered uselessly the battle-weeds,* i.e. gave them to the unworthy), 2873.

ofer-weorpan, *to stumble:* pret. sg. ofer-wearp þâ ... wîgena strengest, 1544.

weotian, w. v., *to provide with, adjust(?):* pret. part. acc. pl. wäl-bende weotode, 1937.

be-weotian, be-witian, w. v. w. acc., *to regard, observe, care for:* pres. pl. III. be-witiað, 1136; pret. sg. þegn ... se þe ... ealle be-weotede þegnes þearfe (*who would attend to all the needs of a thane*), 1797; draca se þe ... hord be-weotode (*the drake that guarded a treasure*), 2213; — *to carry out, undertake:* pres. pl. III. þâ ... oft be-witigað sorh-fulne sîð on segl-râde, 1429.

wicg, st. n., *steed, riding-horse:* nom. sg., 1401; acc. sg. wicg, 315; dat. instr. sg. wicge, 234; on wicge, 286; acc. pl. wicg, 2175; gen. pl. wicga, 1046.

ge-widor, st. n., *storm, tempest:* acc. pl. lâð ge-widru (*loathly weather*), 1376.

wið, prep. w. dat. and acc., *with* fundamental meanings of division and opposition: 1) w. dat., *against, with* (in hostile sense), *from:* þâ wið gode wunnon, 113; âna (wan) wið eallum, 145; ymb feorh sacan, lâð wið lâðum, 440; so, 426, 439, 550, 2372, 2521, 2522, 2561, 2840, 3005; þæt him holt-wudu ... helpan ne meahte, lind wið lîge, 2342; hwæt ... sêlest wære wið fær-gryrum tô ge-fremmanne, 174; þæt him gâst-bona geóce gefremede wið þeód-þreáum, 178; wið rihte wan (*strove against right*), 144; hæfde ... sele Hrôðgâres ge-nered wið nîðe (*had saved H.'s hall from strife*), 828; (him dyrne langað ...) beorn wið blôde (*the hero longeth secretly contrary to his blood*, i.e. H. feels a secret longing for the non-related Beówulf), 1881; sundur ge-dǽlan lîf wið lîce (*to sunder soul from body*), 2424; streámas wundon sund wið sande (*the currents rolled the sea against the sand*), 213; lîg-ýðum forborn bord wið ronde (rond, MS.) (*with waves of flame burnt the shield against, as far as, the rim*), 2674; holm storme weól, won wið winde (*the sea surged, wrestled with the wind*), 1133; so, hiora in ânum weóll sefa wið sorgum (*in one of them surged the soul with sorrow* [*against*?, Heyne]), 2601; þæt hire wið healse heard grâpode (*that the sharp sword bit against her neck*), 1567. — 2) w. acc.: a) *against, towards*: wan wið Hrôðgâr (*fought against H.*), 152; wið feónda ge-hwone, 294; wið wrâð werod, 319; so, 540, 1998, 2535; hine hâlig god ûs on-sende wið Grendles gryre, 384; þæt ic wið þone gûð-flogan gylp ofer-sitte (*that I refrain from boastful speech against the battle-flier*), 2529; ne wolde wið manna ge-hwone ... feorh-bealo feorran (*would not cease his life-plotting against any of the men*; or, *withdraw life-bale from*, etc.? or, *peace would not have with any man ..., mortal bale withdraw?*, Kemble), 155; ic þâ leóde wât ge wið feónd ge wið freónd fæste geworhte (*towards foe and friend*), 1865; heóld heáh-lufan wið hæleða brego (*cherished high love towards the prince of heroes*), 1955; wið ord and wið ecge in-gang forstôd (*prevented entrance to spear-point and sword-edge*), 1550. b) *against, on, upon, in*: setton sîde scyldas ... wið þæs recedes weal (*against the wall of the hall*), 326; wið eorðan fæðm (eardodon) (*in the bosom of the earth*), 3050; wið earm ge-sæt (*sat on, against, his arm*), 750; so, stîð-môd ge-stôd wið steápne rond, 2567; [wið duru healle eode] (*went to the door of the hall*), 389; wið Hrefna-wudu (*over against, near, H.*), 2926; wið his sylfes sunu setl ge-tǽhte (*showed me to a seat with, near, beside, his own son*), 2014. c) *towards, with* (of contracting parties): þæt hie healfre ge-weald wið eotena bearn âgan môston (*that they power over half the hall with the enemies'* (Jutes?) *sons were to possess*), 1089; þenden he wið wulf wæl reáfode (*whilst with the wolf he was robbing the slain*), 3028. — 3) Alternately with dat. and acc., *against*: nu wið Grendel sceal, wið þam aglǽcan, âna gehegan þing wið þyrse, 424–426; — *with, beside*: ge-sæt þâ wið sylfne ..., mǽg wið mǽge, 1978–79.

wiðer-gyld, st. n., *compensation*: nom. sg., 2052, [proper name?].

wiðer-rihtes, adv., *opposite, in front of*, 3040.

wiðre, st. n., *resistance:* gen. sg. wiðres ne trûwode, 2954.

wig-weorðung, st. f., *idol-worship, idolatry, sacrifice to idols:* acc. pl. -weorðunga, 176.

wiht, st. f.: 1) *wight, creature, demon:* nom. sg. wiht unhælo (*the demon of destruction*, Grendel), 120; acc. sg. syllîcran wiht (the dragon), 3039. — 2) *thing, something, aught:* nom. sg. w. negative, ne hine wiht dweleð (*nor does aught check him*), 1736; him wiht ne speów (*it helped him naught*), 2855; acc. sg. ne him þǽs wyrmes wíg for wiht dyde (*nor did he count the worm's warring for aught*), 2349; ne meahte ic ... wiht gewyrcan (*I could not do aught ...*), 1661; — w. partitive gen.: nô ... wiht swylcra searoníða, 581; — the acc. sg. = adv. like Germ. *nicht:* ne hie hûru wine-drihten wiht ne lôgon (*did not blame their friendly lord aught*), 863; so, ne wiht = *naught, in no wise*, 1084, 2602, 2858; nô wiht, 541; instr. sg. wihte (*in aught, in any way*), 1992; ne ... wihte (*by no means*), 186, 2278, 2688; wihte ne, 1515, 1996, 2465, 2924. — Comp. : â-wiht (âht = *aught*), âl-wiht, ô-wiht.

wil-cuma, w. m., *one welcome* (qui gratus advenit): nom. pl. wil-cuman Denigea leódum (*welcome to the people of the Danes*), 388; so, him (the lord of the Danes) wil-cuman, 394; wil-cuman Wedera leódum (*welcome to the Gedtas*), 1895.

ge-wild, st. f., *free-will?* dat. pl. nealles mid ge-weoldum (*sponte, voluntarily*, Bugge), 2223.

wil-deór (for wild-deór), st. n., *wild beast:* acc. pl. wil-deór, 1431.

wil-gesið, st. m., *chosen* or *willing companion:* nom. pl. -ge-síðas, 23.

wil-geofa, w. m., *ready giver* (= voti largitor: princely designation), *joy-giver?*: nom. sg. wil-geofa Wedra leóda, 2901.

willa, w. m.: 1) *will, wish, desire, sake:* nom. sg. 627, 825; acc. sg. willan, 636, 1740, 2308, 2410; instr. sg. ânes willan (*for the sake of one*), 3078; so, 2590; dat. sg. tô willan, 1187, 1712; instr. pl. willum (*according to wish*), 1822; sylfes wyllum, 2224, 2640; gen. pl. wilna, 1345. — 2) *desirable thing, valuable:* gen. pl. wilna, 661, 951.

willan, aux. v., *will:* in pres. also *shall* (when the future action is depend. on one's free will): pres. sg. I. wille ic â-secgan (*I will set forth, tell out*), 344; so, 351, 427; ic tô sæ wille (*I will to sea*), 318; wylle, 948, 2149, 2513; sg. II. þu wylt, 1853; sg. III. he wile, 346, 446, 1050, 1182, 1833; wyle, 2865; wille, 442, 1004, 1185, 1395; ǽr he in wille (*ere he will in*, i.e. go or flee into the fearful sea), 1372; wylle, 2767; pl. I. we ... wyllað, 1819; pret. sg. I., III. wolde, 68, 154, 200, 646, 665, 739, 756, 797, 881, etc.; nô ic fram him wolde (i.e. fleótan), 543; so, swâ he hira mâ wolde (i.e. â-cwellan), 1056; pret. pl. woldon, 482, 2637, 3173; subj. pret., 2730. — Forms contracted w. negative: pres. sg. I. nelle (= ne + wille, *I will not*, nolo), 680, 2525(?); pret. sg. III. nolde (= ne + wolde), 792, 804, 813, 1524; w. omitted inf. þâ metod nolde, 707, 968; pret. subj. nolde, 2519.

wilnian, w. v., *to long for, beseech:* inf. wel biðþám þe mót ... tô fäðer fäðmum freoðo wilnian (*well for him that may beseech protection in the Father's arms*), 188.

wil-sîð, st. m., *chosen journey:* acc. sg. wil-sîð, 216.

ge-win, st. n.: 1) *strife, struggle, enmity, conflict:* acc. sg., 878; þá hie ge-win drugon (*endured strife*), 799; under ýða ge-win (*under the tumult of the waves*), 1470; gen. sg. þǽs ge-winnes weorc (*misery for this strife*), 1722. — 2) *suffering, oppression:* nom. sg., 133, 191; acc. sg. eald ge-win, 1782. — Comp.: fyrn-, ýð-ge-win.

win-ärn, st. n., *hall of hospitality, hall* (*wine-hall?*): gen. sg. win-ärnes, 655.

wind, st. m., *wind, storm:* nom. sg., 547, 1375, 1908; dat. instr. sg. winde, 217; wið winde, 1133.

windan, st. v.: 1) intrans., *to wind, whirl:* pret. sg. wand tô wolcnum wäl-fýra mǽst, 1120. — 2) w. acc., *to twist, wind, curl:* pret. pl. streámas wundon sund wið sande, 212; pret. part. wunden gold (*twisted, spirally-twined, gold*), 1194, 3135; instr. pl. wundnum (wundum, MS.) golde, 1383.

ät-windan, *to wrest one's self from, escape:* pret. sg. se þám feónde ät-wand, 143.

be-windan, *to wind with* or *round, clasp, surround, envelop* (involvere): pret. sg. þe hit (the sword) mundum be-wand, 1462; pret. part. wîrum be-wunden (*wound with wires*), 1032; feorh ... flǽsce be-wunden (*flesh-enclosed*), 2425; gâr ... mundum be-wunden (*a spear grasped with the hands*), 3023; iú-manna gold galdre be-wunden (*spell-encircled gold*), 3053; (âstâh ...) lêg wôpe be-wunden (*uprose the flame mingled with a lament*), 3147.

ge-windan, *to writhe, get loose, escape:* inf. wîdre ge-windan (*to flee further*), 764; pret. sg. on fleám ge-wand, 1002.

on-windan, *to unwind, loosen:* pres. sg. (þonne fäder) on-windeð wäl-râpas, 1611.

win-däg, st. m., *day of struggle* or *suffering:* dat. pl. on þyssum win-dagum (*in these days of sorrow*, i.e. of earthly existence), 1063.

wind-bland (blond), st. n., *wind-roar:* nom. sg., 3147.

wind-gereste, f., *resting-place of the winds:* acc. sg., 2457.

windig, adj., *windy:* acc. pl. windige (weallas, nässas), 572, 1359; windige weallas (wind geard weallas, MS.), 1225.

wine, st. m., *friend, protector,* especially the *beloved ruler:* nom. sg. wine Scyldinga, leóf land-fruma (Scyld), 30; wine Scyldinga (Hrôðgâr), 148, 1184. As vocative: mîn wine, 2048; wine mîn, Beówulf (Hunferð), 457, 530, 1705; acc. sg. holdne wine (Hrôðgâr), 376; wine Deniga, Scyldinga, 350, 2027; dat. sg. wine Scyldinga, 170; gen. sg. wines (Beówulf), 3097; acc. pl. wine, 21; dat. pl. Denum eallum, winum Scyldinga, 1419; gen. pl. winigea leásum, 1665; winia bealdor, 2568. — Comp.: freá-, freó-, gold-, gûð-, mǽg-wine.

wine-dryhten, st. m., (dominus amicus), *friendly lord, lord and friend:* acc. sg. wine-drihten, 863, 1605; wine-dryhten, 2723, 3177; dat. sg. wine-drihtne, 360.

wine-geómor, adj., *friend-mourning:* nom. sg., 2240.
wine-leás, adj., *friendless:* dat. sg. wine-leásum, 2614.
wine-mǽg, st. m., *dear kinsman:* nom. pl. wine-mágas, 65.
ge-winna, w. m., *striver, struggler, foe:* comp. eald-, ealdor-gewinna.
winnan, st. v., *to struggle, fight:* pret. sg. III. wan ána wið eallum, 144; Grendel wan ... wið Hróðgár, 151; holm ... won wið winde (*the sea fought with the wind:* cf. wan wind endi water, Heliand, 2244), 1133; II. eart þu se Beówulf, se þe wið Brecan wunne, 506; pl. wið gode wunnon, 113; þær þá graman wunnon (*where the foes fought*), 778.
win-reced, st. n., *friend-hall, guest-hall, house for entertaining guests* (*wine-hall*?): acc. sg., 715, 994.
win-sele, st. n., the same (*wine-hall*?): nom. sg., 772; acc. sg. win-sele, 696 (cf. Heliand Glossary, 369 [364]).
winter, st. m.: 1) *winter:* nom. sg., 1133, 1137; acc. sg. winter, 1129; gen. sg. wintres, 516.— 2) *year* (counted by winters): acc. pl fíftig wintru (neut.), 2210; instr. pl wintrum, 1725, 2115, 2278; gen. pl. wintra, 147, 264, 1928, 2279, 2734, 3051.
wintre, adj., *so many winters* (old): in comp. syfan-wintre.
ge-wislíce, adv., *certainly, undoubtedly:* superl. gewislícost,1351.
wist, st. f., fundamental meaning = *existentia*, hence: 1) *good condition, happiness, abundance:* dat. sg. wunað he on wiste, 1736.— 2) *food, subsistence, booty:* dat. sg. þá wǽs ǽfter wiste wóp up á-hafen (*a cry was then uplifted after the meal*, i.e. Grendel's meal of thirty men), 128.
wist-fyllo, st. f., *fulness* or *fill of food, rich meal:* gen. sg. wist-fylle, 735.
wit, st. n., (wit), *understanding:* nom. sg., 590.— Comp.: fyr-, in-wit.
ge-wit, st. n.: 1) *consciousness:* dat. sg. ge-weóld his ge-witte, 2704.— 2) *heart, breast:* dat. sg. fýr unswíðor weóll (*the fire surged less strongly from the dragon's breast*), 2883.
wit, pers. pron. dual of we, *we two*, 535, 537, 539, 540, 544, 1187, etc. See unc, uncer.
wita, weota, w. m., *counsellor, royal adviser;* pl., *the king's council of nobles:* nom. pl. witan, 779; gen. pl. witena, 157, 266, 937; weotena, 1099.— Comp.: fyrn-, rún-wita.
witan, pret.-pres. v., *to wot, know:* 1) w. depend. clause: pres. sg. I., III. wát, 1332, 2657; ic on Higeláce wát þǽt he ... (*I know as to H., that he ...*), 1831; so, god wát on mec þǽt ... (*God knows of me, that ...*), 2651; sg. II. þu wást, 272; weak pret. sg. I., III. wiste, 822; wisse, 2340, 2726; pl. wiston, 799, 1605; subj. pres. I. gif ic wiste, 2520.— 2) w. acc. and inf.: pres. sg. I. ic wát, 1864.— 3) w. object, predicative part. or adj.: pret. sg. III. tó þǽs he win-reced ... gearwost wisse, fǽttum fáhne, 716; so, 1310; wiste þǽm ahlǽcan hilde ge-þinged, 647.— 4) w. acc., *to know:* inf. witan, 252, 288; pret. sg. wisse, 169; wiste his fingra ge-weald on grames grápum, 765; pl. II. wisson, 246; wiston, 181.

GLOSSARY. 309

nât = ne + wât, *I know not:* 1) elliptically with hwilc, indef. pronoun = *some or other:* sceaða ic nât hwilc. — 2) w. gen. and depend. clause: nât he þâra gôda, þât he me on-geán sleá, 682.

ge-witan, *to know, perceive:* inf. þäs þe hie gewis-lîcost ge-witan meahton, 1351.

be-witian. See be-weotian.

witig, adj., *wise, sagacious:* nom. sg. witig god, 686, 1057; witig drihten (God), 1555; wittig drihten, 1842.

ge-wittig, adj., *conscious:* nom. sg. 3095.

ge-witnian, w. v., *to chastise, punish:* wommum gewitnad (*punished with plagues*), 3074.

wîc, st. n., *dwelling, house:* acc. sg. wîc, 822, 2590; —often in pl. because houses of nobles were complex: dat. wîcum, 1305, 1613, 3084; gen. wîca, 125, 1126.

ge-wîcan, st. v., *to soften, give way, yield* (here chiefly of swords): pret. sg. ge-wâc, 2578, 2630.

wîc-stede, st. m., *dwelling-place:* nom. sg. 2463; acc. sg. wîc-stede, 2608.

wîd, adj., *wide, extended:* 1) space: acc. sg. neut. ofer wîd wäter, 2474; gen. sg. wîdan rîces, 1860; acc. pl. wîde sîðas, waroðas, 878, 1966. — 2) temporal: acc. sg. wîdan feorh (acc. of time), 2015; dat. sg. tô wîdan feore, 934.

wîde, adv., *widely, afar,* 18, 74, 79, 266, 1404, 1589, 1960, etc.; wîde cûð (*widely, universally, known*), 2136, 2924; so, underne wîde, 2914; wîde geond eorðan (*over the whole earth, widely*), 3100; — modifier of superl.: wreccena wîde mærost (*the most famous of wanderers, exiles*), 899. — Compar wîdre, 764.

wîd-cûð, adj., *widely known, very celebrated:* nom. sg. neut., 1257; acc. sg. m. wîd-cûðne man (Beówulf), 1490; wîd-cûðne weán, 1992; wîd-cûðes (Hrôðgâr), 1043.

wîde-ferhð, st. m., (*long life*), *great length of time:* acc. sg. as acc. of time: wîde-ferhð (*down to distant times, always*), 703, 938; ealne wîde-ferhð, 1223.

wîd-floga, w. m., *wide-flier* (of the dragon): nom. sg., 2831; acc. sg. wîd-flogan, 2347.

wîd-scofen, pret. part., *wide-spread? causing fear far and wide?* 937.

wîd-weg, st. m., *wide way, long journey:* acc. pl. wîd-wegas, 841, 1705.

wîf, st. n., *woman, lady, wife:* nom. sg. freó-lîc wîf (Queen Wealhþeów), 616; wîf un-hýre (Grendel's mother), 2121; acc. sg. drihtlîce wif (Finn's wife), 1159; instr. sg. mid þý wîfe (Hrôðgâr's daughter, Freáware), 2029; dat. sg. þam wîfe (Wealhþeów), 640; gen. sg. wîfes (as opposed to *man*), 1285; gen. pl. wera and wîfa, 994. — Comp.: aglæc-, mere-wîf.

wîf-lufe, w. f., *wife-love, love for a wife, woman's love:* nom. pl. wîf-lufan, 2066.

wîg, st. m.: 1) *war, battle:* nom. sg., 23, 1081, 2317, 2873; acc. sg., 686, 1084, 1248; dat. sg. wîge, 1338, 2630; as instr., 1085; (wigge, MS.), 1657, 1771; gen. sg. wîges, 65, 887, 1269. — 2) *valor, warlike prowess:* nom. sg wäs his môdsefa manegum ge-cýðed, wîg and wîsdôm, 350; wîg, 1043; wîg ... eafoð and ellen, 2349; gen. sg. wîges, 2324. — Comp. fêðe-wîg.

wiga, w. m., *warrior, fighter:* nom. sg., 630; dat. pl. wigum, 2396; gen. pl. wigena, 1544, 1560, 3116. — Comp.: æsc-, byrn-, gâr-, gûð-, lind-, rand-, scyld-wiga.

wîgan, st. v., *to fight:* pres. sg. III. wigeð, 600; inf., 2510.

wigend, pres. part., *fighter, warrior:* nom. sg., 3100 ; nom. pl. wigend, 1126, 1815, 3145; acc. pl. wigend, 3025; gen. pl. wigendra, 429, 900, 1973, 2338.—Comp. gâr-wigend.

wîg-bealu, st. n., *war-bale, evil contest:* acc. sg., 2047.

wîg-bill, st. n., *war-bill, battle-sword:* nom. sg., 1608.

wîg-bord, st. n., *war-board* or *shield:* acc. sg., 2340.

wîg-cräft, st. m., *war-power:* acc. sg., 2954.

wîg-cräftig, adj., *vigorous in fight, strong in war:* acc. sg. wig-cräftigne (of the sword Hrunting), 1812.

wîg-freca, w. m., *war-wolf, war-hero:* acc. sg. wig-frecan, 2497; nom. pl. wig-frecan, 1213.

wîg-fruma, w. m., *war-chief* or *king:* nom. sg., 665; acc. sg. wig-fruman, 2262.

wîg-geatwe, st. f. pl., *war-ornaments, war-gear:* dat. pl. on wig-geatwum (-getawum, MS.), 368.

wîg-ge-weorðad, pret. part., *war-honored, distinguished in war*, 1784.

wîg-gryre, st. m., *war-horror* or *terror:* nom. sg., 1285.

wîg-hete, st. m., *war-hate, hostility:* nom. sg., 2121.

wîg-heafola, w. m., *war head-piece, helmet:* acc. sg. wig-heafolan, 2662. — Leo.

wîg-heáp, st. m., *war-band:* nom sg., 447.

wîg-hryre, st. m., *war-ruin, slaughter, carnage:* acc. sg., 1620.

wîg-sigor, st. m., *war-victory:* acc. sg., 1555.

wîg-sped, st. f.?, *war-speed, success in war:* gen. pl. wig-spêda, 698.

wîn, st. n., *wine:* acc. sg., 1163, 1234; instr. wine, 1468.

wîr, st. n., *wire, spiral ornament of wire:* instr. pl. wirum, 1032; gen. pl. wira, 2414.

wîs, adj., *wise, experienced, discreet:* nom. sg. m. wis (*in his mind, conscious*), 3095; f. wis, 1928; in w. form, se wisa, 1401, 1699, 2330; acc. sg. þone wisan, 1319; gen. pl. wisra, 1414; w. gen. nom. sg. wis wordcwida (*wise of speech*), 1846.

wîsa, w. m., *guide, leader:* nom. sg. werodes wisa, 259.—Comp.: brim-, here-, hilde-wisa.

wiscte. See **wýscan**.

wîs-dôm, st. m., *wisdom, experience:* nom. sg., 350; instr. sg. wis-dôme, 1960.

wîse, w. f., *fashion, wise, custom:* acc. sg. (instr.) ealde wisan (*after ancient custom*), 1866.

wîs-fäst, adj., *wise, sagacious* (sapientiâ firmus): nom. sg. f., 627.

wîs-hycgende, pres. part., *wise-thinking, wise*, 2717.

wîsian, w. v., *to guide* or *lead to, direct, point out:* 1) w. acc.: inf. heán wong wisian, 2410; pret. sg. secg wisade land-gemyrcu, 208. — 2) w. dat.: pres. sg. I. ic eów wisige (*I shall guide you*), 292, 3104 ; pret. sg. se þæm heaðo-rincum hider wisade, 370; sôna him sele-þegn . . . forð wisade (*the hall-thane led him thither forthwith*, i.e. to his couch), 1796; stig

GLOSSARY. 311

wīsode gumum ǣt-gǣdere, 320; so, 1664. — 3) w. prep.?: pret. sg. þā secg wīsode under Heorotes hrōf (*when the warrior showed them the way under Heorot's roof*, [but under H.'s hrōf depends rather on snyredon ǣtsomne]), 402.

wītan, st. v., properly *to look at; to look at with censure, to blame, reproach, accuse*, w. dat. of pers. and acc. of thing: inf. for-þam me wītan ne þearf waldend fira morðor-bealo mága, 2742.

ǣt-wītan, *to blame, censure* (cf. 'twit), w. acc. of thing: pret. pl. ǣt-witon weána dǣl, 1151.

ge-wītan, properly *spectare aliquo; to go* (most general verb of motion): 1) with inf. after verbs of motion: pret. sg. þanon eft gewāt ... tō hām faran, 123; so, 2570; pl. þanon eft gewiton ... mearum rīdan, 854. Sometimes with reflex. dat.: pres. sg. him þā Scyld ge-wāt ... fēran on freán wǣre, 26; gewāt him ... rīdan, 234; so, 1964; pl. ge-witon, 301. — 2) associated with general infinitives of motion and aim: imper. pl. ge-wītað forð beran wǣpen and gewǣdu, 291; pret. sg. ge-wāt þā neósian heán húses, 115; he þā fāg ge-wāt ... man-dreám fleón, 1264; nyðer eft gewāt dennes niósian, 3045; so, 1275, 2402, 2820. So, with reflex. dat.: him eft ge-wāt ... hāmes niósan, 2388; so, 2950; pl. ge-witon, 1126. — 3) without inf. and with prep. or adv.: pres. sg. III. þǣr firgen-streám under nǣssa genipu niðer ge-wīteð, 1361; ge-wīteð on sealman, 2461; inf. on flōdes ǣht feor ge-wītan, 42; pret. sg. ge-wāt, 217; him ge-wāt, 1237, 1904; of līfe, ealdre ge-wāt (*died*), 2472, 2625; fyrst forð ge-wāt (*time went on*), 210; him ge-wāt ūt of healle, 663; ge-wāt him hām, 1602; pret. part. dat. sg. me forð ge-witenum (*me defuncto, I dead*), 1480.

ôð-wītan, *to blame, censure, reproach:* inf. ne þorfte him þā leán ôð-wītan man on middan-gearde, 2996.

wlanc, wlonc, adj., *proud, exulting:* nom. sg. wlanc, 341; w. instr. ǣse wlanc (*proud of, exulting in, her prey, meal*), 1333; wlonc, 331; w. gen. máðm-ǣhta wlonc (*proud of the treasures*), 2834; gen. sg. wlonces, 2954. — Comp. gold-wlanc.

wlātian, w. v., *to look* or *gaze out, forth:* pret. sg. se þe ǣr ... feor wlātode, 1917.

wlenco, st. f., *pride, heroism:* dat. sg. wlenco, 338, 1207; wlence, 508.

wlite, st. m., *form, noble form, look, beauty:* nom. sg., 250.

wlite-beorht, adj., *beauteous, brilliant in aspect:* acc. sg. wliteheorhtne wang, 93.

wlite-seón, st. n., *sight, spectacle:* acc. sg., 1651.

wlitig, adj., *beautiful, glorious, fair in form:* acc. sg. wlitig (sweord), 1663.

wlītan, st. v., *to see, look, gaze:* pret. sg. he ǣfter recede wlāt (*looked along the hall*), 1573; pret. pl. on holm wliton (*looked on the sea*), 1593; wlitan on Wīglāf, 2853.

geond-wlītan, w. acc., *to examine, look through, scan:* inf. wrāte giond-wlītan, 2772.

woh-bogen, pret. part., (*bent crooked*), *crooked, twisted:* nom. sg. wyrm woh-bogen, 2828.

wolcen, st. n., *cloud* (cf. welkin):

dat. pl. under wolcnum (*under the clouds, on earth*), 8, 652, 715, 1771; tô wolcnum, 1120, 1375.

wollen-teár, adj., *tear-flowing, with flowing tears:* nom. pl. wollen-teáre, 3033.

wom. See wam.

won. See wan.

worc. See weorc.

word, st. n.: 1) *word, speech:* nom. sg., 2818; acc. sg. þät word, 655, 2047; word, 315, 341, 390, 871, 2552; instr. sg. worde, 2157; gen. sg. wordes, 2792; nom. pl. þâ word, 640; word, 613; acc. pl. word (of an alliterative song), 871; instr. pl. wordum, 176, 366, 627, 875, 1101, 1173, 1194, 1319, 1812, etc.; ge-saga him wordum (*tell them in words, expressly*), 388. The instr. wordum accompanies biddan, þancian, be-wägnan, secgan, hêrgan, to emphasize the verb, 176, 627, 1194, 2796, 3177; gen. pl. worda, 289, 398, 2247, 2263(?), 3031. — 2) *command, order:* gen. sg. his wordes geweald habban (*to rule, reign*), 79; so, instr. pl. wordum weóld, 30. — Comp.: beót-, gylp-, meðel-, þryð-word.

word-cwide, st. m., (*wórd-utterance*), *speech:* acc. pl. word-cwydas, 1842; dat. pl. word-cwydum, 2754; gen. pl. word-cwida, 1846.

word-gid, st. m., *speech, saying:* acc. sg. word-gyd, 3174.

word-hord, st. n., *word-hoard, treasury of speech, mouth:* acc. sg. word-hord on-leác (*unlocked his word-hoard*, opened his mouth, spoke), 259.

word-riht, st. n., *right speech, suitable word:* gen. pl. Wîglâf maðelode word-rihta fela, 2632.

worð-mynd. See weorð-mynd.

worðig (for weorðig), st. m., *palace, estate, court:* acc. sg. on worðig (*into the palace*), 1973.

worn, st. n., *multitude, number:* acc. sg. worn eall (*very many*), 3095; wintra worn (*many years*), 264; þonne he wintrum frôd worn ge-munde (*when he old in years thought of their number*), 2115. Used with fela to strengthen the meaning: nom. acc. sg. worn fela, 1784; hwät þu worn fela... spræce (*how very much thou hast spoken!*), 530; so, eal-fela eald-gesegena worn, 871; gen. pl. worna fela, 2004, 2543.

woruld, worold, st. f., *humanity, world, earth:* nom. sg. eal worold, 1739; acc. sg. in worold (wacan) (*to be born, come into the world*), 60; worold ofætan, of-gifan (*die*), 1184, 1682; gen. sg. worolde, 951, 1081, 1388, 1733; worulde, 2344; his worulde ge-dâl (*his separation from the world, death*), 3069; worolde brûcan (*to enjoy life, live*), 1063; worlde, 2712.

worold-âr, st. f., *worldly honor* or *dignity:* acc. sg. worold-âre, 17.

woruld-candel, st. f., *world-candle, sun:* nom. sg., 1966.

worold-cyning, st. m., *world-king, mighty king:* nom. sg., 3182; gen. pl. worold-cyninga, 1685.

woruld-ende, st. m., *world's end:* acc. sg., 3084.

worold-ræden, st. f., *usual course, fate of the world, customary fate:* dat. sg. worold-rædenne, 1143.

wôp, st. m., (*whoop*), *cry of grief, lament:* nom. sg., 128; acc. sg. wôp, 786; instr. sg. wôpe, 3147.

wracu, st. f., *persecution, vengeance, revenge:* nom. sg. wracu (MS.

uncertain), 2614; acc. sg. wræce, 2337. — Comp.: gyrn-, nýd-wracu.

wraðu, st. f., *protection, safety:* in comp. lîf-wraðu.

wrâð, adj., *wroth, furious, hostile:* acc. sg. neut. wrâð, 319; dat. sg. wrâðum, 661, 709; gen. pl. wrâðra, 1620.

wrâðe, adv., *contemptibly, disgracefully*, 2873.

wrâð-lîce, adv., *wrathfully, hostilely* (in battle), 3063.

wrâsn, st. f., *circlet of gold for the head, diadem, crown:* in comp. freá-wrâsn.

wräc-lâst, st. m., *exile-step, exile, banishment:* acc. sg. wräc-lâstas träd (*trod exile-steps, wandered in exile*), 1353.

wräc-mäcg, st. m., *exile, outcast:* nom. pl. wräc-mäcgas, 2380.

wräc-sîð, st. m., *exile-journey, banishment, exile, persecution:* acc. sg., 2293; dat. sg. -sîðum, 338.

wrät, st. f., *ornament, jewel:* acc. pl. wräte (wræce, MS.), 2772, 3061; instr. pl. wrättum, 1532; gen. pl. wrätta, 2414.

wrät-lîc, adj.: 1) *artistic, ornamental; valuable:* acc. sg. wrätlîcne wundor - mâððum, 2174; wrät-lîc wæg-sweord, 1490; wîgbord wrät-lîc, 2340.— 2) *wondrous, strange:* acc. sg. wrät-lîcne wyrm [from its rings or spots?], 892; wlite-seón wrät-lîc, 1651.

wræc, st. f., *persecution;* hence, *wretchedness, misery:* nom. sg., 170; acc. sg. wræc, 3079.

wrecan, st. v. w. acc.: 1) *to press, force:* pret. part. þær wäs Ongenþeó ... on bîd wrecen, 2963.— 2) *to drive out, expel:* pret. sg. ferh ellen wräc, 2707.— 3) *to wreak* or *utter:* gid, spel wrecan (*to utter words* or *songs*); subj. pres. sg. III. he gyd wrece, 2447; inf. wrecan spel ge-râde, 874; wordgyd wrecan, 3174; pret. sg. gyd äfter wräc, 2155; pres. part. þâ wäs ... gid wrecen, 1066. — 4) *to avenge, punish:* subj. pres. þät he his freónd wrece, 1386; inf. wolde hire mæg wrecan, 1340; so, 1279, 1547; pres. part. wrecend (*an avenger*), 1257; pret. sg. wräc Wedera nîð, 423; so, 1334, 1670.

â-wrecan, *to tell, recount:* pret. sg. ic þis gid be þe â-wräc (*I have told this tale for thee*), 1725; so, 2109.

for-wrecan, w. acc., *to drive away, expel; carry away:* inf. þý läs him ýða þrym wudu wyn-suman for-wrecan meahte (*lest the force of the waves might carry away the winsome ship*), 1920; pret. sg. he hine feor for-wräc ... man-cynne fram, 109.

ge-wrecan, w. acc., *to avenge, wreak vengeance upon, punish:* pret. sg. ge-wräc, 107, 2006; he ge-wräc (i.e. hit, *this*) cealdum cear-sîðum, 2396; he hine sylfne ge-wräc (*avenged himself*), 2876; pl. ge-wrægcan, 2480; pret. part. ge-wrecen, 3063.

wrecca, w. m., (*wretch*), *exile, adventurer, wandering soldier, hero:* nom. sg. wrecca (Hengest), 1138; gen. pl. wreccena wîde mærost (Sigemund), 899.

wreoðen-hilt, adj., *wreathen-hilted, with twisted hilt:* nom. sg., 1699.

wridian, w. v., *to flourish, spring up:* pret. sg. III. wridað, 1742.

wriða, w. m., *band:* in comp. beág-wriða (*bracelet*), 2019.

wrixl, st. n., *exchange, change:* instr. sg. wyrsan wrixle (*in a worse* *way, with a worse exchange*), 2970.

ge-wrixle, st. n., *exchange, arrangement, bargain:* nom. sg. ne wǣs þæt ge-wrixle til (*it was not a good arrangement, trade*), 1305.

wrixlan, w. v., *to exchange:* inf. wordum wrixlan (*to exchange words, converse*), 366; 875 (*tell*).

wrīðan, st. v. w. acc.: 1) *to bind, fasten, wreathe together:* inf. ic hine (him, MS.) ... on wǣl-bedde wrīðan þôhte, 965. — 2) *to bind up* (a wounded person, a wound): pret. pl. þá wǣron monige þe his nǣg wriðon, 2983. See **hand-gewriðen**.

wrītan, st. v., *to incise, engrave:* pret. part. on þām (hilte) wǣs ôr writen fyrn-gewinnes (*on which was engraved the origin of an ancient struggle*), 1689.

for-wrītan, *to cut to pieces or in two:* pret. sg. for-wrǣt Wedra helm wyrm on middan, 2706.

wrôht, st. f., *blame, accusation, crime;* here *strife, contest, hostility:* nom. sg., 2288, 2474, 2914.

wudu, st. m., *wood:* 1) *material, timber:* nom. pl. wudu, 1365; hence, *the wooden spear:* acc. pl. wudu, 398. — 2) *forest, wood:* acc. sg. wudu, 1417. — 3) *wooden ship:* nom. sg. 298; acc. sg. wudu, 216, 1920. — Comp.: bæl-, bord-, gamen-, heal-, holt-, mægen-, sæ-, sund-, þrec-wudu.

wudu-rêc, st. m., *wood-reek* or *smoke:* nom. sg., 3145.

wuldor, st. n., *glory:* nom. sg. kyninga wuldor (*God*), 666; gen. sg. wuldres wealdend, 17, 183, 1753; wuldres hyrde, 932, (designations of God).

wuldor-cyning, st. m., *king of glory,*

God: dat. sg. wuldur-cyninge, 2796.

wuldor-torht, adj., *glory-bright, brilliant, clear:* nom. pl. wuldor-torhtan weder, 1137.

wulf, st. m., *wolf:* acc. sg., 3028.

wulf-hlīð, st. n., *wolf-slope, wolf's retreat, slope whereunder wolves house:* acc. pl. wulf-bleoðu, 1359.

wund, st. f., *wound:* nom. sg., 2712, 2977; acc. sg. wunde, 2532, 2907; dat. sg. wunde, 2726; instr. pl. wundum, 1114, 2831, 2938. — Comp. feorh-wund.

wund, adj., *wounded, sore:* nom. sg., 2747; dat. sg. wundum, 2754; nom. pl. wunde, 565, 1076.

wunden-feax, adj., *curly-haired* (of a horse's mane): nom. sg., 1401.

wunden-heals, adj., *with twisted* or *curved neck* or *prow:* nom. sg. wudu wunden-hals (*the ship*), 298.

wunden-heorde?, *curly-haired?:* nom. sg. f., 3153.

wunden-mæl, adj., *damascened, etched, with wavy ornaments*(?): nom. sg. neut., 1532 (of a sword).

wunden-stefna, w. m., *curved prow, ship:* nom. sg., 220.

wundor, st. n.: 1) *wonder, wonder-work:* nom. sg., 772, 1725; wundur, 3063; acc. sg. wundor, 841; wunder, 932; wundur, 2760, 3083(?), 3104; dat. sg. wundre, 932; instr. pl. wundrum (*wondrously*), 1453, 2688; gen. pl. wundra, 1608. — 2) *portent, monster:* gen. pl. wundra, 1510. — Comp.: hand-, nīð-, searo-wundor.

wundor-bebod, st. n., *wondrous command, strange order:* instr. pl. -bebodum, 1748.

wundor-deáð, st. m., *wonder-death, strange death:* instr. sg. wundor deáðe, 3038.

wundor-fāt, st. n., *wonder-vat,*

strange vessel: dat. pl. of wundor-fatum (*from wondrous vessels*), 1163.

wundor-lîc, adj., *wonderlike, remarkable:* nom. sg., 1441.

wundor-máððum, st. m., *wonder-jewel, wonderful treasure:* acc. sg., 2174.

wundor-smið, st. m., *wonder-smith, skilled smith, worker of marvellous things:* gen. pl. wundor-smiða geweorc (the ancient giant's sword), 1682.

wundor-seón, st. f., *wondrous sight:* gen. pl. wunder-sióna, 996.

wunian, w. v.: 1) *to stand, exist, remain:* pres. sg. III. þenden þær wunað on heáh-stede húsa sélest (*as long as the best of houses stands there on the high place*), 284; wunað he on wiste (*lives in plenty*), 1736; inf. on sele wunian (*to remain in the hall*), 3129; pret. sg. wunode mid Finne (*remained with F.*), 1129. — 2) w. acc. or dat., *to dwell in, to inhabit, to possess:* pres. sg. III. wunað wäl-reste (*holds his death-bed*), 2903; inf. wäter-egesan wunian, cealde streámas, 1261; wîcum wunian, 3084; w. prep.: pres. sg. Higelâc þær ät hâm wunað, 1924.

ge-wunian, w. acc.: 1) *to inhabit:* inf. ge-[wunian], 2276. — 2) *to remain with, stand by:* subj. pres. þät hine on ylde eft ge-wunigen wil-ge-síðas, 22.

wurðan. See **weorðan.**

wuton, v. from wîtan, used as interj., *let us go! up!* w. inf.: wutun gangan tô (*let us go to him!*), 2649; uton hraðe fêran! 1391; uton nu êfstan, 3102.

wylf, st. f., *she-wolf:* in comp. brim-wylf.

wylm, st. m., *surge, surf, billow:* nom. sg. flôdes wylm, 1765; dat. wintres wylme (*with winter's flood*), 516; acc. sg. þurh wäteres wylm, 1694; acc. pl. heortan wylmas, 2508.—Comp.: breóst-, brim-, byrne-, cear-, fýr-, heaðo-, holm-, sæ-, sorh-wylm. See **wülm.**

wyn, st. f., *pleasantness, pleasure, joy, enjoyment:* acc. sg. mæste... worolde wynne (*the highest earthly joy*), 1081; eorðan wynne (*earth-joy, the delightful earth*), 1731; heofenes wynne (*heaven's joy, the rising sun*), 1802; hearpan wynne (*harp-joy, the pleasant harp*), 2108; þät he... ge-drogen häfde eorðan wynne (*that he had had his earthly joy*), 2728; dat. sg. weorod wäs on wynne, 2015; instr. pl. mägenes wynnum (*in joy of strength*), 1717; so, 1888.—Comp.: êðel-, hord-, lîf-, lyft-, symbel-wyn.

wyn-leás, adj., *joyless:* acc. sg. wyn-leásne wudu, 1417; wyn-leás wîc, 822.

wyn-sum, adj., *winsome, pleasant:* acc. sg. wudu wyn-suman (*the ship*), 1920; nom. pl. word wæron wyn-sume, 613.

wyrcan, v. irreg.: 1) *to do, effect,* w. acc.: inf. (wundor) wyrcan, 931. — 2) *to make, create,* w. acc.: pret. sg. þät se äl-mihtiga eorðan worh[te], 92; swâ hine (*the helmet*) worhte wæpna smið, 1453.— 3) *to gain, win, acquire,* w. gen.: subj. pres. wyrce, se þe môte, dômes ær deáðe, 1388.

be-wyrcan, *to gird, surround:* pret. pl. bronda betost wealle be-worhton, 3163.

ge-wyrcan: 1) intrans., *to act, behave:* inf. swâ sceal geong guma gôde gewyrcean... on fäder wine, þät ... (*a young man shall so act with benefits towards his father's friends that...*), 20. — 2) w. acc., *to do, make, effect, perform:* inf. ne meahte ic ät hilde mid Hruntinge wiht ge-wyrcan, 1661; sweorde ne meahte on þam aglǽcan ... wunde ge-wyrcean, 2907; pret. sg. ge-worhte, 636, 1579, 2713; pret. part. acc. ic þá leóde wát ... fǽste ge-worhte. 1865. — 3) *to make, construct:* inf. (medoärn) ge-wyrcean, 69; (wíg-bord) ge-wyrcean, 2338; (hlǽw) ge-wyrcean, 2803; pret. pl. II. ge-worhton, 3097; III. ge-worhton, 3158; pret. part. ge-worht, 1697. — 4) *to win, acquire:* pres. sg. ic me mid Hruntinge dôm ge-wyrce, 1492.

Wyrd, st. f., *Weird* (one of the Norns, guide of human destiny; mostly weakened down = *fate, providence*): nom. sg., 455, 477, 572, 735, 1206, 2421, 2527, 2575, 2815; acc. sg. wyrd, 1057, 1234; gen. pl. wyrda, 3031. (Cf. Weird Sisters of Macbeth.)

wyrdan, w. v., *to ruin, kill, destroy:* pret. sg. he tô lange leóde mîne wanode and wyrde, 1338.

â-wyrdan, w. v., *to destroy, kill:* pret. part.: äðeling monig wundum â-wyrded, 1114.

wyrðe, adj., *noble; worthy, honored, valued:* acc. sg. m. wyrðne (ge-dôn) (*to esteem worthy*), 2186; nom. pl. wyrðe, 368; compar. nom. sg. rîces wyrðra (*worthier of rule*), 862. — Comp. fyrd-wyrðe. See weorð.

wyrgen, st. f., *throttler* [cf. sphinx], *she-wolf:* in comp. grund-wyrgen.

ge-wyrht, st. n., *work; desert:* in comp. eald-gewyrht, 2658.

wyrm, st. m., *worm, dragon, drake:* nom. sg., 898, 2288, 2344, 2568, 2630, 2670, 2746, 2828; acc. sg. wyrm, 887, 892, 2706, 3040, 3133; dat. sg. wyrme, 2308, 2520; gen. wyrmes, 2317, 2349, 2760, 2772, 2903; acc. pl. wyrmas, 1431.

wyrm-cyn, st. m., *worm-kin, race of reptiles, dragons:* gen. sg. wyrm-cynnes fela, 1426.

wyrm-fáh, adj., *dragon-ornamented, snake-adorned* (ornamented with figures of dragons, snakes, etc.: cf. Dietrich in Germania X., 278): nom. sg. sweord ... wreoðen-hilt and wyrm-fáh, 1699.

wyrm-hord, st. n., *dragon-hoard:* gen. pl. wyrm-horda, 2223.

for-wyrnan, w. v., *to refuse, reject:* subj. pres. II. þät þu me nô for-wyrne, þät ... (*that thou refuse me not that ...*), 429; pret. sg. he ne for-wyrnde worold-rǽdenne, 1143.

ge-wyrpan, w. v. reflex., *to raise one's self, spring up:* pret. sg. he hyne ge-wyrpte, 2977.

wyrpe, st. m., *change:* acc. sg. äfter weá-spelle wyrpe ge-fremman (*after the woe-spell to bring about a change of things*), 1316.

wyrsa, compar. adj., *worse:* acc. sg. neut. þät wyrse, 1740; instr. sg. wyrsan wrixle, 2970; gen. sg. wyrsan geþinges, 525; nom. acc. pl. wyrsan wíg-frecan, 1213, 2497.

wyrt, st. f., [-*wort*], *root:* instr. pl. wudu wyrtum fäst, 1365.

wýscan, w. v., *to wish, desire:* pret. sg. wíscte (rihde, MS.) þäs yldan (*wished to delay that* or *for this reason*), 2240.

GLOSSARY. 317

Y

yfel, st. n., *evil:* gen. pl. yfla, 2095.

yldan, w. v., *to delay, put off:* inf. ne þāt se aglæca yldan þōhte, 740; weard wine-geōmor wīscte þǣs yldan, þāt he lytel fāc long-gestreóna brūcan mōste, 2240.

ylde, st. m. pl., *men:* dat. pl. yldum, 77, 706, 2118; gen. pl. ylda, 150, 606, 1662. See **elde**.

yldest. See **eald**.

yldo, st. f., *age (senectus), old age:* nom. sg., 1737, 1887; atol yldo, 1767; dat. sg. on ylde, 22. — 2) *age (aetas), time, era:* gen. sg. yldo bearn, 70. See **eldo**.

yldra. See **eald**.

ylf, st. f., *elf (incubus, alp):* nom. pl. ylfe, 112.

ymb, prep. w. acc.: 1) local, *around, about, at, upon:* ymb hine (*around, with, him*), 399. With prep. postponed: hine ymb, 690; ymb brontne ford (*around the seas, on the high sea*), 568; ymb þā gif-healle (*around the gift-hall, throne-hall*), 839; ymb þǣs helmes hrōf (*around the helm's roof, crown*), 1031. — 2) temporal, *about, after:* ymb ūntīd ōðres dōgores (*about the same time the next day*), 219; ymb āne niht (*after a night*), 135. — 3) causal, *about, on account of, for, owing to:* (frînan) ymb þīnne sīð (*on account of, concerning?, thy journey*), 353; hwät þu ... ymb Brecan spræce (*hast spoken about B.*), 531; so, 1596, 3174; nā ymb his līf cearað (*careth not for his life*), 1537; so, 450; ymb feorh sacan, 439; sundor-nytte beheóld ymb aldor Dena, 669; ymb sund (*about the swimming, the prize for swimming*), 507.

ymbe, I. prep. w. acc. = ymb: 1) local, 2884, 3171; hlǣw oft ymbe hwearf (prep. postponed), 2297. 2) causal, 2071, 2619. — II. adv., *around:* him ... ymbe, 2598.

ymb-sittend, pres. part., *neighbor:* gen. pl. ymb-sittendra, 9.

ymbe-sittend, the same: nom. pl. ymbe-sittend, 1828; gen. pl. ymbe-sittendra, 2735.

yppe, w. f., *high seat, dais, throne:* dat. sg. eode ... tō yppan, 1816.

yrfe, st. n., *bequest, legacy:* nom. sg., 3052.

yrfe-lāf, st. f., *sword left as a bequest:* acc. sg. yrfe-lāfe, 1054; instr. sg. yrfe-lāfe, 1904.

yrfe-weard, st. m., *heir, son:* nom. sg., 2732; gen. sg. yrfe-weardes, 2454.

yrmðo, st. f., *misery, shame, wretchedness:* acc. sg. yrmðe, 1260, 2006.

yrre, st. n., *anger, ire, excitement:* acc. sg. godes yrre, 712; dat. sg. on yrre, 2093.

yrre, adj., *angry, irate, furious:* nom. sg. yrre oretta (Beówulf), 1533; þegn yrre (the same), 1576; gäst yrre (Grendel), 2074; nom. pl. yrre, 770. See **eorre**.

yrringa, adv., *angrily, fiercely*, 1566, 2965.

yrre-mōd, adj., *wrathful-minded, wild:* nom. sg., 727.

ys, *he is*. See **wesan**.

Ŷ

ŷð (O.H.G. unda), st. f., *wave; sea:* nom. pl. ŷða, 548; acc. pl. ŷðe, 46, 1133, 1910; dat. pl. ŷðum, 210, 421, 534, 1438, 1908; ŷðum weallan (*to surge with waves*), 515, 2694; gen. pl. ŷða, 464, 849, 1209,

1470, 1919.— Comp: flôd-, lig-, wäter-ýð.

ýðan, w. v., *to ravage, devastate, destroy:* pret. sg. ýðde eotena cyn, 421 (cf. iðende = *depopulating,* Bosworth, from Ælfric's Glossary; pret. ýðde, Wanderer, 85).

ýðe. See éáðe.

ýðe-líce, adv., *easily:* ýðe-líce he eft â-stôd (*he easily arose afterwards*), 1557.

ýð-gebland, st. n., *mingling or surging waters, water-tumult:* nom. sg. -geblond, 1374, 1594; nom. pl. -gebland, 1621.

ýð-gewin, st. n., *strife with the sea, wave-struggle, rushing of water:* dat. sg. ýð-gewinne, 2413; gen. sg. -gewinnes, 1435.

ýð-lád, st. f., *water-journey, sea-voyage:* nom. pl. ýð-láde, 228.

ýð-láf, st. f., *water-leaving, what is left by the water (undarum reliquiae), shore:* dat. sg. be ýð-láfe, 566.

ýð-lida, w. m., *wave-traverser, ship:* acc. sg. ýð-lidan, 198.

ýð-naca, w. m., *sea-boat:* acc. sg. [ýð-]nacan, 1904.

ýð-gesêne. See éð-gesýne.

ýwan, w. v. w. acc., *to show:* pret. sg. an-sýn ýwde (*showed itself, appeared*), 2835. See cáwan, eó-wan.

ge-ýwan, w. acc. of thing, dat. of pers., *to lay before, offer:* inf., 2150.

GLOSSARY TO FINNSBURH.

âbrecan, st. v., *to shatter:* part. his byrne âbrocen wære (*his byrnie was shattered*).

ânyman, st. v., *to take, take away.*

bân-helm, st. m., *bone-helmet; skull,* [*shield,* Bosw.].

buruh-þelu, st. f., *castle-floor.*

célod, part. (adj.?), *keeled,* i.e. boat-shaped or hollow.

dagian, w. v., *to dawn:* ne þis ne dagiað eástan (*this is not dawning from the east*).

deór-môd, adj., *brave in mood:* deór-môd hâleð.

driht-gesíð, st. m., *companion, associate.*

eástan, adv., *from the east.*

eorð-búend, st. m., *earth-dweller, man.*

fêr, st. m., *fear, terror.*

fýren, adj., *flaming, afire:* nom. f. swylce eal Finns-buruh fýrenu wære (*as if all Finnsburh were afire*).

gehlýn, st. n., *noise, tumult.*

gellan, st. v., *to sing* (i.e. ring or resound): pres. sg. gylleð grǽg-hama (*the gray garment [byrnie] rings*).

genesan, st. v., *to survive, recover from:* pret. pl. þâ wígend hyra wunda genæson (*the warriors were recovering from their wounds*).

gold-hladen, adj., *laden with gold* (wearing heavy gold ornaments).

grǽg-hama, w. m., *gray garment, mail-coat.*

gúð-wudu, st. m., *war-wood, spear.*

GLOSSARY. 319

häg-steald, st. m., *one who lives in his lord's house, a house-carl.*
heaðo-geong, adj., *young in war.*
here-sceorp, st. n., *war-dress, coat of mail.*
hleoðrian, w. v., *to speak, exclaim:* pret. sg. hleoðrode . . . cyning (*the prince exclaimed*).
hræw, st. n., *corpse.*
hrôr, adj., *strong:* here-sceorpum hrôr (*strong* [though it was] *as armor,* Bosw.).
lac (lað?)? for flacor, *fluttering?*
oncweðan, st. v., *to answer:* pres. sg. scyld scefte oncwyð (*the shield answers the spear*).
onwacnian, w. v., *to awake, arouse one's self:* imper. pl. onwacnigeað . . ., wîgend mîne (*awake, my warriors!*).
sceft (sceaft), st. m., *spear, shaft.*
sealo-brûn, adj., *dusky-brown.*
sige-beorn, st. m., *victorious hero, valiant warrior.*
swäðer (swâ hwäðer), pron., *which of two, which.*

swân, st. m., *swain, youth; warrior.*
sweart, adj., *swart, black.*
swêt, adj., *sweet:* acc. m. swêtne medo . . . forgyldan (*requite the sweet mead,* i.e. repay, by prowess in battle, the bounty of their chief).
swurd-leóma, w. m., *sword-flame, flashing of swords.*
þyrl, adj., *pierced, cloven.*
undearninga, adv., *without concealment, openly.*
wandrian, w. v., *to fly about, hover:* pret. sg. hräfn wandrode (*the raven hovered*).
waðol, st. m., *the full moon* [Grein]; [adj., *wandering,* Bosw.].
wäl-sliht (-sleaht), st. m., *combat, deadly struggle:* gen. pl. wälslihta gehlyn (*the din of combats*).
weâ-dæd, st. f., *deed of woe:* nom. pl. ârisað weâ-dæda.
witian (weotian), w. v., *to appoint, determine:* part. þe is . . . witod.
wurðlîce (weorðlîce), adv., *worthily, gallantly:* compar. wurð-lîcor.

CORRECTIONS AND ADDITIONS.

LIST OF NAMES.

Ecg-þeów, end, for *arranges the strife*, read *terminates the strife*.
Heaðo-ræmas, for *reaches Breca*, read *reached by Breca*.

GLOSSARY.

UNDER
aglæca read **æglæca** for **âglæca**, and **eikileihhi** for **egileihhi**; insert (?) after *trouble*.
an-drisno, omit parenthesis (fr. rîsan, etc.).
aglæc-wîf, read *demon in the form of woman* for *demoniacal*, etc.
an-sund, add **anforht** (after **and-wlita**) adj., *timid:* acc. pl., 444.—Kluge (see "List of Recent Readings").
an-wealda, add = *sole ruler?*
an-wealda, add **anwîg-gearn** (after **an-walda**): adj., *ready for single combat*, nom. pl., 1248 (see "List of Recent Readings").
âdre, read **ædre**; **âled**, read **æled**, and put O.N. for O.H.G.; same under **âl-fylce**.
äppel-fealu, for *dappled*, etc., read *apple-fallow*, or *apple-yellow: apple-yellow steeds*, 2166.
ge-æhtan, **ge-æhtla** read **ge-âhtan**, etc.
ærest, ... 2) *history, origin:* omit parenthesis, and read *that I its history should tell thee*, 2158.
bædan and **bæl**, for O.H.G. read O.N.
ge-bæran, in first citation, for *troop bore itself* read *people bore themselves*, 1013.
ät-beran, add, at the end, *to bear away*, 2128.
ge-beran, at the end, for *better born* read *born of the better*, 1704.
brand, brond, translate second citation *could not burn him with fire*, 2127.
bregdan, l. 1617, **brôden-mæl** is now regarded as a comp'd noun = *inlaid or damasceened sword.*—Wülker, Holder, etc.
breme, read **brēme**.
bringan, in first citation, for *a thousand* read *thousands of*.
brôðor, insert **brôden-mæl**: st. n., *inlaid or damasceened sword:* nom. sg., 1617.
brûn, add *brown*.
brûn-ecg, add *brown-edged*.
brûn-fâg, add *brown-hued*.
bûan, insert **bûan** after **onfunde** in first citation.
bunden-stefna, for *stern* read *prow*.
burh-loca, add *city-lock*.
cuman and its comp'ds read **côm**, **cwôm**, etc., in pret.
däg-hwîl, for *day-time* read *day's time;* "days," lifetime.

CORRECTIONS AND ADDITIONS. 321

dæd-hata, add *instigator;* dæd-hwata. — Kluge.

deáð-scúa, for *death bringing, ghostly being,* read *death shadow, deadly being.*

deágan, add *to dye.* — Thorpe (see "List," etc.).

dol-gilp, omit second definition, and read *idle boasting.*

dôn, add "reduplicated v."

drincan, druncne dryhtguman, "*joyous from, elate with, wine.*" — Sievers.

ge-drăg, add *tumult.*

dreógan, second citation (15), read "*For God had seen the dire need which the rulerless ones before endured.*" — Sievers.

dryht-lîc, omit parenthesis, and read *lordly.*

dryht-scipe, for *warrior-ship* read *lord-ship.*

dugan, pret. pres. v.

durran, in first citation, for *expect* read *await.*

eges-full, for *terribleness* read *fear.*

egsian, add *to terrify.*

eald-fäder, for *father who lived long ago* read *ancestor.*

eá-land, add *island.*

eolet, add *voyage*(?), *hasty journey*(?). — Groschopp. — Grein.

faroð, add *shore.*

fæs, *for*(?), read *terror, dread.*

fäder-äðelo, add *father's honors.*

fäted, etc., read fæted, etc.

fæs, omit (?), and read *horror, dread.*

felgan, at the end, for *to come to any place, to arrive,* read *to fall into.* — Cosijn reads fealh = fleah.

feor-cýð, at the end, instead of *for him is it better,* etc., read *for him are far countries better* (when) *sought.*

flâ, add *barb.*

findan, add = impetrare. — Cosijn.

folc-riht, add *folk-right.*

folc-scearu, add *folk-share.*

freme, read fremu = frêcnu. — Cosijn.

frêcne, add 1933.

freoðo-webbe, add *peace-weaver.*

frignan and its compounds mark û in pret.

fûs, add *furnished with.*

â-fyllan should stand before ge-fyllan.

full-gangan, at the end, for *followed the arrow, did as the arrow,* read *followed the barb*(?).

gâr-holt, omit *forest of spears,* etc., read *spear-shaft.*

gäst, gist, gyst, for *stranger* read *demon.*

gê, pron., for ge, etc. } to be placed
gên, } after getan.
gêna,

geato-lîc, add *ready, agile.*

be-gête, for *to find, to attain,* read *attainable.*

ät-gifan (after â-gifan), *to render, to afford:* inf., 2879.

gold-máðm, for *jewel* read *treasure.*

gryn, add *sorrow.*

hand-sper, read hand-sporu = *claw, hand-spur.*

hâta, for *persecutor* read *ruler.*

hüft-mêce, for *sword with fetters* read *sword with hilt.*

hèrian, read herian, and place after herg.

he read hê, and place after heteþanc.

heard-ecg, add acc. sg., 1491.

ge-hegan, read ge-hêgan, and place after hêdan; omit O.H.G. hagjan.

heaf, add (haef, Sievers), heafu, 1863 (Kluge).

heard-ecg, for *sharp sword* read *hard-edged*, and for st. f. read adj.: acc. sg., 1491.

healfor, for *putrid or festering blood* read *gore, blood*.

hild, in citation 2917, for *through* read *in*.

heals-beah, add dat. (?), 1215. — Cosijn.

heals-gebedde, read -a, w. m. f.

heáðu, Kluge reads **heafu** (pl. of **heaf**, *sea*); **hæf**. — Sievers.

hôp, read **hop**; so in compounds of hop.

hrädlîce, for *hasty, quick, immediate*, read *hastily, quickly, immediately*.

hreðer, read **hreðer**, and add in third line from top of p. 213, on hreðre, 1746.

hring-iren, add *ring-mail*.

hruse, read **hrûse**.

ge-laflan, read *cheer* for *lave*.

lässa, read **læssa**.

let(?), insert (?) after *sojourn*. Groschopp omits **let** as a separate word.

leoðo-cräft, add *skill*.

leód (*people*), put 24 before 362, and omit 24 before 192 (acc.).

for-leósan, add *destroy*.

limpan, read *happen* for *succeed*.

lîg, add n.

lôca, read **loca**.

lof, add n.

lufn, add (?); and after eardlufa(?).

lyft-wyn, add after *of*, or *in*, etc.

lyt-hwon, read **lyt-hwôn** (neut.).

mâ, omit adv.

mæst, add (7th line) subs.

medu, add meodu.

medu-scenc, read *mead-pourer* for *mead-can*, etc.

medo-setl, read *mead-hall* for *mead-seat*, etc.

meðel, read *council, assembly*, for *speech*, etc.

môd-ge-þanc, add m.

môr-hôp, read **môr-hop**.

myndian, ge-myndian, read myndgian, etc.

myrð, read *sorrow* for *joy*, etc.

nacn, add nom. sg., 1897.

nefne, read ne-gif-ne for (ni-iba-ni).

ge-nearwian, add adj. = infensus?

neáh: 2), add, after 2871, prep.

neód, add *zeal, desire*.

neód-laðu, add 1321 = neádlaðu[m] = *deadly hostility?* — Cosijn.

nið-wundor, read **nið-**, and *wonder of the sea*.

nose, read **nôse**.

rand, add *edge of shield*.

ræden, add 51(?) (see "List").

reced, add m.

ge-rûm-lîce, read *abundantly, far, afar*, for *commodiously*, etc.

sæl, read **sêle-rædende** = *hall-possessors*. — Sievers.

on-sælan, read sige-hreðsecgum = *loose the restraints of etiquette*, before *disclose thy views to, the victorious heroes*. — Kluge.

scadu, for m. read f.? n. pl.?

scawa, read *spy* for *observer*; scaða? — Cosijn.

scenc, read *cup-bearer* for *vessel*, etc.

scerwen, read part. of scerwan, *to waste, squander*.

scôp, read **scop**.

se, read **sê** (þœm, etc.).

segn, add m.

sele-rædend, omit *guardian* or.

sele-rest, add *rest*.

sendan, read *to despatch* (a meal). — Bright.

sige-hrêð, read sige-hrêðsecg(?), *victorious hero.*—Kluge.
sîð, read *arrival* for *journey;* (?) after 501 and 353.
snotor-lîce, add *-ly.*
springan, add ät-springan, *to spring forth, arise:* pret. sg. ät-spranc, 1122.
ät-springan, the references belong to ge-springan.
stân-fâh, add (?) after *colors* and *stones.*
stîgan, omit *up,* and read *walk* for *ascend,* and *walked* for *plunged.*
strâdan, read strîdan(?), strîde(?), 3074.—Sievers; and omit strǽde, etc.
strengo, add st. f.; and (?) before strengum.
twegen, add m.
tweone should be treated under be as a separable prep.
þeód-þreá, add m.
þinglan, add *intercede for, ask pardon for.*
þolian, 4th line, read pret. for instr.
þrag, read þrâg (also in comp'ds).
þreá, add m.
þrítig, read þrítig.
þrýð-swyð, read þrýð-swýð(?).
þrýð-word, read nom. for acc.
þu, read þû, þê.
un-forht, an-forht = *timid,* 444. —Kluge.

un-hûr, read *bald.*
un-hlytme, add for un-flitme = *with whom none can contend.*
un-snyttru, add st.
un-wearnum, read *irresistibly* for *unresistingly.*
up, read ûp.
wag, read wâg.
warian, 1266, read fârode, *to ravage?.*—Wülker. hergode?
wüd, read nom. pl. for acc.
wǎl-fyllo, add st.
we, read wê
werian, add w. v.
werig, read wêrig.
wêsten, add st.
weaxan, add *to eat* (= vescor? — Cosijn)? 3116.
weorð-mynd, add n.
wîg-weorðung, read acc. pl. for nom.
winter, add n.
witan, omit 1605.
wîde-ferð, add n.
wîg-ge-weorðad, read wigge-[ge-]weorðad.—Cosijn.
wlite-seón, add f.
wolcen, add m.
wrecon, 5th line, read e[a]llne for ellen.—Kluge.
wrôht, add m.
ge-wyrpan, read *to recover, get well,* for *to raise,* etc.
wýscan, add 1605.—Cosijn.

APPENDIX TO GLOSSARY, THIRD EDITION.
ADDITIONS AND CORRECTIONS.

PAGE
115, read ond (and) for and throughout. (The Ms. usually has 7.)
122, under ge-bǽdan read *violently* for *from the strings.*
126, for cyne-beald read cyning-beald.
137, under bûan insert bûan after beorge.
138, read býsgu for bysgu.

149, read drûsian for drusian.
164, insert fec-word before feðergearwe.
165, *dele* fæs, etc.; under fær insert 2231.
178, *dele* circumflex over wilnian (under freoðu).
179, mark frinan, gefrinan, gefrûnen.
183, gân and gangan are distinct.
191, add 2879 to on-ginnan, pret. part.
208, read oferhîgean or oferhîgan = Goth. ufarhauhjan, part. ufarhauhids (Bugge, Tids. 8, 60); Kluge (Beit. IX. 192) suggests oferhýdian = *to render arrogant, to infatuate,* from oferhýd (oferhygd).
212, horn is m.
224, asterisk leahan.
227 and 228, read león for lîhan.
234, read menigu for menigeo.
237, under môd add acc. sg., 1932.
237, insert (?) after *air of morn.*
245, under oððe add 3007 = *and.*
247, right-hand col., 8 ll. from bottom, read *towards* (?).

249, under oruð insert acc.(?), 2524.
251, under ræsan insert geræsan, 2840.
252, under be-reofan *dele* acc. pl. n.
256, under sceran see Beit. IX. 210, 282.
258, *dele* ge-scod, etc., and cf. gesceaðan, 2778.
258, see Skeat (Prin. of Eng. Etymol., 179–80) for a defense of scop (not scôp).
273 and 322, under strengo, read f.
288, insert þeów(?), 2225, after þeóstor.
288 and 289, *dele* þihan after þeón.
289, under þon insert þon mâ, 504 = *the more?*
291, þunian should come under geþungen.
300, for werig read werg = wearg(h).
302, read wearg(h) for wearh.
319 (Finnsburh), for lacra Bugge (Beit. XII. 27) suggests flacra = *fluttering.* See Appendix of Corrections.

APPENDIX OF CORRECTIONS TO TEXT, THIRD EDITION.

LINE
219, for ân-tîd read an-tîd = ond-tîd. Cosijn (Beit. VIII. 568).
524, for Beánstânes read Bûnstán (Kluge, Beit. IX. 573).
601, Ms. has ond = *and* in three places only (601, 1149, 2041); elsewhere it uses abbrev. 7 = *and.*
1288, read ânwîg-, and cf. Beit. IX. 210, 282.
1631, read drûsade.

2017, destroy period mark.
2132, lîfe; Bugge (Beit. XII. 369).
2158, cf. 2166, and see Sievers, Beit. X. 222.
2246, hordwynne (gen. sg.) or hard-fyndne; Bugge, Beit. XII. 102.
2247, change to fec-word (Ms. has fec).
2386, change to orfeorme (Ms. has or).
2394, change to freónd (Ms.).

2650, Bugge suggests hât, Beit. XII. 105.
2688, Bugge suggests **wundum** (Ms.).

Page 101 (Finnsburh), note, ll. 33-4, new reading and punctuation; cf. Socin's Heyne's Beó., and Bugge, Beit. XII. 27.

TEXT.

SOME RECENT READINGS AND SUGGESTIONS.

LINE

15, þâ (acc. f.) for þät. — (Bouterwek) Sievers.

31, læn-dagas for lange. — Kluge.

51, sele-rædende. — Kemble and Cosijn.

106, destroy period, and read in Caines, etc., with þonne .. drihten in parenthesis. — Sievers.

120, wera[s]. — Sievers. unfælo. — Rieger.

146, destroy period after sêlest, put wäs ... micel in parenthesis, and insert colon after tîd. — Sievers.

159, ac se for atol. — Rieger.

240, supply hringed-stefnan for helmas bæron. — Wülker.

254, supply comma after feorbûend. — Sievers.

259, supply comma after wîsa. — Sievers.

280, edwenden for edwendan. — Bugge.

322, comma after scîr. — Sievers.

443, gold- for gûð-sele. — Bugge.

444, anforhte (*timid*) for un-. — Kluge.

447, colon after nimeð. — Sievers.

489, destroy comma after meoto, and read sige-hreðsecgum. — Kluge.

499, [H]unferð. — Rieger (on account of alliteration).

516, wylmum. — Kluge.

524, Beáhstânes. — Bugge.

525, geþinges. — Rieger.

574, swâ þær for hwäðere. — Bugge.

586, supply geflites before þäs, and blend the two broken lines. — Kluge.

648, supply period after geþinged. — Kluge.

695, read hiera after þät. — Kluge.

723, [ge]hrân. — Zupitza.

759, modega for gôda. — Rieger (alliteration).

851, destroy semicolon after weól, and read deóp for deóg. — Sievers.

898, hâte. — Scherer.

901, âron = ârum þâh. — Cosijn.

992, hroden for hâten. — Kluge.

1005, supply gehwâ after s. ... b. — Kluge.

1084, wið for wiht. — Rieger.

1117, destroy period after dôn, and insert semicolon after eaxle. — Kluge.

1152, [h]roden (= *redden*). — Sievers.

1201, semicolon after sinc-fät; fealh = fleah. — Cosijn.

1213, insert næfre before wäl. — Holtzmann.

SOME RECENT READINGS.

1215, hræ-wīc. — Kluge; heals-bēge. — Cosijn.
1229, sī. — Kluge.
1231, sȳn[don]. — Kluge.
1235, gea-sceaft. — Kluge.
1248, anwīg-gearwe (*ready for single combat*). — Cosijn.
1254, fārode (*ravaged*). — Wülker, Kölbing, etc., hergode?
1301, him ... ærn. — Cosijn.
1321, neād-lāðum (*crushing hostility*). — Cosijn.
1364, hrīmde (= *frosty*). — Cosijn; hrīmige. — Sweet and Morris.
1460, āter-teārum. — Cosijn.
1490, wāl-. — Kluge.
1538, feaxe. — Rieger.
1542, [h]and-leán. — Holder.
1546, seax[e]. — Sweet, etc.
1556, destroy comma after gescēd, and insert one after ȳðelice. — Sweet and Sievers.
1605, wīston = wīscton (= *wished*). — Cosijn.
1748, wō[u]m. — Kluge.
1784, wigge-[ge-]weorðad. — Cosijn.
1810, lænes. — Müllenhoff.
1832, dryhtne. — Kluge.
1858, gemæne. — Sievers.
1863, heafu (= *seas*). — Kluge.
1896, scaðan. — Cosijn.
1904, -naca. — Rieger.
1914, insert þæt he before on lande. — Sievers.
1924, wunade. — Wülker, Holder, etc.
1927, on heán. — Kluge.
1933, frēcnu. — Cosijn.
1936, and-ēges. — Bugge.
1943, onsēce. — Rieger.
2025, is for wæs. — Kluge.
2030, insert semicolon after gesette, destroy nō, and read Lytle, etc. — Holder and Kluge.
2030, wære for hwær. — Kluge.
2036, -beorn. — Kluge.
2153, ealdor. — Kluge.
2158, ærist. — Rieger.
2232, seah. — Wülker.
2233, earð-hūse. — Zupitza.
2276, supply instead of wīde, etc., swȳðe ondrædað. — Zupitza; gesēcean for gewunian. — Holder.
2277, read hord on hrūsan. — Zupitza (Kemble).
2285, read sum for hord. — Cosijn.
2386, read [f]or feorme. — Möller.
2494, eðel-wynne. — Sievers.
2661, bȳwdu. — Bugge.
2702, read þa þæt. — Sievers.
2707, read gefylde. — Sievers (Thorpe); e[a]lne. — Kluge.
2767, read gehwone on same line with cynnes; gum-cynnes for gumena. — Holder; insert hord before ofer-higian. — Grein.
2776, hladon. — Ettmüller.
2871, ōwēr. — Sievers and Wülker.
2873, Sievers divides: wrāðe for-wurpe, þā, etc.
2910, hige-mēðe. — Sievers.
2959, read sæce for segn. — Sievers; Higelāces. — Thorpe.
3039, insert þær before gesēgan. — Wülker and Holder.
3042, gryre-fāh. — Bugge.
3057, gehyht manna. — Grundtvig and Kluge.
3063, þonne belongs to next line. — Wülker and Holder.
3074, stride. — Sievers.
3075, gold-hwætes. — Sievers.

NOTE TO THE SECOND REVISED EDITION.

The editors feel so encouraged at the kind reception accorded their edition of Beówulf (1883), that, in spite of its many shortcomings, they have determined to prepare a second revised edition of the book, and thus endeavor to extend its sphere of usefulness. About twenty errors had, notwithstanding a vigilant proof-reading, crept into the text, — errors in single letters, accents, and punctuation. These have been corrected, and it is hoped that the text has been rendered generally accurate and trustworthy. In the List of Names one or two corrections have been made, and in the Glossary numerous mistakes in gender, classification, and translation, apparently unavoidable in a first edition, have been rectified. Wherever these mistakes concern *single* letters, or occupy very small space, they have been corrected in the plates; where they are longer, and the expense of correcting them in the plates would have been very great, the editors have thought it best to include them in an Appendix of Corrections and Additions, which will be found at the back of the book. Students are accordingly referred to this Appendix for important longer corrections and additions. It is believed that the value of the book has been much enhanced by an Appendix of Recent Readings, based on late criticisms and essays from the pens of Sievers, Kluge, Cosijn, Holder, Wülker, and Sweet. A perplexed student, in turning to these suggested readings, will often find great help in unravelling obscure or corrupt passages.

The objectionable â and ǣ, for the short and the long diphthong, have been retained in the revised edition, owing to the impossibility of removing them without entirely recasting the plates.

In conclusion, the editors would acknowledge their great indebtedness to the friends and critics whose remarks and criticisms have materially aided in the correction of the text, — particularly to Profs. C. P. G. Scott, Baskervill, Price, and J. M. Hart; to Prof. J. W. Bright; and to the authorities of Cornell University, for the loan of periodicals necessary to the completeness of the revision. While the second revised edition still contains much that might be improved, the editors cannot but hope that it is an advance on its predecessor, and that it will continue its work of extending the study of Old English throughout the land.

June, 1885.

NOTE II.

THE editors now have the pleasure of presenting to the public a complete text and a tolerably complete glossary of "Beówulf." The edition is the first published in America, and the first of its special kind presented to the English public, and it is the initial volume of a "Library of Anglo-Saxon Poetry," to be edited under the same auspices and with the coöperation of distinguished scholars in this country. Among these scholars may be mentioned Professors F. A. March of Lafayette College, T. R. Price of Columbia College, and W. M. Baskervill of Vanderbilt University.

In the preparation of the Glossary the editors found it necessary to abandon a literal and exact translation of Heyne for several reasons, and among others from the fact that Heyne seems to be wrong in the translation of some of his illustrative quotations, and even translates the same passage in two or three different ways under different headings. The orthography of his glossary differs considerably from the orthography of his text. He fails to discriminate with due nicety the meanings of many of the words in his vocabulary, while criticism more recent than his latest edition (1879) has illustrated or overthrown several of his renderings. The references were found to be incorrect in innumerable instances, and had to be verified in every individual case so far as this was possible, a few only, which resisted all efforts at verification, having to be indicated by an interrogation point (?). The references are exceedingly numerous, and the labor of verifying them was naturally great. To many passages in the Glossary, where Heyne's translation could not be trusted with entire certainty, the editors have added other translations of phrases and sentences or of special words; and in this they have been aided by a careful study of the text and a comparison and utilization of the views of Kemble and Professor J. M. Garnett (who takes Grein for his foundation). Many new references have been added;

and the various passages in which Heyne fails to indicate whether a given verb is weak or strong, or fails to point out the number, etc., of the illustrative form, have been corrected and made to harmonize with the general plan of the work. Numerous misprints in the glossary have also been corrected, and a brief glossary to the Finnsburh-fragment, prepared by Dr. Wm. Hand Browne, and supplemented and adapted by the editor-in-chief, has been added.

The editors think that they may without immodesty put forth for themselves something more than the claim of being re-translators of a translation: the present edition is, so far as they were able to make it so, an adaptation, correction, and extension of the work of the great German scholar to whose loving appreciation of the Anglo-Saxon epic all students of Old English owe a debt of gratitude. While following his usually sure and cautious guidance, and in the main appropriating his results, they have thought it best to deviate from him in the manner above indicated, whenever it seemed that he was wrong. The careful reader will notice at once the marks of interrogation which point out these deviations, or which introduce a point of view illustrative of, or supplementary to, the one given by the German editor. No doubt the editors are wrong themselves in many places, — "Beówulf" is a most difficult poem, — but their view may at least be defended by a reference to the original text, which they have faithfully and constantly consulted.

A good many cognate Modern English words have been introduced here and there in the Glossary with a view to illustration, and other addenda will be found between brackets and parenthetical marks.

It is hoped that the present edition of the most famous of Old English poems will do something to promote a valuable and interesting study.

JAMES A. HARRISON,
Washington and Lee University, Lexington, Va.

ROBERT SHARP,
University of Louisiana, New Orleans.

April, 1883.

The responsibility of the editors is as follows: H. is responsible for the Text, and for the Glossary from **hrínan** on; S. for the List of Names, and for the Glossary as far as **hrínan**.

www.ingramcontent.com/pod-product-compliance
Lightning Source LLC
Chambersburg PA
CBHW031851220426
43663CB00006B/577